普通高等教育中医药类规划教材

方　剂　学

（供中医药类专业用）

主　编　　段富津
副主编　　李　飞　　尚炽昌
编　委　　（按姓氏笔画排列）
　　　　　邓中甲　　刘持年
　　　　　连建伟　　殷聚德
主　审　　郑守曾

上海科学技术出版社

图书在版编目(CIP)数据

方剂学 / 段富津主编. —上海：上海科学技术出版社，1995.6（2024.10重印）
普通高等教育中医药类规划教材. 供中医药类专业用
ISBN 978-7-5323-3708-8

Ⅰ. 方… Ⅱ. 段… Ⅲ. 方剂学-中医学院-教材
Ⅳ. R289

中国版本图书馆 CIP 数据核字(2007)第 113479 号

方剂学
主编　段富津

上海世纪出版(集团)有限公司
上海 科 学 技 术 出 版 社　出版、发行
(上海市闵行区号景路159弄A座9F-10F)
邮政编码201101　www.sstp.cn
上海华顿书刊印刷有限公司印刷
开本：787×1092　1/16　印张 19
字数：444千字
1995年6月第1版　2024年10月第39次印刷
ISBN 978-7-5323-3708-8/R·1033
定价：38.00元

本书如有缺页、错装或坏损等严重质量问题，请向工厂联系调换

普通高等教育中医药类规划教材

顾问委员会名单
（按姓氏笔画排列）

王玉川	王绵之	邓铁涛	刘志明	刘弼臣	刘渡舟
江育仁	杨甲三	邱茂良	罗元恺	尚天裕	赵绍琴
施奠邦	祝谌予	顾伯康	董建华	程莘农	裘沛然
路志正					

编审委员会名单

主　任　委　员：张文康
副主任委员：于生龙　李振吉　陆莲舫
委　　　　员：（按姓氏笔画排列）

于生龙	于永杰	万德光	马宝璋	马骥
王永炎	王世成	王和鸣	王洪图	王萍芬
王新华	王韵珊	王耀庭	韦贵康	邓福树
龙致贤	叶传蕙	叶定江	石学敏	丘和明
丘德文	皮持衡	朱文锋	任继学	刘柏龄
刘振民	孙国杰	孙校	杜健	杨兆民
杨春澍	李任先	李安邦	李明富	李振吉
李家实	李鼎	严世芸	严振国	吴敦序
何珉	肖崇厚	沈映君	陈奇	陈大舜
陈子德	陆莲舫	陆德铭	张文康	张六通
张安桢	张志刚	张绚邦	张殿璞	范碧亭
罗永芬	周梦圣	郑守曾	尚炽昌	宗全和
孟如	项平	柯雪帆	钟淼	段逸山
段富津	施杞	施顺清	施雪筠	袁浩
钱英	徐生旺	高尔鑫	郭诚杰	梁颂名
葛琳仪	彭胜权	傅世垣	曾诚厚	雷载权
黎伟台	戴锡孟	魏民	魏稼	魏璐雪

前　言

根据国家教委《全国普通高等教育"八五"期间教材建设规划纲要》"要集中力量抓好本科主要专业主干课程教材建设"的精神，国家中医药管理局统一组织编审出版了普通高等教育中医药类规划教材。本套教材包括中医学、中药学专业的主要课程和针灸、中医骨伤科学专业主要专业课程教材，计有《医古文》、《中医基础理论》、《中医诊断学》、《中药学》、《方剂学》、《中医内科学》、《中医外科学》、《中医妇科学》、《中医儿科学》、《中医急诊学》、《内经选读》、《伤寒论选读》、《金匮要略选读》、《温病学》、《正常人体解剖学》、《生理学》、《病理学》、《生物化学》、《诊断学基础》、《内科学》、《针灸学》、《经络学》、《腧穴学》、《刺法灸法学》、《针灸治疗学》、《中医骨伤科学基础》、《中医骨伤学》、《中医骨病学》、《中医筋伤学》、《中医学基础》、《药用植物学》、《中药化学》、《中药药理学》、《中药鉴定学》、《中药炮制学》、《中药药剂学》、《中药制剂分析》、《中药制药工程原理与设备》等三十八门课程教材及其相关实践教学环节教材。

为了提高教材质量、深化教学领域改革，国家中医药管理局于一九九二年四月在杭州召开了全国中医药本科教材建设工作会议，研究部署了本套教材的建设工作，会后下发了《普通高等教育中医药类规划教材编写基本原则》、《普通高等教育中医药类规划教材组织管理办法》、《普通高等教育中医药类规划教材主编单位招标办法》等文件。通过招标，确定并聘任了各门教材主编。一九九二年十一月在北京召开的普通高等教育中医药类规划教材建设工作会议上，成立了普通高等教育中医药类规划教材编审委员会，讨论研究了本套教材的改革思路，并组成了各门教材编写委员会，确定了审定人。

为了保证教材的编写质量，先后召开了几次工作会议和教材审定会议，对各门课程教学大纲、教材编写提纲及教材内容进行了认真审定。最后，还征求了本套规划教材顾问委员会各位名老中医药专家的意见。通过多次会议以及全体编委审定人的共同努力，在名老中医药专家的指导下，使本套教材在前五版统编教材的基础上，在符合本科专业培养目标的实际需要方面，在理论联系实际、保持中医理论的系统性和完整性，反映中医药学术发展的成熟内容和教育改革新成果方面，在明确各门教材的教学目的、确定教材内容的深广度、促进教材体系整体优化等方面有了较大的提高，使本套规划教材内容能具体体现专业业务培养的基本要求和教学质量测试的基本标准。对少数教材根据课程设置的需要，进行了较大幅度的改革，使之更符合教学的需要。根据国家教委有关文件精神，各高等中医药院校、高等医药院校中医药类专业应优先选用这套由国家中医药管理局统一规划组织编审的规划教材。

随着中医药高等教育工作的不断改革与深化，本套教材不可避免地还存在一些不足之处，殷切希望各地中医药教学人员和广大读者在使用过程中，提出宝贵意见，以促使本套教材更臻完善和更符合现代中医药教学的需要。

普通高等教育中医药类规划教材编审委员会
一九九四年十二月

编 写 说 明

方剂学是研究治法与方剂配伍规律及临床运用的一门学科，是中医药学各类专业必修的基础课程。

本教材共分 23 章。1~5 章重点阐述方剂的组方原则与变化形式，以及方剂与治法的关系，方剂的分类、剂型、煎药方法、服药方法等基础理论和基本知识。余者依据以法统方的原则将方剂分为解表、泻下、和解、清热等 18 章，选择具有代表性的、临床常用的基本方为正方，计 208 首；以衍化方及组成或功用相近的为附方，计 148 首。

每首正方下列组成、功用、主治、方解、附方、文献摘要等项。

组成中摘录该方的药名、制法，其用量亦遵原著，以便理解制方人的学术思想和配伍意义。为了便于临证应用，凡可作汤剂使用的方剂均在原用量之后注明现代常用量，即括号中的用量一律为汤剂的参考用量。方中凡原用犀角者均改为水牛角，用虎骨的改为豹骨。

用法中仍录用原方用法，凡可作汤剂的均按现代用法煎服，不再标明"现代用法"、"水煎服"字样。丸、散剂中每次服用量之后，亦用括号注明参考用量。

主治中首列病、证，其次分列症状、舌苔、脉象。主治病证较多的，则以 1、2、3 分行书写。

方解中重点阐明药物的配伍意义与组方原理，对病因病机只做简要分析，以免与临床各科重复。

运用中首先明确该方的证治要点及其使用注意事项。其次是常用的加减方法。再次为现代的临床主治疾病，但仍依据辨证施治为准则。

附方的组成、用法与正方的体例相同。对配伍有特点以及与正方有联系的方剂，则在配伍、功用、主治方面加以简要的鉴别。

文献摘要包括两部分内容，其一是方论，每首正方选用 1~2 则，以深化学生的基础理论和培养阅读古典医籍的能力。其二是临床报道与实验研究，以拓宽学生视野，扩大临床应用。

方歌，一般只记正方的歌诀，对教学大纲中未要求背诵的附方则未编写方歌。

为了便于查阅，本教材附有以汉字笔画为序的方名索引。

为进一步提高本教材的编写质量，希望各中医药院校教师及广大读者，多提宝贵意见，以便再版修改。

方剂学教材编委会

目 录

绪言……………………………………1

第一章 方剂与治法…………………3
  第一节 方剂与治法的关系………3
  第二节 常用治法…………………3

第二章 方剂的分类…………………6

第三章 方剂的组成…………………8
  第一节 组方原则…………………8
  第二节 组成变化…………………9

第四章 剂型……………………… 12

第五章 煎药法与服药法…………… 15
  第一节 煎药法…………………… 15
  第二节 服药法…………………… 16
    附 古方药量考证……………… 17

第六章 解表剂……………………… 18
  第一节 辛温解表………………… 18
    麻黄汤………………………… 18
      麻黄加术汤………………… 19
      麻杏苡甘汤………………… 19
      大青龙汤…………………… 19
      三拗汤……………………… 19
      华盖散……………………… 19
    桂枝汤………………………… 20
      桂枝加桂汤………………… 22
      桂枝加芍药汤……………… 22
    九味羌活汤…………………… 23
      羌活胜湿汤………………… 23
    香薷散………………………… 24
      新加香薷饮………………… 24
    小青龙汤……………………… 25
      射干麻黄汤………………… 26
    止嗽散………………………… 26
      金沸草散…………………… 27
  第二节 辛凉解表………………… 28
    银翘散………………………… 28
    桑菊饮………………………… 29
    麻黄杏仁甘草石膏汤………… 30
      越婢汤……………………… 31
    柴葛解肌汤…………………… 32
      柴葛解肌汤………………… 32
    升麻葛根汤…………………… 33
      竹叶柳蒡汤………………… 33
  第三节 扶正解表………………… 34
    败毒散………………………… 34
      荆防败毒散………………… 35
    参苏饮………………………… 35
    再造散………………………… 36
      麻黄附子细辛汤…………… 37
    加减葳蕤汤…………………… 37
      葱白七味饮………………… 38

第七章 泻下剂……………………… 40
  第一节 寒下……………………… 40
    大承气汤……………………… 40
      小承气汤…………………… 41
      调胃承气汤………………… 41
      复方大承气汤……………… 41
    大黄牡丹汤…………………… 42
      阑尾化瘀汤………………… 43
      阑尾清化汤………………… 43
      阑尾清解汤………………… 43
  第二节 温下……………………… 44
    大黄附子汤…………………… 44
    温脾汤………………………… 45
    三物备急丸…………………… 45
  第三节 润下……………………… 47
    五仁丸………………………… 47
    济川煎………………………… 47
    麻子仁丸……………………… 48
  第四节 攻补兼施………………… 49
    黄龙汤………………………… 49
      新加黄龙汤………………… 50
      增液承气汤………………… 50
  第五节 逐水……………………… 51

十枣汤 …… 51	四妙勇安汤 …… 80
控涎丹 …… 52	第四节　清脏腑热 …… 81
禹功散 …… 53	导赤散 …… 81
导水丸 …… 53	清心莲子饮 …… 81

第八章　和解剂 …… 55

第一节　和解少阳 …… 55
　　小柴胡汤 …… 55
　　蒿芩清胆汤 …… 57

第二节　调和肝脾 …… 58
　　四逆散 …… 58
　　逍遥散 …… 59
　　　加味逍遥散 …… 60
　　痛泻要方 …… 61

第三节　调和寒热 …… 62
　　半夏泻心汤 …… 62
　　　生姜泻心汤 …… 62
　　　甘草泻心汤 …… 62
　　　黄连汤 …… 63

第四节　表里双解 …… 63
　　大柴胡汤 …… 64
　　　复方大柴胡汤 …… 64
　　防风通圣散 …… 65
　　葛根黄芩黄连汤 …… 66
　　疏凿饮子 …… 67

第九章　清热剂 …… 69

第一节　清气分热 …… 69
　　白虎汤 …… 69
　　　白虎加人参汤 …… 70
　　　白虎加桂枝汤 …… 70
　　　白虎加苍术汤 …… 70
　　竹叶石膏汤 …… 71

第二节　清营凉血 …… 72
　　清营汤 …… 72
　　犀角地黄汤 …… 73
　　清瘟败毒饮 …… 74
　　神犀丹 …… 74

第三节　清热解毒 …… 75
　　黄连解毒汤 …… 75
　　普济消毒饮 …… 77
　　凉膈散 …… 78
　　仙方活命饮 …… 79
　　五味消毒饮 …… 80

　　龙胆泻肝汤 …… 82
　　　泻青丸 …… 83
　　　当归龙荟丸 …… 83
　　左金丸 …… 84
　　　戊己丸 …… 85
　　泻白散 …… 85
　　　葶苈大枣泻肺汤 …… 86
　　苇茎汤 …… 86
　　清胃散 …… 87
　　　泻黄散 …… 88
　　玉女煎 …… 88
　　芍药汤 …… 89
　　　黄芩汤 …… 90
　　　香连丸 …… 90
　　白头翁汤 …… 90
　　　白头翁加甘草阿胶汤 …… 91

第五节　清热祛暑 …… 91
　　六一散 …… 92
　　　益元散 …… 92
　　　碧玉散 …… 92
　　　鸡苏散 …… 92
　　桂苓甘露饮 …… 93
　　清暑益气汤 …… 93
　　清暑益气汤 …… 94

第六节　清虚热 …… 94
　　青蒿鳖甲汤 …… 95
　　清骨散 …… 95
　　　秦艽鳖甲散 …… 96
　　当归六黄汤 …… 96

第十章　温里剂 …… 99

第一节　温中祛寒 …… 99
　　理中丸 …… 100
　　　附子理中丸 …… 100
　　　桂枝人参汤 …… 101
　　小建中汤 …… 101
　　　黄芪建中汤 …… 102
　　　当归建中汤 …… 102
　　　大建中汤 …… 102
　　吴茱萸汤 …… 103

小半夏汤……………………103
　第二节　回阳救逆……………104
　　　四逆汤………………………104
　　　　通脉四逆汤…………………105
　　　　四逆加人参汤………………105
　　　　白通汤………………………105
　　　　参附汤………………………105
　　　回阳救急汤…………………106
　　　　回阳救急汤…………………107
　第三节　温经散寒……………107
　　　当归四逆汤…………………107
　　　黄芪桂枝五物汤……………109
　　　阳和汤………………………110
　　　　小金丹………………………110
　　　　犀黄丸………………………110

第十一章　补益剂………………112
　第一节　补气…………………112
　　　四君子汤……………………113
　　　　异功散………………………113
　　　　六君子汤……………………113
　　　　香砂六君子汤………………113
　　　　保元汤………………………114
　　　参苓白术散…………………114
　　　　资生丸………………………115
　　　补中益气汤…………………116
　　　　升陷汤………………………117
　　　　升阳益胃汤…………………117
　　　玉屏风散……………………118
　　　生脉散………………………120
　　　人参蛤蚧散…………………121
　　　　人参胡桃汤…………………122
　第二节　补血…………………122
　　　四物汤………………………122
　　　　胶艾汤………………………123
　　　　桃红四物汤…………………123
　　　　当归补血汤…………………124
　　　归脾汤………………………126
　第三节　气血双补……………127
　　　八珍汤………………………128
　　　　十全大补汤…………………128
　　　　人参养荣汤…………………128
　　　　泰山磐石散…………………129
　　　　保产无忧散…………………129

　第四节　补阴…………………130
　　　六味地黄丸…………………130
　　　　知柏地黄丸…………………131
　　　　杞菊地黄丸…………………131
　　　　都气丸………………………131
　　　　麦味地黄丸…………………131
　　　左归丸………………………133
　　　　左归饮………………………133
　　　大补阴丸……………………134
　　　炙甘草汤……………………135
　　　　加减复脉汤…………………136
　　　一贯煎………………………136
　　　百合固金汤…………………138
　　　补肺阿胶汤…………………139
　　　益胃汤………………………140
　第五节　补阳…………………140
　　　肾气丸………………………141
　　　　加味肾气丸…………………141
　　　　十补丸………………………141
　　　右归丸………………………142
　　　　右归饮………………………143
　第六节　阴阳并补……………144
　　　地黄饮子……………………144
　　　龟鹿二仙胶…………………145
　　　七宝美髯丹…………………146

第十二章　固涩剂………………149
　第一节　固表止汗……………149
　　　牡蛎散………………………149
　第二节　敛肺止咳……………150
　　　九仙散………………………150
　第三节　涩肠固脱……………151
　　　真人养脏汤…………………151
　　　四神丸………………………152
　　　桃花汤………………………153
　第四节　涩精止遗……………154
　　　金锁固精丸…………………154
　　　　水陆二仙丹…………………154
　　　桑螵蛸散……………………155
　　　缩泉丸………………………156
　第五节　固崩止带……………157
　　　固冲汤………………………157
　　　固经丸………………………157

易黄汤……………………………158
清带汤……………………………159

第十三章 安神剂……………………161
第一节 重镇安神……………………161
朱砂安神丸………………………161
生铁落饮…………………………162
磁朱丸……………………………162
第二节 补养安神……………………163
天王补心丹………………………163
柏子养心丸………………………164
孔圣枕中丹………………………164
酸枣仁汤…………………………165
甘麦大枣汤………………………166

第十四章 开窍剂……………………168
第一节 凉开…………………………168
安宫牛黄丸………………………168
牛黄清心丸………………………169
紫雪………………………………170
至宝丹……………………………171
行军散……………………………172
第二节 温开…………………………173
苏合香丸…………………………173
冠心苏合丸………………………174
紫金锭……………………………175

第十五章 理气剂……………………177
第一节 行气…………………………177
越鞠丸……………………………177
柴胡疏肝散………………………178
四磨汤……………………………179
瓜蒌薤白白酒汤…………………180
瓜蒌薤白半夏汤…………………180
枳实薤白桂枝汤…………………180
半夏厚朴汤………………………181
枳实消痞丸………………………182
枳术汤……………………………183
枳术丸……………………………183
厚朴温中汤………………………183
良附丸……………………………184
金铃子散…………………………185
天台乌药散………………………185
橘核丸……………………………186
暖肝煎……………………………187

加味乌药汤………………………188
正气天香散………………………188
第二节 降气…………………………189
苏子降气汤………………………189
三子养亲汤………………………189
定喘汤……………………………190
旋覆代赭汤………………………191
橘皮竹茹汤………………………192
新制橘皮竹茹汤…………………192
丁香柿蒂汤………………………193

第十六章 理血剂……………………195
第一节 活血祛瘀……………………195
桃核承气汤………………………195
下瘀血汤…………………………196
血府逐瘀汤………………………197
通窍活血汤………………………197
膈下逐瘀汤………………………197
少腹逐瘀汤………………………197
身痛逐瘀汤………………………198
补阳还五汤………………………199
复元活血汤………………………200
七厘散……………………………200
温经汤……………………………201
温经汤……………………………202
艾附暖宫丸………………………202
生化汤……………………………202
桂枝茯苓丸………………………203
失笑散……………………………204
活络效灵丹………………………204
宫外孕方…………………………205
丹参饮……………………………205
鳖甲煎丸…………………………206
大黄䗪虫丸………………………207
第二节 止血…………………………207
十灰散……………………………208
四生丸……………………………208
咳血方……………………………209
小蓟饮子…………………………210
槐花散……………………………211
黄土汤……………………………211

第十七章 治风剂……………………214
第一节 疏散外风……………………214
川芎茶调散………………………214

菊花茶调散……215
独活寄生汤……216
　乌头汤……216
大秦艽汤……217
小活络丹……218
　大活络丹……218
牵正散……219
　止痉散……219
玉真散……220
消风散……221
　当归饮子……221
  第二节　平熄内风……222
羚角钩藤汤……222
　钩藤饮……223
镇肝熄风汤……223
　建瓴汤……224
天麻钩藤饮……225
大定风珠……225
　三甲复脉汤……226
　阿胶鸡子黄汤……226

第十八章　治燥剂……228
  第一节　轻宣外燥……228
杏苏散……228
桑杏汤……229
清燥救肺汤……230
　沙参麦冬汤……231
  第二节　滋阴润燥……232
麦门冬汤……232
养阴清肺汤……233
玉液汤……234
琼玉膏……235
增液汤……236

第十九章　祛湿剂……238
  第一节　化湿和胃……238
平胃散……238
　柴平汤……239
藿香正气散……239
　六和汤……240
  第二节　清热祛湿……241
茵陈蒿汤……241
　栀子柏皮汤……242
　茵陈四逆汤……242
八正散……243

五淋散……243
三仁汤……244
　藿朴夏苓汤……245
　黄芩滑石汤……245
甘露消毒丹……245
连朴饮……246
　蚕矢汤……247
当归拈痛汤……247
　宣痹汤……248
二妙散……248
　三妙丸……249
　四妙丸……249
  第三节　利水渗湿……249
五苓散……250
　四苓散……250
　茵陈五苓散……250
　胃苓汤……250
猪苓汤……251
防己黄芪汤……252
　防己茯苓汤……253
五皮散……254
  第四节　温化水湿……254
苓桂术甘汤……255
甘草干姜茯苓白术汤……255
真武汤……256
　附子汤……257
实脾散……257
  第五节　祛湿化浊……258
萆薢分清饮……259
　萆薢分清次……259
完带汤……260

第二十章　祛痰剂……262
  第一节　燥湿化痰……262
二陈汤……262
　导痰汤……263
　涤痰汤……263
　茯苓丸……264
温胆汤……265
　十味温胆汤……265
  第二节　清热化痰……266
清气化痰丸……266
　清金降火汤……267
小陷胸汤……267

柴胡陷胸汤·····················268
　　滚痰丸·······················268
第三节　润燥化痰·····················269
　　贝母瓜蒌散·····················269
第四节　温化寒痰·····················270
　　苓甘五味姜辛汤···················270
　　冷哮丸·······················271
第五节　化痰熄风·····················271
　　半夏白术天麻汤···················271
　　定痫丸·······················272

第二十一章　消食剂·····················274
第一节　消食化滞·····················274
　　保和丸·······················274
　　枳实导滞丸·····················275
　　木香槟榔丸·····················276

第二节　健脾消食·····················277
　　健脾丸·······················277
　　肥儿丸·······················278

第二十二章　驱虫剂·····················280
　　乌梅丸·······················280
　　　理中安蛔汤···················281
　　　连梅安蛔汤···················281
　　化虫丸·······················282
　　布袋丸·······················283

第二十三章　涌吐剂·····················284
　　瓜蒂散·······················284
　　　三圣散·····················285
　　救急稀涎散·····················285
　　盐汤探吐方·····················286
　　参芦饮·······················287

方名索引·························288

绪　言

　　方剂学是研究治法与方剂配伍规律及其临床运用的一门学科,是中医基础课程之一。方剂学的任务是通过一定数量常用方剂的讲授,引导学生掌握组方原理和配伍规律,培养学生分析、运用方剂以及临证组方的能力,并为学习中医临床课程奠定基础。

　　方剂是由药物组成的,是在辨证审因、决定治法之后,选择适宜的药物,按着组方原则,酌定用量、用法,妥善配伍而成。

　　方剂的历史悠久,早在原始社会时期,我们的祖先在寻找食物当中已经发现了药物。最初只是用单味药治病,经过长期的经验积累,认识到几味药配合治病比单味药疗效好,于是便逐渐形成了方剂。在现存医籍中,最早记载方剂的医书是《五十二病方》,它是1973年在长沙市马王堆三号汉墓中发现的,其内容比较粗糙,部分药名后世未见,而且没有方名,从字义推断早于《黄帝内经》。

　　《黄帝内经》约成书于春秋战国时期,是最早的中医理论经典著作,虽载方只有13首,但在剂型上已有汤、丸、散、膏、丹、酒之分,并总结出有关辨证、治则、治法、组方原则、组方体例等理论,为方剂学的形成和发展初步奠定了理论基础。

　　东汉张仲景"勤求古训,博采众方",著《伤寒杂病论》,创造性地融理、法、方、药于一体。全书共收载方剂314首,其中绝大多数方剂组织严谨,用药精当,疗效卓著,被后世誉为"方书之祖",对方剂学的发展具有深远的影响。

　　晋唐时期,医学有很大发展,又出现了许多方书。东晋葛洪收集价廉、易得、有效的民间单方、验方,编成《肘后备急方》,便于临时急用。唐代孙思邈集唐以前医药文献,结合个人经验,编撰《备急千金要方》与《千金翼方》,前者载方5300余首,后者载方2000余首,林亿赞其"辨论精博,囊括众家,高出于前辈"。其后,王焘取数十年搜集视为"秘密枢要"的医方编著《外台秘要》,载方6000余首,保存了《深师》、《集验》、《小品方》等众多方书的部分内容,是研究唐以前方剂的重要文献。

　　宋代由翰林医官院组织编著的《太平圣惠方》,共100卷,载方16834首。该书首详诊脉辨阴阳虚实法,次叙处方用药的法则,然后按类分叙各科病证,随列诸方,主治详明,是一部临床实用的方书。《圣济总录》是继《太平圣惠方》之后的又一巨著,全书200卷,载方近20000首,系征集当时民间及医家所献验方和"内府"所藏秘方汇编而成,概有内、外、妇、儿、五官、针灸、正骨各科,内容极其丰富,是方剂文献的又一次总结。《太平惠民和剂局方》是宋代官府药局的成药配方范本,初刊只载方297首,后经多次重修,增补到788首。所收录的方剂都是"天下高手医,各以得效秘方进,下太医局试验",而后颁行全国,这是我国历史上第一部由政府编制的成药药典。其中许多方剂至今仍在临床中广泛应用,是宋代以来著名的方书之一。钱乙的《小儿药证直诀》,陈言的《三因极一病证方论》,陈自明的《妇人大全良方》,严用和的《济生方》等,都是实践经验的总结,对后世方剂的发展都有一定的影响。

　　金元时期,由于刘、张、李、朱四大医家的出现,产生了不同流派的学术争鸣,刘完素善用寒凉,著《宣明论方》;张从正擅长攻下,著《儒门事亲》;李杲专于补土,著《脾胃论》;朱震亨主张滋阴,著《丹溪心法》等。这些著作对方剂都有各自的创新和发挥。

明清时期,方剂又有很大发展,明·朱橚编纂的《普济方》,广搜博采,载方61739首,是明以前方书的总集,也是我国现存最大的一部方书。清代,温病学派的崛起,又创立了许多治疗温病的有效方剂及其著作。诸如余霖的《疫疹一得》,吴瑭的《温病条辨》,杨璿的《伤寒温疫条辨》,王孟英的《温热经纬》等,均丰富了方剂的内容。

在方论方面,金·成无己的《伤寒明理论·药方论》是首次依据君臣佐使剖析组方原理的专著,虽只分析了《伤寒论》中的 20 首方剂,但却开了后世方论之先河,把方剂学理论推到了一个新的阶段。其后,元·赵以德撰《金匮方论衍义》,明·许宏的《金镜内台方义》,吴昆的《医方考》。清·罗美的《古今名医方论》,汪昂的《医方集解》,王子接的《绛雪园古方选注》等,都从各个方面对有关方剂做了证治机理与组方原理的阐发,使方剂学成为一门具有完整理论体系的学科。

新中国成立以来,随着中医药事业的振兴,众多医家研制了不少新的有效方剂,对民间单方、验方进行了大量的发掘和整理,编写出系统的方剂学教材和专著,并且利用现代科学技术与方法对一些方剂做了临床与实验研究,为方剂学的研究开创了新的局面。

综上可见,方剂学是在历代医药学家广泛实践基础上逐步发展成熟的。不仅积累了大量行之有效的方剂,而且已经形成了能够指导临床实践的理论体系,成为祖国医学宝库中的瑰宝之一。因此,学习和研究方剂学是继承和发扬祖国医学遗产的一个重要方面。

学习方剂学首先要深刻理解每首方剂的组方原理,掌握方剂的配伍规律及其配伍变化,熟悉其功用、主治以及临床运用等。在理解贯通的基础上,背诵和熟记一定数量的有代表性的方剂,对组成与功用近似的方剂,加以鉴别比较,从中掌握其特点与异同。只有这样,才能打下扎实的基本功,记得牢固,理解深刻,从而培养较强的辨证、立法、组方的能力,并为顺利学习临床各门课程奠定方剂学基础。

第一章 方剂与治法

第一节 方剂与治法的关系

方剂是祖国医学中理、法、方、药的重要组成部分,理、法、方、药是辨证论治的全部过程。中医治病首先是"辨证",即根据疾病所表现的证候,分析、辨别疾病当前阶段的病因、病机、病性、病位等,然后才能"论治"。

"论治"就是在辨证清楚的基础上,对该病确定恰当的治疗方法,在治法的指导下选用适宜的药物组成方剂。方剂组成后,它的功用、主治必须而且一定是与治法相一致的。概括起来说,治法是组方的依据,方剂是治法的体现,即"方从法出","法随证立","方即是法"。从这个意义上讲,方剂的功用与该病的治法是同一的。例如,一个感冒病人,恶寒发热,头痛身疼,无汗而喘,舌苔薄白,脉浮而紧。医师经过辨证,确定为外感风寒表实证,决定以辛温发汗,宣肺平喘之法治疗,从而选用麻黄汤。麻黄汤是由麻黄、桂枝、杏仁、甘草四味药组成的,具有辛温发汗,宣肺平喘的功用,主治上述风寒感冒,无汗而喘之证。如此,方剂的功用与治法相同,治法与病证相符,则能邪去正复,药到病除。否则,治法与辨证不一,用方与治法相悖,或辨证不清,治法不详,方剂不当,非但失去了辨证论治的意义,而且必然是治疗无效,甚至使病情恶化。因此,辨证、治法、方剂三者必须紧密相合,任何一环发生舛错,则一切枉然。

第二节 常用治法

早在《内经》中就记载有许多治法及其理论依据。《素问·阴阳应象大论》云:"形不足者,温之以气,精不足者,补之以味。其高者,因而越之;其下者,引而竭之;中满者,泻之于内。其有邪者,渍形以为汗,其在皮者,汗而发之。"《素问·至真要大论》中又有:"寒者热之,热者寒之,微者逆之,甚者从之,坚者削之,客者除之,劳者温之,结者散之,留者攻之,燥者濡之,急者缓之,散者收之,损者益之,逸者行之,惊者平之,上之下之,摩之浴之,薄之劫之,开之发之"的记载等。汉代张仲景在《伤寒杂病论》中又总结出若干具体治法,诸如"当以汗解,宜桂枝汤","可发汗,宜麻黄汤","当和胃气,宜调胃承气汤","急下之,宜大承气汤","当从小便去之,苓桂术甘汤主之","当温之,宜四逆辈"等。其后,历代医家在长期医疗实践中又制定了许多治法,以治疗复杂多变的各种疾病。清代程钟龄将诸多治法概括为"八法",他在《医学心语》中说:"论病之原,以内伤外感四字括之。论病之情,则以寒热虚实表里阴阳八字统之。而论治病之方,则又以汗和下消吐清温补八法尽之"。现将"八法"的内容简要介绍如下。

1. 汗法 是通过发汗解表,宣肺散邪的方法,使在表的六淫之邪随汗而解的一种治法。适用于外感表证、疹出不透、疮疡初起以及水肿、泄泻、咳嗽、疟疾而见恶寒发热,头痛身疼等表证者。由于其病情有寒热,邪气有兼夹,体质有强弱,故汗法又有辛温、辛凉的区别,以及汗法与补法、下法、消法、清法、温法等其他治法的结合运用。

2. 吐法 是通过涌吐的方法，使停留在咽喉、胸膈、胃脘的痰涎、宿食以及毒物等从口中吐出的一种治法。适用于中风痰壅，宿食壅阻胃脘，毒物尚在胃中，痰涎壅盛的癫狂、喉痹，以及干霍乱吐泻不得等，属于病情急迫而又急需吐出之证。因吐法易伤胃气，故体虚气弱、妇人新产、孕妇均应慎用。

3. 下法 是通过荡涤肠胃、排出粪便的方法，使停留在肠胃的有形积滞从大便而出的一种治法。适用于燥屎内结，冷积不化，瘀血内停，宿食不消，结痰停饮以及虫积等。由于积滞有寒热，正气有盛衰，邪气有夹杂，故下法有寒下、温下、润下、逐水、攻补兼施之别，以及与汗法、消法、补法、清法、温法等的配合运用。

4. 和法 是通过和解与调和的方法，使半表半里之邪，或脏腑、阴阳、表里失和之证得以解除的一种治法。适用于邪犯少阳，肝脾不和，寒热错杂，表里同病等。《伤寒论》中尚有和营卫、和胃气，及"消息和解其外"等，亦都属于和法的范畴。戴天章又广其义说："寒热并用之谓和，补泻合剂之谓和，表里双解之谓和，平其亢厉之谓和"。何廉臣又增加了"苦辛分消"、"平其复遗"、"调其气血"，使和法的范围逐渐扩大。常用的有和解少阳，开达膜原，调和肝脾，疏肝和胃，调和寒热，表里双解等。

5. 清法 是通过清热、泻火、凉血等方法，使在里之热邪得以解除的一种治疗方法。治疗热证、火证、热甚成毒以及虚热等证。由于里热证有热在气分，热入营血，气血俱热，以及热在某一脏腑之分，因而清法中又有清气分热、清营凉血、气血两清、清热解毒、清脏腑热之别。热证最易伤阴，大热又能耗气，所以清热剂中常配伍生津、益气之品，切不可纯用苦寒泻火之法，苦能化燥伤阴，服之热反不退。此即王冰所谓："寒之不寒，是无水也"。根据病情之虚实，邪气之兼夹，清法又常与汗法、下法、温法、消法、补法配合应用。

6. 温法 是通过温里祛寒的方法，使在里之寒邪得以消散的一种治疗方法。适用于脏腑的沉寒痼冷，寒饮内停，寒湿不化，以及阳气衰微等。由于寒邪所在部位不同，寒邪与阳虚的程度不同，因而温法中又有温中散寒、温暖肝肾、回阳救逆之区分。其他尚有温肺化痰、温胃降逆、温肾纳气、温中行气、温血活血、温阳止血、温里解表等，这又是温法与汗法、下法、消法、补法的配合运用。

7. 消法 是通过消食导滞、行气活血、化痰利水，以及驱虫的方法，使气、血、痰、食、水、虫等所结成的有形之邪渐消缓散的一种治法。适用于饮食停滞，气滞血瘀，癥瘕积聚，水湿内停，痰饮不化，疳积虫积等。消法与下法虽皆治有形之实邪，但两者有所不同。下法是对于病势急迫，形证俱实，必须急下，并且可以从下窍而出的情况下使用。消法则是对病在脏腑、经络、肌肉之间渐积而成，病势较缓，而多虚实夹杂，必须渐消缓散而不能急于排除的病情而设。但两者亦可配合使用，并依据病情之寒热，与温法、清法合用，若涉正虚者，又需与补法配合应用。

8. 补法 是通过补养的方法，恢复人体正气的一种治法。适用于各种虚证。由于虚证有气虚、血虚、阴虚、阳虚之分，所以补法有补气、补血、气血双补、补阴、补阳、阴阳并补以及补心、补肝、补肺、补脾、补肾、滋补肝肾、补脾养心等。若正虚感受外邪，肺虚停饮，脾虚停湿、宿食，气虚留瘀等，则补法又需与汗法、消法合用。此外，尚有峻补、缓补、温补、清补以及"虚则补其母"等法。

上述八种治法，适应了表里寒热虚实不同的证候。但病情往往是复杂的，不是单独一法所能奏效，常须数种方法配合运用，才能无遗邪，无失正，照顾全面。数法合用，又有主次轻重之分，所以虽为八法，但配合之后变法多端。正如《医学心悟》中说："一法之中，八法备焉，八法之中，百法备焉"。因此，临证处方，能够针对具体病证，灵活运用八法，使之切合病情，方能收到满意的疗效。

第二章 方剂的分类

方剂的分类，历代不一。有以病证分类，有以病因分类，有以脏腑分类，有以组成分类，有以治法（功能）分类。

以病证分类的首推《五十二病方》，该书记载了52类疾病，医方283首，涉及内、外、妇、儿、五官等科。但组成简单，用量粗略，部分病名、药名已无从查考，现已不具有临床指导意义。汉·张仲景的《伤寒杂病论》，唐·王焘的《外台秘要》，宋代的《太平圣惠方》，明代的《普济方》，清代《张氏医通》、《兰台轨范》等，都是按病证分类方剂的代表作。这种分类方法，便于临床以病索方。

脏腑分类亦系病证分类之属，只是首列脏腑，下分病证。如唐·孙思邈的《备急千金要方》，清代巨著《古今图书集成医部全录》中的"脏腑身形"等。病因分类亦属病证分类，是以病因为纲，分列诸证。如宋·陈言的《三因极一病证方论》，清·张璐的《张氏医通》都有此项分类。

以组成分类的上可追溯至《内经》，《素问·至真要大论》有："君一臣二，制之小也；君一臣三佐五，制之中也；君一臣三佐九，制之大也。""君一臣二，奇之制也；君二臣四，偶之制也；君二臣三，奇之制也；君二臣六，偶之制也。""补上治上，制以缓；补下治下，制以急；急则气味厚，缓则气味薄。"以及"奇之不去则偶之，是谓重方"等。至金代成无己在《伤寒明理药方论·序》中说："制方之用，大、小、缓、急、奇、偶、复七方是也。"这才明确提出"七方"的名称，并将《内经》的"重"改为"复"。于是后人引伸为"七方"是最早的方剂分类法，但迄今仍未见到按此分类的方书。"七方"的实质，是以病邪的轻重，病位的上下，病势的缓急，病体的强弱作为制方的依据。所谓大方，是指药味多或用量大，以治邪气方盛所需的重剂；小方是指药味少或用量小，以治病浅邪微的轻剂；缓方是指药性缓和，以治病势缓慢需长期服用的方剂；急方是指药性峻猛，以治病势急重急于取效的方剂；奇方是指由单数药味组成的方剂；偶方是指由双数药味组成的方剂；复方则是两方或数方组合的方剂。

确切以组成分类的当首推明·施沛的《祖剂》。该书"首冠素灵二方，次载伊尹汤液一方以为宗，而后悉以仲景之方为祖，其《局方》二陈、四物、四君子等汤以类附焉。"共载历代名方800余首，其中主方75首，附方700余首。清代张璐在《张氏医通》中，除按病因、病证列方外，另编一卷"祖方"，选古方36首为主，附衍化方391首。这种分类方法对类方的研究较为有益，但不能推原所自，始末不清。例如以宋代《局方》的二陈汤为祖方，而将唐代《千金方》的温胆汤反作附方。

以治法分类，亦称功能分类，始于北齐徐之才的"十剂"。原是对药物的一种分类方法，《本草纲目》在序例中说："徐之才曰，药有宣、通、补、泄、轻、重、涩、滑、燥、湿十种。"并于"宣可去壅"、"通可去滞"、"补可去弱"、"泄可去闭"、"轻可去实"、"重可去怯"、"滑可去著"、"涩可去脱"、"燥可去湿"、"湿可去枯"之下，各举数药为例。宋·赵佶著《圣济经》于每种之后加一剂字，如《圣济经·审剂篇》云："故郁而不散为壅，以宣剂以散之"。金·成无己在《伤寒明理药方论》中说："制方之体，宣、通、补、泻、轻、重、涩、滑、燥、湿十剂是也。"至此在方书中才有"十剂"这个名称。但用此分类方剂者却为数极少，除清·陈修园《时方歌括》选108首方剂按宣、通、补、泻、轻、重、燥、湿、涩、滑、寒、热十二剂分类外，其余尚不多见。明·张景岳鉴于"古方之散列于诸家者，既多且杂，或互见于各门，或彼此之重复"，而"类为八阵，曰补、和、攻、散、寒、热、固、因"。并在《景岳全书·新方八略引》中解释说："补方之制，补其虚也。""和方之制，和其不和者也。""攻方之制，攻其实也。""用散者，散表证也。""寒方之制，为清火也。""热方之制，为除寒也。""固方之制，固其泄也。""因方之制，因其可因者也。"共选古方1516首，自制新方186首，均按"新方八阵"、"古方八阵"分类。八阵之外，复列有妇人、小儿、痘疹、外科诸方，以便临证应用。清·汪昂著《医方集解》开创了新的功能分类法，选"正方三百有奇，附方之数过之"，分为补养、发表、涌吐、攻里、表里、和解、理气、理血、祛风、祛寒、清暑、利湿、润燥、泻火、除痰、消导、收涩、杀虫、明目、痈疡、经产及救急良方共22剂。这种分类方法，概念比较明确，切合临床与教学的实际需要。所以后来吴仪洛的《成方切用》，张秉成的《成方便读》等，都仿其法而加以增改。

综上所述，历代对于方剂的分类，繁简不一，各有取义。本教材遵循以法统方的原则，将所辑之方分为解表、泻下、和解、清热、温里、补益、固涩、安神、开窍、理气、理血、治风、治燥、祛湿、祛痰、消食、驱虫、涌吐计十八章，每章分若干小节，使之纲目清晰，便于学习和掌握。

第三章 方剂的组成

方剂是由药物组成的,是在辨证立法的基础上选择合适的药物组合成方。药物的功用各有所长,也各有所偏,通过合理的配伍,增强或改变其原有的功用,调其偏性,制其毒性,消除或减缓其对人体的不利因素,使各具特性的药物发挥综合作用,所谓"药有个性之专长,方有合群之妙用",即是此意。徐大椿在《医学源流论·方药离合论》中说:"方之与药,似合而实离也。得天地之气,成一物之性,各有功能,可以变易气血,以除疾病,此药之力也。然草木之性,与人殊体,入人肠胃,何以之如之所欲,以致其效,圣人为之制方,以调剂之,或用以专攻,或用以兼治,或以相辅者,或以相反者,或以相用者,或以相制者,故方之既成,能使药各全其性,亦能使药各失其性,操纵之法,有大权焉,此方之妙也。"所以说,方剂是运用药物治病的进一步发展与提高。历代医家在长期医疗实践中积累了丰富的经验,总结出比较完整的组方理论,现将方剂的组方原则和组成变化分述如下。

第一节 组方原则

组方原则最早见于《内经》。《素问·至真要大论》说:"主病之谓君,佐君之谓臣,应臣之谓使。"又说:"君一臣二,制之小也,君一臣三佐五,制之中也,君一臣三佐九,制之大也。"金代张元素则明确说:"力大者为君。"(《本草纲目》)并在《医学启源·用药各定分两》中更具体的指出:"为君最多,臣次之,佐使又次之,药之于证,所主停者,则各等分也。"元代李杲在《脾胃论》中再次申明:"君药分量最多,臣药次之,使药又次之。不可令臣过于君,君臣有序,相与宣摄,则可以御邪除病矣。"清代吴仪洛进一步解释说:"主病者,对证之要药也,故谓之君,君者,味数少而分两重,赖之以为主也。佐君之谓臣,味数稍多,分两稍轻,所以匡君之不逮也。应臣者谓之使,数可出入,而分两更轻,所以备通行向导之使也。此则君臣佐使之义也。"根据历代医家的论述,现归纳分析如下。

君药 是针对主病或主证起主要治疗作用的药物。其药力居方中之首,用量较作为臣、佐药应用时要大。在一个方剂中,君药是首要的,是不可缺少的药物。

臣药 有两种意义,一是辅助君药加强治疗主病或主证的药物。二是针对兼病或兼证起治疗作用的药物。它的药力小于君药。

佐药 有三种意义,一是佐助药,即协助君、臣药以加强治疗作用,或直接治疗次要的兼证。二是佐制药,即用以消除或减缓君、臣药的毒性与烈性。三是反佐药,即根据病情需要,用与君药性味相反而又能在治疗中起相成作用的药物。佐药的药力小于臣药,一般用量较轻。

使药 有两种意义,一是引经药,即能引方中诸药以达病所的药物。二是调和药,即具有调和诸药作用的药物。使药的药力较小,用量亦轻。

综上所述,除君药外,臣、佐、使都各具两种以上涵义。在每一首方剂中不一定每种意义的臣、佐、使药都具备,也不一定每味药只任一职。如病情比较单纯,用一二味药即可奏效,或君、臣药无毒烈之性,便不须加用佐药。主病药物能至病所,则不必再加引经的使药。在组方体例上,君药宜少,一般只用一味,《苏沈良方》曾说:"主病者,专在一物,其他则节给相为用"。若病情比较复杂,亦可用至二味,但君药不宜过多,多则药力分散,而且互相牵制,影响疗效。正如陶宏景所说:"若多君少臣,多臣少佐,则药力不周也。"臣药可多于君药,佐药常常多于臣药,而使药则一二味足矣。总之,每一方剂的药味多少,以及臣、佐、使是否齐备,全视病情与治法的需要,并与所选药物的功用、药性密切相关。为了进一步理解君、臣、佐、使的涵义及其具体运用,现以麻黄汤为例分析如下。

麻黄汤出自《伤寒论》,主治外感风寒表实证,见有恶寒发热,头痛身疼,无汗而喘,苔薄白,脉浮紧等症。其病机是风寒外束,卫闭营郁,毛窍闭塞,肺气失宣,治宜发汗解表,宣肺平喘之法。方用麻黄三两(9 g),桂枝二两(6 g)、杏仁七十个(6 g)、甘草一两(3 g)。根据药物性能及用量分析,其药力最大的为麻黄,依次为桂枝、杏仁、甘草。其君、臣、佐、使与方义分析见下表。

麻黄汤
- 麻黄——君,辛温,发汗散风寒,兼宣肺平喘。
- 桂枝——臣,辛甘温,发汗助麻黄解表,同时又能调和营卫。与麻黄合用,可使风寒去,表气和。
- 杏仁——佐,宣利肺气,配合麻黄宣肺散邪,利肺平喘。可使邪气去,肺气和。
- 甘草——使,甘温,调和诸药。并可延缓药力,以防麻、桂之发汗太过。

通过以上对麻黄汤的大略分析,可知组成一首方剂,首先是依据辨证、治法的需要,选定恰当的药物,并酌定用量,明确君、臣、佐、使的不同地位及其相互配伍关系,发挥其综合作用,制约其不利因素。使之用药适宜,配伍严谨,主次分明,恰合病情,无实实,无虚虚,才能取得良好的治疗效果。

第二节 组 成 变 化

方剂的组成既有严格的原则性,又有极大的灵活性。临证组方时在遵循君、臣、佐、使的原则下,要结合患者的病情、体质、年龄、性别与季节、气候,以及生活习惯等,组成一首精当的方剂。在选用成方时,亦须根据病人的具体情况,予以灵活化裁,加减运用,做到"师其法而不泥其方"。但药物加减,用量多寡,剂型更换都会使其功用发生不同变化,这一点必须十分重视。

1. 药味增减变化 方剂是由药物组成的,药物是决定方剂功用的主要因素。因此,方剂中药味的增减,必然使方剂的功效发生变化。药味增减变化有两种情况,一种是佐使药的加减,因为佐使药在方中的药力较小,不致于引起功效的根本改变,所以这种加减是在主证不变的情况下,对某些药进行增减,以适应一些次要兼证的需要。另一种是臣药的加减。这种加减改变了方剂的配伍关系,会使方剂的功效发生根本变化。如三拗汤,即麻黄汤去桂枝。此方仍以麻黄为君,但无桂枝的配合,则发汗力弱,且配以杏仁为臣,其功专主宣肺散寒,止咳平喘,是一首治疗风寒犯肺咳喘的基础方。再如麻黄加术汤,即麻黄汤原方加入白术四两(12g),此方白术亦为臣药,形成一君二臣的格局。麻黄、桂枝发散风寒,白术祛湿,组成发汗祛风寒湿邪之方,是治疗痹证初起的主要方剂。

通过上述分析可以看出,三拗汤与麻黄加术汤虽均以麻黄汤为基础,但由于臣药的增减,其主要药的配伍关系发生了变化,所以其功用与主治则截然不同。

2. 药量增减变化 药量是标识药力的,方剂的药物组成虽然相同,但药物的用量各不相同,其药力则有大小之分,配伍关系则有君臣佐使之变,从而其功用、主治则各有所异。如小承气汤与厚朴三物汤虽均由大黄、厚朴、枳实三药组成,但小承气汤以大黄四两为君,枳实三枚为臣,厚朴二两为佐,其功用则为攻下热结,主治阳明里热结实证的潮热,谵语,大便秘结,胸腹痞满,舌苔老黄,脉沉数。而厚朴三物汤则以厚朴八两为君,枳实五枚为臣,大黄四两为佐使,其功用为行气消满,主治气滞腹满,大便不通。前者行气以助攻下,病机是因热结而浊气不行;后者是泻下以助行气,病机是因气郁而大便不下(表1)。

表 1 小承气汤与厚朴三物汤的鉴别

方剂名称	药物、用量与配伍			功用	主治病证	备注
	君	臣	佐 使			
小承气汤	大黄四两	枳实三枚	厚朴二两	攻下热结	阳明腑实证,潮热谵语,大便秘结,胸腹痞满,苔黄,脉数	大黄直入阳明,不再加使药
厚朴三物汤	厚朴八两	枳实五枚	大黄四两	行气通便	气滞腹满胀痛,大便不通,身无热,脉弦	

表 2 抵当汤与抵当丸的鉴别

方剂名称	组成药物				主治病证	备注
	水蛭	虻虫	大黄	桃仁		
抵当汤	三十条	三十只	三两	二十个	身热,少腹鞭满,小便自利,发狂或如狂	煎汤分三服
抵当丸	二十条	二十只	三两	二十五个	身热,少腹满(不鞭),小便自利,无狂	捣丸分四服

表 3 理中丸与人参汤的鉴别

方剂名称	组成药物				主治病证	备注
	人参	干姜	白术	炙甘草		
理中丸	三两	三两	三两	三两	中焦虚寒,脘腹疼痛,自利不渴,病后喜唾	蜜丸如鸡子黄大,服一丸
人参汤	三两	三两	三两	三两	中上二焦虚寒,心胸痞闷,气从胁下上逆抢心	煎汤分三次服

由此可见,方剂中的用量是很重要的,不能认为只要药物选得适宜,就可以达到预期目的,若用量失宜则药亦无功。所以方剂必须有量,无量则是"有药无方",无量则不能说明其确切的功效。

3. 剂型更换变化 方剂的剂型各有特点,同一方剂,尽管用药、用量完全相同,但剂型不同,其作用亦异。但这种差异只是药力大小与峻缓的区别,在主治病情上有轻重缓急之分而已。如抵当汤与抵当丸,两方基本相同,前者用汤剂,主治下焦蓄血之重证,其人发狂或如狂,少腹鞭满,小便自利;后者用丸剂,主治下焦蓄血之轻证,只见身热,少腹满,小便自利(表2)。又如理中丸与人参汤,两方组成、用量完全相同,前者共为细末,炼蜜为丸如鸡子黄大,治中焦虚寒,脘腹疼痛,自利不渴,或病后喜唾;后者服汤剂,主治中上二焦虚寒之胸痹,症见心胸痞闷，气从胁下上逆抢心。前者虚寒较轻，病势较缓，取丸以缓治；后者虚寒较重，病势较急，取汤以速治（表3）。

　　从以上三种变化形式可以看出，方剂的药味加减、药量增减、剂型更换都会对其功用产生不同影响，特别是主要药的更易与药量的增减，会改变其君、臣的配伍关系，从而改变了作用部位和药物性能，因而其功用与主治则迥然有别。

第四章 剂 型

方剂组成以后，还要根据病情与药物的特点制成一定的型态，称为剂型。方剂的剂型历史悠久，有着丰富的理论和宝贵的实践经验。早在《黄帝内经》中就有汤、丸、散、膏、酒、丹等剂型，历代医家又有很多发展，明代《本草纲目》所载剂型已有40余种。建国以来，随着制药工业的发展，又研制了许多新的剂型，如片剂、冲剂、注射剂等。现将常用剂型的主要特点及制备方法简要介绍如下。

1. 汤剂 古称汤液，是将药物饮片加水或酒浸泡后，再煎煮一定时间，去渣取汁，制成的液体剂型。主要供内服，如麻黄汤、小承气汤等。外用的多作洗浴、熏蒸及含漱。汤剂的特点是吸收快、能迅速发挥药效，特别是能根据病情的变化而随证加减，适用于病证较重或病情不稳定的患者。李杲说："汤者荡也，去大病用之。"汤剂的不足之处是服用量大，某些药的有效成分不易煎出或易挥发散失，不适于大生产，亦不便于携带。

2. 散剂 是将药物粉碎，混合均匀，制成粉末状制剂。分为内服与外用两类，内服散剂一般是研成细粉，以温开水冲服，量小者亦可直接吞服，如七厘散。亦有制成粗末，以水煎取汁服的，称为煮散，如银翘散。散剂的特点是制作简便，吸收较快，节省药材，便于服用与携带。李杲说："散者散也，去急病用之。"外用散剂一般作为外敷，掺散疮面或患病部位，如金黄散、生肌散。亦有作点眼、吹喉等，如八宝眼药、冰硼散等。应研成极细粉末，以防刺激疮面。

3. 丸剂 是将药物研成细粉或药材提取物，加适宜的粘合剂制成球形的固体剂型。丸剂与汤剂相比，吸收较慢，药效持久，节省药材，便于携带与服用。李杲说："丸者缓也，舒缓而治之也。"适用于慢性、虚弱性疾病，如六味地黄丸等。但也有些丸剂药性比较峻急的，此则多为含芳香类药物与毒剧药物，不宜作汤剂煎服，如安宫牛黄丸、舟车丸等。常用的丸剂有蜜丸、水丸、糊丸、浓缩丸等。

(1) **蜜丸** 是将药物细粉用炼制的蜂蜜为粘合剂制成的丸剂，分为大蜜丸和小蜜丸两种。蜜丸性质柔润，作用缓和而持久，并有补益和矫味作用，常用于治疗慢性病和虚弱病，需要长期服用。

(2) **水丸** 俗称水泛丸，是将药物细粉用水（冷开水或蒸馏水）或酒、醋、蜜水、药汁等为粘合剂制成的小丸。水丸较蜜丸崩解、溶散的快，吸收、作用快，易于吞服，适用于多种疾病，如防风通圣丸、左金丸、越鞠丸等。

(3) **糊丸** 是将药物细粉用米糊、面糊、曲糊等为粘合剂制成的小丸。糊丸粘合力强，质地坚硬，崩解、溶散迟缓，内服可延长药效，减轻毒剧药的不良反应和对胃肠的刺激。如舟车丸、黑锡丹等。

(4) **浓缩丸** 是将药物或方中部分药物煎汁浓缩成膏，再与其他药物细粉混合干燥、粉碎，用水或蜂蜜或药汁制成丸剂。因其体积小，含量多，服用剂量少，所以发展很快，可用于治疗多种疾病。

其他尚有蜡丸、水蜜丸、微丸、滴丸等，不一一列举。

第四章 剂 型

4．膏剂 是将药物用水或植物油煎熬去渣而制成的剂型。有内服和外用两种，内服膏剂有流浸膏、浸膏、煎膏三种；外用膏剂分软膏、硬膏两种。其中流浸膏与浸膏多数用作调配其他制剂使用，如合剂、糖浆剂、冲剂、片剂等。现将煎膏与外用膏剂分述如下。

（1）**煎膏** 又称膏滋。是将药物加水反复煎煮，去渣浓缩后，加炼蜜或炼糖制成的半液体剂型。其特点是体积小，含量高，便于服用，口味甜美，有滋润补益作用，一般用于慢性虚弱病人，有利于较长时间用药，如鹿胎膏、八珍益母膏等。

（2）**软膏** 又称药膏。是将药物细粉与适宜的基质制成具有适当稠度的半固体外用制剂。其中用乳剂型基质的亦称乳膏剂。多用于皮肤、粘膜或创面。软膏具有一定的粘稠性，外涂后渐渐软化或溶化，使药物慢慢吸收，持久发挥疗效，适用于外科疮疡疖肿、烧烫伤等。

（3）**硬膏** 又称膏药，古称薄贴。系以植物油将药物煎至一定程度，去渣，煎至滴水成珠，加入黄丹等搅匀、冷却制成的硬膏。用时加温摊涂在布或纸上，软化后贴于患处或穴位上，可治疗局部疾病和全身性疾病，如疮疡肿毒、跌打损伤、风湿痹证以及腰痛、腹痛等，常用的有狗皮膏、暖脐膏等。

5．酒剂 又称药酒，古称酒醴。是将药物用白酒或黄酒浸泡，或加温隔水炖煮，去渣取液供内服或外用。酒有活血通络，易于发散和助长药效的特性，故适用于祛风通络和补益剂中使用，如风湿药酒、参茸药酒、五加皮酒等。外用酒剂尚可祛风活血止痛消肿。

6．丹剂 有内服与外用两种，内服丹剂没有固定剂型，有丸剂，也有散剂，每以药品贵重或药效显著而名之曰丹，如至宝丹、活络丹等。外用丹剂亦称丹药，是以某些矿物类药经高温烧炼制成的不同结晶形状的制品。常研粉涂撒疮面，治疗疮疡痈疽，亦可制成药条、药线和外用膏剂应用。

7．茶剂 是将药物经粉碎加工而制成的粗末状制品，或加入适宜粘合剂制成的方块状制剂。用时以沸水泡汁或煎汁，不定时饮用。大多用于治疗感冒、食积、腹泻，近年来又有许多健身、减肥的新产品，如午时茶、刺五加茶、减肥茶等。

8．露剂 亦称药露，多用新鲜含有挥发性成分的药物，用蒸馏法制成的芳香气味的澄明水溶液。一般作为饮料及清凉解暑剂，常用的有金银花露、青蒿露等。

9．锭剂 是将药物研成细粉，或加适当的粘合剂制成规定形状的固体剂型，有纺锤形、圆柱形、条形等。可供外用与内服，研末调服或磨汁服，外用则磨汁涂患处，常用的有紫金锭、万应锭、蟾酥锭等。

10．条剂 亦称药捻，是将药物细粉用桑皮纸粘药后搓捻成细条，或将桑皮纸捻成细条再粘着药粉而成。用时插入疮口或瘘管内，能化腐拔毒，生肌收口，常用的有红升丹药条等。

11．线剂 亦称药线，是将丝线或棉线置药液中浸煮，经干燥制成的外用制剂。用于治疗瘘管、痔疮或赘生物，通过所含药物的轻度腐蚀作用和药线的机械紧扎作用，使其引流通畅或萎缩、脱落。

12．搽剂 是将药物与适宜溶媒制成的专供揉搽皮肤表面或涂于敷料贴用的溶液型、乳状液或混悬液制剂。有保护皮肤和镇痛、引赤及抗刺激作用，常用的松节油搽剂、樟脑搽剂等。

13．栓剂 古称坐药或塞药，是将药物细粉与基质混合制成的一定形状固体制剂。用于腔道并在其间融化或溶解而释放药物，有杀虫止痒、滑润、收敛等作用。《伤寒杂病论》中曾有蛇床子散坐药及蜜煎导法，即最早的阴道栓与肛门栓。近年来栓剂发展较快，可用以治疗全身性疾病。它的特点是通过直肠(也有用于阴道)粘膜吸收，有50%～70%的药物不经过肝脏而直接进行大循环，一方面减少药物在肝脏中的"首过作用"，同时减少药物对肝脏的毒性和副作用，还可以避免胃肠液对药物的影响及药物对胃粘膜的刺激作用。婴幼儿直肠给药尤较方便。常用的有小儿解热栓、消痔栓等。

14．冲剂 是将药材提取物加适量赋形剂或部分药物细粉制成的干燥颗粒状或块状制剂，用时以开水冲服。冲剂具有作用迅速，味道可口，体积较小，服用方便等特点，深受患者欢迎，常用的有感冒退热冲剂、复方羊角冲剂等。

15．片剂 是将药物细粉或药材提取物与辅料混合压制而成的片状制剂。片剂用量准确，体积小。味很苦或具恶臭的药物压片后可再包糖衣，使之易于服用。如需在肠道吸收的药物，则又可包肠溶衣，使之在肠道中崩解。此外，尚有口含片、泡腾片等。

16．糖浆剂 是将药物煎煮去渣取汁浓缩后，加入适量蔗糖溶解制成的浓蔗糖水溶液。糖浆剂具有味甜量小，服用方便，吸收较快等特点，尤适用于儿童服用，如止咳糖浆、桂皮糖浆等。

17．口服液 是将药物用水或其他溶剂提取，经精制而成的内服液体制剂。该制剂集汤剂、糖浆剂、注射剂的制剂特色，具有剂量较少，吸收较快，服用方便，口感适宜等优点。近年来发展很快，尤其是保健与滋补性口服液日益增多，如人参蜂王浆口服液、杞菊地黄口服液等。

18．注射剂 亦称针剂，是将药物经过提取、精制、配制等步骤而制成的灭菌溶液、无菌混悬液或供配制成液体的无菌粉末，供皮下、肌肉、静脉注射的一种制剂。具有剂量准确，药效迅速，适于急救，不受消化系统影响的特点，对于神志昏迷，难于口服用药的病人尤为适宜，如清开灵注射液、生脉注射液等。

以上诸般剂型，各有特点，临证应根据病情与方剂特点酌以选用。此外，尚有胶囊剂、灸剂、熨剂、灌肠剂、气雾剂等，临床中都在广泛应用，而且还在不断研制新剂型，以提高药效与便于临床使用。

第五章 煎药法与服药法

煎药法与服药法亦是方剂运用的一个重要环节,药物配伍与剂型选择虽皆严密,若煎法与服法不当,则药亦无功。正如徐大椿《医学源流论》说:"病之愈不愈,不但方必中病,方虽中病,而服之不得其法,则非特无功,而反有害,此不可不知也。"现将煎药法与服药法分述如下。

第一节 煎 药 法

汤剂是临床最常用的剂型,根据药物性质及病情的差异,应采取不同的煎药方法。煎法是否适宜,对疗效有一定的影响,因此历代医家都颇为重视。《医学源流论》说:"煎药之法,最宜深讲,药之效不效,全在乎此"。

1. 煎药用具 一般以瓦罐、砂锅为好,搪瓷器具或铝制品亦可,忌用铁器、铜器,因为有些药物与铜、铁一起加热之后,会起化学变化,或降低溶解度。煎具的容量宜大些,以利于药物的翻动,并可避免外溢损耗药液。同时应加盖,以防水分蒸发过快,使药物的有效成分不全释放。

2. 煎药用水 以用洁净的冷水,如自来水、井水、蒸馏水均可。前人常用流水、泉水、甘澜水(亦称劳水)、米泔水等。根据药物的特点和疾病的性质,也有用酒或水酒合煎。用水量可视药量、药物质地及煎药时间而定,一般以漫过药面3～5 cm为宜。目前,每剂药多煎煮2次,有的煎煮3次,第一煎水量可适当多些,第二三煎则可略少。每次煎得量100～150ml即可。

3. 煎药火候 前人有"武火"、"文火"之分,急火煎之谓"武火",慢火煎之谓"文火"。一般先用武火,沸腾后即用文火。同时,要根据药物性味及所需时间的要求,酌定火候。解表与泻下之剂,煎煮时间宜短,其火宜急,水量宜少;补益之剂 煎煮时间宜长,其火宜慢,水量略多。如将药煎煮焦枯,则应弃之不用,以防发生不良反应。

4. 煎药方法 煎药前,先将药物浸泡20～30分钟之后再煎煮,其有效成分则易于煎出。对某些要求特殊煎法的药物,应在处方中加以注明。

(1) 先煎 介壳与矿物类药物,因质地坚实,药力难于煎出,应打碎先煎,煮沸后20分钟左右,再下其他药。某些质地较轻而又用量较多以及泥沙多的药物(如灶心土、糯稻根等),亦可先煎取汁,然后以其药汁代水煎药。

(2) 后下 气味芳香的药物,以其挥发油取效的,只煎5分钟左右即可。用大黄取其攻下,一般煎10～15分钟即可。对所有后下药物,都应先进行浸泡再煎。

(3) 包煎 某些煎后药液混浊,或对咽喉有刺激作用以及易于粘锅的药物,如赤石脂、旋覆花、车前子等,要用纱布包好,再放入锅内与其他药同煮。

(4) 单煎 某些贵重药物,如羚羊角、西洋参等,为了避免其有效成分,被其他药物吸收,可切片单煎取汁,再与其他药液和服,亦可单独服用。

(5) 溶化（烊化）　胶质、粘性大而且容易溶解的药物，如阿胶、蜂蜜等，应单独溶化，趁热与煎好的药液混合均匀，顿服或分服，以免因其性粘而影响其他药的煎煮。

(6) 冲服　某些芳香或贵重药物，不宜加热煎煮的，应研为细末，用药液或温水冲服，如麝香、牛黄、琥珀等。

此外，汤剂煎取药液后，应对药渣适当进行压榨，可以再收取部分有效药液，对提高药材有效成分的浸出率有实际意义。

第二节　服 药 法

服药方法是否恰当，对疗效亦有一定的影响。其中包括服药时间、服用方法以及药后调护。

1. 服药时间　《神农本草经》记载："病在胸膈以上者，先食后服药；病在心腹以下者，先服药而后食；病在四肢血脉者，宜空腹而在旦；病在骨髓者，宜饱食而在夜。"一般说来，病在上焦，宜食后服；病在下焦，宜食前服；补益药与泻下药，宜空腹服；安神药宜临卧服；对胃肠有刺激的，亦应食后服。急性重病则不拘时服，慢性病应按时服，治疟药宜在发作前2小时服。十枣汤服在平旦，鸡鸣散服在五更。这些服药时间对提高疗效都有重要的临床意义。

2. 服用方法　服用汤剂，一般一日1剂，分2～3次温服。根据病情需要，有的一日只服1次，有的可以一日数服，有的又可煎汤代茶服，甚至一日连服2剂。李杲说："病在上者，不厌频而少；病在下者，不厌顿而多。少服则滋荣于上，多服则峻补于下。"另外，尚有热服、冷服。通常是治疗热证可以寒药冷服，治疗寒证可以热药热服，这样可以辅助药力。但若病情严重时，又应寒药热服，热药冷服，以防邪药格拒。《素问·五常政大论》曾有"治热以寒，温而行之；治寒以热，凉而行之"以及"治温以清，冷而行之；治清以温，热而行之"的记载，后者即是常法，前者则是反佐服法。对于服药呕吐者，宜加入少量姜汁，或先服姜汁，然后服药，亦可采取冷服，小量频服的方法。对于昏迷或口噤的病人，吞咽困难者，可用鼻饲法给药。

使用峻烈药与毒性药时，宜从小量开始，逐渐加量，取效即止，慎勿过量，以免发生中毒和损伤正气。《神农本草经》说："若用毒药疗病，先起如黍粟，病去即止，不去倍之，不去十之，取去为度。"总之，应根据病情、病位、病性和药物的特点来决定不同的服用方法。

3. 药后调护　服药后的调养与护理是用法的内容之一，它不仅直接影响着药效，而且关系到病体的康复。《伤寒论》在桂枝汤的用法中说："啜热稀粥一升余，以助药力。温覆令一时许，遍身漐漐微似有汗者益佳，不可令如水流漓，病必不除。"十枣汤服后则"得快下利后，糜粥自养"。白散服后，"不利，进热粥一杯；利过不止，进冷粥一杯"。一般服解表药，应取微汗，不可大汗，然亦不能汗出不彻。服泻下剂后，应注意饮食，不宜进生冷难消化的食物，以免影响脾胃的健运。

服药后的饮食宜忌有两方面因素，一是疾病对饮食的宜忌，如水肿病宜少食盐，消渴病宜忌糖，下利慎油腻，寒证禁生冷等。另一面是药物对饮食的宜忌，如含地黄的方药，应忌食萝卜，有土茯苓的忌茶叶，服荆芥时宜忌河豚与无鳞鱼等。《本草纲目》在"服药食忌"中列诸药忌食之后，总括的说："凡服药，不可杂食肥猪犬肉，油腻羹鲙，腥臊陈臭诸物。凡服药，不可多食生蒜、胡荽、生葱、诸果、诸滑滞之物"。

其他尚有汗后避风，以及慎劳役，戒房事，节恚怒等，以防"劳复"、"食复"，或影响治疗效果。

附　古方药量考证

由于历代度量衡制度的改变和地区的不同，所以古今用量差别很大，计量单位的名称亦不一致。古秤(汉制)以铢、分、两、斤计算，即六铢为一分，四分为一两，十六两为一斤。及至宋代，遂立两、钱、分、厘之目，即十厘为一分，十分为一钱，十钱为一两，十六两为一斤。元、明以及清代，沿用宋制，很少变易。故宋、明、清之方，凡言分者，均是分厘之分，不同于古之二钱半为一分之分。李时珍在《本草纲目》中说："今古异制，古之一两，今用一钱可也。"现在从其说，汉之一两，可用 3g。

古方容量，有斛、斗、升、合、勺之名，均以十进制，即十勺为一合，十合为一升，十升为一斗，十斗为一斛。如何折算重量，宋《重修政和经史证类备用本草》记载："凡方云半夏一升者，洗毕秤五两为正；蜀椒一升者，三两为正；吴茱萸一升者，五两为正"。依据药物质地的轻重，一升约三至九两左右。至于量散剂尚有刀圭、方寸匕、钱匕、一字等名称，所谓方寸匕者，即作匕正方一寸，抄散取不落为度。刀圭，即方寸匕的十分之一。钱匕者，即以汉五铢钱抄取药末，亦以不落为度。一字，即以开元通宝钱币(币上有开元通宝四字分列四周)抄取药末，填去一字之量。其中一方寸匕药散约合五至八分，(今用 2～3 g)；一钱匕药散约合三至五分，(今用 1～2g)。另外，丸剂的大小、数量，有弹丸大、梧桐子大，以至麻子大等，如一鸡子黄＝一弹丸＝40 梧桐子＝80 粒大豆＝160 粒大麻子＝480 粒小豆＝1440 粒小麻子（古称细麻，即胡麻）。

古今医家对古代方剂用量，虽曾作了很多考证，但至今仍未作出结论。但汉、晋时期的衡量肯定比现在为小，且用法亦不相同。仲景之方每剂只作一煎，多数分 3 次服用，今则每剂作两煎，分 2 至 3 次服。所以其用量差别较大。本教材对古方仍录其原来的用量，主要是作为理解古方的配伍意义、组方特点，以及临证用药配伍比例的参考。在临床应用时，须参考《中药学》和近代各家医案所用剂量，并随地区、气候、年龄、体质及病情需要来决定。

根据国务院的指示，从 1979 年 1 月 1 日起，全国中医处方用药计量单位一律采用以"g"为单位的公制。兹附十六进制与公制计量单位换算率如下：

一斤(16 两) = 0.5kg = 500g

一两 = 31.25g

一钱 = 3.125g

一分 = 0.3125g

一厘 = 0.03125g

（注：换算时尾数可以舍去）

第六章 解 表 剂

凡以解表药为主组成,具有发汗,解肌,透疹等作用,可以治疗表证的方剂,统称解表剂。属"八法"中的"汗法"。

解表剂主要用于六淫病邪侵袭肌表、肺卫所致的表证,此时邪未深入,病势轻浅,可用辛散轻宣的药物使外邪仍从肌表而出。正如《素问·阴阳应象大论》说:"其在皮者,汗而发之","因其轻而扬之"。如果失时不治,或治不如法,病邪不从外解,必转而深入,变生他证。所以《素问·阴阳应象大论》指出:"善治者,治皮毛,其次治肌肤,其次治筋脉,其次治六腑,其次治五脏,治五脏者,半死半生也"。强调外感六淫初起,及时运用解表剂治疗,使邪从外解,能早期治愈,防止传变。

解表剂主要用治表证,故凡风寒所伤或温病初起,以及麻疹、疮疡、水肿、疟疾、痢疾等病初起之时,见恶寒,发热,头痛,身疼,苔白或黄,脉浮等表证者,均可用解表剂治疗。

由于病邪性质有寒热之不同,患者体质有虚实之差别,因此解表剂分为辛温解表、辛凉解表、扶正解表三类,分别适用于表寒证、表热证以及虚人外感证等。

解表剂多用辛散轻宣之品组方,故煎药时间不宜太久,以免药性耗散,影响疗效。在服法上一般宜温服,服后取汗,宜遍身漐漐微汗为佳,不可发汗太过,也不能发汗不彻。因汗出不彻,则病邪不解;汗出太过,易耗气伤阴,甚则造成亡阴亡阳之危候。若表邪未尽,而又出现里证者,一般应先解表,后治里;表里俱急者,则当表里双解。如病邪已经入里,或麻疹已透,疮疡已溃,虚性水肿,吐泻伤津等,均不宜用。服解表剂后,应注意避风寒,或增加衣被,以助取汗。同时,应注意禁生冷、油腻之品,以免影响药物的吸收及药效的发挥。

第一节 辛温解表

辛温解表剂,主治外感风寒表证。症见恶寒发热,头痛项强,肢体痠痛,口不渴,舌苔薄白,脉浮紧或浮缓等。常用辛温解表药如麻黄、桂枝、羌活等为主组成方剂。由于风寒束表,常致肺失宣降,故此类方剂亦每多配伍宣肺理气,止咳化痰之品。代表方如麻黄汤、桂枝汤、九味羌活汤、小青龙汤、香薷散等。

麻 黄 汤

《伤寒论》

【组成】 麻黄去节,三两(9 g)　桂枝二两(6 g)　杏仁去皮尖,七十个(6 g)　甘草炙,一两(3 g)

【用法】 上四味,以水九升,先煮麻黄减二升,去上沫,内诸药煮取二升半,去滓,温服八合,覆取微似汗,不须啜粥,余如桂枝法将息。

【功用】 发汗解表,宣肺平喘。

【主治】 外感风寒表实证。恶寒发热,头疼身痛,无汗而喘,舌苔薄白,脉浮紧。

【方解】 本方证为外感风寒所致。风寒束表,营卫首当其冲,寒性收引凝滞,致卫阳被遏,营阴郁滞,腠理闭塞,经脉不通,故恶寒,发热,无汗,头身疼痛;肺主气,合皮毛,毛窍闭塞,肺气不能宣通,则上逆为咳喘。治当发汗宣肺,以解在表之寒邪,开泄闭郁之肺气。麻黄味苦辛性温,入肺与膀胱经,善开腠理,具有发汗解表,宣肺平喘之功,故本方用以为君药。由于本证属卫郁营滞,故单用麻黄发汗,只能解卫气之闭郁,所以又用透营达卫的桂枝为臣药,解肌发表,温经散寒,既可助麻黄发汗解表之力,又能使邪气去而营卫和。杏仁降利肺气,与麻黄相伍,一宣一降,以复肺气之宣降,增强宣肺平喘之功,为佐药。炙甘草既能调和宣降之麻杏,又能缓和麻桂相合峻烈之性,使汗出不致过猛而伤耗正气,是使药而兼佐药之用。四药合用,表寒得散,肺气宣通,则诸证自平。

麻黄、桂枝相配,一发卫气之郁以开腠理,一透营分之郁以和营卫,相须为用,以增强发汗解表之功,是本方的主要配伍特点。

【运用】

1. 本方是治疗外感风寒表实证的代表方剂。以恶寒发热,无汗而喘,脉浮紧为证治要点。因本方为辛温发汗之峻剂,故《伤寒论》对"疮家"、"淋家"、"衄家"、"亡血家",以及外感表虚自汗,血虚而脉兼"尺中迟",误下而见"身重心悸"等,虽有表寒证,亦皆禁用。

2. 感冒、流行性感冒、以及急性支气管炎、支气管哮喘属风寒表实证者,可用本方治疗。

【附方】

1. 麻黄加术汤(《金匮要略》) 即麻黄汤原方加白术四两(12g)。上五味,以水九升,先煮麻黄,减二升,去上沫,内诸药煮取二升半,去滓,温服八合,覆取微似汗。功用:发汗解表,散寒祛湿。主治:风寒湿痹,身体烦疼,无汗等。

2. 麻杏苡甘汤(《金匮要略》) 麻黄去节,半两,汤泡(6g) 杏仁十个,去皮尖,炒(6g) 甘草一两,炙(3g) 薏苡仁半两(12g) 锉麻豆大,每服四钱(12g)。水一盏,煮八分,去滓温服,取微汗避风。功用:解表祛湿。主治:风湿一身尽疼,发热,日晡所剧者。

3. 大青龙汤(《伤寒论》) 麻黄去节,六两(12g) 桂枝二两(6g) 甘草炙,二两(6g) 杏仁去皮尖,四十粒(6g) 石膏如鸡子大,碎(18g) 生姜三两(9g) 大枣十二枚,擘(3g) 以水九升,先煮麻黄,减二升,去上沫,内诸药煮取三升,去滓,温服一升,取微似汗。汗出多者,温粉扑之。一服汗者停后服,汗多亡阳遂虚,恶风烦躁,不得眠也。功用:发汗解表,清热除烦。主治:外感风寒,不汗出而烦躁,身疼痛,脉浮紧。

4. 三拗汤(《太平惠民和剂局方》) 麻黄不去节 杏仁不去皮尖 甘草不炙,各等分 为粗末,每服五钱(15g),水一盏半,姜五片,同煮至一盏,去滓,口服,以衣被覆取微汗。功用:宣肺解表。主治:感冒风邪,鼻塞声重,语音不出,咳嗽胸闷。

5. 华盖散(《太平惠民和剂局方》) 麻黄去根节 桑白皮蜜炙 紫苏子隔纸炒 杏仁去皮尖,炒 赤茯苓去皮 陈皮去白各一两(各9g) 甘草炙,半两(6g) 上药为末,每服二钱(6g),水一盏,煎至七分,去渣,食后温服。功用:宣肺解表,祛痰止咳。主治:肺感风寒,咳嗽上气,痰气不利,呀呷有声,脉浮者。

麻黄加术汤与麻杏苡甘汤均由麻黄汤加减而成,都是治疗外感风寒夹湿的方剂。麻黄加术汤主治"湿家身烦疼",属素体多湿,又感风寒所致,故用麻黄汤加白术四两以发汗解表,散寒祛湿。然发汗祛湿,又不宜过汗,方中麻黄得白术虽发汗而可不致太过,白术得麻黄则能尽去表里之湿,相辅相制,深得配伍之妙。服后得"微似汗",则风寒湿邪俱去,但必须身烦疼而有恶寒、发热、无汗者为宜,有汗者慎不可用之。现代临床除用治寒湿在表外,尚多用于急性肾炎早期属风寒表实证者。麻杏苡甘汤具有发汗解表,祛风利湿之功效,主治汗出当风,或久伤受冷所致之风湿在表诸症,本方之表寒及身疼均较麻黄加术汤证为轻,且日晡发热增剧,有化热之倾向,故而不用桂枝、白术,改用渗湿之薏苡仁。全方用量亦轻,是为微汗之用。

大青龙汤系由麻黄汤加重麻黄用量,再加石膏、姜、枣而组成。主治外感风寒表实重证而兼里有郁热者。方中倍用麻黄,故其发汗之力尤峻。其烦躁为郁热在里,纯用辛温发汗,须防助热,所以加石膏清热除烦;炙甘草倍用,并借姜、枣,既可助解表而调营卫,又可益脾胃以滋汗源,使汗出表解,寒热烦躁并除。

三拗汤与华盖散虽以麻黄汤为基础加减而成,但都是重在宣散肺中风寒,所以主治皆有咳喘。三拗汤所治是风寒所伤的咳喘,华盖散所治是素体痰多,所以更加苏子、陈皮、桑皮、赤茯苓以降气祛痰,加强化痰止咳的作用。

【文献摘要】

《本草纲目》:"麻黄乃肺经专药,故治肺病多用之。张仲景治伤寒无汗用麻黄,有汗用桂枝……津液为汗,汗即血也。在营则为血,在卫则为汗。夫寒伤营,营血内涩,不能外通于卫,卫气闭固,津液不行,故无汗发热而憎寒。夫风伤卫,卫气外泄,不能内护于营,营气虚弱,津液不固,故有汗发热而恶风。然风寒之邪,皆由皮毛而入,皮毛者,肺之合也。肺主卫气,包罗一身,天之象也。是证虽属乎太阳,而肺实受邪气。其证时兼面赤怫郁,咳嗽有痰,喘而胸满诸证者,非肺病乎?盖皮毛外闭,则邪热内攻,而肺气膹郁。故用麻黄、甘草同桂枝,引出营分之邪,达之肌表,佐以杏仁泄肺而利气。"

实验研究:麻黄汤与桂枝汤药理作用比较结果证明:麻黄汤降低发热家兔肛温的作用较桂枝汤缓慢而弱。对小鼠正常皮温的降温作用以麻黄汤为速。促进小白鼠唾液分泌的强度大于桂枝汤。两方增加小鼠泪腺分泌,对氨水致咳小鼠的镇咳,促使小鼠支气管分泌酚红及抑制蟾蜍口腔粘膜纤毛运动的作用无明显差异。麻黄汤能使小鼠肺支气管灌流时间缩短20.39%,而桂枝汤则无此作用(中医杂志,1984; 8:63)。

【方歌】

麻黄汤中用桂枝,杏仁甘草四般施,

发热恶寒头项痛,喘而无汗服之宜。

桂 枝 汤

《伤寒论》

【组成】 桂枝三两(9g) 芍药三两(9g) 甘草炙,二两(6g) 生姜切,三两(9g) 大枣十二枚,擘(3枚)

【用法】 上五味,㕮咀,以水七升,微火煮取三升,适寒温,服一升。服已须臾,啜热稀粥一升余,以助药力。温覆令一时许,遍身漐漐微似有汗者益佳,不可令如水流漓,病必不除。若一服汗出病瘥,停后服,不必尽剂;若不汗,更服如前法;又不汗,后服小促其间,半日许,令三服尽。若病重者,一日一夜服,周时观之,服一剂尽,病证犹在者,更作服;若汗不出,乃服至二三剂。禁生冷、粘滑、肉、面、五辛、酒酪、臭恶等物。

【功用】 解肌发表,调和营卫。

【主治】 外感风寒表虚证。头痛发热,汗出恶风,鼻鸣干呕,苔白不渴,脉浮缓或浮弱者。

【方解】 本方证因风寒束表,营卫不和所致。外感风寒表虚证,《伤寒论》谓之太阳中风,其病机为卫强营弱。外感风邪,风性疏泄,卫气因之失其固护之性,"阳强而不能密",不能固护营阴,致令营阴不能内守而外泄,故头痛发热,汗出恶风,脉浮缓等。邪气郁滞,肺胃失和,则鼻鸣干呕。风寒在表,应以辛温发散以解表,但本方证属表虚,腠理不固,故以解肌发表,调和营卫,即祛邪调正兼顾为治。方中桂枝为君,助卫阳,通经络,解肌发表而祛在表之风邪。芍药为臣,益阴敛营,敛固外泄之营阴。桂芍等量合用,一治卫强,一治营弱,散中有收,汗中寓补,使表邪得解,营卫调和。生姜辛温,既助桂枝辛散表邪,又兼和胃止呕;大枣甘平,意在益气补中,且可滋脾生津。姜枣相配,是为补脾和胃、调和营卫的常用组合,共为佐药。炙甘草调和药性,合桂枝辛甘化阳以实卫,合芍药酸甘化阴以和营,功兼佐使之用。综观本方,药虽五味,结构严谨,发中有补,散中有收,邪正兼顾,阴阳并调,故而柯琴在《伤寒附翼》中赞桂枝汤"为仲景群方之冠,乃滋阴和阳,调和营卫,解肌发汗之总方也"。

本方证属外感风寒表虚已有汗出,何以又用桂枝汤以发汗?盖本证之自汗,是由风寒外袭,卫阳不固,营阴失守,津液外泄所致。故外邪不去,营卫不和,则汗不能止。桂枝汤虽曰"发汗",实寓解肌发表与调和营卫双重用意,俾外邪去而肌表固密,营卫和则津不外泄。故如法服用本方,于遍身微汗之后,则原证之汗出自止。为了区别两种汗出的不同性质,近贤曹颖甫称外感风寒表证之汗出为"病汗",谓服桂枝汤后之汗出为"药汗",并鉴别指出:"病汗常带凉意,药汗则带热意,病汗虽久,不足以去病,药汗瞬时,而功乃大著,此其分也。"(《经方实验录》)实属临证有得之谈。

本方的治疗范围,从《伤寒论》与《金匮要略》以及后世医家的运用情况来看,不仅用于外感风寒表虚证,而且还运用于病后、产后体弱等因营卫不和所致的病证。这是因为桂枝汤本身具有调和营卫、阴阳、气血的作用,而许多疾病在其病变过程中,多可出现营卫、气血、阴阳失调的病理状态,正如徐彬所说:"桂枝汤,外证得之,解肌和营卫;内证得之,化气调阴阳"(《金匮要略论注》)。是对本方治病机理的高度概括。

麻黄汤和桂枝汤同属辛温解表方剂,都可用治外感风寒表证,但麻黄汤中麻、桂并用,佐以杏仁,发汗散寒力强,又能宣肺平喘,为辛温发汗之重剂,适用于外感风寒,恶寒发热而无汗喘咳之表实证。桂枝汤中桂、芍并用,佐以姜枣,发汗解表之力逊于麻黄汤,但有调和营卫之功,为辛温解表之和剂,适用于外感风寒,发热有汗而恶风之表虚证。

【运用】

1. 本方是治疗外感风寒表虚证的代表方剂。以发热,恶风,汗出,脉浮缓为证治要点。对于表实无汗,或表寒里热,不汗出而烦躁,以及温病初起,见发热口渴,咽痛脉数者,皆不宜使用。《伤寒论》对本方服法的要求也极为讲究,首先是"适寒温"服之,"服已须臾,啜热稀粥",借水谷之精气,温养中焦,不但易为酿汗,更可使外邪速去而不致重感。同时,"温覆令一时许",即是避风助汗之意,待其"遍身漐漐,微似有汗",是脾胃之气已和,津液得通,营卫和谐,腠理复固,故云"益佳"。至于服后汗出病瘥,停后服,不效,再服,"乃服至二三剂",以及禁食生冷粘腻、酒肉臭恶等,尤其是"不可令如水流漓,病必不除",是服解表剂应该注意的通则。

2．若兼项背强几几，可加葛根以增强解肌发表，生津舒筋之力；若素有喘咳，又感风寒而见桂枝汤证者，可加厚朴、杏仁以下气平喘。

3．常用此加减治疗感冒、流行性感冒、原因不明的低热，或多形红斑、荨麻疹、皮肤瘙痒症、冬季皮炎、冻疮以及妊娠呕吐、产后病后低热等病，属阴阳营卫不和者。

【附方】

1．桂枝加桂汤（《伤寒论》） 桂枝五两,去皮(15 g) 芍药三两(9 g) 生姜三两,切(9 g) 甘草二两,炙(6 g) 大枣十二枚,擘(3 枚) 上五味，以水七升，煮取三升，去滓，温服一升。功用：温通心阳，平冲降逆。主治：太阳病误用温针或因发汗过多而发奔豚，气从少腹上冲心胸，起卧不安，有发作性者。

2．桂枝加芍药汤（《伤寒论》） 桂枝三两(9 g) 芍药六两(18 g) 甘草炙,二两(6 g) 大枣十二枚,擘(3 枚) 生姜切,三两(9 枚) 上五味，以水七升，煮取三升，去渣，温分三服。功用：调和气血，缓急止痛。主治：太阳病误下，邪陷太阴，腹满时痛者。

两方皆由桂枝汤改变药量而成，然已由治表之方变为治里之剂。桂枝加桂汤主治太阳病发汗太过，伤损心阳，心阳不能下蛰于肾，肾之寒气上犯凌心所致的奔豚气病，故加桂二两以加强温通心阳，平冲降逆之作用。桂枝加芍药汤主治太阳病误下损伤脾气，肝木乘脾所致之腹满时痛，故倍芍药以柔肝缓急止痛。

【文献摘要】

《医宗金鉴·伤寒论注》："凡风寒在表，脉浮弱自汗出者，皆属表虚，宜桂枝汤主之。名曰桂枝汤者，君以桂枝也。桂枝辛温，辛能散邪，温从阳而扶卫。芍药酸寒，酸能敛汗，寒走阴而益营。桂枝君芍药，是于发散中寓敛汗之意；芍药臣桂枝，是于固表中有微汗之道焉。生姜之辛，佐桂枝以解肌表；大枣之甘，佐芍药以和营里。甘草甘平，有安内攘外之能，用以调和表里，且以调和诸药矣。以桂、芍之相须，姜、枣之相得，借甘草之调和阳表阴里，气卫血营，并行而不悖，是刚柔相济以为和也。而精义在服后须臾啜热粥以助药力。盖谷气内充，不但易为酿汗，更使已入之邪不得少留，将来之邪不得复入也。又妙在温覆令一时许，絷絷微似有汗，是授人以微汗之法。不可令如水流漓，病必不除，是禁人以不可过汗之意也。此方为仲景群方之冠，乃解肌发汗，调和营卫之第一方也。凡中风、伤寒、脉浮弱、汗自出而表不解者，皆得而主之。其他但见一二证即是，不必悉具。"

实验研究：桂枝汤具有较强的解热作用，除了能促进汗腺分泌外，还与镇静作用及中枢性降温作用有关。还有较强的镇痛作用，可使小鼠醋酸性扭体反应有抑制作用，显示较强的镇痛作用。桂枝汤也有较强抗甲醛性炎症的作用，揭示该方有较强抗炎作用。实验还表明桂枝汤能抑制小鼠自由活动，增强巴比妥类催眠作用，支持了桂枝汤的中枢镇静作用（中成药研究，1983; 3:25）。

【方歌】

桂枝汤治太阳风，芍药甘草姜枣同，

解肌发表调营卫，表虚有汗此为功。

九味羌活汤

张元素方,录自《此事难知》

【组成】 羌活 防风 苍术(各6g) 细辛(2g) 川芎 白芷 生地黄 黄芩 甘草(各3g)

【用法】 上九味,㕮咀,水煎服,若急汗热服,以羹粥投之,若缓汗温服,而不用汤投之也。

【功用】 发汗祛湿,兼清里热。

【主治】 外感风寒湿邪,兼有里热证。恶寒发热,肌表无汗,头痛项强,肢体痠楚疼痛,口苦微渴,舌苔白或微黄,脉浮。

【方解】 本方治证由外感风寒湿邪,内有蕴热所致。风寒束于肌表,故恶寒发热,无汗头痛;湿邪郁滞经络,气血运行不畅,故肢体痠楚疼痛;口苦微渴者,是兼有里热之象。治宜发散风寒湿邪为主,兼清里热为辅。方中羌活辛苦温,入太阳经,散表寒,祛风湿,利关节,止痹痛,为治风寒湿邪在表之要药,故以为君药。防风辛甘性温,长于祛风除湿,散寒止痛,为风药中之润剂;苍术辛苦温燥,功可发汗除湿;两药相合,协助羌活散寒除湿止痛,是为臣药。细辛、白芷、川芎散寒祛风,宣痹以止头身疼痛;生地、黄芩清泄里热,并防诸辛温燥烈之品伤津,均为佐药。甘草调和诸药为使。诸药配伍,既能统治风寒湿邪,又能兼顾协调表里,共成发汗祛湿,兼清里热之剂。

本方配伍特点有二,一是升散药和清热药的结合运用。正如《顾松园医镜》所说:"以升散诸药而臣以寒凉,则升者不峻;以寒凉之药而君以升散,则寒者不滞。"二是体现了分经论治的基本结构。原书服法中强调,"视其经络前后左右之不同,从其多少大小轻重之不一,增损用之",明示本方药备六经,通治四时,运用当灵活权变,不可执一,对后世颇有启迪。

【运用】

1. 本方为主治四时感冒风寒湿邪,表实无汗而兼有里热证的常用方剂。以恶寒发热,头痛无汗,肢体痠楚疼痛,口苦微渴为证治要点。方中虽有生地、黄芩之寒,但总属辛温燥烈之剂,故风热表证及阴虚内热者不宜使用。

2. 若湿邪较轻,肢体痠楚不甚者,可去苍术、细辛以减温燥之性;痛剧者,则可倍用羌活,以加强通痹止痛之力;湿重胸满者,可去滋腻之生地黄,加枳壳以行气化湿宽胸;无口苦微渴者,生地、黄芩又当酌情裁减。

3. 常用于治疗感冒、急性肌炎、风湿性关节炎、偏头痛等病,属外感风寒湿邪,兼有里热证候者。

【附方】

羌活胜湿汤(《内外伤辨惑论》) 羌活 独活各一钱(各6g) 藁本 防风 甘草炙 川芎各五分(各3g) 蔓荆子二分(2g) 上㕮咀,都作一服,水二盏,煎至一盏,去滓,大温服,空心食前。功用:祛风胜湿止痛。主治:风湿在表,肩背痛不可回顾,头痛身重,或腰脊疼痛,难以转侧,苔白脉浮。

本方与九味羌活汤组成中都有羌活、防风、川芎、甘草,均可祛风除湿,止头身痛。但九味羌活汤配有苍术、白芷、细辛、生地、黄芩,而解表之力略胜,兼能清内热,故其主治以恶寒发热为主,兼口苦微渴。本方则配有独活、蔓荆子、藁本,重在祛周身风湿,而解表之力弱,故其主治以头身重痛为主,恶寒发热之表证不著。

【文献摘要】

《医方考》:"触冒四时不正之气而成时气病,憎寒壮热,头疼身痛口渴,人人相似者,此方主之。谓春时应暖而反大寒,夏时应热而反大凉,秋时应凉而反大热,冬时应寒而反大温,此非其时而有其气,是以一岁之中,长幼之病多相似也。药之为性,辛者得天地之金气,于人为义,故能匡正而黜邪。羌防苍辛芎芷,皆辛物也,分经而主治,邪在太阳者治以羌活,邪在阳明者治以白芷,邪在少阳者治以黄芩,邪在太阴者治以苍术,邪在少阴者治以细辛,邪在厥阴者治以川芎,而防风者又诸药之卒徒也。用生地所以祛血中之热,而甘草又所以和诸药而除气之中热也。易老自序云:此方冬可以治寒,夏可以治热,春可以治温,秋可以治湿,是诸路之应兵也。用之以治四时瘟疠,诚为稳当,但于阴虚、气弱之人,在所禁尔。"

【方歌】

九味羌活用防风,细辛苍芷与川芎,

黄芩生地同甘草,分经论治宜变通。

香 薷 散

《太平惠民和剂局方》

【组成】　香薷一斤(9g)　白扁豆微炒　厚朴姜制,各半斤(各6g)

【用法】　上为粗末,每三钱(9g),水一盏,入酒一分,煎七分,去滓,水中沉冷。连吃二服,随病不拘时。

【功用】　祛暑解表,化湿和中。

【主治】　阴暑。恶寒发热,腹痛吐泻,头重身痛,无汗,胸闷,舌苔白腻,脉浮。

【方解】　本方所治证候乃夏月乘凉饮冷,外感风寒,内伤于湿所致。夏月感寒,邪滞肌表,故见恶寒发热,无汗,身痛头重,脉浮等风寒表实证。夏月渴喜冷饮,湿伤脾胃,气机不畅,则胸闷泛恶,腹痛吐泻。舌苔白腻,乃寒湿之候。治宜外散肌表之寒邪,内化脾胃之湿滞。香薷辛温芳香,功能解表除寒,祛暑化湿,是夏月解表之要药,为君药。厚朴苦辛而温,行气除满,内化湿滞,为臣药。更用白扁豆以健脾和中,渗湿消暑,为佐药。入酒少许同煎,意在增强散寒通经之力。三药合用,共成祛暑解表,化湿和中之剂。

【运用】

1. 本方是夏月乘凉饮冷,外感风寒,内伤湿滞的常用方剂。以恶寒发热,头重身痛,无汗,胸闷,苔白腻,脉浮为证治要点。若属表虚有汗或中暑发热汗出,心烦口渴者,则不可使用。

2. 若兼内热者,加黄连以清热;湿盛于里者,加茯苓、甘草以利湿和中;素体脾虚,中气不足者,可再加人参、黄芪、白术、橘红以益气健脾燥湿。

3. 常用于夏季感冒、急性胃肠炎等属暑湿外感风寒证者。

【附方】

新加香薷饮(《温病条辨》)　香薷二钱(6g)　银花三钱(9g)　鲜扁豆花三钱(9g)　厚朴二钱(6g)　连翘二钱(9g)　水五杯,煮取二杯,先服一杯,得汗,止后服,不汗再服,服尽不汗,更作服。功用:祛暑解表,清热化湿。主治:暑温。发热头痛,恶寒无汗,口渴面赤,胸闷不舒,舌苔白腻,脉浮而数者。

香薷散与本方同属祛暑方剂,两方均以辛温之香薷、厚朴祛暑解表,散寒化湿。但香薷散药性偏温,主治暑令感寒挟湿之证;而本方又加金银花、扁豆花、连翘,则药性偏凉,主治暑温兼寒,虽亦恶寒无汗,但有口渴面赤,是当有别。

【文献摘要】

《成方便读》:"此因伤暑而兼感外寒之证也。夫暑必挟湿,而湿必归土,乘胃则吐,乘脾则泻。是以夏月因暑感寒,每多呕泻之证,以湿感于内,脾胃皆困也。此方香薷之辛温香散,能入脾肺气分,发越阳气,以解外感之邪。厚朴苦温,宽中散满,以祛脾胃之湿。扁豆和脾利水,寓匡正御邪之意耳。"

【方歌】

三物香薷豆朴先,散寒化湿功效兼,
若益银翘豆易花,新加香薷祛暑煎。

小 青 龙 汤

《伤寒论》

【组成】 麻黄去节,三两(9g) 芍药三两(9g) 细辛三两(6g) 干姜三两(6g) 甘草三两,炙(6g) 桂枝去皮,三两(9g) 半夏半升,洗(9g) 五味子半升(6g)

【用法】 上八味,以水一斗,先煮麻黄,减二升,去沫,内诸药煮取三升,去滓,温服一升。

【功用】 解表散寒,温肺化饮。

【主治】 外寒内饮证。恶寒发热,无汗,胸痞喘咳,痰多而稀,或痰饮喘咳,不得平卧,或身体疼重,头面四肢浮肿,舌苔白滑,脉浮者。

【方解】 本方主治风寒束表,水饮内停之证。风寒束表,皮毛闭塞,卫阳被遏,营阴郁滞,故见恶寒发热,无汗,身体疼痛;素有水饮之人,一旦感受外邪,每致表寒引动内饮,《难经·四十九难》说:"形寒饮冷则伤肺"。水寒相搏,饮动不居,水寒射肺,肺失宣降,故咳喘痰多而稀;水停心下,阻滞气机,故胸痞;水留胃中,胃气上逆,故干呕;水饮溢于肌肤,故浮肿身重。舌苔白滑,脉浮,是为外寒内饮之佐证。对此外寒内饮之证,单纯发汗散寒,则水饮不化,单纯温肺化饮,则风寒不散,惟解表化饮,表里同治为宜。方中麻黄、桂枝相须为君,发汗散寒以解表邪,且麻黄又能宣发肺气而平喘咳,桂枝温阳以利内饮之化。干姜、细辛为臣,温肺化饮,兼助麻桂解表。然而素有痰饮,纯用辛温发散,既恐耗伤肺气,又须防诸药温燥伤津,故配以五味子酸收敛气,芍药和营养血,并为佐制之用;半夏燥湿化痰,和胃降逆,亦为佐药。炙甘草益气和中,又能调和诸药,是兼佐使之用。药虽八味,配伍严谨,开中有合,宣中有降,使风寒解,营卫和,水饮去,宣降有权,则诸证自平。

本方配伍特点有二,一以麻黄、桂枝解散在表之风寒,配白芍酸寒敛阴,制麻桂而使散中有收;二以干姜、细辛、半夏,温化在肺之痰饮,配五味子敛肺止咳,令开中有合,使之散不伤正,收不留邪。

【运用】

1. 本方是治疗外感风寒,水饮内停的常用方剂。以恶寒发热,无汗,喘咳,痰多而稀,舌苔白滑,脉浮为证治要点。本方辛散温化之力较强,必须确属水寒相搏于肺者,方可使用,且应视病人体质强弱酌定剂量。阴虚干咳无痰或痰热,症见咳痰黄稠,舌苔黄,口渴,脉数者不宜使用。

2．若外寒较轻者,可去桂枝,麻黄改用蜜炙;兼热象,出现烦躁者,可加石膏以清热除烦;口渴者,去半夏之燥,加天花粉以清热生津;喘者,加杏仁以利肺平喘。

3．常用于慢性支气管炎或急性发作、支气管哮喘、老年性肺气肿等病属外寒内饮证者。

【附方】

射干麻黄汤(《金匮要略》) 射干三两(9g) 麻黄四两(9g) 生姜四两(9g) 细辛三两(3g) 紫菀三两(6g) 款冬花三两(6g) 大枣七枚(3枚) 半夏半升(9g) 五味子半升(3g) 上九味,以水一斗二升,先煮麻黄两沸,去上沫,内诸药煮取三升,分温三服。功用：宣肺祛痰,下气止咳。主治：咳而上气,喉中有水鸡声者。

射干麻黄汤与小青龙汤同属解表化饮方剂,但本方主治风寒表证较轻,证属痰饮郁结,肺气上逆者,故于小青龙汤基础上减桂枝、芍药、甘草,加射干、紫菀、款冬花、大枣而成。方中麻黄、细辛散寒解表;款冬、紫菀利肺止咳;射干消痰利咽;半夏、生姜开痰散结,合四法于一方,分解其邪,更加大枣,安中和药。可见小青龙汤表里同治,解表散寒之力大, 射干麻黄汤则治里为主,下气平喘之功强。

【文献摘要】

《重订通俗伤寒论》："风寒外搏,痰饮内伏,发为咳嗽气喘者,必须从小青龙加减施治。盖君以麻、桂辛温泄卫,即佐以芍,草酸甘护营。妙在干姜与五味拌捣为臣,一温肺阳而化饮,一收肺气以定喘。又以半夏之辛滑降痰,细辛之辛润行水,则痰饮悉化为水气,自然津津汗出而解。若不开表而徒行水,何以解风寒之搏束？若一味开表,而不用辛以行水, 又何以去其水气？此方开中有合,升中有降,真如神龙之变化不测。设非风寒而为风温,麻、桂亦不可擅用,学者宜细心辨证,对证的用也。"

实验研究：用小青龙汤不同组合的煎液及醇提取液与对照药（盐酸麻黄碱。盐酸肾上腺素注射液）进行对比研究。结果表明：本方及其主要组成药的水煎液和醇提液,对豚鼠离体气管平滑肌均有不同程度的松弛作用,并有抗组织胺、抗乙酰胆碱和抗氯化钡作用。其中麻黄、半夏在本方平喘作用不是主药,而细辛、五味子、桂枝组合煎液,对离体气管的作用较佳。本汤全方及主要组成药物的煎剂对支气管的解痉作用,均比同剂量的乙醇提取液为差（中成药研究,1982; 3：22）。

【方歌】

小青龙汤最有功,风寒束表饮停胸,

辛夏甘草和五味,姜桂麻黄芍药同。

止 嗽 散

《医学心悟》

【组成】 桔梗炒 荆芥 紫菀蒸 百部蒸 白前蒸,各二斤(各9g) 甘草炒,十二两(3g) 陈皮去白,一斤(6g)

【用法】 共为末,每服三钱(6~9g)开水调下,食后,临卧服,初感风寒,生姜汤调下。

【功用】 宣利肺气,疏风止咳。

【主治】 风邪犯肺证。咳嗽咽痒,咯痰不爽,或微有恶风发热,舌苔薄白,脉浮缓。

【方解】 本方治证为外感咳嗽,经服解表宣肺药后而咳仍不止者。风邪犯肺,肺失清肃,虽经发散,因解表不彻而其邪未尽,故仍咽痒咳嗽,此时外邪十去八九,故微有恶风发热。治法重在理肺止咳,微加疏表之品。方中紫菀、百部为君,两药味苦,都入肺经,其性温而不热,润而不寒,皆可止咳化痰,对于新久咳嗽都能使用。桔梗、白前味辛平,亦入肺经。桔梗味苦辛,善于开宣肺气;白前味辛甘,长于降气化痰。两者协同,一宣一降,以复肺气之宣降,增强君药止咳化痰之力,为臣药。荆芥辛而微温,疏风解表利咽,以除在表之余邪;橘红理气化痰,均为佐药。甘草缓急和中,调和诸药,合桔梗、荆芥又有利咽止咳之功,是为佐使之用。综观全方,药虽七味,量极轻微,具有温而不燥,润而不腻,散寒不助热,解表不伤正的特点。正如《医学心悟》所说:"本方温润和平,不寒不热,既无攻击过当之虞,大有启门驱贼之势。是以客邪易散,肺气安宁"。故对于新久咳嗽,咯痰不爽者,加减运用得宜,都可获效。

【运用】

1. 本方属宣肺疏风,止咳化痰之剂,用于治疗多种咳嗽,尤其适用于外感咳嗽表邪未尽的病证,以咳嗽咽痒,微恶风发热,苔薄白为证治要点。阴虚劳嗽或肺热咳嗽者,不宜使用。

2. 若外感风寒初起,头痛鼻塞,恶寒发热等表证较重者,加防风、苏叶、生姜以散邪;湿气生痰,痰涎稠粘者,加半夏、茯苓、桑白皮以祛其痰;燥气焚金,干咳无痰者,加瓜蒌、贝母、知母以润燥。

3. 常用于上呼吸道感染、急慢性支气管炎、百日咳等见上述证治要点者。

【附方】

金沸草散(《太平惠民和剂局方》) 旋覆花_{去梗} 麻黄_{去节} 前胡_{去芦,各三两(各9g)} 荆芥穗_{四两(12g)} 甘草_炙 半夏_{汤洗七次,姜汁浸} 赤芍药_{各一两(各3g)} 共为粗末,每服三钱(9g),水一盏半,生姜三片,枣一枚,煎至八分,去滓温服,不拘时候。功用:发散风寒,降气化痰。主治:伤风咳嗽,恶寒发热,咳嗽痰多,鼻塞流涕,舌苔白腻,脉浮者。

本方与止嗽散都为风邪犯肺的常用方。止嗽散以紫菀、白前、百部、桔梗等利肺止咳药为多,而解表宣肺之力不足,故主治外邪将尽,肺气不利的咳嗽不止;本方则以旋覆花、麻黄、荆芥穗等宣肺解表药为主,而佐以化痰之品,故主治风邪犯肺初起,而咳嗽痰多者。

【文献摘要】

《医学心悟》:"药不贵险峻,惟期中病而已。此方系予苦心揣摩而得也。盖肺体属金,畏火者也,过热则咳;金性刚燥,恶冷者也,过寒亦咳。且肺为娇脏,攻击之剂既不任受,而外主皮毛,最易受邪,不行表散则邪气留连而不解。经曰:微寒微咳,寒之感也,若小寇然,启门逐之即去也。医者不审,妄用清凉酸涩之剂,未免闭门留寇,寇欲出而无门,必至穿逾而走,则咳而见红。肺有二窍,一在鼻,一在喉,鼻窍贵开而不闭,喉窍宜闭而不开。今鼻窍不通,则喉窍将启,能无虑乎?本方温润和平,不寒不热,既无攻击过当之虞,大有启门驱贼之势。是以客邪易散,肺气安宁。宜其投之有效欤?"

临床报道:用止嗽散加减治疗经用抗生素及止咳无效的外感咳嗽130例,都获满意效果。加减法:风寒型加防风、苏叶、生姜、杏仁;燥邪型加川贝、南沙参、花粉、杏仁。治疗结果:服3～6剂中药,痊愈者98例,占75.3%;服7～12剂,痊愈者28例,占21.6%;服13～18剂,痊愈者4例,占3.1%。总疗效达100%(江西中医药,1984;4:31)。

【方歌】
止嗽散内用桔梗，紫菀荆芥百部陈，
白前甘草共为末，姜汤调服止嗽频。

第二节 辛凉解表

辛凉解表剂，具有疏散风热的作用，适用于外感风热或温病初起的表证，症见发热，头痛，有汗，微恶风寒，口渴，咽痛，咳嗽，舌苔薄白或兼微黄，脉浮数等。常用辛凉解表药如薄荷、牛蒡子、桑叶、菊花、葛根等为主组成方剂。由于温热病邪为患，具有发病急，传变快，易于壅结成毒的特点，加之温邪上受，首先犯肺，多致肺失宣降。故此类方剂，每常配伍清热解毒或宣肺利咽之品。代表方剂如银翘散、桑菊饮、麻黄杏仁甘草石膏汤等。

银 翘 散

《温病条辨》

【组成】 连翘一两(15g) 银花一两(15g) 苦桔梗六钱(6g) 薄荷六钱(6g) 竹叶四钱(4g) 生甘草五钱(5g) 荆芥穗四钱(4g) 淡豆豉五钱(5g) 牛蒡子六钱(6g)

【用法】 共杵为散，每服六钱(18g)，鲜苇根汤煎，香气大出，即取服，勿过煮。肺药取轻清，过煮则味厚而入中焦也。病重者约二时一服，日三服，夜一服；轻者三时一服，日二服，夜一服；病不解者，作再服。

【功用】 辛凉透表，清热解毒。

【主治】 温病初起。发热无汗，或有汗不畅，微恶风寒，头痛口渴，咳嗽咽痛，舌尖红，苔薄白或微黄，脉浮数。

【方解】 温病初起，邪在卫分，卫气被郁，开合失司，则发热，微恶风寒，无汗或有汗不畅；风热上犯以致咽痛咳嗽；温邪易伤津液，故口渴，舌尖红；邪在卫表，故舌苔薄白或微黄，脉浮数。治当辛凉透表，清热解毒。吴鞠通宗《素问·至真要大论》"风淫于内，治以辛凉，佐以苦甘"之训，综合前人治温之法，以重用金银花、连翘为君，既有辛凉透表，清热解毒的作用，又具芳香辟秽的功效，在透解卫分表邪的同时，兼顾了温热病邪多挟秽浊之气的特点。薄荷、牛蒡子味辛而性凉，疏散风热，清利头目，且可解毒利咽；荆芥穗、淡豆豉辛而微温，助君药发散表邪，透热外出，此两者虽属辛温，但辛而不烈，温而不燥，与大队辛凉药配伍，可增辛**散透表之力，为臣药。竹叶清上焦热，芦根清热生津，桔梗宣肺止咳**，同为佐药。甘草既可调和诸药，护胃安中，又可合桔梗清利咽喉，是属佐使之用。

本方配伍特点有二，一是辛凉之中配伍少量辛温之品，既有利于透邪，又不悖辛凉之旨。二是疏散风邪与清热解毒、芳香辟秽之品相配，具有外散风热，透邪解表，兼清热毒，芳香辟秽之功，构成清疏兼顾之剂。

【运用】

1.《温病条辨》称本方为"辛凉平剂"，适用于风温初起之发热表证。以发热，微恶风寒，咽痛，口渴，脉浮数为证治要点。临床使用时应注意煎服方法，因方中多为芳香轻宣之品，不宜久煎。对于外感风寒及湿热病初起则当禁用。

2．若渴甚者，加天花粉以清热生津；项肿咽痛者，加马勃、玄参以清热解毒；衄者，去荆芥、豆豉，加白茅根、侧柏炭、栀子炭以清热凉血；咳者，加杏仁以利肺气；胸膈闷者，加藿香、郁金以理气化湿解郁。

3．常用于流行性感冒、急性扁桃体炎、麻疹初起，以及"乙脑"、"流脑"、腮腺炎等初起属卫分风热证候者。

【文献摘要】

《温病条辨》："本方谨遵《内经》'风淫于内，治以辛凉，佐以苦甘；热淫于内，治以咸寒，佐以甘苦'之旨；又宗喻嘉言芳香逐秽之说，用东垣清心凉膈散，辛凉苦甘，病初起，且去入里之黄芩，勿犯中焦；加银花辛凉，芥穗芳香，散热解毒，牛蒡子辛平润肺，解热散结，除风利咽，皆手太阴药也。……此方之妙，预护其虚，纯然清肃上焦，不犯中下，无开门揖盗之弊，有轻以去实之能，用之得法，自然奏效。"

实验研究：药理作用研究表明，本方具有较强的解热、抗炎和抗过敏作用，银翘散的解热抗炎作用是临床疗效的重要药理学基础之一。实验表明，该方有较强的抗组织胺作用，而对5-羟色胺无明显抑制，对前列腺作用也较弱。显然银翘散对组织胺所致毛细血管通透性增高的抑制作用在临床治疗上有重要意义。银翘散对多型变态反应均有明显的抗过敏作用，这不仅有利于感染过敏性疾病，如感冒等的治疗起到改善过敏症状的良好效果，还为银翘散用于多种皮肤过敏性疾病的治疗提供了药理学基础。实验还证明，本方不能增强网状内皮系统对血液中惰性炭粒的吞噬廓清，但能增强炎灶巨噬细胞对异物的吞噬能力，这显然有利于对感染性局部炎症的治疗。银翘散同时具有抗过敏和抗炎作用，又能增强炎性细胞对异物的吞噬，揭示银翘散对免疫系统功能的影响异于常用的甾体及非甾体抗炎药和抗过敏药（它们均于明显抗炎抗过敏的同时，抑制机体的抗感染免疫），这是银翘散免疫药理作用的一个特点。实验还提示银翘散的解热作用可能不是通过对内毒素的灭活解毒所致。此外，本文从银翘散袋泡剂、片剂、煎剂的作用比较看出，袋泡剂解热、抗过敏及促进巨噬细胞吞噬等作用最强，同量袋泡剂的挥发油成分及非挥发油成分均高于煎剂、片剂，指出袋泡剂是一种能体现方剂的全部特色的一种服用方便，疗效显著的新剂型（中医杂志，1986；3：5）。

【方歌】

银翘散主上焦疴，竹叶荆牛豉薄荷，
甘桔芦根凉解法，清疏风热煮无过。

桑 菊 饮

《温病条辨》

【组成】 桑叶二钱五分(7.5g) 菊花一钱(3g) 杏仁二钱(6g) 连翘一钱五分(5g) 薄荷八分(2.5g) 桔梗二钱(6g) 甘草生，八分(2.5g) 苇根二钱(6g)

【用法】 水二杯，煮取一杯，日二服。

【功用】 疏风清热，宣肺止咳。

【主治】 风温初起。但咳，身热不甚，口微渴，脉浮数。

【方解】 本方证为外感风热病邪，从口鼻而入，以邪在肺络为病变中心，故以咳嗽为主症。受邪轻浅,所以身不甚热,口微渴。治宜疏风清热,宣肺止咳。方中桑叶味甘苦性凉,疏散上焦风热,且善走肺络,能清宣肺热而止咳嗽,用以为君。菊花散风热,清利头目而肃肺;杏仁、桔梗宣利肺气而止咳,三者共为臣药。连翘清热解毒,薄荷疏散风热;芦根清热生津而止渴,共为佐药。甘草调和诸药,为使,且与桔梗相合而利咽喉。诸药相伍,使上焦风热得以疏散,肺气得以宣畅,则表证解,咳嗽止。

银翘散与桑菊饮都是治疗温病初起的辛凉解表方剂,组成中都有连翘、桔梗、甘草、薄荷、芦根等五味,但银翘散有银花配伍荆芥穗、豆豉、牛蒡子、竹叶,解表清热之力强;桑菊饮有桑叶配伍杏仁,宣肺止咳之力大。

【运用】

1．本方是主治风热咳嗽轻证的常用方剂。以咳嗽,发热不甚,微渴,脉浮数为证治要点。对于风寒咳嗽,则不宜使用。方中主要药物均属轻清宣透之品,故不宜久煎。

2．方中药轻力薄,临证常需加减应用。若气粗似喘,可加石膏、知母以增强清肺之力;肺中热甚,咳嗽痰黄,可加黄芩、桑白皮以清肺止咳;口渴者,加天花粉以清热生津;肺热咳甚伤络,咳痰夹血者,可加茅根、藕节、丹皮以凉血止血。

3．常用于治疗流行性感冒、急性支气管炎、急性扁桃体炎、上呼吸道感染等属风热犯肺之轻证者。

【文献摘要】

《温病条辨》:"此辛甘化风,辛凉微苦之方也。盖肺为清虚之脏,微苦则降,辛凉则平,立此方所以避辛温也。今世金用杏苏散,通治四时咳嗽,不知杏苏散辛温,只宜风寒,不宜风温,且有不分表里之弊。……风温咳嗽,虽系小病,常见误用辛温重剂,销铄肺液,致久咳成痨者,不一而足。"

临床报道:用桑菊饮加减治疗流行性感冒50例,患者均有发热恶寒,头痛鼻塞流涕,咳嗽,食欲不振等症状。做汤剂煎服,每日1剂。疗效为86.5%,病员服药2天后,即可完全退热,一般症状减轻,但咳嗽鼻塞等则消失较慢。其中部分病例,服西药无效,或热虽退其他症状未见减轻,改服本方则有效。部分病例在服药2天后即痊愈。大部分病例在服药4天内痊愈(广东中医,1959;2:58)。

【方歌】

桑菊饮中桔杏翘, 芦根甘草薄荷饶,

清疏肺卫轻宣剂, 风温咳嗽服之消。

麻黄杏仁甘草石膏汤

《伤寒论》

【组成】 麻黄四两,去节(9g) 杏仁五十个,去皮尖(9g) 甘草二两,炙(6g) 石膏半斤,碎、绵裹(18g)

【用法】 以水七升,煮麻黄去上沫,内诸药煮取二升,去滓,温服一升。

【功用】 辛凉宣肺,清热平喘。

【主治】 表邪未解,肺热咳喘证。身热不解,咳逆气急鼻煽,口渴,有汗或无汗,舌苔薄白或黄,脉浮而数者。

【方解】 外感风邪,身热不解,咳逆气急甚则鼻煽,口渴喜饮,脉滑而数。此为风邪化热之象,急当清泄肺热,宣肺散邪,则身热喘急诸证自除。方中麻黄辛甘温,宣肺解表而平喘;石膏辛甘大寒,清泄肺胃之热以生津,两药相辅相成,既能宣肺,又能泄热,共为君药。石膏倍用于麻黄,不失为辛凉之剂,麻黄得石膏,则宣肺平喘而不助热;且石膏得麻黄,清解肺热而不凉遏,又是相制为用。杏仁味苦,降利肺气而平喘咳,与麻黄相配则宣降相因,合石膏相伍则清肃协同,是为臣药。炙甘草既能益气和中,又与石膏相合而生津止渴,更能调和于寒温宣降之间,为佐使药。综观全方,药仅四味,配伍严谨,清宣降三法俱备,共奏辛凉宣泄,清肺平喘之功。

本方出自《伤寒论》,原治太阳病,发汗未愈,风寒入里化热,"汗出而喘"者。后世用于风寒化热,或风热犯肺,以及内热外寒,但见肺中热盛,身热喘咳,口渴脉数,无论有汗、无汗,便以本方加减治疗,都能获效。

对于麻疹已透或未透而出现身热烦渴,咳嗽气粗而喘,属疹毒内陷,肺热炽盛者,亦可加味用之。

【运用】

1. 本方为清宣肺热,治疗外邪未解,肺热咳喘的常用方剂。以发热,喘急,苔薄黄,脉数为证治要点。风寒咳喘,痰热壅盛者,均非所宜。

2. 若肺中热盛,壮热汗出者,宜加重石膏用量;无汗而恶寒,是表邪偏重,酌加薄荷、苏叶、桑叶等以助解表宣肺之力。

3. 常用于治疗感冒、上呼吸道感染、急性支气管炎、支气管肺炎、大叶性肺炎、支气管哮喘、麻疹合并肺炎等,属邪热壅肺,外邪未解者。

【附方】

越婢汤(《金匮要略》) 麻黄六两(9g) 石膏半斤(18g) 生姜三两(9g) 甘草二两(5g) 大枣十五枚(5枚) 上五味,以水六升,先煮麻黄,去上沫,内诸药煮取三升,分温三服。功用:发汗利水。主治:风水。一身悉肿,恶风,脉浮,不渴,续自汗出,无大热者。

越婢汤与麻杏甘石汤俱用麻黄配石膏,清肺泄邪,但本证有"一身悉肿",是水在肌表,故增大麻黄用量,并配生姜,意在发泄肌表水气,不喘,故去杏仁,加大枣以滋脾,偕生姜以调营卫。由此可知,麻杏甘石汤重在宣肺清热以平喘,越婢汤则重在发越水气以消肿。

【文献摘要】

《医宗金鉴·删补名医方论》柯琴:"石膏为清火之重剂,青龙、白虎皆赖以建功,然用之不当,适足以招祸。故青龙以无汗烦躁,得姜桂以宣卫外之阳也;白虎以有汗烦渴,须粳米以存胃中津液也。此但热无寒,故不用姜桂,喘不在胃而在肺,故于麻黄汤去桂枝之监制,取麻黄之开,杏仁之降,甘草之和,倍石膏之大寒,除内外之实热,斯溱溱汗出,而内外之烦热与喘悉除矣。"

实验研究:麻杏甘石汤临床上用于治疗哮喘、荨麻疹等疾病,取得较好疗效,从现代免疫学角度分析,哮喘和荨麻疹均属第一型变态反应性疾病,防治第一型变态反应性疾病,首先要控制其发生的几个主要环节,其中防止过敏原进入机体外,在机体方面,可控制IgE的产生;阻断IgE与肥大细胞的嗜酸性粒细胞结合,抑制肥大细胞释放生物活性物质;阻止生物活性物质作用于效应器官以及解除效应器官反应等。本文采用Schwartz等法进行大白鼠腹腔肥大细胞脱颗粒实验,说明麻杏甘石汤有抑制肥大细胞脱颗粒作用,证明本方还有一定的抑制效应器官反应的作用,可缓解由于抗原刺激而增强的肠管蠕动,能保护肠管中肥大细胞免受抗原的攻击。上述实验表明,麻杏甘石汤对肥大细胞脱颗粒、抗原刺激致敏肠管释放组织胺以及对致敏肠管蠕动的影响,可在一定程度上说明本方治疗第一型变态反应的机理。(辽宁中医杂志,1983;8:43)。

【方歌】

伤寒麻杏甘石汤,汗出而喘法度良,

辛凉宣泄能清肺,定喘除热效力彰。

柴葛解肌汤

《伤寒六书》

【组成】 柴胡(6g)　干葛(9g)　甘草(3g)　黄芩(6g)　羌活(3g)　白芷(3g)　芍药(6g)　桔梗(3g)

【用法】 水二盅,姜三片,枣二枚,《杀车槌法》加石膏一钱(5g),煎之热服。

【功用】 解肌清热。

【主治】 感冒风寒,郁而化热证。恶寒渐轻,身热增盛,无汗头痛,目疼鼻干,心烦不眠,嗌干耳聋,眼眶痛,舌苔薄黄,脉浮微洪者。

【方解】 本方所治证候乃表邪未解,而又化热入里。外感风寒,本应恶寒较甚,但恶寒渐轻,身热增盛者,为寒郁肌腠化热所致。因表寒尚未全解,故头痛无汗,脉浮等症仍在。入里之邪初犯阳明、少阳,出现心烦不眠,眼眶痛,嗌干耳聋,鼻干,脉微洪等内热表现。本方证病在肌表,为太阳、阳明、少阳三阳合病。治当辛凉解肌,兼清里热。方用柴胡、葛根解肌清热为君。且柴胡疏畅气机,以助郁热外泄。羌活、白芷散表邪而止头痛;黄芩、石膏清泄里热,共为臣药。白芍、甘草敛阴和营,防疏散太过而伤阴;桔梗宣利肺气,生姜、大枣调和营卫,均为佐药。甘草又能调和诸药,为使。诸药寒温并用,辛凉为主,共成辛凉解肌,兼清里热之剂。

【运用】

1. 本方是治疗表寒未解,入里化热的常用方剂。以发热重,恶寒轻,头痛,眼眶痛,鼻干,脉浮微洪为证治要点。若太阳表证未入里者,不宜用本方,恐其引邪入里。

2. 若无汗而恶寒甚者,可去黄芩,加麻黄,增强发散表寒之力,值夏秋可以苏叶代之。

3. 常用于感冒、流行性感冒等,属外感风寒,邪郁化热证候者。

【附方】

柴葛解肌汤（《医学心悟》）　柴胡一钱二分(6g)　葛根一钱五分(6g)　甘草五分(3g)　芍药一钱(6g)　黄芩一钱五分(6g)　知母一钱(5g)　生地二钱(9g)　丹皮一钱五分(6g)　贝母一钱(6g)　水煎服。心烦加淡竹叶十片;谵语加石膏三钱。功用:解肌清热。主治:外感风热。不恶寒而口渴,舌苔黄,脉浮数者。

此方比陶氏柴葛解肌汤少羌、芷、桔梗,是因不恶寒无需多用升散发表之品,且羌、芷皆辛温香燥,见症已有口渴,故减去。再者,虽去石膏,但多知、贝、丹、地,不仅清热,还能滋阴。若至谵语,则其力不逮,故又加入石膏。可知程氏方重在清里,陶氏方重在解肌,是两方同中之异。

【文献摘要】

《医宗金鉴·删补名医方论》:"陶华制此以代葛根汤。不知葛根汤只是太阳、阳明药,而此方君柴胡,则是治少阳也;用之于太阳、阳明合病,不合也。若用之以治三阳合病,表里邪轻者,无不效也。仲景于三阳合病,用白虎汤主之者,因热甚也。曰汗之则谵语遗尿,下之则额汗厥逆,正示人惟宜以和解立法,不可轻于汗下也。此方得之葛根、白芷,解阳明正病之邪,羌活解太阳不尽之邪,柴胡解少阳初入之邪。佐膏、芩治诸经热,而专意在清阳明。佐芍药敛诸散药而不令过汗,桔梗载诸药上行三阳,甘草和诸药通调表里。施于病在三阳,以意增减,未有不愈者也,若渴引饮者,倍石膏加栝蒌根,以清热而生津也,若恶寒甚,无汗,减石膏、黄芩,加麻黄,春夏重加之,以发太阳之寒。若有汗者,加桂枝以解太阳之风,无不可也。"

临床报道:柴葛解肌汤加减治疗流行性感冒 393 例,均有明显上呼吸道感染的全身及局部症状,服药 48 小时内退热,头痛、咽痛及全身不适消失或基本消失者 378 例,占 96%;服药 48 小时以后退热,其他症状改善不明显者 15 例,占 4%。用药后出汗与不出汗直接影响疗效;凡出汗者临床症状消失快,效果好,退热后很少有体温复升现象(湖北中医杂志,1984;3:34)。

【方歌】
陶氏柴葛解肌汤,邪在三阳热势张,
芩芍桔甘羌活芷,石膏大枣与生姜。

升麻葛根汤

《阎氏小儿方论》

【组成】 升麻(10g) 葛根细锉(10g) 芍药(6g) 甘草锉,炙(3g)各等分
【用法】 同为细末,每服四钱(12g),水一盏半煎至一盏,量大小与之,温服无时。
【功用】 解肌透疹
【主治】 麻疹初起。疹出不透,身热头痛,咳嗽,目赤流泪,口渴,舌红,脉数。
【方解】 本方原治痘疹,今多用于麻疹初起。麻为阳毒,以透为顺,若外邪郁表,肺气失宣,疹毒郁而不得畅发,以致麻疹不出或发而不透,身热恶风,头痛肢疼,咳嗽,脉浮数;风邪疹毒上攻则目赤流泪;热灼津伤则口渴,舌红苔干。治当辛凉解肌,透疹解毒。方中升麻入肺胃经,味辛甘性寒,解肌透疹为君药。葛根入胃经,味辛甘性凉,解肌发表,升津除热为臣药。芍药和营泄热为佐。炙甘草既可配芍药增强益阴之力,又可调和诸药,是为佐使之用。四药配伍,共奏疏风解肌,透疹解毒之功。

【运用】
1. 本方为麻疹未发,或发而不透的常用方剂。以疹出不畅,舌红,脉数为证治要点。若麻疹已透,以及疹毒内陷而见气急喘咳者不宜使用。
2. 常用以治疗麻疹初起,疹发不透以及单纯疱疹、水痘等病符合上述证治要点者。

【附方】
竹叶柳蒡汤(《先醒斋医学广笔记》) 西河柳五钱(6g) 荆芥穗一钱(4g) 干葛一钱五分(5g) 蝉蜕一钱(3g) 炒牛蒡一钱五分(4.5g) 知母蜜炙,一钱(3g) 薄荷叶一钱(3g) 玄参二钱(6g) 甘草一钱(3g) 麦冬去心,三钱(9g) 淡竹叶三十片(1.5g) 水煎服。功用:透疹解表,清泄肺胃。主治:痧疹透发不出,喘咳,烦闷躁乱,咽喉肿痛者。

升麻葛根汤、竹叶柳蒡汤都有透疹解毒作用。但升麻葛根汤专于解肌透疹,用于麻疹初

起未发或发而不透者,是透疹的基础方。竹叶柳蒡汤兼具清热生津除烦作用,用于热毒内蕴,麻疹透发不出,兼伤津者。

【文献摘要】

《医方考》:"小儿初间发热壮盛,为风寒,为痘疹,莫能的辨,此方稳当,宜主用之。表热壮盛,此邪实于表也。经云:轻可以去实,故用升麻、葛根以疏表。甘草佐之,可以和在表之气。芍药佐之,可以和在表之荣。去其实邪,和其荣卫,风寒则解,痘疹则出,诚初间之良剂也。如至四五日,痘中挟疹者,亦此方主之。"

临床报道:升麻葛根汤加紫草治疗带状疱疹 20 余例,疗效满意。带状疱疹、单纯疱疹和水痘同属病毒感染,临床症见局部疱疹瘙痒疼痛,时有渗液,并伴有发冷发热,日夜不能安眠。升麻葛根汤具有解痘疹之毒的作用,用本方加清热凉血透疹的紫草,治疗 20 余例带状疱疹,均获捷效(新中医,1977;(增刊):51)。

【方歌】

阎氏升麻葛根汤,芍药甘草合成方,

麻疹初期发不透,解肌透疹此为良。

第三节　扶正解表

扶正解表剂,适用于体质素虚又感外邪的表证。此时既要解表,又虑正虚,必须邪正兼顾。若单纯解表,则正虚而不堪发散,单纯补虚,则易于补而留邪。人体之虚,又有阴阳气血之不同侧重,故常以解表药分别配伍益气、助阳、滋阴、养血药物组成方剂,使表证得解,正气不伤。代表方剂如败毒散、再造散、参苏饮、加减葳蕤汤等。

败　毒　散

《小儿药证直诀》

【组成】　柴胡洗,去芦　前胡　川芎　枳壳　羌活　独活　茯苓　桔梗炒　人参各一两(各9g)　甘草半两(5g)

【用法】　上为末,每服二钱(6g),入生姜、薄荷煎。

【功用】　散寒祛湿,益气解表。

【主治】　气虚外感证。憎寒壮热,头项强痛,肢体酸痛,无汗,鼻塞声重,咳嗽有痰,胸膈痞满,舌淡苔白,脉浮而按之无力。

【方解】　本方所治证候系正气素虚,又感风寒湿邪所致的气虚外感病证。虚人外感风寒湿邪,邪正交争于肌腠之间,正虚不能祛邪外出,故憎寒壮热而无汗,头项强痛,肢体酸痛。风寒犯肺,肺气不宣故鼻塞声重,咳嗽有痰,胸膈痞闷。舌苔白腻,脉浮按之无力,正是虚人外感风寒兼湿之症。治当散寒祛湿,益气解表。方中羌活、独活为君,辛温发散,通治一身上下之风寒湿邪。川芎行气祛风,柴胡疏散解肌,并为臣药,助羌、独活散外邪,除疼痛。桔梗宣肺,枳壳降气,前胡祛痰,茯苓渗湿,以宣利肺气,化痰止咳,皆为佐药。甘草调和诸药,兼以益气和中,生姜、薄荷为引,襄助解表之力,皆属佐使之品。方中人参亦属佐药,用量虽小,却具深义:一是扶助正气以驱邪外出;二是散中有补,不致耗伤真元。

本方原为小儿而设,因小儿元气未充,故用小量人参,补其元气,扶正以托邪外出。正如《寓意草》所说:"人受外感之邪,必先汗以驱之。惟元气大旺者,外邪始乘药势而出。若元气素弱之人,药虽外行,气从中馁,轻者半出不出,留连为困,重者随元气缩入,发热无休……所以虚弱之体,必用人参三五七分,入表药中少助元气,以为驱邪之主,使邪气得药,一涌而出,全非补养虚弱之意也。"喻氏还以此治疗外邪陷里而成之痢疾。其证为外邪从表陷里,用此方疏散表邪,表气疏通,里滞亦除,其痢自止。此种治法,称为"逆流挽舟"法。但本方为辛温香燥之剂,若痢下不爽,里急后重,或便脓血,是邪已入里化热,以及无表证者,均应忌用。

【运用】

1. 本方又名人参败毒散。以憎寒壮热,肢体痠痛,无汗,脉浮按之无力为证治要点。外感风热,邪已入里化热,及阴虚外感者,均忌用。

2. 若用于疮疡初起,可去人参,加金银花、连翘以清热解毒,散结消肿;用于风毒瘾疹,可加蝉蜕、苦参以疏风止痒,清热除湿。

3. 常用于感冒、支气管炎、过敏性皮炎、荨麻疹、湿疹、皮肤瘙痒症等属风寒夹湿者。

【附方】

荆防败毒散(《摄生众妙方》) 羌活 柴胡 前胡 枳壳 茯苓 荆芥 防风 桔梗 川芎各一钱五分(5g) 甘草五分(3g) 水煎服。功用:发汗解表,散风祛湿。主治:外感风寒湿邪,以及时疫疟疾、痢疾、疮疡具有风寒湿表证者。

本方比败毒散少人参、生姜、薄荷,而多荆芥、防风。两方之功效大致相同,但本方祛风寒之力较强,多用于感受风寒湿邪较重者;败毒散则适用于正气不足,而感受风寒挟湿者。

【文献摘要】

《医宗金鉴·删补名医方论》:"赵羽皇:东南地土卑湿,凡患感冒,辄以'伤寒'二字混称。不知伤者,正气伤于中,寒者,寒气客于外,未有外感而内不伤者。仲景医门之圣,立法高出千古。其言冬时严寒,万类深藏,君子固密,不伤于寒。触冒之者,乃名伤寒,以失于固密而然。可见人之伤寒,悉由元气不固,腠理之不密也。昔人常言伤寒为汗病,则汗法其首重矣。然汗之发也,其出自阳,其源自阴。故阳气虚,则营卫不和而汗不能作;阴气弱,则津液枯涸而汗不能滋。但攻其外,不顾其内可乎?表汗无如败毒散、羌活汤,其药如二活、二胡、芎、苍、辛、芷,群队辛温,非不发散,若无人参、生地之大力者居乎其中,则形气素虚者,必至亡阳;血虚挟痰者,必致亡阴,而成痼疾矣。是败毒散之人参,与冲和汤之生地,人谓其补益之法,我知其托里之法。盖补中兼发,邪气不致于流连;发中带补,真元不致于耗散,施之于东南地卑气暖之乡,最为相宜,此古人制方之义。然形气俱实,或内热炽盛,则更当以河间法为是也。"

【方歌】

人参败毒茯苓草,枳桔柴前羌独芎,

薄荷少许姜三片,时行感冒有奇功。

参 苏 饮

《太平惠民和剂局方》

【组成】 人参 紫苏叶 葛根 半夏汤洗,姜汁炒 前胡 茯苓各三分(6g) 木香 枳壳

麸炒 桔梗　陈皮　炙甘草各半两(各4g)

【用法】　㕮咀,每服四钱(12g),水一盏半,姜七片,枣一个,煎六分,去滓,微热服,不拘时。

【功用】　益气解表,理气化痰。

【主治】　虚人外感风寒,内有痰饮证。恶寒发热,无汗,头痛,鼻塞,咳嗽痰白,胸膈满闷,倦怠无力,气短懒言,舌苔白,脉弱。

【方解】　本方证为脾肺气虚,外感风寒所致。风寒束表,肺气闭郁,则恶寒发热,无汗,头痛鼻塞;外寒引动内饮,则咳嗽痰白,胸膈满闷。表证应当脉浮,今脉反弱,且见倦怠乏力,气短懒言,乃正气不足证。治宜益气解表,理气化痰。方中苏叶、葛根为君,发散风寒,解肌透邪。前胡、半夏、桔梗止咳化痰,宣降肺气;陈皮、枳壳理气宽胸,为臣药。如此化痰与理气兼顾,既寓治痰先治气之意,又使升降复常,有助于表邪之宣散,肺气之开合。人参益气,扶正托邪;茯苓健脾,渗湿消痰;木香行气,醒脾畅中,是为佐药。甘草补气安中,兼和诸药,为佐使。诸药合用,共奏益气解表,理气化痰之效。

参苏饮与败毒散都有人参,均用于风寒表证,兼顾气虚之体。但参苏饮偏于理肺化痰,用于外感风寒,内有痰阻气滞者;败毒散则偏于解表,主治风寒湿邪在表之证。

【运用】

1．本方为治气虚外感风寒而设。以恶寒发热,无汗头痛,咳嗽痰白,胸膈满闷,倦怠乏力,苔白,脉弱为证治要点。

2．若寒热头痛较甚者,可加柴胡、川芎以增强解表止痛之功;气滞较轻者,则可去木香以减其行气之力。

3．常用于感冒、上呼吸道感染等属气虚外感风寒证候者。

【文献摘要】

《医宗金鉴·删补名医方论》:"盖邪之所凑,其气必虚,故君人参以补之。皮毛者,肺之合也,肺受风寒,皮毛先病,故有头痛无汗,发热憎寒之表,以苏叶、葛根、前胡为臣散之。肺一受邪,胸中化浊,故用桔、枳、二陈以清之,则咳嗽、涕唾稠粘、胸膈满闷之证除矣。加木香以宣诸里气,加姜、枣以调诸表气,斯则表里之气和,和则解也。"

【方歌】

参苏饮内用陈皮,枳壳前胡半夏齐,
干葛木香甘桔茯,气虚外感最相宜。

再　造　散

《伤寒六书》

【组成】　黄芪(6g)　人参(3g)　桂枝(3g)　甘草(1.5g)　熟附(3g)　细辛(2g)　羌活(3g)　防风(3g)　川芎(3g)　煨生姜(3g)

【用法】　水二盅,枣二枚,煎至一盅,槌法再加炒芍药一撮,煎三沸,温服。

【功用】　助阳益气,解表散寒。

【主治】　阳气虚弱,外感风寒。恶寒发热,热轻寒重,无汗肢冷,倦怠嗜卧,面色苍白,语言低微,舌淡苔白,脉沉无力,或浮大无力。

【方解】 身热恶寒,无汗头痛,是外感风寒,邪在肌表。热轻寒重,肢冷嗜卧,神疲懒言,面色苍白,是素体阳虚,又受风寒。阳气益馁,故脉沉细无力。若纯以辛温大剂散寒,不但由于阳虚而无力作汗,或虽得汗而致阳随汗脱,陶节庵称此为"无阳证",治当助阳益气与解表散寒兼顾。本方用黄芪、人参、附子补气助阳,既能助药势以鼓邪外出,又可预防阳随汗脱。桂枝、细辛、羌活、川芎、防风疏风散寒,以解表逐邪。芍药和营,炒则寒性减,并制附、桂、羌、辛诸辛药之燥;煨姜温胃,大枣滋脾,合以升腾脾胃生发之气,调营卫而资汗源。甘草甘缓,令作汗不致过猛,又有安中调药之用。如此配伍,扶正而不留邪,发汗而不伤正,相辅相成,恰到好处。

本方是以《伤寒论》桂枝汤合麻黄附子细辛汤去麻黄,加人参、黄芪、羌活、防风、川芎等组成。因其阳气虚弱,故不用麻黄发越阳气,而以桂枝汤加诸辛散药物,意在发散中兼和营卫,且与参、芪、附等助阳益气之品相合,以标本兼顾。

【运用】

1. 本方是益气助阳解表的代表方剂。以恶寒重,发热轻,无汗肢冷,舌淡苔白,脉沉无力或浮大无力为证治要点。若血虚感寒或湿温初起均不可使用本方。

2. 用以治疗老年人感冒、风湿性关节炎等病,证属阳气虚弱,外感风寒者。

【附方】

麻黄附子细辛汤(《伤寒论》)　麻黄二两,去节(6g)　附子一枚,炮,去皮,破八片(9g)　细辛二两(3g)　上三味,以水一斗,先煮麻黄减二升,去上沫,内诸药煮取三升,去滓,温服一升,日三服。功用:助阳解表。主治:少阴病始得之,反发热,脉沉者。

麻黄附子细辛汤与再造散均主治阳虚外感风寒,功用亦有相似之处,都能助阳解表。但麻黄附子细辛汤主治为阳虚感寒之轻证;再造散主治为阳虚气弱之重证,且有益气健脾,调和营卫之功,而助阳益气兼顾。

【文献摘要】

《成方切用》:"经曰,阳之汗,以天地之雨名之,汗之无汗,邪盛而真阳虚也,故以参、芪、甘草、姜、桂、附子大补其阳,而以羌、防、芎、细发其表邪,加芍药者,散中有收,且能滋调营卫,为诸阳药取汗之助也。"

【方歌】

再造散用参芪甘,桂附羌防芎芍参,

细辛煨姜大枣入,阳虚外感服之安。

加减葳蕤汤

《通俗伤寒论》

【组成】　生葳蕤二钱至三钱(9g)　生葱白二枚至三枚(6g)　桔梗一钱至钱半(5g)　东白薇五分至一钱(3g)　淡豆豉三钱至四钱(9g)　苏薄荷一钱至钱半(5g)　炙甘草五分(1.5g)　红枣二枚

【用法】　水煎,分温再服。

【功用】　滋阴解表。

【主治】　阴虚外感风热证。头痛身热,微恶风寒,无汗或有汗不多,咳嗽,心烦,口渴,咽干,舌红脉数。

【方解】 本方主治阴虚之体外感风热者。外感风热之邪，故头痛身热，微恶风寒，以及咳嗽，无汗或汗出不多，口渴等。阴虚之体感受外邪，易于热化，且阴虚者多生内热，故除上述见症外，尚有咽干，心烦，舌红，脉数之症。治宜辛凉解表，滋阴清热为法。《温病条辨·汗论》说："汗之为物，以阳气为运用，以阴精为材料……其有阳气有余，阴津不足，又为温热升发之气所烁，而自汗出，或不出者，必用辛凉以止其自出之汗，用甘凉甘润培养其阴津为材料，以为正汗之地。"故用葳蕤（即玉竹）为君，入肺胃经，味甘性寒，为滋阴润燥主药，长于养阴，且滋而不腻，用以润肺养胃，清热生津。臣以葱白、淡豆豉、薄荷疏散外邪。白薇味苦性寒，其性降泄，善于清热而不伤阴，于阴虚有热者甚为合适；桔梗宣肺止咳以祛痰，大枣甘润养血，以助玉竹之滋阴润燥，都是佐药。使以甘草调和诸药。诸药配伍，共奏滋阴解表之功。

【运用】

1．本方专为素体阴虚，感受风热而设。以身热微寒，咽干口燥，舌红，苔薄白，脉数为证治要点。若外感表证而无阴虚者，则不宜使用。

2．若表证较重，酌加防风、葛根以祛风解表；咳嗽咽干，咯痰不爽，加牛蒡子、瓜蒌皮以利咽化痰；心烦口渴较甚，加竹叶、花粉以清热生津除烦。

3．常用于治疗老年人及产后感冒、急性扁桃体炎、咽炎等属阴虚外感者。

【附方】

葱白七味饮（《外台秘要》） 葱白连根切，一升(9g) 葛根切，六合(9g) 新豉一合(6g) 生姜切，二合(6g) 生麦门冬去心，六合(9g) 干地黄六合(9g) 劳水八升，以杓扬之一千遍。上药以劳水煎之三分减二，去滓，分温三服。相去行八九里，如觉欲汗，渐渐覆之。忌芜荑。功用：养血解表。主治：病后阴血亏虚，调摄不慎，感受外邪。或失血（吐血、便血、咳血、衄血）之后，感冒风寒，头痛身热，微寒无汗。

【文献摘要】

《重订通俗伤寒论》："方以生玉竹滋阴润燥为君，臣以葱、豉、薄、桔疏散风热，佐以白薇苦咸降泄，佐以甘草、红枣甘润增液，以助玉竹之滋阴润燥，为阴虚之体感冒风温，以及冬温咳嗽，咽干，痰结之良剂。"

【方歌】

加减葳蕤用白薇，豆豉生姜桔梗随，
草枣薄荷八味共，滋阴发汗功可慰。

小 结

解表剂主要用于外感六淫所致的表证。选方15首，根据功效不同，分为辛温解表、辛凉解表和扶正解表三类。

1．辛温解表 此类方剂适用于外感风寒表证，其中麻黄汤麻、桂并用，发汗散寒力强，又能宣肺平喘，为辛温发汗之重剂，适用于外感风寒，恶寒发热，无汗而喘之表实证。桂枝汤中桂、芍并用，发汗解表之力逊于麻黄汤，但有调和营卫之功，为辛温解表之和剂，适用于外感风寒，发热有汗而恶风之表虚证，以及一切营卫不和的杂病。九味羌活汤发汗祛湿之力较强，且兼清里热，适用于外感风寒挟湿，恶寒发热，无汗身痛，兼有口苦微渴等里热证者。香薷散功能祛暑解表，化湿和中，适用于暑月乘凉饮冷，外感于寒，内伤于湿之恶寒发热，头重身痛，无汗胸痞，腹痛吐泻等症。小青龙汤长于解表散寒，温肺化饮，适用于素有寒饮又感风寒之恶寒发热,咳喘痰多清稀,胸膈满闷者。止嗽散功能宣肺利气,疏风止咳,选药温润和平,适用于外感风邪,解表不彻,肺气不利之咳嗽咽痒而微有恶寒发热者,加减运用得宜,可用于诸般咳嗽。

2. 辛凉解表 此类方剂适用于外感风热或风温初起的表证。其中银翘散与桑菊饮均为治疗风热表证的常用方剂,但银翘散解表之力大,且能清热解毒,适用于风热犯卫之热重寒轻,咳嗽咽痛,口渴等症,为辛凉平剂;桑菊饮解表之力轻,重在宣肺止咳,适用于风热较轻,邪在肺络,以咳嗽为主症者,为辛凉轻剂。麻黄杏仁甘草石膏汤长于辛凉宣肺,清热平喘,适用于外邪入里化热所致的肺热咳喘证,应用时当根据发热轻重与汗之有无而酌定麻黄与石膏的用量。柴葛解肌汤功能解肌清热,适用于风寒入里化热,初犯阳明,或三阳合病之恶寒渐轻,身热增盛,无汗头痛,鼻干嗌干,眼眶痛,脉浮微洪等症。升麻葛根汤解肌清热而透疹,适用于麻疹欲出不出而身热无汗者。

3. 扶正解表 此类方剂适用于正虚而感受外邪之证。其中败毒散发散风湿,益气解表,适用于体虚而感风寒湿邪之表证,痢疾初起见表寒证者亦可应用。参苏饮功能益气解表,且长于理肺化痰,适用于气虚外感风寒,兼有痰饮气滞证。再造散功能助阳益气,散寒解表,适用于阳气虚弱,外感风寒证。加减葳蕤汤功能滋阴解表,适用于阴虚之人感受风热证。

第七章 泻下剂

凡以泻下药为主组成，具有通便、泻热、攻积、逐水等作用，治疗里实证的方剂，称为泻下剂。属于"八法"中的"下法"。《素问·阴阳应象大论》说："其下者，引而竭之"，"其实者，散而泻之"。即是泻下剂的立论依据。

泻下剂为里实证而设，由于里实证的病因不同，证候表现有热结、寒结、燥结、水结的区别，同时人体体质有虚实的差异，因此立法处方亦随之不同。根据泻下剂的不同作用，本章方剂分为寒下、温下、润下、攻补兼施、逐水五类。

使用泻下剂，必待表邪已解，里实已成。若表证未解，里实已成，则应视表里证的轻重，先表后里，或表里双解；若兼血瘀、虫积或痰浊，宜分别配伍相应的药物治之；对老年体虚，孕妇、产妇或正值经期，病后伤津以及亡血者，均应慎用或禁用。另外，泻下剂大都易伤胃气，故得效即止，慎勿过剂。同时，服药期间应忌食油腻及不易消化的食物，以防重伤胃气。

第一节 寒 下

寒下剂，适用于里热积滞实证。症见大便秘结，腹部或胀或满或痛，甚或潮热，舌苔黄厚，脉实等。常用寒下药如大黄、芒硝等为主组成方剂。由于里热积滞实证往往影响肠胃气机的升降通畅，甚或气血的流通，导致气滞血瘀，故有时配伍行气与活血祛瘀药，如枳实、厚朴、桃仁、丹皮之类。代表方如大承气汤、大黄牡丹汤等。

大 承 气 汤

《伤寒论》

【组成】 大黄四两,酒洗(12 g)　厚朴八两,去皮,炙(24 g)　枳实五枚(12 g)　芒硝三合(6 g)

【用法】 上四味，以水一斗，先煮二物，取五升，去滓，内大黄煮取二升，去滓，内芒硝，更上微火一两沸，分温再服。得下，余勿服。

【功用】 峻下热结。

【主治】

1．阳明腑实证。大便不通，频转矢气，脘腹痞满，腹痛拒按，按之则鞕，日晡潮热，神昏谵语，手足濈然汗出，舌苔黄燥起刺或焦黑燥裂，脉沉实。

2．热结旁流。下利清水，色纯青，其气臭秽，脐腹疼痛，按之坚鞕有块，口舌干燥，脉滑数。

3．里热实证之热厥、痉病或发狂。

【方解】 本方为寒下的常用代表方剂。在《伤寒论》中主治阳明腑实证，系由伤寒邪传阳明之腑，入里化热，与肠中燥屎相结，阻塞肠道，腑气不通所致。故见大便不通，频转矢气，脘腹痞满，腹痛拒按，按之则鞕，舌苔黄燥起刺，脉沉实等症。前人将其归纳为"痞、满、燥、实"

第一节 寒　下

四字。"痞",即自觉胸脘有闷塞压重感;"满"是指脘腹胀满,按之有抵抗;"燥",是指肠中燥屎,干结而不下;"实",即腹痛拒按,大便不通或下利清水而腹痛不减,以及谵语、潮热,脉实有力等。至于"热结旁流"一证,乃腑热炽盛,积滞内结不出,迫肠中浊液从旁而下所致。热厥、痉病、发狂是因邪热积滞,闭阻于内,或阳气受遏,不达四肢;或伤津劫液,筋脉失养;或热扰神明,心神浮越,致诸证丛生。其证虽异,病机则同,均当急下邪热积滞,以救阴液。即"釜底抽薪,急下存阴"之法。方中用大黄苦寒泻热,祛瘀通便,荡涤肠胃邪热积滞,消除致病之因为君药。然大黄苦寒,长于泻下攻积,而软坚之力欠佳,故以芒硝咸寒泻热,软坚润燥通便为臣药。两者相须为用,则峻下热结之力增强。积滞内阻,致使腑气不行,故用厚朴苦温下气,除满消胀,枳实苦辛破结,导滞消痞,两药行气导滞,消痞除满,助大黄、芒硝推荡积滞,攻下热结。四药相合,既有大黄、芒硝泻下通便,以治燥实,又有厚朴、枳实行气散结,以治痞满。泻下行气并重,共奏峻下热结之功。六腑以通为用,胃气以下降为顺,本方峻下热结,承顺胃气下行,故方名"大承气"。正如《温病条辨》所说:"承气者,承胃气也……曰大承气者,合四药而观之,可谓无坚不破,无微不入,故曰大也。"

热结旁流,下利清水,治以大承气汤,是因为"旁流"是现象,"热结"是本质,故用寒下以通之,即《类经》所谓"火热内蓄,或大寒内凝,积聚留滞,泻利不止,寒滞者以热下之,热滞者以寒下之,此通因通用之法也"。

热厥,治以大承气汤,是因厥是现象,里实热是本质。在四肢厥逆的同时,必有大便不通,腹痛拒按,口舌干燥,脉滑实等实热症状,故用寒下剂治之。这种以寒下剂治疗厥寒证的方法,亦称之为"寒因寒用"。

在煎服方法上,先煮枳、朴,后下大黄,芒硝溶服,是因硝、黄煎煮过久,会减缓泻下作用。正如《伤寒来苏集·伤寒附翼》所说:"生者气锐而先行,熟者气钝而和缓"。

【运用】

1. 本方为急下存阴之剂。以数日不大便,脘腹胀满,苔黄厚而干,或焦黑燥裂,脉沉数有力为证治要点。凡气虚阴亏,燥结不甚者,以及年老、体弱、孕妇等,均应慎用。

2. 若兼气虚者,宜加人参以补气,以防泻下气脱;兼阴津不足者,宜加玄参、生地等以滋阴润燥。

3. 急性单纯性肠梗阻、粘连性肠梗阻、蛔虫性肠梗阻、急性胆囊炎、急性胰腺炎,以及某些热性疾病过程中出现高热,谵语,神昏,惊厥,发狂而见大便不通,苔黄脉实者,均可用本方加减治之。

【附方】

1. 小承气汤(《伤寒论》)　大黄四两,酒洗(12g)　厚朴二两,去皮,炙(6g)　枳实三枚,大者,炙(9g)　上三味,以水四升,煮取一升二合,去滓,分温二服。初服汤,当更衣,不尔者,尽饮之;若更衣者,勿服之。功用:轻下热结。主治:阳明腑实证。大便不通,谵语潮热,脘腹痞满,舌苔老黄,脉滑而疾;痢疾初起,腹中胀痛,里急后重者,亦可用之。

2. 调胃承气汤(《伤寒论》)　大黄四两,去皮,清酒洗(12g)　甘草二两,炙(6g)　芒硝半升(10g)　上三味,㕮咀,以水三升,煮二物至一升,去滓,纳芒硝,更上微火一二沸,温顿服之,以调胃气。功用:缓下热结。主治:阳明腑实证。大便不通,恶热口渴,舌苔正黄,脉滑数;以及胃肠积热引起的发斑,口齿咽痛等症。

3. 复方大承气汤(《中西医结合治疗急腹症》)　厚朴　炒莱菔子各15~30g　枳壳　大黄

后下　赤芍各15g　芒硝冲服9～15g　桃仁9g　水煎服。最好用胃管注入,经2～3小时后,可再用本方灌肠,以加强攻下之力,有助于肠梗阻的解除。功用:通里攻下,行气活血。主治:单纯性肠梗阻,属阳明腑实而气胀较明显者。

　　以上四方均用大黄以荡涤胃肠积热。大承气汤硝、黄并用,且加枳、朴,而厚朴用量倍于大黄,泻下与行气并重,其功峻下,主治痞、满、燥、实俱备的阳明腑实证;小承气汤不用芒硝,枳朴用量亦轻,厚朴用量为大黄之半,其功轻下,主治痞、满、实之阳明腑实轻证;调胃承气汤不用枳、朴,而大黄、芒硝并用,且以甘草与大黄同煎,其功缓下,主治阳明腑实证,燥、实同见而无痞、满之证;复方大承气汤以大承气汤(枳壳易枳实)为主,通里攻下,配以莱菔子、赤芍、桃仁行气导滞,活血化瘀,既可助方中诸药荡涤积滞,又可防止梗阻导致局部血瘀引起的组织坏死。主治急性肠梗阻而气胀较甚者。

【文献摘要】

《医宗金鉴·订正伤寒论注》:"诸积热结于里而成满痞燥实者,均以大承气汤下之也。满者,腹胁满急膜胀,故用厚朴以消气壅;痞者,心中痞塞硬坚,故用枳实以破气结;燥者,肠中燥粪干结,故用大黄攻积泻热。然必审四证之轻重,四药之多少,适其宜,始可与也。若邪重剂轻,则邪气不服;邪轻剂重,则正气转伤,不可不慎也"。

临床报道:将大承气汤改为冲剂,治疗214例肠梗阻患者,获得良好疗效。其中粘连性者95例,治愈83.2%;蛔虫性者50例,治愈94%;粪团性者4例,功能性者24例,不明原因者16例,均全部治愈;但对肠扭转11例,内疝6例,肿瘤所致梗阻8例,则均无效。(中药通报,1984;3:123)。大承气汤加清热利湿之品治疗胆石症261例,结果排石125例(47.9%),排石最多者达339块;治疗急性胰腺炎,证属里热实证者,以本方为主治疗117例,治愈率达98.6%(中西医结合杂志,1984;1:60)。

实验研究:该方能显著增加肠道的蠕动、容积和推进功能,有促进肠套叠的还纳和肠扭转的复位作用。本方的上述作用是直接作用肠道实现的,如切断迷走神经,上述作用依然存在。同时,大承气汤能增加肠血流量,改善肠管血运状态,降低毛细血管的通透性,对炎症早期毛细血管通透性的升高有抑制作用。此外,本方能促进腹腔内陈旧性异种血吸收作用,能预防术后的腹腔内粘连,对消化酶的活性和胰蛋白酶、脂肪酶、淀粉酶有明显抑制作用,能调节肝胆功能,对肾功能亦有保护作用(中西医结合杂志,1984;1:60)。

【方歌】

大承气汤用硝黄,配伍枳朴泻力强,
痞满燥实四症见,峻下热结宜此方;
去硝名曰小承气,便鞭痞满泻热良,
调胃承气硝黄草,便秘口渴急煎尝。

大 黄 牡 丹 汤

《金匮要略》

【组成】　大黄四两(12g)　牡丹一两(9g)　桃仁五十个(12g)　瓜子半升(30g)　芒硝三合(9g)

【用法】　以水六升,煮取一升,去滓,内芒硝,再煎沸,顿服之。

【功用】　泻热破瘀,散结消肿。

【主治】 肠痈初起。右下腹疼痛拒按，或右足屈而不伸，伸则痛甚，甚则局部肿痞，或时时发热，自汗恶寒，舌苔薄腻而黄，脉滑数。

【方解】 肠痈初起，多由湿热郁蒸，气血凝聚，结于肠中，肠络不通所致。《成方便读》说："病既在内，与外痈之治，又自不同。然肠中既结聚不散，为肿为毒，非用下法，不能解散"，此即"六腑以通为用"的治则。因此在治法上，宜泻热破瘀，散结消肿。方中应用大黄苦寒攻下，泻肠中湿热郁结，祛肠中稽留之瘀血；桃仁苦平，性善破血，与大黄配伍，破瘀泻热，两药共为君药。芒硝咸寒，泻热导滞，软坚散结，与大黄合用荡涤肠中实热；牡丹辛苦微寒，凉血化瘀，消肿"疗痈疮"（《神农本草经》），俱为臣药。方中瓜子（一般应用冬瓜子）甘寒，清肠利湿，排脓散结，《本草纲目》载其"治肠痈"，故为佐使药。诸药合用，既可泻热破瘀，又可散结消肿。使肠中湿热血瘀之邪，迅以驱除，肠痈自愈。

《金匮要略》曾说："脉洪大者，脓已成，不可下也"。但在本方的用法中又说："有脓当下，如无脓当下血"。后世医家对此认识不一，现在一般认为肠痈初起，证属湿热血瘀之实证者，脓已成或脓成未溃，均可用之。

【运用】

1. 本方用于肠痈初起，由湿热血瘀而成者，功效极佳。以少腹疼痛拒按，右足屈而不伸，舌苔黄，脉滑数为证治要点。凡肠痈溃后以及老人、孕妇、产后，均应忌用。对于重型急性化脓性或坏疽性阑尾炎、阑尾炎合并腹膜炎、婴儿急性阑尾炎，亦应禁用。

2. 若热毒较重者，加蒲公英、金银花、败酱草以加强清热解毒之力；血瘀较重者，加赤芍、乳香、没药等以活血祛瘀。

3. 对于急性单纯性阑尾炎属于实热血瘀者，疗效最佳。亦可用于妇科急性盆腔炎、输卵管结扎后感染等属血分瘀热者。

【附方】

1. 阑尾化瘀汤（《急腹症手册》） 大黄 丹皮 桃仁 玄胡 木香各9g 金银花 川楝子各15g 水煎2次，顿服或分2次服。功用：化滞通结，清热解毒。主治：急性阑尾炎瘀滞型。发热不高，脘腹胀闷，嗳气纳减，恶心反胃，腹痛，绕脐作痛，或痛有定处，拒按或有肿块，大便秘结，小便黄，苔白腻，脉弦紧或涩或细。

2. 阑尾清化汤（《急腹症手册》） 大黄 丹皮各15g 桃仁 川楝子 甘草各9g 赤芍12g 金银花 蒲公英各30g 每日2剂，水煎早晚分服。功用：清热解毒，行气活血。主治：急性阑尾炎蕴热期。发热，午后较甚，口干渴，腹痛重，食欲不佳，便秘，尿黄赤。

3. 阑尾清解汤（《急腹症手册》） 大黄24g 丹皮15g 冬瓜仁 蒲公英各30g 金银花60g 川楝子 木香 甘草各9g 每日2剂，水煎分4次服，或每日4剂，昼夜分服。功用：清热解毒，消肿通结。主治：急性阑尾炎热毒期。发热恶寒或不恶寒，口干渴，面红目赤，唇干舌燥，呕恶不能食，腹胀痛拒按，大便秘结，小便赤涩或尿痛，舌红绛，苔黄腻或黄糙，脉洪大滑数或弦数。

【文献摘要】

《成方便读》："夫肠痈之病，皆由湿热瘀聚郁结而成。病既在内，与外痈之治又自不同。然肠中既结聚不散，为肿为毒，非用下法，不能解散。故以大黄之苦寒行血，芒硝之咸寒软坚，荡涤一切湿热瘀结之毒，推之而下。桃仁入肝破血，瓜子润肺行痰，丹皮清散血分之郁热，以除不尽之余气耳"。

临床报道：以大黄牡丹汤加减治疗32例急、慢性阑尾炎，素体虚寒者合薏苡附子败酱散；若脓已成加当归、赤小豆；形瘦便溏者加党参、干姜，大黄减量。治愈率95%以上，平均疗程2～6天(中成药研究,1982;8:42)。

【方歌】
金匮大黄牡丹汤，桃仁瓜子芒硝襄，
肠痈初起腹按痛，苔黄脉数服之康。

第二节 温 下

温下剂,适用于里寒积滞实证。症见大便秘结,脘腹胀满,腹痛喜按,手足不温,脉沉紧等。由于寒邪非温不化,积滞非下不去,故常用泻下药大黄配伍温里药附子、干姜等为主；或用泻下药巴豆之类为主组成方剂。若寒积兼有脾胃阳气不足者,宜适当配伍补气之品如人参、甘草等。代表方如大黄附子汤、温脾汤、三物备急丸。

大 黄 附 子 汤

《金匮要略》

【组成】 大黄三两(9 g) 附子三枚,炮(9 g) 细辛二两(3 g)

【用法】 以水五升,煮取二升,分温三服。若强人煮取二升半,分温三服。服后如人行四五里,进一服。

【功用】 温里散寒,通便止痛。

【主治】 寒积腹痛。便秘腹痛,胁下偏痛,发热,手足不温,舌苔白腻,脉弦紧。

【方解】 本方为温下剂的代表方剂。主治里寒积滞内结,阳气不运而致便秘腹痛,胁下偏痛,发热,手足不温者。根据"寒者热之"、"结者散之"、"留者攻之"的治则,治宜温通并用。故方用附子之辛热以温里散寒,止腹胁疼痛为君；寒实内结,固然需要温里药以去其寒,同时需用泻下药才能去其结,故又用大黄泻下通便,以荡涤里实积滞为臣。细辛辛温宣通,散寒止痛,助附子温里散寒止痛为佐药。方中大黄性虽苦寒,但得大量附子之辛热,则苦寒之性被制,而泻下之功犹存。三药合用,共奏温下之功。

【运用】

1. 临床以便秘腹痛,手足不温,苔白腻,脉弦紧为证治要点。

2. 以本方加减治疗胆绞痛、胆囊术后综合征、慢性痢疾、尿毒症等属寒积者,常获良效。

【文献摘要】

《成方便读》："胁下偏痛,发热,其脉弦紧,此阴寒成聚,偏着一处,虽有发热,亦是阳气被郁所致。是以非温不能散其寒,非下不能去其积,故以附子、细辛之辛热善走者搜散之,而后大黄得以行其积也"。

【方歌】
金匮大黄附子汤，细辛散寒止痛良，
冷积内结成实证，功专温下妙非常。

第二节 温 下

温 脾 汤

《备急千金要方》

【组成】 大黄五两(15g) 当归 干姜各三两(各9g) 附子 人参 芒硝 甘草各二两(各6g)

【用法】 上七味,㕮咀,以水七升,煮取三升,分服,日三。

【功用】 攻下寒积,温补脾阳。

【主治】 寒积腹痛。便秘腹痛,脐下绞结,绕脐不止,手足欠温,苔白不渴,脉沉弦而迟。

【方解】 本方治证系由脾阳不足,寒积中阻所致。寒实冷积阻于肠间,阳气失运,则便秘腹痛,绕脐不止;脾阳不足,不能布达四肢,则手足欠温,脉沉弦。此时单用攻下,必更伤中阳;纯用温补,则寒积难去。惟攻逐寒积与温补脾阳并用,方为两全。方中以附子温补脾阳,祛除寒邪;大黄泻下,攻逐积滞,大黄性虽苦寒,但与辛热之附子相配,而具有温下之功以攻逐寒积,共为君药。芒硝、当归润肠软坚,助大黄泻下攻积;干姜温中助阳,助附子温阳祛寒,均为臣药。人参合甘草益气补脾,是其助阳须先益气之意,为佐药。其中甘草又能调和药性,兼使药之功。诸药合用,具有寓温补于攻下之中的配伍特点,是为温下之著名方剂。

《备急千金要方》卷十五,热痢门中另有一温脾汤,治下久赤白,连年不止。较本方少芒硝、当归,大黄用四两,且附子用量大于干姜。前者寒盛,其症大便不通,脐腹绞痛,故硝、黄并用,且干姜用量大于附子,意在以散寒为主;后者治久痢赤白,虽有寒积,但其证大便自利,故只用大黄,并减其用量,同时重用附子,意在以温阳为主。两方虽皆为温下寒积,但其证有异,因之处方用药、用量则有所不同。此等入微之处,值得考究。

【运用】

1．本方为温下剂的常用方剂。以腹痛,便秘,手足不温,畏寒喜热,苔白,脉沉弦而迟为证治要点。

2．若腹中胀痛者,加厚朴、木香以行气止痛;腹中冷痛,可加肉桂、吴茱萸以增温中散寒之力。

3．可用于急性单纯性肠梗阻或不全梗阻等,属寒积内停证者。

【文献摘要】

《成方便读》"此方治寒积之一法也。凡积之所成,无不由于正气之虚,故以参、甘以培其气,当归以养其血,使气血复其常度,则邪去而正乃不伤。病因寒起,故以姜、附之辛热,使其走者走,守者守,祛寒散结,纤悉无遗,而后硝、黄导之,由胃入肠,何患乎病不去哉?"

【方歌】

温脾参附与干姜,甘草当归硝大黄,

寒热并行治寒积,脐腹绞结痛非常。

三 物 备 急 丸

《金匮要略》

【组成】 大黄一两 干姜一两 巴豆一两,去皮心,熬,外研如脂

【用法】 先捣大黄、干姜为末,研巴豆纳中,合治一千杵,用为散,蜜和丸亦佳,密器中贮之,勿令泄。用时以暖水若酒服大豆许三四丸,或不下,捧头起, 灌令下咽,须臾当瘥; 如未瘥,更与三丸,当腹中鸣,即吐下便瘥;若口噤,亦须折齿灌之。

【功用】 攻逐寒积。

【主治】 寒实腹痛。卒然心腹胀痛,痛如锥刺,气急口噤,大便不通。

【方解】 本方治证由饮食不节,冷食积滞,阻结胃肠, 或暴饮暴食之后,又复感寒邪,以致气机不行,甚则气机逆乱所为。此时非用大辛大热之品,不能开结散寒, 非用急攻峻下之品,不能祛其积滞。方中巴豆辛热峻下,"推荡脏腑,开通闭塞",为君药。干姜性味辛温,温中兼能散结,助巴豆辛热峻下,攻逐肠胃冷积,为臣药。大黄性味苦寒泻下, 荡涤胃肠积滞,推陈致新,且能监制巴豆辛热之毒,为佐使药。三药合用,力猛效捷,为温下之峻剂。服后便通积去,寒消阳复,则诸证可愈。正如《八法效方举隅》所说:"本方取干姜以益其温, 大黄以益其泻,巴豆既已暴悍,干姜、大黄愈助长其势焰,便可摩阴不消,摩坚不破"。

方中巴豆大辛大热,毒性较大,对胃肠的刺激极强,须根据病情的轻重, 适当掌握用量。服后若泻下过多,可服冷粥止之;若不下或下之过少,可服热粥助泻,若仍下之不快, 病情不减,可适当加量。本方药峻力猛,以备暴急寒实之证应用,《医方集解》说:"三药峻厉,非急莫施,故曰"备急"。

【运用】

1. 本方专为寒实冷积,暴急之证而设。以卒然心腹胀痛,大便不通,苔白, 脉沉实为证治要点。孕妇、年老体弱,以及暑热时疫所致的心腹卒痛,均当忌用。

2. 可用于食物中毒、急性单纯性肠梗阻属寒实内结者。

【文献摘要】

《古今名医方论》:"柯韵伯曰:大便不通,当分阳结、阴结。阳结有承气、更衣之剂,阴结又制备急之方。《金匮》用此治中恶,当知寒邪卒中者宜之,若用于温暑热邪, 速其死矣。是方允为阴结者立, 干姜散中焦寒邪,巴豆逐肠胃冷积,大黄通地道,又能解巴豆毒,是有制之师也,乃仿仲景白散而加峻者与! 白散治寒结在胸,故用桔梗佐巴豆,为吐、下两解法;此寒结肠胃,故用大黄佐姜、巴,以直攻其寒。世徒知有温补法,而不知有温下之治,所以但讲虚寒,不议及寒实也。"

临床报道:用三物备急丸治急性肠梗阻39例,其中单纯性肠梗阻29例,蛔虫性肠梗阻7例,粘连性肠梗阻3例,结果治愈35例,有效3例,无效1例,总有效率达97.4%,1~5小时获效者11例,5~10小时获效者24例, 10~20小时获效者4例,平均获效时间为6.2小时(云南中医杂志,1982;2:27)。

实验研究:三物备急丸具有明显的加强肠管收缩的作用,其组成成份巴豆能兴奋肠管,大黄和干姜则呈降低肠管紧张性的效应,这些药物的作用又常以浓度不同而异(新医药杂志,1975;11:24)。

【方歌】

三物备急巴豆研, 干姜大黄不需煎,

猝然腹痛因寒积, 速投此方急救先。

第三节 润 下

润下剂,适用于肠燥津亏,大便秘结之证。症见大便秘结,小便短赤,或有身热,口干,腹胀或痛,舌红苔黄,脉滑数等。若肠燥便秘因于热邪伤津,或素体火盛,胃肠干燥所致者,常用润下药如火麻仁等为主,与寒下药组成方剂,代表方如麻子仁丸;若因于肾气虚弱或病后虚损,关门不利所致者,则宜温补滋润通便药如肉苁蓉、当归等为主组成方剂。代表方如济川煎等。

五 仁 丸

《世医得效方》

【组成】 桃仁一两(15g) 杏仁炒,去皮尖,一两(15g) 柏子仁半两(9g) 松子仁一钱二分五厘(5g) 郁李仁炒,一钱(5g) 陈皮四两(15g),另研末

【用法】 将五仁别研为膏,再入陈皮末研匀,炼蜜为丸,如梧桐子大,每服五十丸,空心米饮送下。

【功用】 润肠通便。

【主治】 津枯便秘。大便干燥,艰涩难出,以及年老或产后血虚便秘。

【方解】 《素问·灵兰秘典论》说:"大肠者,传导之官,变化出焉。"素体阴虚,或年老阴气自半,津液日亏,或产后失血,血虚津少,均可导致津枯肠燥,大肠传导失司,大便艰难。此时不宜用峻药攻逐,只须润肠通便。故用质润多脂的杏仁为君,以滋肠燥,且降肺气,而利大肠传导之职。以桃仁为臣,取其润燥滑肠,以助杏仁之力。柏子仁性多润滑,"润肺治燥……治虚秘"(《本草纲目》);郁李仁质润性降,润滑肠道,专治肠胃燥热,大便秘结;松子仁润五脏,治虚秘,共为佐药。复以陈皮理气行滞,使气行则大肠得以运化。炼蜜为丸,更能助其润下之功。五仁合用,润肠通便而不伤津液,用于津枯肠燥便秘,奏功甚捷。

【运用】

1. 本方为润肠通便之剂,以大便秘结,口干渴饮,舌燥少津,脉细涩为证治要点。方中桃仁、李仁均能活血,故孕妇慎用。

2. 若津亏较甚者,可加瓜蒌仁、麻子仁以加强润肠之力;用于产后血虚便秘,可加当归以养血润肠;兼腹胀者,可加莱菔子、枳壳以理气宽肠。

3. 痔疮便秘、习惯性便秘等属津枯肠燥者,均可用之。

【方歌】
五仁柏仁杏仁桃,松仁陈皮郁李饶,
炼蜜为丸米饮下,润肠通便此方效。

济 川 煎

《景岳全书》

【组成】 当归三至五钱(9～15g) 牛膝二钱(6g) 肉苁蓉酒洗去咸,二至三钱(6～9g) 泽泻一钱半

(5 g)　升麻五分至七分或一钱(3 g)　枳壳一钱(3 g)

【用法】 水一盏半,煎七分,食前服。

【功用】 温肾益精,润肠通便。

【主治】 肾虚便秘。大便秘结,小便清长,腰膝痿软,舌淡苔白,脉沉迟。

【方解】 肾主五液而司二便,肾虚精亏,开合失司,故大便秘结,小便清长;腰为肾之府,肾虚则腰膝痿软。治宜温肾益精,润肠通便。方中肉苁蓉温肾益精,暖腰润肠,为君药。当归养血润肠,牛膝补肾壮腰,善于下行,均为臣药。枳壳宽肠下气而助通便,升麻轻宣升阳,清阳得升,浊阴自降,且有欲降先升之妙。肾虚气化失职,水液代谢失常,以致浊阴不降,故用泽泻甘淡泄浊,又入肾补虚,配合枳壳,使浊阴降则大便得通,共为佐使。合而用之,成为温润通便之剂,是寓通于补之中,寄降于升之内,故适于老人肾虚及产后血虚之便秘。《景岳全书》说:"凡病涉虚损而大便秘结不通,则硝黄攻击等剂必不可用。若势有不得不通者,宜此主之,此用通于补之剂也。"方名"济川"者,乃资助河川以行舟车之意,即补虚通便为用。

【运用】

1. 本方专为肾虚津亏便秘之证而设。以大便秘结,小便清长,腰膝痿软为证治要点。热邪伤津及阴虚者忌用。

2. 若兼气虚者,加人参以补气;肾虚重者,加熟地黄以补肾滋阴;虚甚者,枳壳可不用,以免伤气。

3. 习惯性便秘、老年人便秘等属肾虚津亏肠燥者,可用本方。

【文献摘要】

《重订通俗伤寒论》:"夫济川煎,注重肝肾,以肾主二便,故君以苁蓉、牛膝滋肾阴以通便也。肝主疏泄,故臣以当归、枳壳,一则辛润肝阴,一则苦泄肝气。妙在升麻升清气以输脾,泽泻降浊气以输膀胱,佐蓉、膝以成润利之功"。

【方歌】

济川归膝肉苁蓉,泽泻升麻枳壳从,

肾虚津亏肠中燥,寓通于补法堪宗。

麻子仁丸(又名脾约丸)

《伤寒论》

【组成】 麻子仁二升(20 g)　芍药半斤(9 g)　枳实半斤,炙(9 g)　大黄一斤,去皮(12 g)　厚朴一尺,炙,去皮(9 g)　杏仁一升,去皮、尖,熬,别作脂(10 g)

【用法】 六味为末,炼蜜为丸,如梧桐子大,饮服十丸,日三服。渐加,以知为度。

【功用】 润肠泻热,行气通便。

【主治】 脾约证。肠胃燥热,脾津不足,大便秘结,小便频数。

【方解】 本方治证,《伤寒论》称之为"脾约"。系由肠胃燥热,脾津不足所致。脾为胃行其津液,今胃中燥热,脾受约束,津液不能四布,但输膀胱,故小便频数;燥热伤津,肠失濡润,则大便秘结。治宜润肠泄热,行气通便。方中重用麻子仁质润多脂,滋脾润肠,润燥通便为君药,大黄苦寒泄热,攻积通便;杏仁利肺降气,润燥通便;白芍养阴敛津,柔肝理脾,共为臣药。枳实下气破结,厚朴行气除满,以加强降泄通便之力,用以为佐。使以蜂蜜润燥滑肠,调和诸药。综观全方,重用麻子仁滋脾润肠,配伍大黄、枳实、厚朴泄热导滞,组成攻润相合之剂。使腑气通顺,津液充足,下不伤正,主治脾津不足,肠胃燥热之脾约证。

本方即小承气汤加麻仁、杏仁、白芍、蜂蜜而成。虽亦用小承气汤泻肠胃之燥热积滞,但实际服量较小,更取质润多脂之麻仁、杏仁配以蜂蜜、白芍,既可益阴润燥以通便,又能减缓小承气汤攻伐之力,使下不伤正,而且原方只服十小丸,以次渐加,都说明本方意在润肠泻热,而属缓下之剂。

【运用】

1. 本方主治胃热肠燥,以大便秘结,小便频数,舌苔微黄为证治要点。孕妇及血虚津亏便秘,应慎用。

2. 常用于习惯性便秘、老人与产后便秘、痔疮术后便秘等属肠胃燥热者。

【文献摘要】

《医方考》:"伤寒差后,胃强脾弱,约束津液不得四布,但输膀胱,致小便数而大便难者,主此方以通肠润燥。枳实、大黄、厚朴,承气汤也;麻仁、杏仁,润肠物也;芍药之酸,敛津液也。然必胃强者能用之,若非胃强,则承气之物在所禁也。"

临床报道:用麻子仁丸内服防止肛门手术后的大便干燥所致疼痛和出血,效果良好。临床观察500例,服药后大便变软而易于排出者479例,无效者21例,有效率为95.8%。在无效病例中有16例原有习惯性便秘(中医杂志,1965;10:40)。

【方歌】

麻子仁丸治脾约,大黄枳朴杏仁芍,

胃热津枯便难解,润肠通便功效高。

第四节 攻补兼施

攻补兼施剂,适用于里实正虚,而大便秘结之证。其主要表现为腹满便秘而兼气血不足或阴津内竭者。此时不攻则不能去其实,不补则无以救其虚,惟有攻补兼施,邪正兼顾,方为两全。故本类方剂,常用攻下药如大黄、芒硝等与补益药如人参、当归、生地黄、玄参等组成。代表方如黄龙汤、增液承气汤等。

黄 龙 汤

《伤寒六书》

【组成】 大黄(9g) 芒硝(6g) 枳实(9g) 厚朴(9g) 甘草(3g) 人参(6g) 当归(9g)

【用法】 水二盅,姜三片,枣子二枚,煎之后,再入桔梗一撮,热沸为度。

【功用】 攻下热结,益气养血。

【主治】 阳明腑实,气血不足证。自利清水,色纯青,或大便秘结,脘腹胀满,腹痛拒按,身热口渴,神倦少气,谵语甚或循衣撮空,神昏肢厥,舌苔焦黄或焦黑,脉虚。

【方解】 本方原治热结旁流而兼气血两虚证,后世用治温病应下失下,邪实正虚者。邪热入里与肠中糟粕互结,故大便秘结,脘腹胀满疼痛拒按,身热口渴,舌苔焦黄或焦黑,或自利清水，色纯青，即"热结旁流"证；素体不足或里热实证误治而耗伤气血，故见神倦少气，脉虚等症；余如谵语、神昏、肢厥、撮空等，均为热结于里，上扰神明之证。此时邪实正虚，治宜攻下热结，益气养血。方中大黄、芒硝、枳实、厚朴（即大承气汤）攻下热结，荡涤胃肠实热积滞；人参、甘草、当归益气养血，扶正达邪，使之攻不伤正。用法中加桔梗宣肺通肠腑；生姜、大枣养胃和中。诸药合用，而成攻下扶正，邪正合治之良方。

【运用】

1．使用本方应以自利清水，或大便秘结，脘腹胀满，身热口渴，神倦少气，舌苔焦黄，脉虚为证治要点。

2．可用于伤寒、副伤寒、流行性脑脊髓膜炎、乙型脑炎等病，见有阳明腑实，而兼气血不足者。

【附方】

新加黄龙汤（《温病条辨》）　细生地五钱(15 g)　生甘草二钱(6 g)　人参一钱五分(5 g)另煎　生大黄三钱(9 g)　芒硝一钱(3 g)　玄参五钱(15 g)　麦冬五钱，连心(15 g)　当归一钱五分(5 g)　海参二条(2条)洗　姜汁六匙(6匙)　以水八杯，煮取三杯。先用一杯，冲参汁五分，姜汁2匙，顿服之。如腹中有响声，或转矢气者，为欲便也。候一二时不便，再如前法服一杯；候二十四刻不便，再服第三杯。如服一杯，即得便，止后服。酌服益胃汤（沙参　麦冬　冰糖　细生地　玉竹）一剂。余参或可加入。功用：泄热通便，滋阴益气。主治：热结里实，气阴不足证。大便秘结，神倦少气，口干咽燥，唇裂舌焦，苔焦黄或焦黑燥裂。

黄龙汤与新加黄龙汤均为攻补兼施之剂，但前者用大承气汤攻下热结，配伍人参、甘草、当归益气养血之品，主治热结较甚而兼气血不足者；新加黄龙汤取调胃承气汤缓下热结，配伍玄参、麦冬、生地、海参滋阴增液，人参、甘草、当归益气养血。该方攻下之力较缓，而滋阴益气之力较强，主治阳明温病，热结里实而气阴不足者。

【文献摘要】

《伤寒辨证》："虚人积结于内，攻之不行，乃肠胃枯竭之故，故节庵加人参、当归于承气汤中，助其气血，以建背城之功。即如参苏饮中用人参佐表药之义"。

【方歌】

黄龙汤枳朴硝黄，参归甘桔枣生姜，

阳明腑实气血弱，攻补兼施效力强。

增液承气汤

《温病条辨》

【组成】　玄参一两(30 g)　麦冬八钱，连心(25 g)　细生地八钱(25 g)　大黄三钱(9 g)　芒硝一钱五分(4.5 g)

【用法】　水八杯，煮取二杯，先服一杯，不知，再服。

【功用】　滋阴增液，泄热通便。

【主治】　热结阴亏证。燥屎不行，下之不通，脘腹胀满，口干唇燥，舌红苔黄，脉细数。

【方解】　阳明温病，热结胃肠，津液受灼，肠腑失润，传导失常，以致燥屎不行，脘腹胀满；燥屎不行，邪热愈盛，阴津渐竭，故肠中燥屎虽用下法而不得通。此即《温病条辨》"津液不足,无水舟停"之意。口干唇燥,舌红苔黄,脉细数者,乃热伤津亏之证。治宜甘凉濡润以增阴液;咸苦润下以泄热通便。方中重用玄参滋阴泄热通便,为君药。麦冬、生地黄滋阴生津,为臣药。君臣相合即增液汤,功能滋阴清热,增液通便;大黄、芒硝软坚润燥,泄热通便。共成"增水行舟"之剂。

《温病条辨》指出,阳明温病,大便不通,若属津液枯竭,水不足以行舟而燥结不下者,可间服增液汤以增其津液;若再不下,是燥结太甚,宜于增液承气汤缓缓服之。说明热结阴亏,大便不通者,使用下法,宜当审慎。

【运用】

1. 本方专为温病热结阴亏的便秘证而设。以燥屎不行,下之不通,口干唇燥,苔黄,脉细数为证治要点。

2. 急性传染病高热、便秘、津液耗伤较重,以及痔疮日久,大便燥结不通,属热结阴亏者均可应用。

【文献摘要】

《历代名医良方注释》:"温病热结阴亏,燥屎不行者,下法宜慎。此乃津液不足,无水舟停,间服增液汤(生地、玄参、麦冬),即有增水行舟之效;再不下者,然后再与增液承气汤缓缓服之,增液通便,邪正兼顾。方中生地、玄参、麦冬甘寒、咸寒,滋阴增液;配伍大黄、芒硝苦寒、咸寒,泄热通便,合为滋阴增液,泄热通便之剂。"

临床报道:以增液承气汤加水牛角、赤芍、丹皮,治疗流行性出血热少尿期危重型患者75例,治愈73例,死亡2例。不能口服者可鼻饲或保留灌肠,药后3小时不泻,重复硝黄1剂。腹胀肠麻痹加枳实、厚朴,渴甚加天花粉,呕吐加竹茹,呃逆加柿蒂,逆传心包,神昏谵语者加服安宫牛黄丸(河北中医,1987;2:10)。

【方歌】

增液承气参地冬,硝黄加入五药供,

热结阴亏大便秘,增水行舟肠腑通。

第五节 逐 水

逐水剂,适用于水饮壅盛于里的实证。症见胸胁引痛,或水肿腹胀,二便不利,脉实有力等。本类方剂常以峻下逐水药如大戟、芫花、甘遂、牵牛子等为主组方。因其药力峻猛,有一定的毒性,故常须配伍养胃扶正之品如大枣等。由于水饮壅盛,以致气机闭阻,根据气行水行之理,又常配伍行气之品如青皮、陈皮、木香、槟榔等。代表方如十枣汤、禹功散。

十 枣 汤

《伤寒论》

【组成】 芫花熬 甘遂 大戟各等分

【用法】 三味等分,各别捣为散。以水一升半,先煮大枣肥者十枚,取八合去滓,纳药末。强人服一钱匕(2g),羸人服半钱(1g),温服之,平旦服。若下后病不除者,明日更服,加半钱。得快下利后,糜粥自养。

【功用】 攻逐水饮。

【主治】

1. 悬饮。咳唾胸胁引痛,心下痞鞕,干呕短气,头痛目眩,或胸背掣痛不得息,舌苔滑,脉沉弦。

2. 水肿。一身悉肿,尤以身半以下为重,腹胀喘满,二便不利。

【方解】 水饮壅盛于里,停于胸胁,则咳唾胸胁引痛,甚或胸背掣痛不得息;水饮停于心下,则心下痞鞕,干呕短气;上扰清阳,则头痛目眩;水饮泛溢肢体,则发水肿。此时,水气壅实,非一般化饮渗利之品所能胜任,当投峻剂攻逐,方可去其水饮。方中甘遂苦寒有毒,善行经隧络脉之水湿,《本经》谓其主"腹满,面目浮肿,留饮宿食,破癥坚积聚,利水谷道"。大戟苦寒有毒,善泻脏腑之水邪,《本经》谓之主"蛊毒,十二水,腹满急痛,积聚"。芫花辛温有毒,善消胸胁伏饮痰癖,《别录》言其"消胸中痰水,喜唾,水肿"。三药峻烈,各有专功,合而用之,攻逐水饮之功甚著。用大枣10枚煎汤送服,取其益脾缓中,防止逐水伤及脾胃,并缓和诸药毒性,使邪去而正不伤。

原方用法,值得注意。一是三药为散,大枣煎汤送服。因方中甘遂的有效成分难溶于水,故以散剂吞服疗效较好。二是从小量开始,且于清晨空腹服用。以免量大下多伤正,如服后下少,明日加量。三是服药得快利后,宜食糜粥以保养脾胃。

【运用】

1. 本方为攻逐水饮之峻剂,临床以咳唾胸胁引痛,或水肿腹胀,二便不利,脉沉弦为证治要点。孕妇忌服。

2. 渗出性胸膜炎、肝硬化腹水、肾炎水肿,以及晚期血吸虫病所致的腹水等属形气俱实者,均可应用。

【附方】

控涎丹(又名妙应丸、子龙丸,《三因极一病证方论》) 甘遂去心 大戟去皮 白芥子各等分 上药为末,糊丸桐子大,食后临卧,淡姜汤下五七至十丸(2g);若痰猛气实,加数丸不妨。功用:祛痰逐饮。主治:痰饮伏在胸膈上下,忽然胸背、颈项、股胯隐痛不可忍,筋骨牵钓痛,走易不定,或手足冷痹,或令头痛不可忍,或神志昏倦多睡,或饮食无味,痰唾稠粘,夜间喉中痰鸣,多流涎唾等。

控涎丹与十枣汤均为攻逐水饮之剂,主治水饮内停证。从组方分析,前方由十枣汤去芫花、大枣加白芥子而成。白芥子性味辛温,善治胸膈间皮里膜外之痰饮,与大戟、甘遂配伍应用,则长于祛痰逐饮。改为丸剂,则其力较缓,用治痰涎水饮停于胸膈,而见胸背、颈项、腰胯隐痛等;十枣汤则以逐水作用迅猛之甘遂、芫花、大戟与益脾缓中以制水的大枣相配,使邪去而不伤正。用于悬饮胸胁引痛及水肿腹胀实证。

【文献摘要】

《医方集解》:"芫花、大戟性辛苦以逐水饮;甘遂苦寒,能直达水气所结之处,以攻决为用;三药过峻,故用大枣之甘以缓也,益土所以胜水,使邪从二便而出也"。

临床报道:用十枣汤治疗结核性胸膜炎28例,其中胸腔积液在2~3前肋以下者18例,3~4前肋以下者6例,4~5前肋以下者4例。结果:胸水于24小时内吸收者13例,48小时内吸收者9例,72小时内吸收者6例。其用法为以肥大枣15枚煎汁300ml,于晨空腹先服150 ml,5分钟后再将三药末4g用余汤送服(中医药学报,1984;1:53)。十枣汤加减外敷治疗恶性胸水34例,治愈率20.5%;显效率44.1%;总有效率88.2%。从临床治疗表明,十枣汤对改善患者临床症状效果十分明显,能控制恶性胸水增长速度,外用药不经口服,不影响患者食欲,无创伤性,无副作用,患者易于接受(中成药1992;11:27)。

实验研究:芫花、甘遂、大戟均属刺激性泻下药,具有强烈的泻下作用。芫花能兴奋肠道,使蠕动增加,张力提高,引起强烈水泻和腹痛,并可增加肝胆汁流量。甘遂的泻下作用以生者为强,但毒性也较大。小鼠实验表明,甘遂能增强其肠内的推进及推净速度(中医杂志,1980;6:471)。

【方歌】
十枣逐水效甚夸,大戟甘遂与芫花,
悬饮内停胸胁痛,大腹肿满用无差。

禹 功 散

《儒门事亲》

【组成】 黑牵牛头末,四两　茴香一两,炒
【用法】 上为细末,以生姜自然汁调一二钱(3～6 g),临卧服。
【功用】 逐水通便,行气消肿。
【主治】 阳水。遍身水肿,腹胀喘满,大便秘结,小便不利,脉沉有力。
【方解】《丹溪心法·水肿》说:"若遍身肿,烦渴,小便赤涩,大便闭,此属阳水。"析其病机,系由水湿之邪,泛溢肌肤,壅阻脏腑所致。治宜逐水通便为法。方中黑牵牛苦寒,泻下逐水,且利小便,使水湿之邪从二便排除,为君药。茴香辛温行气,与牵牛同用,可增其逐水通便之功,并使其无寒凝碍水之弊。两药配伍,药简义周,制小力宏,用于阳水便秘,实为万当。服加姜汁,以开痰水而和胃气。

【运用】
1. 本方为逐水消肿之剂。以遍身水肿,便秘脉实为证治要点。孕妇慎用。
2. 肝硬化腹水、肾炎水肿等属阳水,见有便秘,脉沉有力者,可加味用之。

【附方】
导水丸(《儒门事亲》)　黑牵牛四两,另取头末　滑石四两　大黄二两　黄芩二两　上为细末,滴水为丸,梧桐子大,每服五十丸(6g),或加至百丸(12g),临卧温水送下。功用:泻热逐水。主治:水肿。遍身浮肿,二便不利,口渴,溲赤,苔黄,脉数。或湿热腰痛,痰湿流注身痛。

导水丸与禹功散均以牵牛子为主,主治水湿壅盛之水肿,见有二便不利者。导水丸配伍滑石、大黄,其通利二便之力较强,且有清热之用,主治水肿湿热之证,禹功散配伍少量茴香,意在逐水之力专,且无寒遏之弊,主治水肿实证而无热象者。

【文献摘要】
《绛雪园古方选注》:"禹功者,脾湿肿胀肉坚,攻之如神禹决水。牵牛苦热,入脾泻湿,欲其下走大肠,当以舶茴辛香引之,从戊入丙至壬,开通阳道,走泄湿邪,决之使下,一泻无余,而水土得平。"

【方歌】

儒门事亲禹功散，牵牛茴香一齐研，

行气逐水又通便，姜汁调下阳水痊。

小 结

泻下剂共选正方 12 首，按其功用分为寒下、温下、润下、攻补兼施、逐水五类。

1．寒下 大承气汤、小承气汤、调胃承气汤均有泻下热结的功用，其中大承气汤硝、黄与枳、朴并用，且厚朴之量倍于大黄，功专峻下热结，为治疗胃肠实热积滞的代表方，主治阳明腑实证，痞、满、燥、实四证俱备者；小承气汤不用芒硝，且厚朴用量为大黄之半，其功为轻下热结，主治阳明腑实证，痞、满、实较轻者；调胃承气汤虽硝、黄并用，但无枳、朴，且加入甘草，其功则缓下热结，主治阳明腑实证，燥、实而无痞、满者。大黄牡丹汤功专泻下瘀热，为治肠痈之主方。

2．温下 大黄附子汤、温脾汤、三物备急丸均能泻下寒积，其中大黄附子汤能温经散寒，主治寒实内结之证；温脾汤尚能温补脾阳，主治脾阳不足，冷积阻滞之便秘腹痛；三物备急丸专于攻逐寒实积滞，为治疗寒实冷积，心腹卒痛，大便不通之急救方剂。

3．润下 五仁丸、济川煎、麻子仁丸均能润肠通便，其中五仁丸集多脂之果仁组方，主要用于津枯肠燥之便秘，尤适用于老人及产后、病后之便秘；济川煎能温肾益精，润肠通便，主治肾虚津亏之大便秘结；麻子仁丸是以润肠药配合小承气汤组成，故能泻下热结，主治肠胃燥热，脾津不足之便秘。

4．攻补兼施 黄龙汤、增液承气汤均能泻热通便兼以扶正。但黄龙汤是大承气汤配合益气养血药而成攻补兼施之方，主治阳明腑实而兼气血不足者。增液承气汤则为寒下与滋阴增液并用之剂，功用滋阴泻热通便，主治阳明温病，热结阴亏之便秘证。

5．逐水 十枣汤、禹功散均能泻下逐水。但十枣汤逐水中兼能培土扶正，主治悬饮或水肿腹胀之实证；禹功散逐水中兼能行气，主要用治阳水便秘脉实者。

第八章 和 解 剂

凡具有和解少阳、调和肝脾、调和寒热、表里双解等作用,治疗伤寒邪在少阳、肝脾不和、寒热错杂,以及表里同病的方剂,统称和解剂。属于"八法"中的"和法"。

和解剂原为治疗伤寒邪入少阳而设,少阳属胆,位于半表半里,既不宜发汗,又不宜吐下,惟有和解一法最为适当。然胆附于肝,互为表里,胆经发病可影响及肝,肝经发病也可影响及胆,且肝胆疾病又可累及脾胃,导致肝脾不和;若中气虚弱,寒热互结,又可导致肠胃不和。此外,表证未除,里证又急者,仅用表散则里证不去,仅治其里则外邪难解。故和解剂除和解少阳以治少阳病证外,还包括调和肝脾以治肝郁脾虚,调和寒热以治寒热互结,表里双解以治表里同病。所以本章方剂分为和解少阳、调和肝脾、调和寒热、表里双解等四类。

和方之制,和其不和也。故凡病兼虚者,补而和之;兼滞者,行而和之;兼寒者,温而和之;兼热者,凉而和之;兼表者,散而和之;兼里者,攻而和之。凡邪在肌表,未入少阳,或邪已入里,阳明热盛者,皆不宜使用和解剂。

第一节 和 解 少 阳

和解少阳剂,适用于伤寒邪在少阳证。症见往来寒热,胸胁苦满,默默不欲饮食,心烦喜呕,以及口苦,咽干,目眩,脉弦等。常用柴胡或青蒿与黄芩相配为主组方,兼有气虚者,佐以益气扶正之品,并防邪陷入里;兼有湿邪者,佐以通利湿浊之品,导邪下泄。代表方如小柴胡汤、蒿芩清胆汤等。

小 柴 胡 汤

《伤寒论》

【组成】 柴胡半斤(24g)　黄芩三两(9g)　人参三两(9g)　甘草三两,炙(6g)　半夏半升,洗(9g)　生姜三两,切(9g)　大枣十二枚,擘(4枚)

【用法】 上七味,以水一斗二升,煮取六升,去滓,再煎,取三升,温服一升,日三服。

【功用】 和解少阳。

【主治】

1. 伤寒少阳证。往来寒热,胸胁苦满,默默不欲饮食,心烦喜呕,口苦,咽干,目眩,舌苔薄白,脉弦者。

2. 妇人热入血室。经水适断,寒热发作有时;以及疟疾、黄疸等病而见少阳证者。

【方解】 本方为和解少阳的代表方剂。少阳经脉循胸布胁,位于太阳、阳明表里之间。伤寒邪犯少阳,病在半表半里,邪正相争,正胜欲拒邪出于表,邪胜欲入里并于阴,故往来寒热。足少阳之脉起于目锐眦,其支者,下胸中,贯膈,络肝,属胆,循胁里。邪在少阳,经气不利,郁而化热,胆火上炎,而致胸胁苦满,心烦,口苦,咽干,目眩。胆热犯胃,胃失和降,气逆于上,故默默不欲饮食而喜呕。若妇人月经适断,感受风邪,而发寒热有时,系邪热内传,热与血结,故经水不当断而断,此亦与少阳有关。治疗大法,邪在表者,当从汗解;邪入里者,则当清下;今邪既不在表,又不在里,而在表里之间,则非汗、下所宜,故惟宜和解之法。方中柴胡苦平,入肝胆经,透泄与清解少阳之邪,并能疏泄气机之郁滞,使少阳之邪得以疏散,为君药。黄芩苦寒,清泄少阳之热,为臣药。柴胡之升散,得黄芩之清泄,两者相配伍,而达到和解少阳的目的。胆气犯胃,胃失和降,佐以半夏、生姜和胃降逆止呕;邪从太阳传入少阳,缘于正气本虚,故又佐以人参、大枣益气健脾,一者取其扶正以祛邪;一者取其益气以御邪内传,俾正气旺盛,则邪无内向之机。炙甘草助参、枣扶正,且能调和诸药,为使药。诸药合用,以祛邪为主,兼顾正气;以和解少阳为主,兼和胃气。使邪气得解,枢机得利,脾胃调和,则诸证自除。

小柴胡汤为和剂,一般服药后不经汗出而病解,但也有药后得汗而愈者,这是正复邪却,胃气和降而致。正如《伤寒论》所说:"上焦得通,津液得下,胃气因和,身濈然汗出而解"。若少阳病证经误治损伤正气,或患者素体正气不足,服用本方,亦可见到先寒战后发热而汗出的"战汗"现象,此种情况虽属正盛邪却,但也应严密观察,防其虚脱。

【运用】

1.本方主治少阳病证。以往来寒热,胸胁苦满,苔白,脉弦为证治要点。因柴胡升散,芩、夏性燥,故对阴虚血少者忌用。

2.若胸中烦而不呕,为热聚于胸,去半夏、人参,加瓜蒌以清热理气宽胸;渴者,是热伤津液,去半夏,加天花粉以生津止渴;腹中痛,是肝气乘脾,宜去黄芩,加芍药以柔肝缓急止痛;胁下痞鞕,是气滞痰郁,去大枣,加牡蛎以软坚散结;心下悸,小便不利,是水气凌心,宜去黄芩,加茯苓以淡渗利水;不渴,外有微热,是表邪仍在,宜去人参,加桂枝以解表;咳者,是素有肺寒留饮,宜去人参、大枣、生姜,加五味子、干姜以温肺止咳。

3.常用于感冒、流行性感冒、疟疾、慢性肝炎、肝硬化、急慢性胆囊炎、胆结石、急性胰腺炎、胸膜炎、淋巴腺炎、中耳炎、产褥热、急性乳腺炎、睾丸炎、胆汁返流性胃炎、胃溃疡等属少阳证者。

【文献摘要】

《医方考》:"柴胡、黄芩能和解少阳经之邪,半夏、生姜能散少阳经之呕,人参、甘草能补中气之虚,补中所以防邪之入里也"。

《伤寒贯珠集》:"胸中烦而不呕者,邪聚于膈而不上逆也,热聚则不得以甘补,不逆则不必以辛散,故去人参、半夏,而加栝楼实之寒,以除热而荡实也。渴者,木火内烦而津虚气燥也,故去半夏之温燥,而加人参之甘润,栝楼根之凉苦,以彻热而生津也。腹中痛者,木邪伤土也,黄芩苦寒,不利脾阳,芍药酸寒,能于土中泻木,祛邪气止腹痛也。胁下痞鞕者,邪聚少阳之募,大枣甘能增满,牡蛎咸能软坚,好古云:'牡蛎以柴胡引之,能去胁下痞也。'心下悸,小便不利者,水饮蓄而不行也。水饮得冷则停,得淡则利,故去黄芩,加茯苓。不渴外有微热者,里和而表未解也,故不取人参之补里,而用桂枝之解外也。咳者,肺寒而气逆也,经曰:'肺苦气上逆,急食酸以收之'。又曰:'形寒饮冷则伤肺',故加五味之酸以收逆气,干姜之温以却肺寒,参、枣甘壅,不利于逆,生姜之辛,亦恶其散耳。"

临床报道:以小柴胡汤为主方治疗胆汁返流性胃炎36例,服药30天为1疗程,治疗前及满1疗程后做胃镜检查。结果：有33例胆汁返流消失，其余3例患者连续服药2个疗程后，1例胆汁返流消失，2例无变化。本组病例治疗前均有不同程度的上腹痛，治疗后32例疼痛消失，4例疼痛明显好转。其中23例还有嗳气、嘈杂症状，治疗后症状消失者分别达20、19例。有烧心症状者18例，治疗后症状全部消失（中医杂志，1983；5：41）。

实验研究：小柴胡汤能提高胆汁中胆酸及胆红素的含量，增大胆固醇-胆盐系数；并可促进胆汁分泌，增加其排泄量，共同起利胆作用（中成药研究，1984；4：30）。

【方歌】
小柴胡汤和解供，半夏人参甘草从，
更用黄芩加姜枣，少阳百病此为宗。

蒿芩清胆汤

《重订通俗伤寒论》

【组成】 青蒿脑 钱半至二钱(4.5~6g)　淡竹茹 三钱(9g)　仙半夏 一钱半(4.5g)　赤茯苓 三钱(9g)　青子芩 一钱半至三钱(4.5g)　生枳壳 一钱半(4.5g)　陈广皮 一钱半(4.5g)　碧玉散（滑石、甘草、青黛）包，三钱(9g)

【用法】 水煎服。

【功用】 清胆利湿，和胃化痰。

【主治】 少阳湿热证。寒热如疟，寒轻热重，口苦膈闷，吐酸苦水，或呕黄涎而粘，甚则干呕呃逆，胸胁胀疼，小便黄少，舌红苔白腻，间现杂色，脉数而右滑左弦者。

【方解】 本方为治少阳胆热偏重，兼有湿热痰浊中阻之证。湿遏热郁，阻于少阳胆与三焦。三焦之气机不畅，胆中之相火乃炽，以致少阳枢机不利。胆经郁热偏重，故寒热如疟，寒轻热重，口苦膈闷，胸胁胀疼。胆热犯胃，液郁为痰，胃气上逆，故吐酸苦水，或呕黄涎而粘，甚则干呕呃逆。湿阻三焦，水道不畅，以致小便短少，其色黄赤。治宜清胆利湿，和胃化痰。方中青蒿苦寒芳香，清透少阳邪热；黄芩苦寒，善清胆热，并能燥湿，两药相合，既可内清少阳湿热，又能透邪外出，共为君药。竹茹善清胆胃之热，化痰止呕；半夏燥湿化痰，和胃降逆，两味相协，以加强化痰止呕之功；碧玉散、赤茯苓清热利湿，导邪从小便而去。四药相伍，使热清湿化痰除，共为臣药，枳壳下气宽中，除痰消痞；陈皮理气化痰，宽胸畅膈，为佐药。综合全方，可使胆热清，痰湿化，气机畅，胃气和，则诸症均解。

本方与小柴胡汤均能和解少阳，用于邪在少阳，往来寒热，胸胁不适者。但小柴胡汤以柴胡配人参，和解中兼有益气扶正之功，宜于胆胃不和，胃虚气逆者；蒿芩清胆汤以青蒿配滑石、茯苓，于和解之中而兼清热利湿、理气化痰之效，宜于少阳胆热偏重，兼有湿热痰浊者。

【运用】

1．本方主要适用于少阳湿热之证，属热重于湿者。以寒热如疟，寒轻热重，胸胁胀闷，吐酸苦水，舌红苔腻，脉弦滑数为证治要点。亦可用于暑湿时邪所致之疟疾。

2．肠伤寒、急性胆囊炎、急性黄疸型肝炎、胆汁返流性胃炎、肾盂肾炎、疟疾、盆腔炎、钩端螺旋体病属少阳胆与三焦湿遏热郁者，均可用之。

【文献摘要】

《重订通俗伤寒论》："足少阳胆与手少阳三焦合为一经，其气化一寄于胆中以化水谷，一发于三焦以行腠理。若受湿遏热郁,则三焦之气机不畅,胆中之相火乃炽。故以蒿、芩、竹茹为君,以清泄胆火;胆火炽,必犯胃而液郁为痰,故臣以枳壳、二陈和胃化痰;然必下焦之气机通畅,斯胆中之相火清和,故又佐以碧玉,引相火下泄;使以赤苓,俾湿热下出,均从膀胱而去。此为和解胆经之良方,凡胸痞作呕,寒热如疟者,投无不效。""青蒿脑清芬透络,从少阳胆经领邪外出。虽较疏达腠理之柴胡力缓,而辟秽宣络之功比柴胡为尤胜。故近世喜用青蒿而畏柴胡也。"

【方歌】
蒿芩清胆碧玉需,陈夏茯苓枳竹茹,
热重寒轻痰挟湿,胸痞呕恶总能除。

第二节 调和肝脾

调和肝脾剂,适用于肝脾不和的病证。其证多由肝气郁结,横犯脾土,或因脾虚不充,肝失疏泄,而肝木乘脾,以致脘腹胸胁胀痛,神疲食少,月经不调,腹痛泄泻,以及手足不温等证。常用疏肝理气药如柴胡、枳壳、陈皮等,与健脾药如白术、茯苓、甘草等配伍组方。代表方如四逆散、逍遥散、痛泻要方。

四 逆 散

《伤寒论》

【组成】 甘草炙(6g)　枳实破,水渍,炙干(6g)　柴胡(6g)　芍药(6g)各十分
【用法】 上四味,捣筛,白饮和,服方寸匕,日三服。
【功用】 透邪解郁,疏肝理气。
【主治】

1．阳郁厥逆证。手足不温,或身微热,或咳,或悸,或小便不利,或腹痛,或泄利,脉弦。

2．肝脾不和证。胁肋胀闷,脘腹疼痛,脉弦等。

【方解】 本方在《伤寒论》中治"少阴病,四逆"。其证缘于外邪传经入里,气机为之郁遏,不得疏泄,导致阳气内郁,不能达于四末,而见手足不温。此种"四逆"与阳衰阴盛的四肢厥逆有本质区别。正如李中梓云:"此证虽云四逆,必不甚冷,或指头微温,或脉不沉微,乃阴中涵阳之证,惟气不宣通,是为逆冷"。故治宜透邪解郁,调畅气机为法。方中取柴胡入肝胆经,升发阳气,疏肝解郁,透邪外出为君药。白芍敛阴养血柔肝为臣,与柴胡合用,以敛阴和阳,条达肝气,且可使柴胡升散而无耗阴伤血之弊。佐以枳实理气解郁,泄热破结,与柴胡为伍,一升一降,加强疏畅气机之功,并奏升清降浊之效;与白芍相配,又能理气和血,使气血调和。使以甘草,调和诸药,益脾和中。综合四药,共奏透邪解郁,疏肝理脾之效,使邪去郁解,气血调畅,清阳得伸,四逆自愈。由于本方有疏肝理脾之功,所以后世常以本方加减治疗肝脾不和诸证。

【运用】
1．本方原治阳郁厥逆证,后世多用作疏肝理脾之通剂,常用于肝胆气郁而致的四逆,或

肝脾不和所致的脘腹疼痛。以手足不温,或胁肋疼痛,脉弦为证治要点。

2. 若咳者,加五味子、干姜以温肺散寒止咳;悸者,加桂枝以温心阳;小便不利者,加茯苓以利小便;腹中痛者,加炮附子以散里寒;泄利下重者,加薤白以除下重;气郁甚者,加香附、郁金以理气解郁;有热者,加栀子、川楝子以清内热。

3. 慢性肝炎、胆囊炎、胆石症、胆道蛔虫症、肋间神经痛、胃溃疡、胃炎、胃肠神经官能症、附件炎、输卵管阻塞、急性乳腺炎等,属肝胆气郁,肝脾(或胆胃)不和者,均可应用。

【文献摘要】

《医宗金鉴·订正伤寒论注》李中梓曰:"按少阴用药,有阴阳之分。如阴寒而四逆者,非姜、附不能疗。此证虽云四逆,必不甚冷,或指头微温,或脉不沉微,乃阴中涵阳之证,惟气不宣通,是以逆冷。故以柴胡凉表,芍药清中。此本肝胆之剂,而少阴用之者,为水木同源也。以枳实利七冲之门,以甘草和三焦之气,气机宣通,而四逆可痊矣"。

临床报道:用四逆散加味治疗阳痿25例,其中年龄最小者25岁,最大者47岁。病程3～6个月14例,7～12个月8例,1～2年3例。结果痊愈18例,显效4例,无效3例,总效率为88%。作者认为,青年阳痿多为情志所伤,肝脾不和所致,故用四逆散调肝理脾,濡养宗筋(湖北中医杂志,1986;3:21)。

实验研究:四逆散能显著抑制家兔的离体肠管运动,使频率减慢,振幅减小,并能解除乙酰胆碱,氯化钡所致的小肠痉挛(中药药理与临床,1985;创刊号:28)。

【方歌】

四逆散里用柴胡,芍药枳实甘草须,

此是阳郁成厥逆,疏肝理脾奏效奇。

逍 遥 散

《太平惠民和剂局方》

【组成】 甘草微炙赤,半两(4.5g)　当归去苗,锉,微炒　茯苓去皮,白者　芍药　白术　柴胡去苗,各一两(各9g)

【用法】 上为粗末,每服二钱(6g),水一大盏,烧生姜一块切破,薄荷少许,同煎至七分,去渣热服,不拘时候。

【功用】 疏肝解郁,养血健脾。

【主治】 肝郁血虚脾弱证。两胁作痛,头痛目眩,口燥咽干,神疲食少,或往来寒热,或月经不调,乳房胀痛,脉弦而虚者。

【方解】 肝性喜条达,恶抑郁,为藏血之脏,体阴而用阳。若情志不畅,肝木不能条达,则肝体失于柔和,以致肝郁血虚。足厥阴肝经"布胁肋,循喉咙之后,上入颃颡,连目系,上出额,与督脉会与巅"。肝郁血虚则两胁作痛,头痛目眩;郁而化火,故口燥咽干。肝木为病易于传脾,脾胃虚弱故神疲食少。脾为营之本,胃为卫之源,脾胃虚弱则营卫受损,不能调和而致往来寒热。肝藏血,主疏泄,肝郁血虚脾弱,在妇女多见月经不调,乳房胀痛。治宜疏肝解郁,养血健脾之法。方中以柴胡疏肝解郁,使肝气得以条达为君药。白芍酸苦微寒,养血敛阴,柔肝缓急;当归甘辛苦温,养血和血,且气香可理气,为血中之气药;归、芍与柴胡同用,补肝体而助肝用,使血和则肝和,血充则肝柔,共为臣药。木郁则土衰,肝病易于传脾,故以白术、茯苓、甘草健脾益气，非但实土以抑木，且使营血生化有源，共为佐药。用法中加薄荷少许，疏散郁遏之气，透达肝经郁热；烧生姜降逆和中，且能辛散达郁，亦为佐药。柴胡为肝经引经药，又兼使药之用。合而成方，深合《素问·藏气法时论》："肝苦急，急食甘以缓之"，"脾欲缓，急食甘以缓之"，"肝欲散，急食辛以散之"之旨，可使肝郁得疏，血虚得养，脾弱得复，气血兼顾，肝脾同调，立法周全，组方严谨，故为调肝养血之名方。

【运用】

1．本方为调肝养血的代表方，又是妇科调经的常用方。以两胁作痛，神疲食少，月经不调，脉弦而虚为证治要点。

2．肝郁气滞较甚，加香附、陈皮以疏肝解郁；血虚甚者，加熟地以养血；肝郁化火者，加丹皮、栀子以清热凉血。

3．慢性肝炎、肝硬化、胆石症、胃及十二指肠溃疡、慢性胃炎、胃肠神经官能症、经前期紧张症、乳腺小叶增生、更年期综合征、盆腔炎、子宫肌瘤等属肝郁血虚脾弱者，均可加减应用。

【附方】

加味逍遥散（《内科摘要》） 当归 芍药 茯苓 白术炒 柴胡各一钱(各6g) 牡丹皮 山栀炒 甘草炙，各五分(各3g) 水煎服。功用：养血健脾，疏肝清热。主治：肝郁血虚生热证。或烦躁易怒，或自汗盗汗，或头痛目涩，或颊赤口干，或月经不调，少腹胀痛，或小便涩痛，舌红苔薄黄，脉弦虚数。

本方是在逍遥散的基础上加丹皮、栀子而成，故又名丹栀逍遥散、八味逍遥散。因肝郁血虚时久，则生热化火，此时逍遥散已不足以平其火热，故加丹皮以清血中之伏火，炒山栀善清肝热，并导热下行。临床尤多用于肝郁血虚有热所致的月经不调，以及经期吐衄等。

【文献摘要】

《医宗金鉴·删补名医方论》赵羽皇曰："五脏苦欲补泻云：肝苦急，急食甘以缓之。盖肝性急善怒，其气上行则顺，下行则郁，郁则火动而诸病生矣。故发于上则头眩耳鸣，而或为目赤；发于中则胸满胁痛，而或作吞酸；发于下则少腹疼疝，而或溲溺不利；发于外则寒热往来，似疟非疟。凡此诸症，何莫非肝郁之象乎？而肝木之所以郁，其说有二：一为土虚不能升木也，一为血少不能养肝也。盖肝为木气，全赖土以滋培，水以灌溉。若中土虚，则木不升而郁；阴血少，则肝不滋而枯。方用白术、茯苓者，助土德以升木也；当归、芍药者，益荣血以养肝也；薄荷解热，甘草和中。独柴胡一味，一以为厥阴之报使，一以升发诸阳。经云：木郁则达之。遂其曲直之性，故名曰逍遥。若内热、外热盛者，加丹皮解肌热，炒栀清内热，此加味逍遥散之义也。"

实验研究：观察逍遥散中各味药物对实验性肝损伤的作用。①各味药对血清谷丙转氨酶活动的影响，其中茯苓及当归治疗组的谷丙转氨酶均无升高；甘草及柴胡治疗组无明显的作用，但是浓度较大的甘柴合剂一号（每毫升含甘草、柴胡各0.5g），及甘柴合剂二号（每毫升多加茯苓0.25g）有明显的降酶作用。②肝脏组织学变化比较。以当归、茯苓抗肝细胞坏死的效果最为明显，各单味药均有不同程度抗气球样变性作用，但以当归、柴胡、茯苓为著；在抗胞浆疏松方面，白术、茯苓效果较好，当归反较对照组为差；抑制炎性反应的效果以茯苓、当归、白芍为佳，唯独茯苓有使肝细胞肿胀显著消退之功。甘柴合剂一号在抗肝细胞变性、坏死方面均较突出；甘柴合剂二号有较甘柴合剂一号更好的效果。③对肝脏组织化学的影响：肝损伤对照组中部分动物的肝细胞内糖原大部消失。当归、茯苓、甘柴合剂一号及二号组的肝糖原蓄积大部已近正常。此外,肝细胞核糖核酸含量以茯苓、白术组最多,甘柴合剂二号组的含量亦明显增多(中华内科杂志,1977;1:13)。

【方歌】

逍遥散用归芍柴,苓术甘草姜薄偕,

疏肝养血兼理脾,丹栀加入热能排。

痛 泻 要 方

刘草窗方,录自《医学正传》

【组成】 白术炒,二两(6g)　白芍药炒,二两(6g)　陈皮炒,一两五钱(4.5g)　防风一两(3g)

【用法】 上细切,分作八服,水煎或丸服。

【功用】 补脾柔肝,祛湿止泻。

【主治】 痛泻。肠鸣腹痛,大便泄泻,泻必腹痛,舌苔薄白,脉两关不调,弦而缓者。

【方解】 痛泻之证,系由土虚木乘,肝脾不和,脾受肝制,运化失常所致。《医方考》说:"泻责之脾,痛责之肝;肝责之实,脾责之虚,脾虚肝实,故令痛泻。"其特点是泻必腹痛。治宜补脾柔肝,祛湿止泻。方中白术苦甘而温,补脾燥湿以治土虚,是为君药。白芍酸寒,柔肝缓急止痛,与白术相配,于土中泻木,为臣药。陈皮辛苦而温,理气燥湿,醒脾和胃,为佐药。配伍少量防风,具升散之性,与术、芍相伍,辛能散肝郁,香能舒脾气,且有胜湿以助止泻之功,又为脾经引经之药,故兼俱佐使之用。四药相合,可以补脾胜湿而止泻,柔肝理气而止痛,使脾健肝和,痛泻自止。

【运用】

1. 本方为治痛泻的要方。以肠鸣腹痛,大便泄泻,泻必腹痛,脉弦而缓为证治要点。

2. 久泻者,加炒升麻以升阳止泻;舌苔黄腻者,加黄连以清热。

3. 急性肠炎、慢性结肠炎、神经性腹泻等属肝木乘脾者,均可加减治之。

【文献摘要】

《医方集解》:"此足太阴、厥阴药也。白术苦燥湿,甘补脾,温和中;芍药寒泻肝火,酸敛逆气,缓中止痛;防风辛能散肝,香能舒脾,风能胜湿,为理脾引经要药;陈皮辛能利气,炒香尤能燥湿醒脾,使气行则痛止。数者皆以泻木而益土也。"

临床报道:用痛泻要方加味治疗溃疡性结肠炎35例,均经纤维结肠镜检查确诊。每日1剂,20天为1疗程。结果:显效30例,有效5例。其中30例随访1年,疗效巩固者28例,复发者2例(湖南中医杂志,1988;6:36)。

实验研究:痛泻要方对家兔离体小肠蠕动有明显抑制作用,并能对抗拟胆碱所引起的肠肌痉挛,故本方能治疗由于肠痉挛所引起的腹痛。本方可抑制肠管活动,使肠蠕动减慢,食糜停留时间延长,吸收增加,大便变干,故有止泻作用。另外,本方对痢疾杆菌、大肠杆菌及金黄色葡萄球菌等有抑制作用,故又可通过抗菌消炎而达到止泻之功(湖南中医学院学报,1987;增刊号:42)。

【方歌】

痛泻要方用陈皮,术芍防风共成剂,

肠鸣泄泻腹又痛,治在泻肝与实脾。

第三节 调和寒热

调和寒热剂,适用于寒热互结于中焦,升降失常,而致心下痞满,恶心呕吐,肠鸣下利等证。常用辛温药与苦寒药如干姜、生姜、黄连、黄芩、半夏等为主组成寒热并用的方剂。代表方如半夏泻心汤。

半夏泻心汤

《伤寒论》

【组成】 半夏半升,洗(12g) 黄芩 干姜 人参各三两(各9g) 黄连一两(3g) 大枣十二枚,擘(4枚) 甘草三两,炙(9g)

【用法】 上七味,以水一斗,煮取六升,去渣,再煮,取三升,温服一升,日三服。

【功用】 寒热平调,散结除痞。

【主治】 寒热互结之痞证。心下痞,但满而不痛,或呕吐,肠鸣下利,舌苔腻而微黄。

【方解】 此方所治之痞,原系小柴胡汤证误下,损伤中阳,外邪乘虚内入,以致寒热互结,而成心下痞。痞者,痞塞不通,上下不能交泰之谓。心下即是胃脘,属脾胃病变。脾胃居中焦,为阴阳升降之枢纽,今中气虚弱,寒热互结,遂成痞证。中气既伤,升降失常,故上见呕吐,下则肠鸣下利。治宜调其寒热,益气和胃,散结除痞之法。方中以辛温之半夏为君,散结除痞,又善降逆止呕。臣以干姜之辛热以温中散寒,黄芩、黄连之苦寒以泄热开痞。以上四药相伍,具有寒热平调,辛开苦降之用。然寒热互结,又缘于中虚失运,升降失常,故方中又以人参、大枣甘温益气,以补脾虚,与半夏配合,有升有降,以复脾胃升降之常。使以甘草补脾和中而调诸药。全方寒热互用以和其阴阳,苦辛并进以调其升降,补泻兼施以顾其虚实,是为本方的配伍特点。使寒热得解,升降复常,则痞满呕利自愈。

本方即小柴胡汤去柴胡、生姜,加黄连、干姜而成,变和解少阳之剂,而为调和寒热之方。后世师其法,随证加减,广泛应用于寒热错杂,升降失调诸证。

【运用】

1. 凡中气虚弱,寒热互结,升降失常,而致肠胃不和者,多用本方治疗。以心下痞满,呕吐泻利,苔腻微黄为证治要点。因气滞或食积所致的心下痞满,不宜应用。

2. 痞证呕甚而中气不虚,或舌苔厚腻者,可去人参、大枣,加枳实、生姜以理气止呕。

3. 急慢性胃肠炎、慢性结肠炎、神经性胃炎、慢性肝炎、早期肝硬化等,属中气虚弱,寒热互结,症见痞、呕、下利者,均可应用。

【附方】

1. 生姜泻心汤(《伤寒论》) 生姜四两,切(12g) 甘草三两,炙(9g) 人参三两(9g) 干姜一两(3g) 黄芩三两(9g) 半夏半升,洗(9g) 黄连一两(3g) 大枣十二枚(4枚) 上八味,以水一斗,煮取六升,去渣,再煎,取三升,温服一升,日三服。功用:和胃消痞,宣散水气。主治:水热互结痞证。心下痞鞕,干噫食臭,腹中雷鸣下利等。

2. 甘草泻心汤(《伤寒论》) 甘草四两(12g) 黄芩 人参 干姜各三两(各9g) 黄连一两(3g) 大枣十二枚(4枚) 半夏半升(9g) 上七味,水一斗,煮取六升,去滓,再煎,温服一升,日三服。功用：和胃补中，降逆消痞。主治：胃气虚弱痞证。下利日数十行，谷不化，腹中雷鸣，心下痞鞕而满，干呕，心烦不得安。

3. 黄连汤（《伤寒论》）黄连 甘草炙 干姜 桂枝各三两(各9g) 人参二两(6g) 半夏半升，洗(9g) 大枣十二枚，擘(4枚) 上七味，以水一斗，煮取六升，去渣，温服一升，日三服，夜二服。功用：寒热并调，和胃降逆。主治：上热下寒证。胸中有热，胃中有邪气，腹中痛，欲呕吐者。

生姜泻心汤即半夏泻心汤减干姜二两，加生姜四两而成。方中重用生姜，取其和胃降逆，宣散水气而消痞满，配合辛开苦降，补益脾胃之品，故能用治水热互结于中焦，脾胃升降失常所致的痞证。甘草泻心汤即半夏泻心汤加重炙甘草用量而成，方中重用炙甘草调中补虚，配合辛开苦降之品，故能用治胃气虚弱，寒热互结所致的痞证。黄连汤即半夏泻心汤加黄连二两，并去黄芩加桂枝而成，本方证为上热下寒，上热则欲呕，下寒则腹痛，故用黄连清上热，干姜、桂枝温下寒，配合半夏和胃降逆，参、草、大枣补虚缓急，全方温清并用，补泻兼施，使寒散热清，上下调和，升降复常，腹痛、呕吐自愈。

综上诸方，或一二味之差，或药量有异，虽辛开苦降，寒热并调之旨不变，而其主治却各有侧重。正如王旭高所说："半夏泻心汤治寒热交结之痞，故苦辛平等；生姜泻心汤治水与热结之痞，故重用生姜以散水气；甘草泻心汤治胃虚气结之痞，故加重甘草以补中气而痞自除。"至于黄连汤寒热并调，和胃降逆，则治上热下寒，腹痛欲呕之证。由此可见，方随法变，量因证异，遣药组方，谨守病机，才能应手而效。

【文献摘要】

《医方考》："伤寒下之早，胸满而不痛者为痞，此方主之。伤寒自表入里，……若不治其表，而用承气汤下之，则伤中气，而阴经之邪乘之矣。以既伤之中气而邪乘之，则不能升清降浊，痞塞于中，如天地不交而成否，故曰痞。泻心者，泻心下之邪也。姜、夏之辛，所以散痞气；芩、连之苦，所以泻痞热；已下之后，脾气必虚，人参、甘草、大枣所以补脾之虚。"

临床报道：用半夏泻心汤治疗急性肠炎100例，其中日泻25次以下者28例，10次以下者24例，5次以下者48例；发热低于38℃者38例，高于38℃者23例，无发热而稍畏风者39例；脐周围隐痛者33例，阵发性绞痛者12例，脐周围压痛者25例，无腹痛者30例；呕吐与恶心俱见者21例，仅恶心者23例，脘腹胀闷者33例；大便镜检白细胞0～2者70例，红细胞0～2者33例，夹有未消化食物者40例。治疗3日后，痊愈78例，好转14例，无效8例(浙江中医杂志，1985；4：155)。

实验研究：半夏泻心汤对大鼠实验性胃溃疡的防治作用，通过胃溃疡面积、胃液游离酸度、总酸度、胃蛋白酶活性等指标进行观察，结果表明，本方对大鼠幽门结扎型胃溃疡有保护性作用，对醋酸性胃溃疡有明显治疗作用(陕西中医学院学报，1987；3：11)。

【方歌】

半夏泻心黄连芩，干姜甘草与人参，

大枣合之治虚痞，法在降阳而和阴。

第四节 表 里 双 解

表里双解剂，适用于表里同病。表里同病有表寒里热、表热里寒，表实里虚、表虚里实，以及表里俱寒、表里俱热、表里俱虚、表里俱实等。根据具体病情，运用解表药与治里之品组合成方。

大 柴 胡 汤

<《金匮要略》>

【组成】 柴胡半斤(12g) 黄芩三两(9g) 芍药三两(9g) 半夏半升,洗(9g) 生姜五两,切(15g) 枳实四枚,炙(9g) 大枣十二枚,擘(4枚) 大黄二两(6g)

【用法】 上八味，以水一斗二升，煮取六升，去滓，再煎，温服一升，日三服。

【功用】 和解少阳，内泻热结。

【主治】 少阳阳明合病。往来寒热，胸胁苦满，呕不止，郁郁微烦，心下痞硬，或心下满痛，大便不解或下利，舌苔黄，脉弦数有力者。

【方解】 本方系小柴胡汤去人参、甘草，加大黄、枳实、芍药而成，亦是小柴胡汤与小承气汤两方加减合成，是和解为主与泻下并用的方剂。小柴胡汤为治伤寒少阳病的主方，加大黄、枳实、芍药以治疗阳明热结之证。因此，本方主治少阳与阳明合病，仍以少阳为主。症见往来寒热，胸胁苦满，表明病变部位仍未离少阳；呕不止与郁郁微烦，则较小柴胡汤证之心烦喜呕为重，再与心下痞硬或满痛，便秘或下利，舌苔黄，脉弦数有力等合参，说明病邪已进入阳明，有化热成实的热结之象。在治法上，病在少阳，本当禁用下法，但与阳明腑实合病的情况下，就必须表里兼顾。《医方集解》说："少阳固不可下，然兼阳明腑实则当下。"方中重用柴胡为君药，配臣药黄芩和解清热，以除少阳之邪。轻用大黄并配枳实以内泻阳明热结，行气消痞，亦为臣药。芍药柔肝缓急止痛，与大黄相配可治腹中实痛，与枳实相伍可以理气和血，以除心下急痛；半夏和胃降逆，配伍生姜重用，以治呕逆不止，共为佐药。大枣与生姜相配，能和营卫而行津液，并调和诸药，为使药。总之，本方既不悖于少阳禁下的原则，又可和解少阳，内泻热结，使少阳与阳明合病得以双解，可谓一举两得。正如《医宗金鉴·删补名医方论》所说："斯方也，柴胡得生姜之倍，解半表之功捷；枳、芍得大黄之少，攻半里之效徐，虽云下之，亦下中之和剂也。"

【运用】

1. 临床以往来寒热，胸胁苦满，心下满痛，呕吐，苔黄，脉弦数有力为证治要点。

2. 兼黄疸者，可加茵陈、栀子以清热利湿退黄；胁脘痛剧者，可加川楝子、延胡索以行气活血止痛；胆结石者，可加金钱草、海金砂、郁金等以化石解郁。

3. 急性胰腺炎、急性胆囊炎、胆石症、胃及十二指肠溃疡等属少阳阳明合病者，均可用之。

【附方】

复方大柴胡汤(《中西医结合治疗急腹症》) 柴胡9g 黄芩9g 枳壳6g 川楝子9g 延胡索9g 白芍9g 生大黄9g,后下 木香6g 蒲公英15g 生甘草6g 水煎服。功用：和解少阳，理气泄热。主治：溃疡病急性穿孔缓解后，腹腔感染。上腹及右下腹压痛，肠鸣，便燥，身热，苔黄，脉数。

本方系大柴胡汤去半夏、生姜、大枣，加木香、川楝子、延胡索、蒲公英、生甘草而成，以腹痛身热为主症。其行气止痛、清热解毒之功，较大柴胡汤为优。

【文献摘要】

《医宗金鉴·删补名医方论》:"柴胡证在,又复有里,故立少阳两解法。以小柴胡汤加枳实、芍药者,仍解其外以和其内也。去参、草者,以里不虚。少加大黄,以泻结热。倍生姜者,因呕不止也。斯方也,柴胡得生姜之倍,解半表之功捷;枳、芍得大黄之少,攻半里之效徐,虽云下之,亦下中之和剂也。"

临床报道:应用大柴胡汤加减治疗溃疡病急性穿孔,主要用于穿孔的第二期,患者可见舌红苔黄,脉数,发热,尿黄,便闭等症,辨证属里实热证。临床指征凡具备以下条件时,即可转入第二期治疗。① 腹痛明显减轻;② 腹壁肌肉紧张消失或局限在右上腹;③ 压痛局限在上腹或右下腹;④ 肠鸣音恢复或有排气排便。此时停用胃肠减压,开始进流汁,以大柴胡汤为基本方,辨证加入清热解毒、活血化瘀、行气解郁之品。自1960年以来,用中西医结合非手术疗法治疗溃疡病急性穿孔398例,经第二期治疗,80%的病例在3天内体温恢复正常;97%的病例在5天内腹膜炎体征完全消失。远期疗效,经1～10年随访者共118例,其中良好者66例,占55.9%;尚好者37例,占31.4%(中华医学杂志,1974;2:66)。

实验研究:本方有显著的利胆排石效果。方中柴胡、黄芩、大黄、生姜均有显著利胆作用。给予引起大鼠形成胆固醇结石的食物,可见大柴胡汤能明显地降低胆石形成率,并使胆石形成之体积明显减小,还能有效地降低血中中性脂肪(国外医学·中医中药分册,1981;4:240)。

【方歌】

大柴胡汤用大黄,枳实芩夏白芍将,

煎加姜枣表兼里,妙法内攻并外攘。

防风通圣散

《宣明论方》

【组成】 防风 川芎 当归 芍药 大黄 薄荷叶 麻黄 连翘 芒硝各半两(各6g) 石膏 黄芩 桔梗各一两(各12g) 滑石三两(20g) 甘草二两(10g) 荆芥 白术 栀子各二钱半(各3g)

【用法】 上为末,每服二钱(6g),水一大盏,生姜三片,煎至六分,温服。

【功用】 疏风解表,清热通便。

【主治】 风热壅盛,表里俱实证。憎寒壮热无汗,头目昏眩,目赤睛痛,口苦舌干,咽喉不利,涕唾稠粘,大便秘结,小便赤涩,舌苔黄腻,脉数有力。并治疮疡肿毒,肠风痔漏,鼻赤瘾疹等证。

【方解】 本方所治之证乃由外感风邪,内有蕴热,表里皆实所致。外感风邪,邪正交争于表,故憎寒壮热无汗;风热上攻,以致头目昏眩,目赤睛痛;内有蕴热,故口苦舌干,咽喉不利,涕唾稠粘,便秘溲赤。至于疮疡肿毒,肠风痔漏,鼻赤瘾疹等证,亦属风热壅盛所致。治宜疏风解表,通里清热。方中麻黄、荆芥、防风、薄荷疏风解表,使外感风邪从汗而解;大黄、芒硝泻热通便,滑石、栀子清热利湿,使里热从二便分消。配伍石膏、黄芩、连翘、桔梗清热泻火解毒,以清肺胃之热。如此则上下分消,表里并治。火热之邪,灼血耗气,汗下并用,亦易伤正,故用当归、白芍、川芎养血和血;白术、甘草益气和中,其中大量甘草甘以缓之，又能调和诸药。合而成方，汗下清利四法俱备，上中下三焦并治。正如《王旭高医书六种·退思集类方歌注》所说："此为表里、气血、三焦通治之剂"，"汗不伤表，下不伤里，名曰通圣，极言其用之效耳"。

【运用】

1．本方主治表里俱实证。以憎寒壮热无汗，口苦咽干，二便秘涩，舌苔黄腻，脉数为证治要点。虚人及孕妇慎用。

2．若表证较轻，可酌减解表药之量，或去麻黄；内热不甚者，去石膏；无便秘者，可去芒硝。

3．感冒、头面部疖肿、急性结膜炎、高血压、肥胖症、习惯性便秘、痔疮等，属风热壅盛，表里俱实者，均可治之。

【文献摘要】

《医方考》："风热壅盛，表里三焦皆实者，此方主之。防风、麻黄，解表药也，风热之在皮肤者，得之由汗而泄；荆芥、薄荷，清上药也，风热之在巅顶者，得之由鼻而泄；大黄、芒硝，通利药也，风热之在肠胃者，得之由后而泄；滑石、栀子，水道药也，风热之在决渎者，得之由溺而泄。风淫于膈，肺胃受邪，石膏、桔梗，清肺胃也，而连翘、黄芩，又所以祛诸湿之游火。风之为患，肝木主之，川芎、归、芍，和肝血也，而甘草、白术，又所以和胃气而健脾。刘守真氏长于治火，此方之旨，详且悉哉。"

【方歌】

防风通圣大黄硝，荆芥麻黄栀芍翘，
甘桔芎归膏滑石，薄荷芩术力偏饶，
表里交攻阳热盛，外科疡毒总能消。

葛根黄芩黄连汤

《伤寒论》

【组成】 葛根半斤(15g)　甘草二两炙(6g)　黄芩三两(9g)　黄连三两(9g)

【用法】 上四味，以水八升，先煮葛根，减二升，纳诸药，煮取二升，去滓，分温再服。

【功用】 解表清里。

【主治】 协热下利。身热下利，胸脘烦热，口中作渴，喘而汗出，舌红苔黄，脉数或促。

【方解】 外感表证初起，邪在太阳，理应解表。但表证未解，误用攻下，虚其里气，以致表热内陷阳明而下利不止，故称"协热下利"。此时表证未解，里热已炽，故见身热、胸脘烦热，口中作渴；里热上蒸于肺则作喘，外蒸肌表则汗出。治宜外解肌表之邪，内清肠胃之热。方中重用葛根甘辛而平，既能解表退热，又能升发脾胃清阳之气而止下利，为君药。臣以黄芩、黄连清热燥湿，厚肠止利。使以甘草甘缓和中，协调诸药。四药合用，共成解表清里之剂。原方先煮葛根，后纳诸药，则解肌之力优而清里之力锐，使表解里和，身热下利自愈。

【运用】

1．本方简称葛根芩连汤，对于热泻、热痢、不论有无表证，皆可用之。以身热下利，苔黄脉数为证治要点。若虚寒下利者忌用。

2．腹痛者，加炒白芍以柔肝止痛；热痢里急后重者，加木香、槟榔以行气而除后重。

3. 急性肠炎、细菌性痢疾、肠伤寒、胃肠型感冒等,属表证未解,里热甚者,均可加减应用。

【文献摘要】

《伤寒贯珠集》:"邪陷于里者十之七,而留于表者十之三,其病为表里并受之病,故其治亦宜表里两解之法。……葛根解肌于表,芩、连清热于里,甘草则合表里而并和之耳。盖风邪初中,病为在表,一入于里,则变为热矣。故治表者,必以葛根之辛凉;治里者,必以芩、连之苦寒也。"

实验研究:葛根芩连汤对内毒素所致的发热家兔有显著的解热作用,给药后2小时即有显著效果,给药后4小时,对照兔仍继续发热,体温不降,但用葛根芩连汤者降低0.9℃(中西医结合杂志,1985;6:378)。

【方歌】

葛根黄芩黄连汤,再加甘草共煎尝,

邪陷阳明成热利,清里解表保安康。

疏 凿 饮 子

《济 生 方》

【组成】 泽泻(12g) 赤小豆炒(15g) 商陆(6g) 羌活去芦(9g) 大腹皮(12g) 椒目(6g) 木通(6g) 秦艽去芦(9g) 槟榔(9g) 茯苓皮(15g)各等分

【用法】 上咬咀,每服四钱(12g),水一盏半,生姜五片,煎至七分,去滓,温服,不拘时候。

【功用】 泻下逐水,疏风发表。

【主治】 阳水实证。遍身水肿,气喘,口渴,二便不利。

【方解】 本方所主证候,乃水湿壅盛的阳水实证。水湿壅盛,外感风邪,表里俱病,故肿遍全身;水迫于肺,肺气上逆,呼吸气急;水壅于里,三焦气机闭阻,肺气不降,腑气不通,则二便不利;水壅气结,津液不布,故口渴。治宜表里分消之法。方中商陆苦寒有毒,泻下逐水,通利二便,为君药。槟榔、大腹皮行气导水;茯苓皮、泽泻、木通、椒目、赤小豆利水祛湿,共为臣药,配合君药,使在里之水自二便而去。羌活、秦艽、生姜疏风发表,使在表之水从肌肤而泄,为佐药。诸药合用,逐水发表,内攻外散,犹如夏禹之疏江凿河,使壅盛于表里之水湿迅速分消,故有"疏凿"之名。

【运用】

1. 本方通利二便,兼以发表,用治水湿壅盛、表里同病的阳水实证。以遍身水肿,气喘口渴,二便不利为证治要点。阴水虚证及孕妇忌用。

2. 常用治急性肾炎属水湿壅盛,表里俱实者。

【文献摘要】

《医方考》:"遍身水肿,则外而肌肤,无一而不病矣;喘呼气急,烦渴,大小不利,则内而三焦,无一而不病矣。是方也,羌活、秦艽,疏表之药也,水邪之在表者,得之由汗而泄;泽泻、木通、腹皮、苓皮,渗利之药也,水邪之在里者,得之由溺而泄;商陆、槟榔,攻水之药也,水邪之壅塞者,得之由后而泄;赤小豆、椒目,燥湿之品也,水气之蒸溽者,得之以燠而竭。随在而分其势,病其不衰去乎?"

【方歌】

疏凿槟榔及商陆,苓皮大腹同椒目,
赤豆芫羌泻木通,煎加生姜阳水服。

小 结

和解剂共选正方10首,按功用分为和解少阳、调和肝脾、调和寒热、表里双解四类。

1. 和解少阳 适用于邪在少阳的病证。小柴胡汤为和解少阳的主方,主治伤寒少阳病,而致往来寒热,胸胁苦满,默默不欲饮食,心烦喜呕等症。蒿芩清胆汤清胆利湿,和胃化痰,主治湿热之邪郁阻少阳证,症见寒热如疟,寒轻热重,口苦膈闷,吐酸苦水,苔腻微黄等。

2. 调和肝脾 适用于肝脾不和的病证。四逆散有透邪解郁,疏肝理脾之功,主治阳气内郁而致手足不温,以及肝脾不和所致的脘腹疼痛等症。逍遥散治证由肝郁血虚及脾弱所致,而以肝郁血虚为主,其功养血疏肝,兼以健脾,主治两胁作痛,头痛目眩,食少倦怠,月经不调等。痛泻要方补脾柔肝,而以治脾为主,主治脾虚肝实所致的痛泻。

3. 调和寒热 适用于寒热互结于中焦,升降失常的病证。半夏泻心汤和胃降逆,开结消痞,主治中气虚弱,寒热互结于中焦而致的痞、呕、下利。

4. 表里双解 适用于表里同病之证。大柴胡汤和解少阳,内泻热结,主治少阳阳明合病,以往来寒热,胸胁苦满,呕不止,心下痞鞕或满痛,便秘,苔黄,脉弦数有力为主症。防风通圣散疏风解表,通里清热,主治风热壅盛,表里俱实之证。葛根芩连汤外解肌表之邪,内清肠胃之热,主治热利而表邪未解者。疏凿饮子于泻下逐水之中兼能疏风发表,适用于阳水实证,水湿泛溢表里而遍身尽肿者。

第九章 清 热 剂

凡以清热药为主组成，具有清热、泻火、凉血、解毒等作用，用以治疗里热证的方剂，统称清热剂。属于"八法"中的"清法"。《素问·至真要大论》说："热者寒之"，"温者清之"，为清热剂的立论依据。

温、热、火三者同一属性。温盛为热，热极为火，其区别只是程度不同，故统称为热。火热为病甚为常见，然究其病因，不外内生与外感两端。外感六淫，可入里化热；五志过极，脏腑偏胜，亦可化火，而导致里热偏盛。

本类方剂主治里热证。但里热证的临床表现，有在气、在血之分；有实热、虚热之异；有脏腑偏胜之殊。其各自的治法、用方亦有所不同。因此，本章方剂相应分为清气分热、清营凉血、清热解毒、清脏腑热、清热祛暑、清虚热六类。

清热剂的应用原则，一般是在表证已解，热已入里，而且是里热虽盛，但尚未结实的情况下使用。若邪热在表，应当解表；里热已成腑实，则宜攻下；表邪未解，热已入里，又宜表里双解。热在气而治血，则必将引邪入里；热在血而治气，则热必难平。总之，应用清热剂必须目的明确，方能准确中病。

运用清热剂还应注意：一是要辨别热证所在部位。二是辨别热证真假，勿为假象迷惑，如为真寒假热，不可误用寒凉。三是辨别热证的虚实，要注意屡用清热泻火之剂而热仍不退者，乃阴虚火旺，即王冰所说："寒之不寒是无水也。"此时切忌再用苦寒，以免化燥伤阴，当以甘寒滋阴壮水之法，使阴复则其热自退。四是清热剂在遣方用药方面，对于邪热炽盛，服凉药入口即吐者，可凉药热服，或加用少量热药，此即《素问·五常政大论》言："治热以寒，温而行之"的反佐法，意在消除寒热格拒的现象。五是要注意寒凉药物久服每易败胃或内伤中阳，必要时应配伍健脾和胃之品，以使祛病而不伤阳碍胃。

第一节 清 气 分 热

清气分热剂，主治热在气分。邪入气分，一般是指表邪已罢，里热渐盛，所以有发热、不恶寒反恶热、多汗、口渴、脉洪大等证，实即《伤寒论》的阳明经证。邪在气分的治疗，以清热保津而立法，常用辛甘大寒的石膏与苦寒质润的知母等为主组方；对于热病之后，气分余热不清、气阴两伤者，除用石膏之外，并用清热除烦的竹叶，与益气养阴的人参、麦冬等配伍。代表方如白虎汤、竹叶石膏汤。

白 虎 汤

《伤寒论》

【组成】 石膏一斤，碎(50 g)　知母六两(18 g)　甘草二两，炙(6 g)　粳米六合(9 g)

【用法】 上四味，以水一斗，煮米熟，汤成去滓，温服一升，日三服。

【功用】 清热生津。

【主治】 阳明气分热盛证。壮热面赤,烦渴引饮,汗出恶热,脉洪大有力。

【方解】 本方主治阳明、气分热盛证。凡伤寒化热内传阳明之经,温病邪传气分,皆能出现本证。里热炽盛,故壮热不恶寒;热灼津伤,而见烦渴引饮;热蒸外越,故汗出;脉洪大有力,为热盛于经所致。因其病变为里热实证,邪既离表,故不可发汗;里热炽盛,尚未致腑实便秘,又不宜攻下;热盛伤津,又不能苦寒直折,免致伤津化燥,愈伤其阴。当以清热生津为法。方中君药生石膏,味辛甘,性大寒,善能清热,以制阳明(气分)内盛之热,并能止渴除烦。臣药知母,味苦性寒质润,寒助石膏以清热,润助石膏以生津。石膏与知母相须为用,加强清热生津之功。佐以粳米、炙甘草和中益胃,并可防君臣药之大寒伤中之弊。炙甘草兼以调和诸药为使。诸药配伍,共成清热生津,止渴除烦之剂,使其热清烦除,津生渴止,由邪热内盛所致之诸证自解。

【运用】

1. 本方清热力强,应以身大热,汗大出,口大渴,脉洪大为证治要点。表证未解的无汗发热,口不渴者,脉见浮细或沉者;血虚发热,脉洪不胜重按者;真寒假热的阴盛格阳证等均不可误用。

2. 后世以本方为主加减使用颇多,适用范围也逐步扩大。如本方加羚羊角、水牛角,用治温热病气血两燔的高热烦渴,神昏谵语,抽搐等症。加柴胡,又增和解之功,兼治寒热往来,热多寒少。加大黄、芒硝,又可泻热攻积,软坚润燥,治高热,口渴,汗出,神昏谵语,大便秘结,小便赤涩者。消渴证而见烦渴引饮,属胃热者,可加天花粉、芦根、麦门冬等,以增强清热生津之力。

3. 感染性疾病,如大叶性肺炎、流行性乙型脑炎、流行性出血热、牙龈炎等具有气分热盛者,均可加味用之。

【附方】

1. 白虎加人参汤(《伤寒论》) 知母六两(18g) 石膏一斤,碎,绵裹(50g) 甘草二两,炙(6g) 粳米六合(9g) 人参三两(10g) 上五味,以水一斗,米熟,汤成去滓,温服一升,日三服。功用:清热、益气、生津。主治:汗吐下后,里热炽盛,而见四大症者;白虎汤证见有背微恶寒,或饮不解渴,或脉浮大而芤,以及暑热病见有身大热属气津两伤者。

2. 白虎加桂枝汤(《金匮要略》) 知母六两(18g) 甘草二两,炙(6g) 石膏一斤(50g) 粳米二合(6g) 桂枝三两,去皮(5~9g) 为粗末,每用五钱,水一盏半,煎至八分,去滓温服,汗出愈。功用:清热、通络、和营卫。主治:温疟,其脉如平,身无寒但热,骨节疼烦,时呕。以及风湿热痹,症见壮热,气粗烦躁,关节肿痛,口渴苔白,脉弦数。

3. 白虎加苍术汤(《类证活人书》) 知母六两(18g) 甘草二两,炙(6g) 石膏一斤(50g) 苍术 粳米各三两(各9g) 如麻豆大,每服五钱,水一盏半,煎至八九分,去滓,取六分清汁,温服。功用:清热祛湿。主治:湿温病。身热胸痞,汗多,舌红苔白腻等。以及风湿热痹,症见身大热,关节肿痛等。

白虎加人参汤是清热与益气生津并用的方剂,壮火可以食气,热盛可以伤津,所以清热与益气生津并用;暑热每多伤气,大汗易伤阴津,故本方对暑温热盛津伤证,亦可使用。白虎加桂枝汤,是清热、通络、和营卫的方剂,用治温疟,或风湿热痹证。白虎加苍术汤是清热与燥湿并用之方,用治湿温病的身热胸痞,汗多,苔白腻之症,亦可用于风湿热痹,关节红肿等。

【文献摘要】

《医宗金鉴·删补名医方论》柯琴:"阳明邪从热化,故不恶寒而恶热;热蒸外越,故热汗自出;热烁胃中,故渴欲饮水;邪盛而实,故脉滑,然犹在经,故兼浮也。盖阳明属胃,外主肌肉,虽有热而未成实,终非苦寒之味所能治也。石膏辛寒,辛能解肌热,寒能胜胃火,寒性沉降,辛能走外,两擅内外之能,故以为君。知母苦润,苦以泻火,润以滋燥,故以为臣。用甘草、粳米调和于中宫,且能土中泻火,作甘稼穑,寒剂得之缓其寒,苦药得之平其苦,使沉降之性,皆得留连于胃也,得二味为佐,庶大寒之品无伤损脾胃之虑也。煮汤入胃,输脾归肺,水精四布,大烦大渴可除矣。"

实验研究:白虎汤和单味石膏煎剂对实验性致热家兔都具有一定的退热作用;不含石膏的知母甘草煎剂和去钙白虎汤等均未见明显的退热效果,故认为石膏是白虎汤退热作用的主要药物,钙离子是石膏退热的主要成分。石膏作用可被处方中的其他药物所加强,但不随石膏用量的增加而增加。本文还对实验动物给药前后的血钙水平进行测定,结果表明,血钙升高水平与退热作用密切相关,但钙盐口服难以达到较高的血液浓度,并有很大的个体差异(药学通报,1983;11;32)。

实验观察发现白虎汤能增强腹腔巨噬细胞的吞噬功能;提高血清溶菌酶的含量;促进淋巴细胞转化;显著提高再次免疫抗体滴度;对幼鼠胸腺重量无明显影响,但能减轻幼鼠脾脏的重量(中成药研究,1984;12;43)。

【方歌】
白虎膏知甘草粳,气分大热此方清,
热渴汗出脉洪大,加入人参气津生。

竹叶石膏汤

<伤寒论>

【组成】 竹叶二把(6g)　石膏一斤(50g)　半夏半升,洗(9g)　麦门冬一升,去心(20g)　人参二两(6g)　甘草二两,炙(6g)　粳米半升(10g)

【用法】 上七味,以水一斗,煮取六升,去滓,内粳米,煮米熟,汤成去米,温服一升,日三服。

【功用】 清热生津,益气和胃。

【主治】 伤寒、温病、暑病余热未清,气津两伤证。身热多汗,心胸烦闷,气逆欲呕,口干喜饮,或虚烦不寐,舌红苔少,脉虚数。

【方解】 本方所治病证乃热病之后,余邪留恋,里热未清而气津已伤,胃气不和所致。其治若只清热而不益气生津,则气津难复,若只益气养阴而不清热,则邪热尚存。惟有清补并行,方为两全。故以清热生津,益气和胃立法。方以石膏清热生津,除烦止渴为君。竹叶清热除烦;人参益气;麦冬生津共为臣药。佐以半夏降逆止呕;粳米甘平益胃。使以甘草,益气和中,调和药性。诸药配伍,共收清热生津,益气和胃之功,使热清烦除,气津两复,胃气和降,诸症自愈。

本方从白虎汤衍化而来。白虎汤证为正实邪盛,本证则为热势已衰,余热未清而气津两伤。热既衰且胃气不和,故去苦寒质润的知母,加人参、麦冬益气生津,竹叶除烦,半夏和胃。

方中半夏虽温,但配入清热生津药中,则温燥之性去而降逆之用存,且有助于输转津液,使参、麦补而不滞。如此,有石膏、竹叶之清热除烦;有人参、麦冬之两补气阴;又有半夏、甘草、粳米之和中降逆,固护胃气。合而用之,清热兼和胃,补虚不恋邪,实为一首清补两顾之剂。与白虎汤相比,正如《医宗金鉴》所言:"以大寒之剂,易为清补之方"。

【运用】

1．本方在《伤寒论》中治"伤寒解后,虚羸少气,气逆欲吐"证。凡热病过程中见气津已伤,身热有汗不退,胃失和降等均可使用。对于暑热病发热气津已伤者,尤为适合。使用本方以身热多汗,气逆欲呕,烦渴喜饮,口干,舌红少津,脉虚数为证治要点。

2．若胃阴不足,胃火上逆,口舌糜烂,舌红而干,可加石斛、花粉等以清热养阴;胃火炽盛,消谷善饥,舌红脉数者,可加知母、花粉等以加强清热生津的作用。

3．用于中暑、夏季热、流脑后期等发热气津已伤者。糖尿病的干渴多饮属胃热阴伤者,亦可应用。

【文献摘要】

《医方集解》:"此手太阴足阳明药也。竹叶、石膏辛寒以散余热;人参、甘草、麦冬、粳米之甘平以益肺安胃,补虚生津;半夏之辛温以豁痰止呕,故去热而不损其真,导逆而能益其气也"。

临床报道:对流行性出血热辨证施治,分期用药,其中恢复期用竹叶石膏汤加减。治疗40例,疗程6～15天,全部治愈(中西医结合杂志,1987;5:300)。

【方歌】

竹叶石膏汤人参, 麦冬半夏甘草临,

再加粳米同煎服, 清热益气养阴津。

第二节 清营凉血

清营凉血剂,适用于邪热传营,热入血分诸证。邪热传营见有身热夜甚,神烦少寐,时有谵语,或斑疹隐隐等;热入血分则见出血,发斑,如狂,谵语,舌绛起刺等。其组方都用水牛角、生地清营凉血为主。其中由于入营邪热多由气分传来,故清营分热需配用银花、连翘、竹叶促其透热转气。热入血分每多迫血妄行而致出血、发斑,而且络伤血溢每易留瘀,热与血结亦可成瘀,故还需配用丹皮、赤芍等散瘀凉血,使止血而不留瘀。代表方如清营汤、犀角地黄汤。

清 营 汤

《温病条辨》

【组成】 水牛角(30g) 生地黄五钱(15g) 元参三钱(9g) 竹叶心一钱(3g) 麦冬三钱(9g) 丹参二钱(6g) 黄连一钱五分(5g) 银花三钱(9g) 连翘二钱,连心用(6g)

【用法】 上药,水八杯,煮取三杯,日三服。

【功用】 清营解毒,透热养阴。

【主治】 热入营分证。身热夜甚,神烦少寐,时有谵语,目常喜开或喜闭,口渴或不渴,斑疹隐隐,脉数,舌绛而干。

【方解】 本方治证乃邪热内传营分。热入营分,灼伤营阴,故身热夜甚;营气通于心,热扰心营,故时有谵语,神烦少寐;热蒸营阴上承,故本应口渴而反不渴;目喜开、闭不一,是为火热欲从外泄,阴阳不相既济所致;热入营分,虽未入血但已近于血分,故虽未发斑但已隐隐可见;舌绛而干,脉数,亦为热伤营阴之象。治疗大法当宗《素问·至真要大论》"热淫于内,治以咸寒,佐以甘苦"之旨,将清营解毒与透热养阴之品配伍组方。方中水牛角苦咸性寒,清热凉血解毒,寒而不遏,且能散瘀,为君药。生地黄专于凉血滋阴,麦冬清热养阴生津,玄参长于滋阴降火解毒,三药为热甚伤阴者设,且助君药清营凉血解毒,共以为臣。佐以银花、连翘清热解毒,轻宣透邪,使营分之邪透出气分而解。此即叶天士所说"入营犹可透热转气"之理。竹叶用心,专清心热;黄连苦寒,清心泻火;丹参清心,而又凉血活血,不仅助君药以清热凉血,且可防热与血结。此三药皆入心经,兼有使药之用。全方以水牛角、生地、玄参清热凉血之品,配伍入气分养阴的麦冬,轻宣透热的银、翘,以及清心的竹叶心、丹参、黄连,共奏清营解毒,泄热养阴之效。

【运用】

1. 本方主治温病热邪传入营分证。以身热夜甚,神烦少寐,斑疹隐隐,舌绛而干,脉数为证治要点。使用本方应注意舌诊,原著说:"舌白滑者,不可与也。"苔白滑为湿郁之象,禁用本方,以防滋腻而助湿留邪。

2. 若寸脉大,舌干较甚者,可去黄连,以免苦燥伤阴;神昏谵语较重者,可与安宫牛黄丸、紫雪合用。

3. 对乙型脑炎、流行性脑脊髓膜炎、败血症、肠伤寒或其他热性病,具有高热烦躁,舌绛而干等营分见症者,均有良效。

【文献摘要】

临床报道:用清营汤去黄连、竹叶,加柴胡等成为柴胡清营汤,治疗变应性亚败血症 10 例,其中有 4 例曾用激素、消炎痛、氯喹、水杨酸制剂等西药治疗效果不佳而改用本方,结果全部热退,皮疹消除,关节症状消失,外周血象正常。疗程最短 5 天,最长 23 天,平均 14 天。退热时间为 5~21 天,平均 12.6 天;皮疹消退时间为 3~12 天,平均 8 天(中医杂志,1984;2:42)。

【方歌】

清营汤是鞠通方,热入心包营血伤,

角地银翘玄连竹,丹麦清热佐之良。

犀角地黄汤

《备急千金要方》

【组成】 水牛角(30g)　生地黄八两(24g)　芍药三两(12g)　牡丹皮二两(9g)

【用法】 上药四味,㕮咀,以水九升,煮取三升,分三服。

【功用】 清热解毒,凉血散瘀。

【主治】

1. 热入血分证。身热谵语,斑色紫黑,舌绛起刺,脉细数,或喜忘如狂,漱水不欲咽,大便色黑易解等。

2. 热伤血络证。吐血,衄血,便血,尿血等,舌红绛,脉数。

【方解】 本方治证乃热毒深陷于血分所致。营热不解,每多深入血分,热入血分,心肝受病。温热之邪燔灼血分,一则热盛血沸,且必扰于心神,致烦乱谵语;二则热盛迫血妄行,阳络伤则血外溢,阴络伤则血内溢,离经之血又可致瘀阻而发斑。叶天士《外感温热篇》说:"入血就恐耗血动血,直须凉血散血。"故当以清热解毒,凉血散瘀为法。方用苦咸寒之水牛角为君,归经心肝,清心肝而解热毒,且寒而不遏,直入血分而凉血。臣以生地甘苦性寒,入心肝肾经,清热凉血,养阴生津,一可复已失之阴血;二可助水牛角解血分之热,又能止血。白芍苦酸微寒,养血敛阴,且助生地凉血和营泄热,于热盛出血者尤宜;丹皮苦辛微寒,入心肝肾,清热凉血,活血散瘀,可收化斑之效,两味用为佐使。四药合用,共成清热解毒,凉血散瘀之剂。方中凉血与散血并用,一是因离经之血残留成瘀,二是因热与血结致瘀。本方药仅四味,配伍严谨,使热清血宁而无耗血动血之虑,凉血止血又无冰伏留瘀之弊。

清营汤与本方相比,两者均以水牛角、生地为主,以治热入营血证。但前者是在清热凉血中伍以清气之品,以使入营之热转从气分而解,适用于邪初入营尚未动血证;本方着重清热解毒,凉血散瘀,用治热毒深陷血分,而见耗血、动血证。

【运用】

1. 本方主治热毒深陷血分的耗血,动血证。以各种失血,斑色紫黑,神昏谵语,身热舌绛为证治要点。

2. 若见蓄血,喜忘如狂者,系热燔血分,邪热与瘀血互结,可加大黄、黄芩,以清热逐瘀与凉血散瘀同用;郁怒而挟肝火者,加柴胡、黄芩、栀子以清泻肝火。

3. 急性黄色肝萎缩、肝昏迷、弥散性血管内凝血、尿毒症、紫癜、急性白血病、败血症等属血分热盛者,均可用之。

【附方】

1. 清瘟败毒饮(《疫疹一得》) 生石膏大剂六两至八两(180~240g);中剂二两至四两(60~120g);小剂八钱至一两二钱(24~36g) 小生地大剂六钱至一两(18~30g);中剂三钱至五钱(9~15g);小剂二钱至四钱(6~12g) 水牛角大剂六两至八两(180~240g);中剂三两至五两(90~150g);小剂二两至四两(60~120g) 真川连大剂四至六钱(12~18g);中剂二至四钱(6~12g);小剂一钱至一钱半(3~4.5g) 栀子 桔梗 黄芩 知母 赤芍 玄参 连翘 甘草 丹皮 鲜竹叶(以上十味,原书无用量) 先煎石膏数十沸,后下诸药。功用:清热解毒,凉血泻火。主治:温疫热毒,气血两燔证。大热渴饮,头痛如劈,干呕狂躁,谵语神昏,或发斑,或吐血,衄血,四肢或抽搐,或厥逆,脉沉细而数,或沉数,或浮大而数,舌绛唇焦。

2. 神犀丹(《温热经纬》引叶天士方) 水牛角(1800g) 石菖蒲 黄芩各六两 真怀生地绞汁 银花各一斤 金汁 连翘各十两 板蓝根九两 香豉八两 元参七两 花粉 紫草各四两 各生晒研细,以水牛角、地黄汁、金汁和捣为丸,每重一钱(3g),凉开水化服,日二次,小儿减半。功用:清热开窍,凉血解毒。主治:温热暑疫,邪入营血证。症见高热昏谵,斑疹色紫,口咽糜烂,目赤烦躁,舌紫绛等。

犀角地黄汤、清瘟败毒饮、神犀丹同具有清热凉血之功,不同点在于:犀角地黄汤用治温热病热毒深陷于血分的血分热盛证,故用大剂咸寒以凉血为主,并用清热、散瘀之品,以使热清血宁。清瘟败毒饮用治温热疫毒,充斥内外的气血两燔证,故以大剂石膏以清阳明经热,并用泻火、凉血以使气血两清。神犀丹用治邪入营血，热深毒重证，故以清热解毒为主，并用凉血、开窍，以使毒解神清。

【文献摘要】

《医宗金鉴·删补名医方论》："吐血之因有三：曰劳伤，曰努伤，曰热伤。劳伤以理损为主；努损以去瘀为主；热伤以清热为主。热伤阳络则吐衄，热伤阴络则下血，是汤治热伤也。故用犀角清心去火之本，生地凉血以生新血，白芍敛血止血妄行，丹皮破血以逐其瘀。此方虽曰清火，而实滋阴；虽曰止血，而实去瘀，瘀去新生，阴滋火熄，可为探本穷源之法也。"

实验研究：对实验发热动物（家兔）按成人剂量 15 倍（等效量）灌胃给药（每次 3.8ml/kg），观察黄连解毒汤、犀角地黄汤给药后 2、4、6 小时内体温变化，并与对照组（复方阿司匹林组、复方氨基比林组）解热效果进行比较，结果均有显著的解热效果，但复方阿司匹林给药后 4 小时降温幅度不及黄连解毒汤和犀角地黄汤。而中药起效时间缓慢，犀角地黄汤 4 小时方呈现显著效果。黄连解毒汤 6 小时后体温仍继续下降，下降幅度也较大（中药通报，1986；1：51）。

【方歌】

犀角地黄芍药丹，血热妄行吐衄斑。

蓄血发狂舌质绛，凉血散瘀病可痊。

第三节 清热解毒

清热解毒剂，适用于温疫、温毒或疮疡疔毒等证。若三焦火毒炽盛，症见烦热，错语，吐衄，发斑及外科的疔毒痈疡等；胸膈热聚，可见身热面赤，胸膈烦热，口舌生疮，便秘溲赤等症。本类方剂常以黄芩、黄连、连翘、金银花、蒲公英等清热解毒泻火药物为主组成。若便秘溲赤，可配伍芒硝、大黄等以导热下行；疫毒发于头面红肿者，可在清热解毒药中配伍辛凉疏散之品，如牛蒡子、薄荷、僵蚕等；热在气分则配伍泻火药；热在血分则配伍凉血药。代表方如黄连解毒汤、凉膈散、普济消毒饮、仙方活命饮等。

黄连解毒汤

崔氏方录自《外台秘要》

【组成】 黄连三两(9g)　黄芩　黄柏各二两(各6g)　栀子十四枚，擘(9g)

【用法】 上四味切，以水六升，煮取二升，分二服。

【功用】 泻火解毒。

【主治】 三焦火毒热盛证。大热烦躁，口燥咽干，错语不眠；或热病吐血，衄血；或热甚发斑，身热下利，湿热黄疸；外科痈疡疔毒，小便黄赤，舌红苔黄，脉数有力。

【方解】 本方治证乃热毒壅盛于三焦所致。火热毒盛，充斥三焦，波及上下内外，内扰心神则大热烦躁，错语不眠；热灼津伤则口燥咽干；血为热迫，随火上逆，则为吐衄；热伤络脉，血溢肌肤，则为发斑；热壅肌肉，则为痈肿疔毒。舌红苔黄，脉数有力，皆为火毒炽盛之症。治以泻火解毒之法。方中以大苦大寒之黄连清泻心火为君，因心主神明，火主于心，泻火必先泻心，心火宁则诸经之火自降，并且兼泻中焦之火。臣以黄芩清上焦之火。佐以黄柏泻下焦之火。使以栀子通泻三焦，导热下行，使火热从下而去。四药合用，苦寒直折，火邪去而热毒解，诸症可愈。

《外台秘要》说："胃中有燥粪，令人错语，正热盛亦令人错语。如若秘而错语者，宜服承气汤；通利而错语者，宜服下四味黄连除热汤（即黄连解毒汤）。"这可作为本方证与大承气汤证的根本区别。

【运用】

1．本方泻火解毒之力颇强，临证运用以大热烦扰，口燥咽干，舌红苔黄，脉数有力为证治要点。但为大苦大寒之剂，久服易伤脾胃，非火盛者不宜使用。

2．便秘者，加大黄以泻下焦实热；吐血、衄血、发斑者，酌加玄参、生地、丹皮以清热凉血；瘀热发黄者，加茵陈、大黄，以清热祛湿退黄。

3．败血症、脓毒血症、痢疾、肺炎、泌尿系感染、流行性脑脊髓膜炎、乙型脑炎以及感染性炎症等属热毒为患者，均可用之。

【文献摘要】

《成方便读》："治一切火邪，表里俱盛，狂躁烦心，口燥咽干，大热干呕，错语不眠，吐血，衄血，热盛发斑等证。汪讱庵曰：毒者，即火邪之盛也。邪入于阳则狂，心为热所扰则烦，躁则烦之盛也；口燥咽干，火盛津枯；干呕者，热毒上冲也；错语者，热毒伤其神也；不眠者，热盛而阴不静也。至于吐衄、发斑等证，热攻入胃，逼血妄行也。此皆六淫火邪，充斥上下表里，有实无虚之证，故治法非缓剂可以了事者。黄芩清上焦之火，黄连清中焦之火，黄柏清下焦之火，栀子泻三焦之火，从心肺之分，屈曲下行，小肠膀胱而出。盖四味皆大苦大寒之药，清其亢甚之火，而救其欲绝之水也，然非实热，不可轻投耳。"

临床报道：用黄连解毒汤煎液滴耳，治疗慢性化脓性中耳炎 50 例，疗程 4~24 天，结果除 2 例因故中断治疗未予统计外，其余 48 例中流脓停止，炎症消失。耳干者 32 例；分泌物明显减少，炎症减轻，中耳腔仍湿润者 9 例；无效 7 例（中医杂志，1988；10：67）。

实验研究：对内毒素所致家兔发热，黄连解毒汤的解热作用起效慢，但持续时间长，给药后 6 小时发热兔体温仍继续下降（中药通报，1986；11：51）。以黄连解毒汤煎剂 25g/kg 灌服，能降低金黄色葡萄球菌腹腔感染所致小鼠的死亡率（中成药研究，1986；12：39）。黄连解毒汤可显著抑制动物体内过氧化脂质的生成；对低氧性脑障碍有显著保护作用；对东莨菪碱所致记忆障碍亦有明显的改善作用，作为抗衰老药应用有进一步深入研究的价值（中成药，1993；8：29）。黄连解毒汤能防止实验性溃疡的发展，对乙醇引起的胃损伤有保护作用，还能通过中枢神经系统而抑制胃液分泌。实验表明黄连解毒汤以 25~100mg/kg 时，对阿司匹林所致的胃电位差低下呈明显地抑制，与剂量成正比。对小鼠水浸制剂引起应激性溃疡，黄连解毒汤显示显著的抑制作用，并对小鼠的烧灼性溃疡有明显的促进治愈的效果（国外医学·中医中药分册，1990，2：28）。

【方歌】

黄连解毒汤四味，黄芩黄柏栀子备。

躁狂大热呕不眠，吐衄斑黄均可为。

普济消毒饮

《东垣试效方》

【组成】 黄芩酒炒 黄连酒炒,各五钱(各15g) 陈皮去白 甘草生用 玄参 柴胡 桔梗各二钱(各6g) 连翘 板蓝根 马勃 牛蒡子 薄荷各一钱(各3g) 僵蚕 升麻各七分(各2g)

【用法】 上药为末,汤调,时时服之,或蜜拌为丸,嚼化。

【功用】 清热解毒,疏风散邪。

【主治】 大头瘟。恶寒发热,头面红肿焮痛,目不能开,咽喉不利,舌燥口渴,舌红苔白兼黄,脉浮数有力。

【方解】 大头瘟(又名大头天行),乃感受风热疫毒之邪,壅于上焦,发于头面所致。疫毒宜清解,风热宜疏散,病位在上,宜因势利导,疏散上焦之风热,清解上焦之疫毒,故以解毒散邪之法,两者兼用而以清热解毒为主。方中重用酒连、酒芩清热泻火,祛上焦热毒。以牛蒡子、连翘、薄荷、僵蚕辛凉疏散头面风热;玄参、马勃、板蓝根可上行清热解毒;配甘草、桔梗以清利咽喉;陈皮理气而疏通壅滞。升麻、柴胡疏散风热,并引诸药上达头面,且寓"火郁发之"之意。诸药配伍,共收清热解毒,疏风散邪之功。

《温病条辨》以本方去升麻、柴胡,加银花、荆芥,治"温毒咽痛喉肿,耳前耳后肿,颊肿,面正赤,或喉不痛,但外肿甚则耳聋,俗名"大头瘟"者。这对于理解"大头瘟"以及本方在临床上的应用有参考价值。

【运用】

1. 本方为治疗大头瘟的常用方剂。以头面肿盛,恶寒发热,舌红苔白兼黄,脉浮数为证治要点。

2. 若大便秘结者,可加酒大黄以泻热通便;腮腺炎并发睾丸炎者,可加川楝子、龙胆草以泻肝经湿热。

3. 多用治丹毒、腮腺炎、急性扁桃体炎、淋巴结炎伴淋巴管回流障碍等病,属风热毒邪为患者。

【文献摘要】

《医方集解》:"此手太阴、少阴、足少阳、阳明药也。芩、连苦寒,泻心肺之热为君;玄参苦寒,橘红苦辛,甘草甘寒,泻火补气为臣;连翘、薄荷、鼠粘辛苦而平,蓝根甘寒,马勃、僵蚕苦平,散肿消毒定喘为佐;升麻、柴胡苦平,行少阳、阳明二经之阳气不得伸。桔梗辛温为舟楫,不令下行,为载也。"

临床报道:用本方治疗流行性腮腺炎合并脑膜炎57例,全部治愈。并认为本方能迅速控制体温,对消除头痛、腮腺肿大及各种精神神经症状有确切疗效(中医年鉴,1992;427)。以本方治疗小儿呼吸道感染引起高热35例,伴抽搐神昏或惊跳者,加服紫雪散,平均退热时间为51.4小时(中医年鉴,1992;427)。

【方歌】

普济消毒芩连鼠,玄参甘桔蓝根侣。
升柴马勃连翘陈,薄荷僵蚕为末咀。

凉 膈 散

<太平惠民和剂局方>

【组成】 川大黄　朴硝　甘草燃,各二十两(各9g)　山栀子仁　薄荷去梗　黄芩各十两(各5g) 连翘二斤半(18g)

【用法】 上药为粗末,每服二钱(6g),水一盏,入竹叶七片,蜜少许,煎至七分,去滓,食后温服。小儿可服半钱,更随岁数加减服之。得利下住服。

【功用】 泻火通便,清上泄下。

【主治】 上中二焦火热证。烦躁口渴,面赤唇焦,胸膈烦热,口舌生疮,或咽痛吐衄,便秘溲赤,或大便不畅,舌红苔黄,脉滑数。

【方解】 本方所治为上、中二焦邪郁生热证。热聚胸膈,故症见身热口渴,胸膈烦热。火热上冲,而见面赤唇焦,口舌生疮,咽痛,吐衄等。燥热内结,不从下泄,而见便秘溲赤。上有无形之邪热,非清不去;中有有形之积滞,非下不除。故须清热泻火通便为治。方中重用连翘,清热解毒以为君。配黄芩以清胸膈郁热;山栀通泻三焦,引火下行;大黄、芒硝泻火通便,以荡热于中,共为臣药。薄荷、竹叶轻清疏散,以解热于上;兼有"火郁发之"之义而为佐。使以甘草、白蜜,既能缓和硝、黄峻泻之力,又能存胃津,润燥结,和诸药。全方配伍,共奏泻火通便,清上泄下之功。

此方配伍特点,是既有连翘、黄芩、栀子、薄荷、竹叶,疏解清泄胸膈邪热于上;更用调胃承气汤合白蜜,通便导滞,荡热于中,使上焦之热得以清解,中焦之实由下而去。是以清上与泄下并行,但泻下是为清泄胸膈郁热而设,所谓"以泻代清",其意在此。

【运用】

1．本方证为上、中二焦火热炽盛,以胸膈烦热,面赤唇焦,烦躁口渴,舌红苔黄,脉数为证治要点。本方虽有通腑之力,但其用重在胸膈之热,而不在大便之秘,即使大便不秘,而胸膈灼热如焚者,亦应施用。

2．若热毒壅阻上焦,症见壮热,口渴,烦躁,咽喉红肿,大便不燥者,可去朴硝,加石膏、桔梗以增清热凉膈之功。

3．咽炎、口腔炎、急性扁桃体炎、胆道感染、急性黄疸型肝炎等属上、中二焦火热者,均可加减用之。

【文献摘要】

《成方便读》:"若火之散漫者,或在里,或在表,皆可清之散之而愈。如挟有形之物,结而不散者,非去其结,则病终不瘥。故以大黄、芒硝之荡涤下行者,去其结而逐其热。然恐结邪虽去,尚有浮游之火,散漫上中,故以黄芩、薄荷、竹叶清彻上中之火;连翘解散经络中之余火;栀子自上而下,引火邪屈曲下行,如是则有形无形上下表里诸邪,悉从解散。用甘草、生蜜者,病在膈,甘以缓之也。"

临床报道:用凉膈散加减治疗支气管扩张咯血30例。全部病例经临床、实验室、X线片检查及部分患者行支气管造影,确诊为支气管扩张症咯血。其中大咯血(>500ml/天)2例,中咯血(100～500ml/天) 22例、小咯血(<100ml/天)6例,痰中带血丝者未作选择对象。30例均在促进脓痰引流和用抗生素控制继发感染的原则下,在西药止血治疗无效停用

时,给予凉膈散加减治疗。结果咯血停止,相应症状基本消失者 22 例,占 73.3%;咯血与其相应症状有所好转 6 例,占 20%;无效 2 例,占 6.7%。总有效率 93.3%。显效最短时间为 2 天,最长 2 周,平均 7 天(中西医结合杂志,1985;5:304)。

【方歌】

凉膈硝黄栀子翘, 黄芩甘草薄荷饶,

竹叶蜜煎疗膈上, 中焦燥实服之消。

仙方活命饮

《校注妇人良方》

【组成】 白芷 贝母 防风 赤芍药 当归尾 甘草节 皂角刺炒 穿山甲炙 天花粉 乳香 没药各一钱(各6g) 金银花(25g) 陈皮各三钱(9g)

【用法】 用酒一大碗,煎五七沸服。

【功用】 清热解毒,消肿溃坚,活血止痛。

【主治】 痈疡肿毒初起。红肿焮痛,或身热凛寒,苔薄白或黄,脉数有力。

【方解】 本方主治疮疡肿毒初起,赤肿焮痛,属于阳证者。痈疡肿毒一证,多为热毒内壅,气滞血瘀痰结而成。《灵枢·痈疡篇》说:"营卫稽留于经脉之中,则血泣不行,不行则卫气从之而不通,壅遏不得行,故热。大热不止,热盛则肉腐,肉腐则为脓,故命曰痈。"症见红、肿、热、痛,甚者伴有全身症状。属阳证痈疮,必以清热解毒配合理气活血,散结疏风为治。方以金银花为君,其性味甘寒,最善清热解毒,故前人称之谓疮疡圣药。然单用清热解毒,则气滞血瘀难消,肿结不散,又以当归尾、赤芍、乳香、没药、橘皮行气通络,活血散瘀,消肿止痛。气行则营卫畅通,营卫畅通则邪无滞留,使瘀去肿消痛止,共为臣药。白芷、防风透达营卫,疏风解表,又可散结消肿;山甲、皂刺通行经络,溃坚决痈,可使脓成即溃;花粉、贝母清热化痰排脓,可使未成即消,均为佐药。甘草为使,助清热解毒,并调和诸药。煎药加酒者,借其通瘀而行周身,助药力直达病所。诸药合用,共奏清热解毒,化瘀散结,疏风消肿之功。

本方属外科"消法"的代表方剂。全方辛苦偏凉,寓清热解毒,疏风解表,化瘀散结诸法于一方,其药物配伍体现了外科阳证内治消法的配伍特点。

本方与普济消毒饮均属清热解毒方剂。但普济消毒饮所治为大头瘟,系肿毒发于头面者,以清热解毒,疏风散邪为治法,并佐以升阳散火,发散郁热。本方则通治阳证肿毒,于清热解毒中,伍以行气活血,散结消肿之品,对痈疮初起更宜。

【运用】

1. 本方前人称之为"疮疡之圣药,外科之首方。"适用于阳证而体实的各类疮疡肿毒。以局部红肿焮痛,甚者伴有身热凛寒,脉数有力为证治要点。脓未成者,服之可消,脓已成者,服之可溃。但应注意只可用于痈肿未溃之前,若已溃后断不可用。阴证疮疡忌用;脾胃本虚,气血不足者均应慎用。

2. 红肿痛甚,热毒重者,可加蒲公英、连翘、紫花地丁、野菊花等以加强清热解毒之力;便秘者,加大黄以泻热通便。此外,还可以根据疮疡肿毒所在部位的不同,适当加入引经药,以使药力直达病所。本方除煎煮取汁内服外,其药渣可捣烂外敷。

3. 可用于治疗化脓性炎症,如蜂窝织炎、化脓性扁桃体炎、乳腺炎、脓疱疮、疖肿、深部脓肿等属阳证、实证者。

【附方】

1. 五味消毒饮(《医宗金鉴》)　金银花三钱(20g)　野菊花　蒲公英　紫花地丁　紫背天葵子各一钱二分(各15g)　水一盅,煎八分,加无灰酒半盅,再滚二三沸时,热服,被盖出汗为度。功用:清热解毒,消散疔疮。主治:疔疮初起,发热恶寒,疮形如粟,坚硬根深,状如铁钉,以及痈疡疖肿,红肿热痛,舌红苔黄,脉数。

2. 四妙勇安汤(《验方新编》)　金银花　玄参各三两(各90g)　当归二两(30g)　甘草一两(15g)　水煎服,一连十剂……药味不可少,减则不效,并忌抓擦为要。功用:清热解毒,活血止痛。主治:脱疽。热毒炽盛,患肢黯红微肿灼热,溃烂腐臭,疼痛剧烈,或见发热口渴,舌红脉数。

仙方活命饮、五味消毒饮、四妙勇安汤均为阳证疮疡的常用方,均有清热解毒之功。三方的不同点在于:仙方活命饮为痈肿初起的要方,除清热解毒之外,还配伍疏风、活血、软坚、散结之品,功能清热解毒,消肿溃坚,活血止痛;五味消毒饮重在清热解毒,其清解之力较仙方活命饮为优,侧重消散疔毒;四妙勇安汤主治脱疽之热毒炽盛者,药少量大力专,且须连续服用。

【文献摘要】

《古今名医方论》罗东逸曰:"此疡门开手攻毒之第一方也。经云:营气不从,逆于肉理。故痈疽之发,未有不从营气之郁滞,因而血结痰滞,蕴崇热毒为患。治之之法,妙在通经之结,行血之滞,佐之以豁痰、理气、解毒。是方穿山甲以攻坚,皂刺必达毒所,白芷、防风、陈皮通经理气而疏其滞,乳香定痛和血,没药破血散结,赤芍、归尾以驱血热,而行之以破其结,佐以贝母、花粉、金银花、甘草,一以豁痰解郁,一以散毒和血,其为溃坚止痛宜矣。然是方为营卫尚强,中气不亏者设。若脾胃素弱,营卫不调,则有托里消毒散之法,必须斟酌而用。"

临床报道:以仙方活命饮治疗30例阑尾脓肿(阑尾穿孔并发局限性腹膜炎)患者,疗效优异。其中27例痊愈出院,3例中转手术,成功率为90%,无1例死亡。服本方后能使局部肿块及压痛很快消失,炎症控制,体温下降至正常,平均住院日数14日。随访7例未见复发(中华外科杂志,1960;2:171)。

用仙方活命饮治疗阑尾周围脓肿32例,热盛者加蒲公英、败酱草;湿盛者加薏苡仁;气虚者加党参。服7剂后痊愈8例,服10剂后痊愈11例,服15剂后痊愈10例,17剂后痊愈3例。治愈率100%。随访1~11年,除1例有轻度肠粘连外,其他恢复良好。用本方为主治疗消化性溃疡58例,其中胃溃疡8例,球部溃疡44例,复合性溃疡6例,结果治愈47例,占81.04%;显效8例,占13.79%;进步3例,占5.17%,总有效率100%。用本方治疗鼻渊68例,经3~19天治疗后,痊愈66例,好转2例,有效率100%(中医年鉴,1992:425)。

【方歌】

仙方活命金银花,　防芷归陈草芍加,

贝母花粉兼乳没,　穿山角刺酒煎佳,

一切痈毒能溃散,　溃后忌服用勿差。

第四节 清脏腑热

清脏腑热剂，适用于邪热偏盛某一脏腑所产生的火热证候。本类方剂是按所治脏腑火热证候不同，分别使用不同的清热方药。如心经热盛，用黄连、栀子、莲子心、木通等以泻火清心；肝胆实火，用龙胆草、夏枯草、青黛等以泻火清肝；肺中有热，用黄芩、桑白皮、石膏、知母等以清肺泻热；热在脾胃，用石膏、黄连等以清胃泻热；热在大肠，用白头翁、黄连、黄柏等以清肠解毒。其代表方如导赤散、龙胆泻肝汤、泻白散、清胃散、芍药汤、白头翁汤等。

导赤散

《小儿药证直诀》

【组成】 生地黄　木通　生甘草梢各等分(各6g)

【用法】 上药为末，每服三钱(9g)，水一盏，入竹叶同煎至五分，食后温服。

【功用】 清心利水养阴。

【主治】 心经火热证。心胸烦热，口渴面赤，意欲冷饮，以及口舌生疮；或心热移于小肠，症见小溲赤涩刺痛，舌红，脉数。

【方解】 本方治证乃心经蕴热或移于小肠所致。心经有热，则心火循经上炎，而见心胸烦热，面赤口渴，口舌生疮等症。心移热于小肠，故小便淋痛。治宜清心热，利小便，导热下行，使蕴热从小便而泄。方中木通入心与小肠，味苦性寒，清心降火，利水通淋，用以为君。生地入心肾经，甘凉而润，清心热而凉血滋阴，用以为臣，与木通配合，利水而不伤阴，补阴而不恋邪。竹叶甘淡，清心除烦，引热下行。甘草用梢者，取其直达茎中而止淋痛，并能调和诸药，且可防木通、生地之寒凉伤胃，为方中佐使。四药合用，共成清热利水养阴之剂。

钱氏制方本意，是根据小儿稚阴稚阳，易寒易热，易虚易实，病变快速的特点，治实证当防其虚，治虚证应防其实。故治心经火热，取清热与养阴之品配伍，利水而不伤阴，泻火而不伐胃，滋阴而不恋邪，最宜于小儿。后世以"水虚火不实"五字括之，较为贴切。

本方在《小儿药证直诀》治小儿心热，未言及心移热于小肠，至《奇效良方》扩大了运用范围，用治小便赤涩淋痛等。《医宗金鉴·删补名医方论》说："赤色属心，导赤者，导心经之热从小便而出……故名导赤散"。

原方组成之后云："一方不用甘草，用黄芩"，是为加强清心降火而设。

【运用】

1. 本方为清心利水养阴的常用方剂。临证以心胸烦热，口渴，口舌生疮或小便赤涩，舌红脉数为证治要点。方中木通苦寒，生地阴柔寒凉，故脾胃虚弱者慎用。

2. 若心火较盛，可加黄连以清心泻火；心热移于小肠，小便不通，可加车前子、赤茯苓以增清热利水之功。

3. 常用于口腔炎、鹅口疮、小儿夜啼等心经有热者；小儿急性泌尿系感染属下焦湿热者，亦可加减治之。

【附方】

清心莲子饮(《太平惠民和剂局方》)　黄芩　麦冬去心　地骨皮　车前子　甘草炙，各半两(各10g) 石莲肉去心 白茯苓 黄芪蜜炙 人参各七钱半(各15 g) 锉散,每服三钱(10 g) 水一盏半,煎取八分,去滓,水中沉冷,空心食前服。功用:清心火,益气阴,止淋浊。主治:心火偏旺,气阴两虚,湿热下注证。症见遗精淋浊,血崩带下,遇劳则发;或肾阴不足,口舌干燥,烦躁发热等。

【文献摘要】

《医宗金鉴·删补名医方论》:"心与小肠为表里也,然所见口糜舌疮,小便黄赤,茎中作痛,热淋不利等证,皆心移热于小肠之证。故不用黄连直泻其心,而用生地滋肾凉心,木通通利小肠,佐以甘草梢,取易泻最下之热,茎中之痛可除,心经之热可导也。此则水虚火不实者宜之,以利水而不伤阴,泻火而不伐胃也。若心经实热,须加黄连、竹叶,甚者更加大黄,亦釜底抽薪之法也。"

临床报道:以导赤散为基础方治疗疱疹性口炎患儿30例。症见发热,口腔粘膜疱疹性损害,烦躁,流涎,拒食。烦躁口渴加黄连、麦冬;大便干结加大黄、黄芩。疗程2～4天。结果:显效20例,有效8例,无效2例。总有效率93.3%。另30例本病患儿用抗生素(以青霉素为主,少数用庆大霉素或链霉素)作对照治疗,结果:显效6例,有效6例,无效18例。导赤散组疗效明显优于对照组(中西医结合杂志,1987;2:118)。以导赤散加细辛、银花、连翘治疗带状疱疹12例,其中疱疹位于胁部者4例,腋下者1例,腰背部者2例,腹部者3例,臀部及大腿内侧各1例。位于胁部加柴胡,位于下肢加牛膝。服药3～4剂者5例,6～8剂者7例,均获痊愈(中医杂志,1987;6:34)。

【方歌】

导赤生地与木通, 草梢竹叶四般攻,

口糜淋痛小肠火, 引热同归小便中。

龙胆泻肝汤

《医方集解》

【组成】 龙胆草酒炒(6g) 黄芩炒(9g) 栀子酒炒(9g) 泽泻(9 g) 木通(6g) 当归酒炒(3g) 生地黄酒炒(6g) 柴胡(6g) 生甘草(6g) 车前子(6g)

【用法】 水煎服。

【功用】 清肝胆实火,泻下焦湿热。

【主治】

1. 肝胆实火上炎证。症见头痛目赤, 胁痛, 口苦, 耳聋, 耳肿等,舌红苔黄, 脉弦数有力。

2. 肝胆湿热下注证。症见阴肿,阴痒,阴汗,小便淋浊, 或妇女带下黄臭等, 舌红苔黄腻,脉弦数有力。

【方解】本证由于肝胆经实火上炎,或湿热循经下注所致。 治宜清肝胆实火,泻下焦湿热。方中龙胆草大苦大寒,能上清肝胆实火,下泻肝胆湿热,泻火除湿,两擅其功,切中病情,故为方中君药。黄芩、栀子两药苦寒,归经肝胆三焦,泻火解毒,燥湿清热,用以为臣,以加强君药清热除湿之功。湿热壅滞下焦,故用渗湿泄热之车前子、木通、泽泻,导湿热下行, 从水道而去,使邪有出路,则湿热无留,用以为佐;然肝为藏血之脏,肝经实火, 易伤阴血, 所用诸药又属苦燥渗利伤阴之品,故用生地养阴,当归补血,使祛邪而不伤正;肝体阴用阳, 性喜疏泄条达而恶抑郁,火邪内郁,肝气不舒,用大剂苦寒降泄之品,恐肝胆之气被抑, 故又用柴胡疏畅肝胆,并能引诸药归于肝胆之经,且柴胡与黄芩相合,既解肝胆之热,又增清上之力, 以上六味皆为佐药。甘草为使,一可缓苦寒之品防其伤胃,二可调和诸药。综观全方,泻中有补,降中寓升,祛邪而不伤正,泻火而不伐胃,配伍严谨,诚为泻肝之良方。使火降热清,湿浊得消,循经所发诸症,皆可相应而愈。

【运用】

1. 本方清肝胆,利湿热,凡属肝胆实火上炎或湿热下注所致的各种证候,均可使用。临证时,不必悉具,而以口苦溺赤,舌红苔黄,脉弦数有力为证治要点。方中药多苦寒, 易伤脾胃,故对脾胃虚寒和阴虚阳亢之证,皆非所宜。

2. 若肝胆实火较盛,可去木通、车前子,加黄连以助泻火之力;若湿盛热轻者,可去黄芩、生地,加滑石、薏苡仁以增利湿之功;若玉茎生疮,或便毒悬痈,以及阴囊肿痛,红热甚者,可去柴胡,加连翘、黄连、大黄以泻火解毒。

3. 常用本方治疗顽固性偏头痛、头部湿疹、高血压、急性结膜炎、虹膜睫状体炎、外耳道疖肿、鼻炎、急性黄疸型肝炎、急性胆囊炎,以及泌尿生殖系炎症、急性肾盂肾炎、急性膀胱炎、尿道炎、外阴炎、睾丸炎、腹股沟淋巴腺炎、急性盆腔炎、带状疱疹等病,凡属肝经实火湿热者均有良效。

【附方】

1. 泻青丸(《小儿药证直诀》) 当归去芦头,切,焙 龙脑(即龙胆草) 川芎 山栀子仁 川大黄湿纸裹煨 羌活 防风去芦头,切,焙,各等分(各3g) 上药为末,炼蜜为丸,鸡头大(1.5g),每服半丸至一丸,竹叶煎汤,同砂糖,温开水化下。功用:清肝泻火。主治:肝经郁火。目赤肿痛,烦躁易怒,不能安卧,尿赤便秘,脉洪实,以及小儿急惊,热盛抽搐等。

2. 当归龙荟丸(《丹溪心法》) 当归一两 龙胆草五钱 栀子 黄连 黄柏 黄芩各一两 芦荟 大黄各五钱 木香一钱五分 麝香五分 (一方加青黛五钱)上为末,炼蜜为丸,如小豆大,小儿如麻子大,生姜汤下,每服二十丸。功用:清泻肝胆实火。主治:肝胆实火。头晕目眩,神志不宁,谵语发狂,或大便秘结,小便赤涩。

龙胆泻肝汤、泻青丸、当归龙荟丸同为泻肝经实火之剂,其不同点在于:龙胆泻肝汤泻肝火并能清利湿热,且能兼顾补养肝血,使苦寒而不伤阴血,用治肝火上炎,湿热下注证;泻青丸泻肝火,并能疏散肝胆郁火,宜于肝火内郁证;当归龙荟丸是备举大苦大寒之药,着重于泻实火,使从二便分消,乃攻滞降泻之剂,用治肝经实火证,非实火上盛不可轻用。

【文献摘要】

《医宗金鉴·删补名医方论》"胁痛口苦,耳聋耳肿,乃胆经之为病也。筋痿阴湿,热痒阴肿,白浊溲血,乃肝经之为病也。故用龙胆草泻肝胆之火,以柴胡为肝使,以甘草缓肝急,佐以芩、栀、通、泽、车前辈大利前阴,使诸湿热有所从出也。然皆泻肝之品,若使病尽去,恐肝亦伤矣,故又加当归、生地补血以养肝。盖肝为藏血之脏,补血即所以补肝也。而妙在泻肝之剂,反作补肝之药,寓有战胜抚绥之义矣。"

临床报道:用龙胆泻肝汤治疗经骨髓穿刺确诊的急性白血病具有肝胆湿热表现者26例(急粒12例,急淋14例)。以本方为主配合间歇化疗,结果完全缓解者14例,部分缓解者10例,未缓解者2例(急粒),总缓解率为92.3%(中医杂志,1980;4:36)。本方重用龙胆草,并加枳壳、大黄等治疗高原性红细胞增多症35例,平均服药50.4剂,临床治愈24例,好转8例,无效3例,有效率91.4%。并可见骨髓象恢复或好转,复治仍有效(中医杂志,1982;4:29)。用本方加防风、荆芥、银花、菊花为基本方,治疗50例肝经湿热型脂溢性皮炎,其中泛发型33例,局限型17例。所有患者均有不同程度的瘙痒,进行期患者有红斑、丘疹等皮损,2例患者呈湿疹样变;慢性期患者均有红斑、鳞屑性损害。以3剂为一疗程,治疗1～4个疗程,症状完全消失、皮损消退者10例,占20%;症状消失、皮损大部消退者21例,占42%;症状改善,皮损进步10例,占20%;无效9例,占18%,总有效率为82%。有效患者经1年余随访,治愈者无1例复发,显效者亦未见有皮损加重情况(中医杂志,1985;4:27)。

实验研究：龙胆泻肝汤能增加幼鼠胸腺重量,产生不同类型的T细胞,从而释放巨噬细胞活化因子,并使巨噬细胞吞噬功能显著加强,致使激活的巨噬细胞又可释放淋巴激活因子,刺激淋巴细胞转化后调节抗体产生,有利于疾病的治愈(中成药研究,1984;2:22)。龙胆泻肝汤有显著的利尿作用,可使尿量显著增加,但对钠、钾的排泄量则无显著影响。对麻醉猫有显著降压效果,剂量越大,作用越强。还能扩张离体兔耳血管,增加灌流滴数(中药药理与临床,1985;创刊号:17)。龙胆泻肝汤对醋酸所致小鼠毛细血管通透性增高及大鼠蛋清性足肿胀均有显著的抑制作用,并能抑制大鼠被动皮肤过敏反应和豚鼠过敏性休克。体内外实验表明对乙型链球菌感染的小鼠也有一定的保护作用。提示龙胆泻肝汤有抗炎、抗过敏、抑菌作用,故可治疗多种急性局部炎症以及变态反应性炎症(中药药理与临床,1991;1:5)。

【方歌】

龙胆泻肝栀芩柴,生地车前泽泻偕,

木通甘草当归合,肝经湿热力能排。

左 金 丸

《丹溪心法》

【组成】 黄连六两(9g) 吴茱萸一两(1.5g)

【用法】 上药为末,水丸或蒸饼为丸,白汤下五十丸(6g)。

【功用】 清泻肝火,降逆止呕。

【主治】 肝火犯胃证。症见胁肋疼痛,嘈杂吞酸,呕吐口苦,舌红苔黄,脉弦数。

【方解】 本证由于肝经火旺,横逆犯胃所致。肝经自病则胁肋胀痛,犯胃则胃失和降,故嘈杂吞酸,呕吐口苦。《素问·至真要大论》说:"诸逆冲上,皆属于火","诸呕吐酸,暴注下迫,皆属于热"。治法宜清泻肝火为主,兼以开郁降逆。方中重用苦寒之黄连为君,一者清泻肝火,肝火得清,自不横逆犯胃;再者,黄连且可清胃火,胃火降则其气自降,标本兼顾,一举两得,故对肝火犯胃之呕吐吞酸尤为适宜。但纯用苦寒又恐郁结不开,故又少佐辛热疏利之吴茱萸,取其下气之用,可助黄连和胃降逆;其性辛热,开郁力强,佐于大剂寒凉药中,非但不会助热,且使肝气条达,郁结得开;又能制黄连之苦寒,使泻火而无凉遏之弊,一药而佐使之功咸备。本方特点为辛开苦降,肝胃同治,使肝火得清,胃气得降,则诸证自愈。

本方一名回令丸,《医方集解》又名萸连丸。

【运用】

1. 本方主治肝火犯胃证。以呕吐吞酸,胁痛口苦,舌红苔黄,脉弦数为证治要点。吐酸属虚寒者忌用。

2. 黄连与吴茱萸用量比例为 6:1。吞酸重者,加乌贼骨、煅瓦楞以制酸止痛;胁肋疼甚者,可合四逆散,以加强疏肝和胃之功。

3. 可用于胃炎、食道炎、胃溃疡等见有肝火犯胃之证者。

【附方】

戊己丸(《太平惠民和剂局方》) 黄连 吴茱萸 白芍 上药三味,各五两(各10g)为末,面糊为丸。功用:疏肝理脾,清热和胃。主治:肝脾不和引起的胃痛吞酸,腹痛泄泻。

本方在左金丸基础上加白芍,但三药等量,其意已与左金丸不同。黄连、吴茱萸等量是清热与开郁并重,加白芍意在和里缓急。用治肝脾不和的胃痛吞酸,腹痛泄泻, 有疏肝理脾和胃之功。

【文献摘要】

《医宗金鉴·删补名医方论》:"此泻肝火之正剂。肝之治有数种:水衰而木无以生,地黄丸,乙癸同源是也;土衰而木无以植,参苓甘草剂,缓肝培土是也;本经血虚有火,用逍遥散清火;血虚无水,用四物汤养阴。至于补火之法,亦下同乎肾;而泻火之治,则上类乎心。左金丸独用黄连为君,从实则泻子之法,以直折其上炎之势;吴茱萸从类相求,引热下行,并以辛燥开其肝郁,惩其扞格,故以为佐。然必本气实而土不虚者,庶可相宜。"

【方歌】

左金连茱六一丸,肝火犯胃吐吞酸,

再加芍药名戊己,热泻热痢服之安。

泻白散(又名泻肺散)

《小儿药证直诀》

【组成】 地骨皮 桑白皮炒,各一两(各15g) 甘草炙,一钱(3g)

【用法】 上药锉散,入粳米一撮,水二小盏,煎七分,食前服。

【功用】 清泻肺热,平喘止咳。

【主治】 肺热喘咳证。气喘咳嗽,皮肤蒸热,日晡尤甚,舌红苔黄,脉细数。

【方解】 本方治证为肺有伏火郁热。肺主气,宜清肃下降,火热郁结于肺,则气逆不降,而为喘咳。皮肤蒸热,其热不属外感,乃伏热伤及阴分,故热以午后为甚。治宜清肺热而平喘咳。方中桑白皮主入肺经,清泻肺热,平喘止咳, 为君药。地骨皮甘寒入肺, 可助君药泻肺中伏火,且有养阴之功,君臣相合,清泻肺火,以复肺气之肃降。炙甘草、粳米养胃和中,以扶肺气,共为佐使。四药合用,共奏泻肺清热,止咳平喘之功。

本方是清泻肺中伏火以消郁热,乃针对小儿稚阴之素质,兼顾肺为娇脏而设。方取桑白皮、地骨皮较为平和之品,而避芩连之苦寒,防其过寒伤正,且有粳米、甘草, 养胃益肺, 使金清气肃,则喘咳可平。

【运用】

1. 本方主治肺热咳嗽。以咳喘气急,皮肤蒸热,舌红苔黄,脉细数为证治要点。因其平和,尤宜于正气未伤,伏火不甚者,但风寒咳嗽或肺虚喘咳者不宜使用。

2. 肺经热重,可加黄芩、知母等以增强清泄肺热之效;燥热咳嗽者,可加瓜蒌皮、川贝母

3．可用于小儿麻疹初期、肺炎或支气管炎等属肺热者。

【附方】

葶苈大枣泻肺汤（《金匮要略》） 葶苈子熬令色黄，捣丸如弹子大(9g) 大枣十二枚(4枚) 上药先以水三升煮枣，取二升，去枣，内葶苈，煮取一升，顿服。功用：泻肺行水，下气平喘。主治：痰涎壅盛，咳喘胸满。

本方与泻白散均有泻肺作用，但泻白散是泻肺中伏火，本方是泻肺中痰水。

【文献摘要】

《绛雪园古方选注》："肺气本辛，以辛泻之，遂其欲也。遂其欲当谓之补，而仍云泻者，有平肺之功焉。桑皮、甘草，其气俱薄，不燥不刚，虽泻而不伤于娇脏。……《经》言：肺苦气上逆，急食苦以泻之，故复以地骨皮之苦，泄阴火，退虚热，而平肺气。……使以粳米、甘草，缓桑、骨二皮于上，以清肺定喘。"

【方歌】

泻白桑皮地骨皮，甘草粳米四般宜，

参茯知芩皆可入，肺热喘嗽此方施。

苇 茎 汤

《备急千金要方》

【组成】 苇茎切，二升，以水二斗，煮取五升，去滓(60g) 薏苡仁半升(30g) 瓜瓣半升(24g) 桃仁三十枚(9g)

【用法】 咬咀，内苇汁中，煮取二升，服一升，再服，当吐如脓。

【功用】 清肺化痰，逐瘀排脓。

【主治】 肺痈。身有微热，咳嗽痰多，甚则咳吐腥臭脓血，胸中隐隐作痛，舌红苔黄腻，脉滑数。

【方解】 肺痈之病，由于热毒壅肺，痰瘀互结所致。治当清肺化痰，逐瘀排脓。方以苇茎为君，甘寒轻浮，善清肺热，《本经逢原》谓："专于利窍，善治肺痈，吐脓血臭痰"，为肺痈必用之品。臣以瓜瓣，清热化痰，利湿排脓，能清上彻下，与君药配合则清肺宣壅，涤痰排脓；薏苡仁甘淡微寒，上清肺热而排脓，下利肠胃而渗湿，亦为臣药。桃仁活血逐瘀，且润燥滑肠，与瓜瓣配合，可泄痰瘀从大便而解，瘀去则痈消，以为佐药。四药合用，共具清热、排脓、逐瘀之功，为治肺痈成脓之常法。

方中瓜瓣，《张氏医通》认为："瓜瓣即甜瓜子"，后世常以冬瓜子代瓜瓣，因其功用近似。

【运用】

1．本方为治肺痈的有效方剂。不论肺痈之将成或已成，均可使用本方。以胸痛，咳嗽，吐腥臭痰或吐脓血，舌红苔黄腻，脉数为证治要点。

2．若肺痈未成脓者，宜加金银花、鱼腥草以增强清热解毒之功；脓已成者，可加桔梗、甘草、贝母以增强化痰排脓之效。

3．肺化脓症、大叶性肺炎、支气管炎、百日咳等属肺热痰瘀互结者，可用本方加减。

【文献摘要】

《成方便读》:"是以肺痈之证,皆由痰血火邪互结胸中,久而成脓所致。桃仁、甜瓜子皆润降之品,一则行其瘀,一则化其浊。苇茎退热而清上;薏苡除湿而下行。方虽平淡,其通瘀化痰之力,实无所遗。所以病在上焦,不欲以重浊之药重伤其下也。"

实验研究:苇茎汤加鱼腥草、忍冬藤、半枝莲、白花蛇舌草,对小鼠作以下实验:①耐寒作用:给药后小鼠生存时间 1 个月时,耐寒时间为 14.28 ± 4.21 min,对照组为 10.30 ± 2.54 min;小鼠生存 2 个月时,耐寒时间给药组为 12.15 ± 3.72 min,对照组为 8.86 ± 2.83。②对耐力影响:经小白鼠游泳实验证明,本方能延长小白鼠的游泳时间,给药组较对照组延长 90.7%(30 天)和 105.7%(60 天)。③对肝脾巨噬细胞功能作用:对小白鼠巨噬细胞摄取量,给药组肝为 1.56 ± 0.15,脾为 0.68 ± 0.08;对照组肝为 0.82 ± 0.04,脾为 0.41 ± 0.03($P<0.01$)。以上实验证明,苇茎汤加味能增强机体的体质与活力,并能活化巨噬细胞系统,增强机体免疫力(中医药学报,1990;6:46)。

【方歌】

苇茎汤方出千金,桃仁薏苡冬瓜仁,
肺痈痰热兼瘀血,化浊排脓病自宁。

清 胃 散

《兰室秘藏》

【组成】 生地黄 当归身各三分(各6g) 牡丹皮半钱(9g) 黄连六分,夏月倍之。(6g) 升麻一钱(9g)

【用法】 上药为末,都作一服,水盏半,煎至七分,去滓放冷服之。

【功用】 清胃凉血。

【主治】 胃火牙痛。牙痛牵引头疼,面颊发热,其齿喜冷恶热;或牙宣出血;或牙龈红肿溃烂;或唇舌颊腮肿痛;口气热臭,口干舌燥,舌红苔黄,脉滑数。

【方解】 本证为胃有积热,热循足阳明经脉上攻所致。牙痛牵引头疼,面颊发热,唇舌颊腮肿痛,牙龈腐烂等,皆是火热攻窜为害。胃为多气多血之腑,胃热每致血分亦热,故易患牙宣出血等症。方用苦寒之黄连为君,直泻胃府之火。升麻为臣,清热解毒,升而能散,可宣达郁遏之伏火,有"火郁发之"之意,与黄连配伍,则泻胃而无凉遏之弊,升麻得黄连,则散火而无升焰之虞。胃热则阴血亦必受损,故以生地凉血滋阴;丹皮凉血清热,皆为臣药。当归养血和血,为佐药。升麻兼以引经为使。诸药合用,共奏清胃凉血之效。

《医方集解》载本方有石膏,其清胃之力更强。

【运用】

1. 本方为治牙痛的常用方剂,凡胃热证,或血热火郁者均可使用。以牙痛牵引头痛,口气热臭,舌红苔黄,脉滑数为证治要点。惟牙痛属风寒及肾虚火炎者不宜。

2. 若兼肠燥便秘者,可加大黄以导热下行;口渴饮冷者,加重石膏用量,以清热生津;胃火炽盛之牙衄,可加牛膝,导血热下行。

3. 口腔炎、牙周炎、三叉神经痛等属胃火上攻者,可用本方治疗。

【附方】

泻黄散（《小儿药证直诀》又名泻脾散）藿香叶七钱(5g)　山栀仁一钱(3g)　石膏五钱(5g)　甘草三两(9g)　防风四两,去芦,切,焙(12g)　上药锉,同蜜酒微炒香,为细末,每服一至二钱(3～6g),水一盏,煎至五分,温服清汁,无时。功用:泻脾胃伏火。主治:脾胃伏火。口疮口臭,烦渴易饥,口燥唇干,舌红脉数,以及脾热弄舌等。

本方与清胃散同有清热作用,泻黄散泻脾胃伏火,主治脾热弄舌,口疮口臭等;清胃散清胃凉血,主治胃热牙痛,或牙宣出血,颊腮肿痛者。前者是清泻与升发并用,兼顾脾胃;后者是以清胃凉血为主,兼以升散解毒,此为两方同中之异。

【文献摘要】

《医宗金鉴·删补名医方论》罗东逸:"阳明胃多气多血,又两阳合明为热盛,是以邪入而为病常实。若大渴,舌胎,烦躁,此伤气分,热聚胃腑,燥其津液,白虎汤主之。若醇饮肥厚,炙煿过用,以致湿热壅于胃腑,逆于经络,而为是病,此伤血分,治宜清胃。方中以生地益阴凉血为君,佐之以丹皮,去蒸而疏其滞,以黄连清热燥湿为臣。佐之以当归,入血而循其经。仍用升麻之辛凉,为本经捷使,引诸药直达血所。则咽喉不清,齿龈肿痛等证,廓然俱清矣。"

临床报道:用清胃散加味治疗56例急性牙周炎,其中有23例曾在当地医院服中药及用西药抗菌消炎治疗效果不显而用本方,其余33例直接用本方治疗。全部病例均未配合局部冲洗和其他药物。结果牙痛和牙龈红肿消失,全身症状解除,半年以上不复发者32例,占57.1%。牙痛和全身症状基本消失,齿龈红肿明显消退,3个月内未复发者19例,占33.9%;服药期间牙痛和全身症状暂时缓解,停药2周以后又复发者4例,占7.2%;无效1例,占1.8%。多数患者服药3～5剂即痊愈(中医杂志,1985;7:65)。

【方歌】

清胃散用升麻连,当归生地牡丹全;

或加石膏清胃热,口疮吐衄与牙宣。

玉　女　煎

《景岳全书》

【组成】　石膏三至五钱(15～30g)　熟地三至五钱或一两(9～30g)　麦冬二钱(6g)　知母　牛膝各一钱半(各5g)

【用法】　上药用水一盏半,煎七分,温服或冷服。

【功用】　清胃热,滋肾阴。

【主治】　胃热阴虚证。头痛,牙痛,齿松牙衄,烦热干渴,舌红苔黄而干。亦治消渴,消谷善饥等。

【方解】　本方治证乃少阴不足,阳明有余所致。阳明有余,胃火上攻,故头痛牙痛;热迫血溢,则牙龈出血;烦热干渴,舌红苔干,皆热盛伤阴之象。此为水亏火盛相因为病,而以胃热为主。病在胃在肾,治宜清胃热兼滋肾阴。方中石膏清胃火之有余,为君药。熟地滋肾水之不足,为臣药。君臣合用,清火而壮水。佐以知母,助石膏以泻火清胃,又助熟地滋肾阴泻相火;麦门冬清热养阴。牛膝导热而引血下行,为佐使之用。诸药配伍,共奏清胃热,滋肾阴之功。

本方与清胃散同治胃热牙痛,但清胃散重在清胃火,以黄连为君,属苦寒之剂,配伍升麻,意在升散解毒,兼用生地、丹皮等凉血散瘀之品,功能清胃凉血,主治胃火炽盛的牙痛、牙宣等症。本方以清胃热为主,而兼滋肾阴,故用石膏为君,配伍熟地、知母、麦冬等滋肾阴之品,属清润之剂,功能清胃火,滋肾阴,主治胃火旺而肾水不足的牙痛及牙宣诸证。

【运用】

1. 临床以牙痛齿松,烦热干渴,舌红苔黄而干为证治要点。凡胃火炽盛,肾水不足之牙痛,牙衄,消渴等,皆可用本方加减治疗。但若大便溏泄者,乃非所宜。

2. 火盛者,可加山栀子、地骨皮以清热泻火;血分热盛,齿衄出血量多者,去熟地,加生地、玄参以增清热凉血之功。

3. 牙龈炎、糖尿病、急性口腔炎、舌炎等属阴亏而胃火盛者,可用本方。

【文献摘要】

《成方便读》:夫人之真阴充足,水火均平,决不致有火盛之病。若肺肾真阴不足,不能濡润于胃,胃汁干枯,一受火邪,则燎原之势而为似白虎之证矣。方中熟地、牛膝以滋肾水;麦冬以保肺金;知母上益肺阴,下滋肾水,能制阳明独胜之火;石膏甘寒质重,独入阳明,清胃中有余之热。虽然理虽如此,而其中熟地一味,若胃火炽盛者,尤宜酌用之。即虚火一证,亦改用生地为是。

【方歌】

玉女煎用熟地黄,膏知牛膝麦冬襄,
胃火阴虚相因病,牙痛齿枯宜煎尝。

芍 药 汤

《素问病机气宜保命集》

【组成】 芍药一两(15~20g) 当归半两(9g) 黄连半两(5~9g) 槟榔 木香 甘草炒,各二钱(各5g) 大黄三钱(6g) 黄芩半两(9g) 官桂二钱半(2~5g)

【用法】 上药㕮咀,每服半两(15g),水二盏,煎至一盏,食后温服。

【功用】 清热燥湿,调气和血。

【主治】 湿热痢疾。腹痛,便脓血,赤白相兼,里急后重,肛门灼热,小便短赤,舌苔黄腻,脉弦数。

【方解】 本证为湿热壅滞肠中所致。湿热下注大肠,壅滞气机,肠中积滞不化,湿热与气血瘀滞相搏,而成下痢脓血。故治宜清热行气活血之法。方中重用白芍,取其苦酸微寒,柔肝理脾,调和气血,而止泻痢腹痛。《本草纲目》谓其"止下痢腹痛后重",为方中君药。黄连、黄芩苦寒,清热燥湿,而解肠中热毒,以治湿热成痢之本,为臣药。大黄苦寒,泻热祛积破瘀,使积滞除、瘀血去,则下痢可止,此乃"通因通用"之法。又以木香、槟榔行气导滞;当归柔肝和血,与大黄合用,又有行瘀之用,此即《保命集》所谓"行血则便脓自愈,调气则后重自除"之理。使气行血活,积滞得下,则里急后重自解。以上四药为佐。肉桂辛热,配在苦寒药中是为反佐,可防止苦寒伤中与冰伏湿热之邪,配伍活血药又助行血之力。甘草甘平,益胃和中,调和诸药,与白芍相配,又能缓急而止腹痛,为佐使药。综合全方,共奏清热燥湿,调气行血,柔肝理脾,化滞止痢之功。

本方的组方特点,是以清热燥湿为本,兼以气血并治,"通因通用",肝脾同调,与葛根黄芩黄连汤、黄连解毒汤等纯用苦寒止痢之方不同。

【运用】

1．本方为治疗湿热痢的常用方剂。以痢下赤白,腹痛里急,苔腻微黄为证治要点。痢疾初起有表证者忌用。

2．原方后有"如血痢则渐加大黄;汗后脏毒加黄柏半两",可资临床参考。

3．常用于细菌性痢疾、阿米巴痢疾、过敏性结肠炎、急性肠炎见有泻下不畅,腹痛里急,属湿热为患者。

【附方】

1．黄芩汤(《伤寒论》) 黄芩三两(9g) 芍药二两(9g) 甘草二两,炙(3g) 大枣十二枚(4枚)以水一斗,煮取三升,去滓,温服一升,日再,夜一服。功用:清热止利,和中止痛。主治:热泻热痢。身热口苦,腹痛下利,舌红苔黄,脉数。

2．香连丸(《太平惠民和剂局方》原名大香连丸) 黄连二十两 用吴茱萸十两 同炒令赤,去吴茱萸不用 木香四两八钱八分 醋糊为丸,梧桐子大,每服二十丸,饭饮吞下。功用:清热燥湿,行气化滞。主治:湿热痢疾,脓血相兼,腹痛,里急后重等症。

芍药汤、黄芩汤、香连丸三方均治热痢,但各有不同。芍药汤清热燥湿之力颇强,且能行气调血,多用治湿热痢疾,泻下赤白,腹痛里急,肛门灼热者;黄芩汤的清热燥湿功效较逊,多用治湿热泄泻,大便不畅,口苦兼身热之证;香连丸清热燥湿之力亦轻,但兼可行气止痛,适用于热痢之轻证。

【文献摘要】

《成方便读》:"夫痢之为病,固有寒热之分,然热者多而寒者少,总不离邪滞蕴结,以致肠胃之气不宣,酿为脓血稠粘之属。虽有赤白之分,寒热之别,而初起治法皆可通因通用。故刘河间有云:行血则便脓自愈,调气则后重自除,二语足为治痢之大法。此方用大黄之荡涤邪滞,木香、槟榔之理气,当归、肉桂行血;病多因湿热而起,故用芩连之苦寒以燥湿清热;用芍药、甘草者,缓其急而和其脾。"

【方歌】

芍药汤中用大黄,芩连归桂槟草香,

清热燥湿调气血,里急腹痛自安康。

白 头 翁 汤

《伤 寒 论》

【组成】 白头翁二两(15g) 黄柏三两(12g) 黄连三两(6g) 秦皮三两(12g)

【用法】 上药四味,以水七升,煮取二升,去滓,温服一升,不愈再服一升。

【功用】 清热解毒,凉血止痢。

【主治】 热毒痢疾。腹痛,里急后重,肛门灼热,下痢脓血,赤多白少,渴欲饮水,舌红苔黄,脉弦数。

【方解】 本方治证为热毒痢疾。《伤寒论》用以治厥阴热利,缘由热毒深陷厥阴血分,气血与热毒相搏,下迫大肠,而见便脓血,赤多白少等症。病虽发于大肠,实乃热在厥阴血分。治宜清热解毒,凉血止痢,俾热毒除,则血痢自已。方中白头翁为君,以其归大肠与肝,味苦性寒,能入血分,清热解毒,凉血止痢。臣以黄连之苦寒,清热解毒,燥湿厚肠;黄柏泻下焦湿热,两药共助君药以清热解毒,尤能燥湿止痢。秦皮归大肠经,苦寒性涩,主热痢下重。四药相合,清热解毒,凉血止痢作用较强,为热毒血痢之良方。

本方与芍药汤同为治痢之方,本方主治热毒血痢,乃热毒深陷血分,治以清热解毒,凉血止痢;芍药汤治痢下赤白,属湿热痢,而兼气血瘀滞证,故调和气血与清热燥湿并进,且取"通因通用"之法,以使"行血则便脓自愈,调气则后重自除"。两方主要区别在于:白头翁汤是清热解毒兼凉血燥湿止痢,芍药汤是清热燥湿与行气调血并用。

【运用】

1. 本方治证为热毒深陷血分之下痢。以下痢赤多白少,腹痛,里急后重,舌红苔黄,脉弦数为证治要点。

2. 阿米巴痢疾、细菌性痢疾属热毒偏盛者,可加减用之。

【附方】

白头翁加甘草阿胶汤(《金匮要略》) 白头翁二两(15g) 甘草 阿胶各二两(各6g) 秦皮 黄连 黄柏各三两(各9g) 上药六味,以水七升,煮取二升半,内胶令消尽,分温三服。功用:清热解毒,燥湿凉血止痢,养血滋阴。主治:产后热痢。

本方即白头翁汤原方加阿胶、甘草组成,治"产后下痢虚极"。产后体弱,阴血亏虚,虽为热毒血痢,但不可纯用苦寒清热燥湿之剂,恐痢虽止,而反伤阴败胃。因此,于白头翁汤中加阿胶以滋养阴血,甘草以益胃和中,止痢与扶正兼顾。此方非独产后宜之,凡属阴虚血弱而病热痢者,均可用之。

【文献摘要】

《医方集解》:"此足阳明、少阴、厥阴药也。白头翁苦寒能入阳明血分,而凉血止痢;秦皮苦寒性涩,能凉肝益肾,而固下焦;黄连凉心清肝,黄柏泻火补水,并能燥湿止痢而厚肠,取寒能胜热,苦能坚肾,涩能断下。"

临床报道:用白头翁汤煎液灌肠治疗急性肠炎27例,细菌性痢疾5例,全部治愈,平均治愈天数为2.62天(中国中药杂志,1989;1:55)。

【方歌】

白头翁汤治热痢, 黄连黄柏与秦皮,
味苦性寒能凉血, 解毒坚阴功效奇。

第五节 清热祛暑

清热祛暑剂,适用于夏月暑热证。症见身热烦渴,汗出体倦,小便不利,脉数等。其治法基本与温热病相同。但夏月淫雨,天暑下迫,地湿上蒸,湿热之邪易于相间为患,故暑多挟湿;暑为阳邪,易伤气阴;夏暑炎热,每多喜纳凉饮冷,故又易兼表寒。对暑病的治疗,如暑月感寒,应祛暑解表,方如香薷饮(见解表剂);兼湿邪者,法当清暑利湿;暑伤元气,兼气虚者,又当清暑热而益元气。代表方如六一散、清暑益气汤。

六 一 散

《伤寒直格》

【组成】 滑石六两(18g)　甘草一两(3g)

【用法】 为细末,每服三钱(9g),蜜少许,温水调下,或无蜜亦可,每日三服。或欲冷饮者,新井泉调下亦得。

【功用】 清暑利湿。

【主治】 暑湿证。身热烦渴,小便不利,或泄泻。

【方解】 本方治证乃暑热挟湿所致。暑为阳热之邪,暑气通于心,暑病每多挟湿,故见诸症。治宜清暑利湿。方中君以滑石,归心与膀胱,味甘淡性寒,质重而滑,淡能渗湿,寒能清热,滑能利窍,既能清心解暑热,又能渗湿利小便。臣以生甘草,味甘性平,能益气和中泻火,与滑石配伍,使小便利而津液不伤,且可防滑石之寒滑重坠以伐胃。两药配合,清暑利湿,使内蕴之暑湿从下而泄,则热可退,渴可解,利可止。正合《明医杂著》"治暑之法,清心利小便最好"之说。

本方药虽两味,配伍极妙,清热而不留湿,利水又不伤正,为治疗暑湿之常用基础方剂。

本方原名益元散,一名天水散,后人通称为六一散。既说明方药用量比例,又以示区别加辰砂之益元散。

【运用】

1．本方为治疗暑湿的常用方剂。以身热烦渴,小便不利为证治要点。若阴虚,内无湿热,或小便清长者忌用。

2．膀胱炎、尿道炎等属湿热者,可用本方加味治之。

【附方】

1．益元散(《伤寒直格》)　即六一散加辰砂,灯心汤调服。功用:清心解暑,兼能安神。主治:暑湿证兼心悸怔忡,失眠多梦者。

2．碧玉散(《伤寒直格》)　即六一散加青黛,令如浅碧色。功用:清解暑热。主治:暑湿证兼有肝胆郁热者。

3．鸡苏散(《伤寒直格》)　即六一散加薄荷。功用:疏风解暑。主治：暑湿证兼微恶风寒,头痛头胀,咳嗽不爽者。

【文献摘要】

《成方便读》:"六一散……治伤暑感冒,表里俱热,烦躁口渴,小便不通,一切泻痢淋浊等证属于热者,此解肌行水,而为却暑之剂也。滑石气清能解肌,质重能清降,寒能胜热,滑能通窍,淡能利水;加甘草者,和其中以缓滑石之寒滑,庶滑石之功,得以彻表彻里,使邪去而正不伤,故能治如上诸证耳。"

【方歌】

六一散用滑石草,清暑利湿有功效,
益元碧玉与鸡苏,砂黛薄荷加之好。

桂苓甘露饮

《宣明论方》

【组成】 茯苓一两(15g)　甘草二两(6g)　白术炙,半两(12g)　泽泻一两(15g)　官桂去皮,二两(3g)　石膏二两(30g)　寒水石二两(30g)　滑石四两(30g)　猪苓半两(15g)

【用法】 为末,每服三钱(9g),温汤调,新汲水亦得,生姜汤尤良。小儿每服一钱,用如上法。

【功用】 清暑解热,化气利湿。

【主治】 暑湿证。发热头痛,烦渴引饮,小便不利,及霍乱吐下。

【方解】 本方主治既受暑热所伤,又有水湿内停之证。暑热伤人,故发热头痛;热盛伤津,而见烦渴引饮;湿邪内阻,故小便不利;暑湿俱盛,内伤脾胃,升降失司,清浊相干,发为"霍乱吐下"之证。其治法既要清解暑热之邪,又要化气而利小便。方用滑石,寒滑清利,清解暑热并利水渗湿,两擅其功,故为君药。配伍石膏、寒水石之大寒,以加强清暑解热之功,用以为臣。猪苓、茯苓、泽泻以利水祛湿;白术健脾;更用官桂助下焦气化,使湿从小便而去,且可监制君、臣药之寒凉重坠,使其寒而不遏,以上五味共为佐药。使以甘草,合苓、术以健脾,清利而不伤正,且可调和诸药。共奏清暑解热,化气利湿之功,使升降之机得以恢复,则暑消湿去,诸证自愈。

本方即六一散合五苓散(见祛湿剂)再加石膏、寒水石而成,清暑利湿之力较大,对暑湿俱盛,证情较重者适宜。

【运用】

本方清暑利湿之功较强,多用于暑湿俱盛,证情较重者。以发热,烦渴引饮,小便不利为证治要点。

【文献摘要】

《成方便读》:"夫暑湿一证,有伤于表者,有伤于里者。在表者邪留经络,当因其轻而扬之;在里者邪留脏腑,非用重剂清热利湿,终归无济。石膏、寒水石大寒质重,直清肺胃之热;滑石寒能清热,滑能利窍,外开肌表,内达州都;猪苓、茯苓、泽泻导湿于下,从小便而出;然湿为阴邪,无阳不能化,虽利湿而湿亦不能尽除,故用肉桂之辛热,以散阴邪;加白术扶土和中,安内攘外。此方用三石以清上焦,五苓以利下焦,甘草以和上下,亦治暑之大法耳。"

【方歌】

桂苓甘露猪苓膏,术泽寒水滑石草,
祛暑清热又利湿,发热烦渴吐泻消。

清暑益气汤

《温热经纬》

【组成】 西洋参(5g)　石斛(15g)　麦冬(9g)　黄连(3g)　竹叶(6g)　荷梗(6g)　知母(6g)　甘草(3g)　粳米(15g)　西瓜翠衣(30g)

【用法】 水煎服。

【功用】 清暑益气,养阴生津。

【主治】 暑热气津两伤证。身热汗多,口渴心烦,小便短赤,体倦少气,精神不振,脉虚数。

【方解】 本方所治乃暑热耗伤气津之证,暑为阳邪,夏热火盛最易耗气伤津。所以,治疗暑热伤气者,不仅要清其暑热,还须益气生津。《温热经纬》说:"暑伤气阴,以清暑热而益元气,无不应手而效。"故以清暑益气,养阴生津而立法。方中西洋参益气生津,养阴清热,合西瓜翠衣清热解暑,共为君药。荷梗助西瓜翠衣以解暑清热;石斛、麦冬助西洋参养阴生津,共为臣药。黄连苦寒,其功专于泻火,以助清热祛暑之力;知母苦寒质润,滋阴泻火;竹叶甘淡,清热除烦,均为佐药。甘草、粳米益胃和中,为使药。诸药合用,具有清热益气,养阴生津之功。

综观全方药物大略可分为两部分,一部分清热解暑,如西瓜翠衣、荷梗、黄连、知母、淡竹叶;另一部分益气生津,如西洋参、石斛、麦冬、甘草、粳米。两部分有机配合,使暑热得清,气津得复,诸症自除。

【运用】

1. 本方用于夏月感暑,伤津耗气之证。以体倦少气,口渴汗多,脉虚数为证治要点。但本方间有滋腻之品,故暑病挟湿者不宜使用。

2. 用于小儿夏季热,久热不退,烦渴体倦,属气津不足者。

【附方】

清暑益气汤(《脾胃论》) 黄芪汗少,减五分 苍术泔浸,去皮 升麻以上各一钱(各6g) 人参去芦 炒曲 橘皮 白术以上各五分(各3g) 麦门冬去心 当归身 炙甘草以上各三分(各2g) 青皮去白,二分半(1.5g) 黄柏酒洗,去皮,二分或三分(2g) 水煎服。功用:清暑益气,除湿健脾。主治:平素气虚,又受暑湿。身热头痛,口渴自汗,四肢困倦,不思饮食,胸满身重,大便溏薄,小便短赤,苔腻,脉虚者。

以上两方同名,均有清暑益气的作用,主治暑病兼气虚之证。但《温热经纬》之清暑益气汤于清暑益气之外,重在养阴生津,宜于暑热伤津耗气之证;《脾胃论》清暑益气汤清暑生津之力稍逊,但侧重健脾燥湿之功,用治元气本虚,伤于暑湿之证。

【方歌】

王氏清暑益气汤,善治中暑气阴伤,

洋参冬斛荷瓜翠,连竹知母甘粳襄。

第六节 清 虚 热

清虚热剂,适用于热病后期,邪留未尽,阴液已伤,出现暮热早凉,舌红少苔;或由肝肾阴虚,以致骨蒸潮热或久热不退的虚热证。本类方剂常以滋阴清热的鳖甲、知母、生地与清透伏热的青蒿、秦艽、柴胡、地骨皮等配合成方。若兼气虚应合益气药,热甚佐以苦寒泻火药。代表方剂如青蒿鳖甲汤、清骨散、当归六黄汤等。

第六节 清 虚 热

青蒿鳖甲汤

《温病条辨》

【组成】 青蒿二钱(6g) 鳖甲五钱(15g) 细生地四钱(12g) 知母二钱(6g) 丹皮三钱(9g)

【用法】 上药以水五杯，煮取二杯，日再服。

【功用】 养阴透热。

【主治】 温病后期，邪伏阴分证。夜热早凉，热退无汗，舌红苔少，脉细数。

【方解】 本方出自《温病条辨》下焦篇，所治证候为温病后期，阴虚邪伏。症见夜热早凉者。此邪气深伏阴分，阴气虽虚，但不能纯用养阴，滋腻太过则恋热留邪，更不得任用苦寒，苦寒则化燥伤阴。必须养阴与透热并进。方用鳖甲入至阴之分，滋阴退热，入络搜邪；青蒿芳香，清热透络，引邪外出，两味相合，共为君药。《温病条辨》谓其："有先入后出之妙，青蒿不能直入阴分，有鳖甲领之入也；鳖甲不能独出阳分，有青蒿领之出也。"生地甘凉，滋阴凉血；知母苦寒，滋阴降火．共助鳖甲以养阴退虚热，两药为臣。佐以丹皮辛苦性凉，泻阴中之伏火，使火退而阴生。诸药合用，有养阴退热之功。

【运用】

1．本方最宜于余热未尽，阴液不足之虚热证。以夜热早凉，热退无汗，舌红少苔，脉细数为证治要点。但阴虚欲作抽搐者不宜用之。

2．若暮热早凉，汗解渴饮，可去生地，加天花粉以清热生津止渴。

3．可用于原因不明的发热、慢性肾盂肾炎、肾结核等，属阴虚内热，低热不退者。

【文献摘要】

《温病条辨》："邪气深伏阴分，混处于气血之中，不能纯用养阴，又非壮火，更不得任用苦燥。故以鳖甲蠕动之物，入肝经至阴之分，既能养阴，又能入络搜邪；以青蒿芳香透络，从少阳领邪外出；细生地清阴络之热；丹皮泻血中之伏火；知母者，知病之母也，佐鳖甲、青蒿而搜剔之功焉。"

【方歌】

青蒿鳖甲地知丹，热自阴来仔细辨，
夜热早凉无汗出，养阴透热服之安。

清 骨 散

《证治准绳》

【组成】 银柴胡一钱五分(5g) 胡黄连 秦艽 鳖甲醋炙 地骨皮 青蒿 知母各一钱(各3g) 甘草五分(2g)

【用法】 水二盅，煎八分，食远服。

【功用】 清虚热，退骨蒸。

【主治】 虚劳发热。骨蒸潮热，或低热日久不退，形体消瘦，唇红颧赤，困倦盗汗，或口渴心烦，舌红少苔，脉细数等。

【方解】 本方证乃肝肾阴亏，虚火内扰所致。阴虚则生内热，或虚火上炎，则潮热骨蒸，唇红颧赤,困倦盗汗,心烦口渴。治宜滋阴清热之法。本方集清虚热退骨蒸之药,佐以滋阴之品,使热去而阴复。方中银柴胡味甘苦微寒,清热凉血,善退虚热而无苦燥之性,为君药。知母滋阴泻火而清虚热;胡黄连入血分而清热;地骨皮降肺中伏火,去下焦肝肾虚热,三药共清阴分之虚火,善治有汗骨蒸,以上共为臣药。佐以秦艽,辛散苦泄;青蒿芳香,清虚热而善透伏热;鳖甲咸寒,既滋阴潜阳,又引药入阴分,为治虚热的常用药,同用为佐。少用甘草,调和诸药,并防苦寒药物损伤胃气,为使药。全方汇集清热除蒸之品,有清虚热,退骨蒸之效。方名清骨散,乃原著所谓"专退骨蒸劳热"之意。

【运用】

1．本方为治疗骨蒸劳热的常用方剂。以骨蒸潮热,形瘦盗汗,舌红少苔,脉细数为证治要点。

2．若血虚者,加当归、白芍、生地以养阴益血;嗽多者,加阿胶、麦门冬、五味子以益阴润肺止咳。

3．可用于结核病,或其他慢性消耗性疾病的发热骨蒸,属阴虚内热者。

【附方】

秦艽鳖甲散(《卫生宝鉴》) 地骨皮 柴胡 鳖甲去裙,酥炙,用九肋者,各一两(9g) 秦艽 知母 当归各半两(各5g) 上药为粗末,每服五钱(15g),水一盏,青蒿五叶,乌梅一个,煎至七分,去滓温服,空心临卧各一服。功用:滋阴养血,清热除蒸。主治:风劳病。骨蒸盗汗,肌肉消瘦,唇红颊赤,午后潮热,咳嗽困倦,脉微数。

本方与青蒿鳖甲汤、清骨散同治阴虚发热。其不同点在于:青蒿鳖甲汤以青蒿、鳖甲为君,配伍生地、知母,是养阴与透邪并进,治热病伤阴,邪伏阴分之证;清骨散以一派清虚热之品组方,治阴虚内热之骨蒸潮热;秦艽鳖甲散重用柴胡、鳖甲、地骨皮,是养阴清热与和解驱风并进,治风劳之骨蒸盗汗。

【文献摘要】

《医方集解》:"此足少阳厥阴药也,地骨皮、黄连、知母之苦寒,能除阴分之热而平之于内,柴胡、青蒿、秦艽之辛寒,能除肝胆之热而散之于表,鳖阴类而甲属骨,能引诸药入骨而补阴,甘草甘平,能和诸药而退虚热也。"

临床报道:以清骨散去鳖甲加白薇治疗创伤发热21例。患者局部有血肿、瘀斑,午后至傍晚体温升高,翌晨热退,无表证,舌红,苔薄白或薄黄,脉细数。服药1~2剂热退者20例,1例无效(新中医,1984;3:33)。

【方歌】

清骨散用银柴胡, 胡连秦艽鳖甲扶,

地骨青蒿知母草, 骨蒸劳热保无虞。

当归六黄汤

《兰室秘藏》

【组成】 当归 生地黄 黄芩 黄柏 黄连 熟地黄各等分(各6g) 黄芪加一倍(12g)

【用法】 上药为粗末,每服五钱(15g),水二盏,煎至一盏,食前服,小儿减半服之。

【功用】 滋阴泻火,固表止汗。

【主治】 阴虚火旺盗汗。发热盗汗,面赤心烦,口干唇燥,大便干结,小便黄赤,舌红苔黄,脉数。

【方解】 本方为治阴虚火旺的盗汗而设。因肾水不足,不能上济心火,则心火偏亢,阴虚则火愈旺,火旺则阴液不守,蒸越外出,故见以盗汗为主的诸种阴虚火旺表现。治宜滋阴清热,固表止汗。方中当归、生地、熟地入肝肾而滋阴养血,阴血充则水能制火,为方中君药。盗汗因火旺迫阴,水不济火,故臣以黄连、黄芩、黄柏,三黄以泻火除烦,合苦以坚阴之意;热清则火不内扰,阴坚则汗不外泄,合君药以育阴清热。由于汗出过多,表气不固,故倍用黄芪以益气实卫固表止汗,又可合当归、熟地以益气养血。综观全方,其配伍特点,一是养血育阴与泻火除热并进,养阴以治本,泻火以治标,使阴固而水能制火,热清则耗阴无由;二是益气固表与育阴泻火相配,育阴泻火为本,益气固表为标,以使营阴内守,卫外固密。诸药合用,则有滋阴清热,固表止汗之功,于是内热、外汗皆可相应而愈。

【运用】

1. 本方主治阴虚火旺之盗汗。以盗汗面赤,心烦溲赤,舌红,脉数为证治要点。其养阴泻火之力颇强,对于阴虚火旺,中气未伤者适用。若脾胃虚弱,纳减便溏者则不宜用。

2. 本方滋阴清热之力较强,且偏于苦燥,若阴虚而实火较轻者,可去黄连、黄芩,加知母以其泻火而不伤阴。

【文献摘要】

《医宗金鉴·删补名医方论》:"寤而汗出曰自汗,寐而汗出曰盗汗。阴盛则阳虚不能外固,故自汗,阳盛则阴虚不能中守,故盗汗。若阴阳平和之人,卫气昼则行阳而寤,夜则行阴而寐,阴阳既济,病安从来?惟阴虚有火之人,寐则卫气行阴,阴虚不能济阳,阳火因盛而争于阴,故阴液失守外走而汗出;寤则卫气复行出于表,阴得以静,故汗止矣。用当归以养液,二地以滋阴,令阴液得其养也。用黄芩泻上焦火,黄连泻中焦火,黄柏泻下焦火,令三火得其平也。又于诸寒药中加黄芪,庸者不知,以为赘品,且谓阳盛者不宜,抑知其妙义正在于斯耶!盖阳争于阴,汗出营虚,则卫亦随之而虚。故倍加黄芪者,一以完已虚之表,一以固未定之阴。"

临床报道:用当归六黄汤加减治疗小儿盗汗5例,原发病分别为化脓性扁桃体炎、黄疸型肝炎、肾病综合征、缺铁性贫血和病毒性心肌炎,经治疗分别服药6剂、9剂、10剂、15剂、30剂盗汗止,除肾病综合征外,其他原发疾病亦同时治愈(中医杂志,1984;25:54)。

【方歌】

当归六黄二地黄, 芩连芪柏共煎尝,
滋阴泻火兼顾表, 阴虚火旺盗汗良。

小　　结

清热剂选常用方23首,按功用分为清气分热、清营凉血、清热解毒、清脏腑热、清热祛暑、清虚热六类。

1. 清气分热 白虎汤与竹叶石膏汤俱为清气分热的代表方剂,但前者功用是清热生津,主治阳明(气分)热盛,症见壮热汗出,烦渴,脉洪大。后者功用是清热兼以益气养阴,降逆和胃,主治热病后期,气阴皆伤,余热未尽,症见身热多汗,心胸烦闷,气逆欲呕等。

2. 清营凉血 清营汤、犀角地黄汤同为清营凉血的代表方剂,前者功用是清营透热,养阴活血,促其透热转气而解。主治邪初传营,症见身热夜甚,时有谵语,神烦少寐,或斑疹隐隐;后者功用是清热解毒,凉血散瘀,主治热已入血,迫血妄行,症见吐衄,发斑等。

3．清热解毒 黄连解毒汤、凉膈散、普济消毒饮、仙方活命饮同有清热解毒作用,但各有特点。黄连解毒汤功用是以苦寒泻火解毒为主,主治三焦火毒热盛,症见烦热,错语,吐衄,发斑,痈疽疔毒等。凉膈散功用是泻火通便,清上泄下,主治上、中二焦热盛,热聚胸膈,症见身热面赤,胸膈烦热,口舌生疮,便秘溲赤等。普济消毒饮功用是疏风散邪,清热解毒,主治风热疫毒发于头面,症见头面红肿焮痛,咽喉不利等。仙方活命饮于清热解毒中,佐以行气活血,散结消肿之品,主治痈疮肿毒初起,脓未成,或脓成未溃之证。

4．清脏腑热 导赤散功用是清心利水养阴,主治心经与小肠有热,症见心胸烦热,口舌生疮,以及小便淋痛等。龙胆泻肝汤功用是泻肝胆实火,清下焦湿热,主治肝胆实火上攻的头痛、胁痛、目赤、口苦;湿热下注的淋浊,带下,阴肿等。左金丸的功用是清泻肝火,降逆止呕,主治肝火犯胃的呕吐,口苦,嘈杂,吞酸等。泻白散功用是泻肺清热,止咳平喘,主治肺有伏热的咳喘,日晡热甚等。苇茎汤功用是清肺化痰,逐瘀排脓,主治肺痈。清胃散功用是清胃凉血,主治胃火上攻的牙痛,头痛,牙宣出血,颊腮肿痛等。玉女煎功用是清胃热,滋肾阴,主治胃热阴虚的烦热,头痛,牙痛,牙衄等。芍药汤、白头翁汤的功用均有清热解毒作用,但前者兼能调气和血,主治痢下赤白,里急后重。后者兼能凉血止痢,主治热毒血痢,赤多白少之证。

5．清热祛暑 六一散清暑利湿,主治暑湿,身热烦渴,小便不利等。桂苓甘露饮为六一散合五苓散再加石膏、寒水石而成,功用祛暑清热,化气利湿,主治暑湿,发热头痛,烦渴引饮,小便不利等,其清暑利湿之力较大,用于暑湿俱盛,证情较重者。清暑益气汤的功用是清暑益气,养阴生津,主治暑热气津两伤证。

6．清虚热 青蒿鳖甲汤、清骨散均有滋阴退热的功用,均能主治虚热。青蒿鳖甲汤是养阴与透热并重,主治热病伤阴,邪伏阴分,夜热早凉,热退无汗等;清骨散主治虚劳骨蒸,方以清虚热为主,兼以滋阴透热。当归六黄汤,功用是滋阴泻火,固表止汗,主治阴虚有火,发热,盗汗,面赤心烦,舌红,脉数等。

第十章 温 里 剂

凡以温热药为主组成,具有温里助阳,散寒通脉等作用,用于治疗里寒证的方剂,统称温里剂。本类方剂是根据《素问·至真要大论》"寒者热之"、"治寒以热"的原则立法。属于"八法"中的"温法"。

寒证有在表在里之分。表寒证,当以辛温解表,已在解表剂中论述,本章则专论里寒证的治法与方剂。

里寒证,指寒邪在里,阴寒之邪深入于脏腑经络间,导致中焦虚寒,阴盛阳衰,亡阳欲脱,经脉寒凝等。里寒证的成因,有因素体阳虚,寒从中生者;有因外寒直中三阴,深入脏腑者;有因表寒证治疗不当,寒邪乘虚入里者;有因失治、误治,或服寒药太过损伤阳气者。但总不外寒从外来与寒从内生两个方面。其临床表现一般为但寒不热,喜暖踡卧,口淡不渴,小便清冷,舌淡苔白,脉沉迟或细等。其治法均应温里祛寒,祛除脏腑经络间沉寒痼冷,以回复阳气。但因里寒证有脏腑经络部位之异,病情有缓急轻重之别,故本章方剂又分温中祛寒、回阳救逆、温经散寒三大类。

《素问·生气通天论》曰:"阳气者,若天与日,失其所,则折寿而不彰,"说明维护阳气的重要性。故本类方剂除以温热药物为主外,常须配伍温阳补气之品,尤其阴寒内盛,阳气欲脱,证属危急者,又须加入补气固脱药物,方能胜任。

温里剂多由辛温燥热之品组成,适用于阳虚的里寒证候。在运用时,首当辨别寒证所在部位,属于何脏腑,才能有的放矢。尤其应注意辨清寒热之真假,勿被假象迷惑,若真热假寒之证,误用温里之剂,直如火上加油。另外,本类方剂在运用时,要注意因人、因时、因地制宜。若平素火旺之人,或属阴虚失血之体,或夏天炎暑之季,或南方温热之域,剂量一般宜轻,且要中病即止;若冬季气候寒冷,或素体阳虚之人,剂量可适当增加;若素体阳气虚弱,经温里剂治疗,里寒去而阳气仍虚者,可另谋温补之剂;若阴寒太盛,或真寒假热,服药入口即吐者,此为格拒,可少佐苦寒或咸寒之品,或冷服,以免格拒不纳,此即"寒因寒用"反佐之法。

第一节 温 中 祛 寒

温中祛寒剂主治中焦虚寒证。脾胃属土,位居中州,主运化而司升降。若脾胃阳气虚弱,则运化无权,升降失职,势必导致寒湿内生,出现脘腹胀痛,肢体倦怠,手足不温,或吞酸吐涎,恶心呕吐,或腹痛下利,不思饮食,口淡不渴,舌苔白滑,脉沉细或沉迟等症。常用温中散寒药如干姜、吴茱萸等配伍益气健脾药如人参、白术、饴糖等组成方剂。代表方如理中丸、吴茱萸汤、小建中汤等。

理 中 丸

《伤寒论》

【组成】 人参　干姜　甘草炙　白术各三两(各9g)

【用法】 上四味，捣筛，蜜和为丸，如鸡子黄许大，以沸汤数合和一丸，研碎，温服之。日三服，夜二服。腹中未热，益至三四丸，然不及汤。汤法：以四味依两数切，用水八升，煮取三升，去渣，温服一升，日三服。服汤后，如食顷，饮热粥一升许，微自温，勿发揭衣被。

【功用】 温中散寒，补气健脾。

【主治】 脾胃虚寒证。脘腹疼痛，喜温欲按，自利不渴，畏寒肢冷，呕吐，不欲饮食，舌淡苔白，脉沉细；或阳虚失血；或小儿慢惊；或病后喜唾涎沫，或霍乱吐泻，以及胸痹等中焦虚寒所致者。

【方解】 本方治证系中虚有寒，不能运化，升降失常，清浊相干所致的脾胃虚寒证。凡脾胃虚寒所致之吐、利、冷、痛，或脾虚失血、小儿慢惊，或胸痹等，证虽不同，其因无不由脾胃阳虚所致。故治宜温中祛寒，补益脾胃。《素问·至真要大论》说："寒淫所胜，平以辛热"，方用干姜为君，大辛大热，归经脾胃，温中祛寒，扶阳抑阴。病属虚证，虚则补之，故以人参为臣，甘温入脾，补中益气，培补后天之本，气旺而阳亦复。脾为湿土，中虚不运，必生寒湿，故又以甘苦温燥之白术，燥湿健脾，健运中州，投脾之所喜，是为佐药。甘草蜜炙，性温具补，补脾益气，调和诸药，用之为使。纵观全方，药仅四味，温、补并行而以温为主。药少力专，可使寒气去，阳气复，中气得补，健运有权，中焦虚寒诸证自可除矣。正如程应旄所说："理中者，实以燮理之功，予中焦之阳也。"本方作汤剂，在《金匮要略》中称人参汤，治"胸痹，心中痞气，气结在胸"。理中丸方后亦有"然不及汤"四字。盖汤剂较丸剂力强，临床可视病情之缓急酌定剂型。

【运用】

1．本方是一首温补方剂，主要适用于脾胃虚寒，运化失司所致之证。除见吐、利、冷、痛之主症外，应以畏寒肢冷，舌淡苔白，脉沉迟或沉细为证治要点。方中药性偏于温燥，故对外感发热，或阴虚者忌用。

2．若虚寒甚者，可加附子、肉桂以增助阳祛寒之力；兼气滞停饮，可加枳实、茯苓以理气化饮。原书在方后尚有加减用法，如脐上筑动，为下焦肾寒上犯，去白术，加肉桂以平降冲逆；吐多者，去白术之壅滞，加生姜降逆和胃；利多者，仍用白术，意在健脾止泻；心悸者，为寒湿凌心，加茯苓以利湿宁心；渴欲得水，为脾不化湿，津液不布，加重白术用量，意在助脾运化。

3．急慢性胃肠炎、胃及十二指肠溃疡、胃下垂、胃扩张、慢性结肠炎等属脾胃虚寒者，均可应用。

【附方】

1．附子理中丸(《阎氏小儿方论》) 人参去芦　白术锉　干姜炮　甘草炙，锉　黑附子炮，去皮脐，各一两(各9g) 为细末，炼蜜和，一两作十丸。每服一丸，水一盏，化开，煎及七分，稍热服，食前。小儿分二三服，大小以意加减。功用：温阳祛寒，益气健脾。主治：脾胃虚寒，风冷相乘,脘腹疼痛,霍乱吐利转筋等。

2. 桂枝人参汤（《伤寒论》） 桂枝四两(12g) 甘草四两,炙(9g) 白术三两(9g) 人参三两(9g) 干姜三两(9g) 上五味,以水九升,先煮四味,取五升,内桂枝更煮,取三升,去滓,温服一升,日再夜一服。功用:温里解表,益气健脾。主治:太阳病,外证未除而数下之,遂协热下利,利下不止,心下痞鞕,表里不解。

附子理中丸比理中丸多了一味大辛大热的附子,其温中散寒之力更强,且能温肾,故用于脾胃阳虚之重证,或脾肾虚寒者;桂枝人参汤即于人参汤中加桂枝而成,乃温阳益气,表里同治之剂,故用于脾胃虚寒而兼外感表证者。

【文献摘要】

《医方考》:"太阴者,脾也,自利渴者为热,不渴者为寒。脾喜温而恶寒,寒多故令呕。寒者,肃杀之气,故令腹痛。便溏者,后便如鸭之溏,亦是虚寒所致。霍乱者,邪在中焦,令人上吐下泻,手足挥霍而目撩乱也。霍乱有阴阳二证,此则由寒而致故耳。病因于寒, 故用干姜之温;邪之所凑,其气必虚,故用人参、白术、甘草之补。"

临床报道:用理中丸作汤剂治疗脾阳虚多涎症42例,病程最短者20天, 最长者3年。吐涎日久,纳差,便溏者,加砂仁、鸡内金。每日1剂, 结果治愈40例, 好转2例(广西中医药,1992;2:15)。

实验研究:通过小鼠耐寒实验,结果表明,理中丸加附子能增强小鼠的耐寒能力。对醋酸引起的小鼠腹痛有显著的镇痛作用。对家兔离体肠管活动的影响比较复杂,可明显拮抗肾上腺素所致的回肠运动,抑制乙酰胆碱所致的回肠痉挛(中成药,1990;5:25)。

【方歌】

理中丸主理中乡,甘草人参术干姜,

呕利腹痛阴寒盛,或加附子总扶阳。

小 建 中 汤

《伤 寒 论》

【组成】 芍药六两,酒炒(18g) 桂枝三两,去皮(9g) 炙甘草二两(6g) 生姜切,三两(9g) 大枣十二枚,擘(4枚) 饴糖一升(30g)

【用法】 上六味,以水七升,先煮五味,取三升,去滓,内饴糖,更上微火消解,温服一升,日三服。

【功用】 温中补虚,和里缓急。

【主治】 虚劳里急证。腹中时痛,喜温欲按,舌淡苔白,脉细弦;或虚劳而心中悸动,虚烦不宁,面色无华,或手足烦热,咽干口燥等。

【方解】 虚劳里急一证,系中焦虚寒,肝脾失调所致, 故腹痛喜温欲按;中虚则化源不足,阴阳俱乏,无以奉心,则虚烦心悸;营卫不和则虚劳发热。证虽不同,但病因则一,即以中焦虚寒为主,理应温中补虚为法,温建中阳而和阴, 和里缓急而止痛。方中饴糖甘温质润入脾,益脾气并养脾阴,温中焦而缓急止痛,故为君药。芍药养阴而缓肝急,桂枝温阳而祛虚寒,两味为臣。炙甘草甘温益气,既助饴糖、桂枝辛甘养阳,益气温中缓急, 又合芍药酸甘化阴,柔肝益脾和营。生姜温胃,大枣补脾,合用以升腾中焦生发之气而调营卫,共为佐使之用。六味配合,于辛甘化阳之中,又具酸甘化阴之用,共奏温中补虚,缓急止痛之效。中气健,化源足,肝脾调,阴阳和,里急腹痛,虚劳发热,心悸虚烦自除,故方名"小建中汤"。

本方是由桂枝汤倍芍药,重加饴糖组成,然其理法与桂枝汤有别。桂枝汤以桂枝为君,解肌发表,散外感风寒,用芍药为臣,益阴敛营,合桂枝以调和营卫,外解太阳;本方则以饴糖为君,意在温中补脾,缓急止痛,桂枝温阳气,倍芍药益阴缓急,是辛甘与酸甘相配,纯为中虚而设。

【运用】

1. 本方以温中补虚缓急为主,并可调和阴阳,柔肝理脾,故临床以腹痛喜温喜按,心悸,发热,而见面色无华,舌质淡,脉沉弱或细弦为证治要点。阴虚火旺者忌用;呕家不宜用,恐甜助呕;吐蛔者不可用,因蛔得甘则逆上;中满不可用,因甘能填实助满。

2. 若面色萎黄,精神倦怠,属虚黄者,去饴糖,加人参、黄芪、当归以补养气血。

3. 胃及十二指肠溃疡、慢性肝炎、神经衰弱、再生障碍性贫血、功能性发热等属中虚阴阳不和者,可加减用之。

【附方】

1. 黄芪建中汤(《金匮要略》) 即小建中汤加黄芪一两半(9g) 用法同小建中汤。功用:温中补气,和里缓急。主治:虚劳里急,诸不足。

2. 当归建中汤(《千金翼方》) 即小建中汤加当归四两(12g) 用法同小建中汤。功用:温补气血,缓急止痛。主治:产后腹痛。产后虚羸,腹中疠痛不止,吸吸少气,或小腹拘急,痛引腹背,不能饮食。

3. 大建中汤(《金匮要略》) 蜀椒二合,炒去汗(6g) 干姜四两(12g) 人参二两(6g) 以水四升,煮取二升,去滓,内胶饴一升(30g),微火煮取一升半,分温再服,如一炊顷,可饮粥二升,后更服,当一日食糜粥,温覆之。功用:温中补虚,降逆止痛。主治:虚寒腹痛。心胸中大寒痛,呕不能食,腹中寒上冲皮起,见有头足,上下痛而不可触近,舌苔白滑,脉细紧,甚则肢厥脉伏,或腹中漉漉有声。

小建中汤、黄芪建中汤、当归建中汤、大建中汤四方均属温中补虚之剂。但小建中汤以辛甘为主,佐以大量芍药,又有酸甘化阴之意,宜于中阳虚而营阴亦有不足之证;黄芪建中汤于小建中汤内加黄芪,是增强益气建中之力,使阳生阴长,诸虚不足之证自除;当归建中汤治产后虚羸,以产后百脉空虚,所以加苦辛甘温、补血和血之当归。两方若与小建中汤相比较,则小建中虽阴阳并补,但以温阳为主;黄芪建中汤则侧重于甘温益气;当归建中汤乃偏重于和血止痛;大建中汤则纯用辛甘之品温建中阳,其补虚散寒之力远较小建中汤为峻,且有降逆止呕作用,故名大建中,用治中阳衰弱,阴寒内盛之腹痛呕逆。

【文献摘要】

《伤寒明理论》:"脾者,土也,应中央,处四藏之中,为中州,治中焦,生育荣卫,通行津液。一有不调,则荣卫失所育,津液失所行,必以此汤温建中藏,是以建中名焉。胶饴味甘温,甘草味甘平,脾欲缓,急食甘以缓之。建脾者,必以甘为主,故以胶饴为(君),甘草为(臣)。桂辛热,辛,散也,润也,荣卫不足,润而散之。芍药味酸微寒,酸,收也,泄也,津液不逮,收而行之;是以桂、芍药为佐。生姜味辛温,大枣味甘温,胃者卫之源,脾者荣之本,《黄帝针经》曰:'荣出中焦,卫出上焦'是矣。卫为阳,不足者益之,必以辛;荣为阴,不足者补之,必以甘;辛甘相合,脾胃健而荣卫通,是以姜枣为(使)。或谓桂枝汤解表而芍药数少,建中汤温里而芍药数多。殊不知二者远近之制,皮肤之邪为近,则制小其服也,桂枝汤芍药佐桂枝同用散,非与建中同体尔。心腹之邪为远,则制大其服也,建中汤芍药佐胶饴以健脾,非与桂枝同用尔。《内经》曰:'近而奇偶,制小其服,远而奇偶,制大其服',此之谓也。"

【方歌】

小建中汤芍药多,桂姜甘草大枣和,

更加饴糖补中脏,虚劳腹冷服之瘥。

吴 茱 萸 汤

《伤寒论》

【组成】 吴茱萸一升,汤洗(9 g)　人参三两(9 g)　大枣十二枚,擘(4枚)　生姜切,六两(18 g)

【用法】 以水七升,煮取二升,去滓,温服七合,日三服。

【功用】 温中补虚,降逆止呕。

【主治】 虚寒呕吐。食谷欲呕,畏寒喜热,或胃脘痛,吞酸嘈杂;或厥阴头痛,干呕吐涎沫;或少阴吐利,手足逆冷,烦躁欲死。

【方解】 本方治证虽有阳明、厥阴、少阴之别,但其见症均有呕吐,与胃中虚寒,浊阴上逆有关。《素问·举痛论》说:"寒气客于肠胃,厥逆上出,故痛而呕也。"所以无论是厥阴头痛,或是手足逆冷,烦躁欲死,均系中虚浊阴上逆所致。治宜温中补虚,降逆止呕。方中吴茱萸味辛性热,归经肝肾脾胃,既可温胃止呕,又可温肝降逆,更可温肾以止吐利,一药而三病皆宜,故为君药。重用生姜温胃散寒,降逆止呕,以助吴茱萸之力,用为臣药。病缘之于中虚,况胃气不降,则脾阳不升,故佐以人参补脾益气,以复中虚。大枣甘平,益气补脾,调和诸药,既可助人参以补虚,又可配生姜以调和脾胃,用之为使药。四药配伍,共奏温中补虚,消阴扶阳,降逆止呕之功,使阴寒去,逆气平,而诸证自除。

【运用】

1. 本方为中焦虚寒,浊阴上逆之证而设,除口不渴,四肢欠温等里寒表现外,应以呕吐,或干呕吐涎沫,舌淡苔滑,脉细、迟或弦细为证治要点。但对郁热胃痛,热性吞酸及肝阳上亢之头痛等,均应忌用。

2. 慢性胃炎、妊娠呕吐、神经性头痛、耳源性眩晕等属中焦虚寒者,可用本方加减。

【附方】

小半夏汤 (《金匮要略》)半夏一升(15 g)　生姜半斤(10 g)　以水七升,煮取一升半,分温再服。功用:和胃止呕,散饮降逆。主治:呕反不渴,心下有支饮者,以及诸呕吐谷不得下者。

【文献摘要】

《金镜内台方议》:"干呕,吐涎沫,头痛;厥阴之寒气上攻也。吐利,手足逆冷者,寒气内盛也;烦躁欲死者,阳气内争也。食谷欲呕者,胃寒不受也。此以三者之症,共用此方者,以吴茱萸能下三阴之逆气为君,生姜能散气为臣,人参、大枣之甘缓,能和调诸气者也,故用之为佐使,以安其中也。"

临床报道:用吴茱萸汤加桂枝治疗美尼尔综合征 22 例,伴恶寒,四肢不温者,加炮附子;呕多加法半夏;气虚加黄芪,每日 1 剂,一般服 3 剂即可改善症状,结果:痊愈20例,好转2

例(新中医,1990;4:18)。

实验研究：吴茱萸汤有明显的镇吐作用，对于硫酸铜所致家鸽呕吐，本方有显著的抑制效果，经正交实验探讨本方组成各药对全方镇吐作用的影响发现，吴茱萸作用最强，配伍生姜效果增强，而四药皆用表现出最强的镇吐效果(中药药理与临床,1987;3增刊:49)。吴茱萸汤能显著抑制胃液，尤其是胃酸分泌，使胃液量下降，胃液酸度降低，呈明显的制酸效果。对离体胃条运动和胃排空均有抑制作用，单味吴茱萸和全方均能明显缓解胃条的痉挛性收缩，明显对抗氯化乙酰胆碱、氯化钡引起的痉挛性收缩。对大鼠急性应激性胃粘膜损伤及幽门结扎性胃溃疡都具有保护、治疗作用(中药药理与临床,1988;3:9)。吴茱萸汤用水煎醇沉法制成注射液，能显著加强离体蟾蜍心和在体兔心的心肌收缩力，增加蟾蜍心输出量，升高麻醉狗和大鼠血压，对麻醉兔球结膜微动脉呈先短暂收缩，后持久扩张，迅速加快血流流速，改善流态，离散聚集的红细胞，增加毛细血管网交点数；能显著提高晚期失血性休克兔的生存率，升高血压，增加尿量。这些实验结果提示吴茱萸汤注射液对失血失液后的气虚阳脱型厥脱证(包括休克)有一定的回阳固脱功效(中药药理与临床,1991;2:1)。

【方歌】
吴茱萸汤人参枣，重用生姜温胃好，
阳明寒呕少阴利，厥阴头痛皆能保。

第二节 回阳救逆

回阳救逆剂，主治阳气衰微，阴寒内盛，**甚至阴盛格阳或戴阳**等证。症见四肢厥逆，精神萎靡，恶寒踡卧，下利清谷，甚则大汗淋漓，脉微细或脉微欲绝等，此时非用大剂温热药以回阳救逆不可。故常用附子、干姜、肉桂等为主组成方剂，若出现亡阳气脱者，又须与补气之人参配伍；若阳气衰微，阴盛逼阳，阳浮于上或格阳于外，须少佐寒凉之品，以为反佐；或采用冷服法，亦可防邪盛拒药。四逆汤、回阳救急汤为其代表方。

四 逆 汤

《伤寒论》

【组成】 附子一枚,生用,去皮、破八片(15 g)　干姜一两半(9 g)　甘草炙,二两(6 g)

【用法】 以水三升,煮取一升二合,去滓,分温再服。强人可大附子一枚,干姜三两。

【功用】 回阳救逆。

【主治】 少阴病。四肢厥逆,恶寒踡卧,呕吐不渴,腹痛下利,神衰欲寐,舌苔白滑,脉微；或太阳病误汗亡阳。

【方解】 本方所治证候系寒邪深入少阴所致的阳虚寒厥证。《素问·厥论》说："阳气衰于下，则为寒厥。"寒邪深入少阴，致使肾中阳气衰微，形成肾寒不能温脾，而为脾肾阳虚，或由肾阳虚而导致心阳不足，形成心肾两虚。阳气内衰，阴寒独盛，故厥逆吐利诸证乃作。此阳衰阴盛，非纯阳之品不能破阴寒而复阳气。《素问·至真要大论》说："寒淫所胜，平以辛热，佐以苦甘。"故方用附子，大辛大热，入心脾肾经，温肾壮阳，祛寒救逆为君药。干姜亦辛热之品，归肺脾与心经，可温中散寒，助阳通脉，是以为臣。干姜与附子，两者相须为用，助阳散寒之力尤大,故有"附子无姜不热"之说。配伍炙甘草为佐使,性温具补,补脾胃而调诸药,且可缓姜附燥烈辛散之性,使其破阴复阳,而无暴散之虞。药味虽少,配伍精当,功专效宏,能救人于顷刻之间,速达回阳之效,使阳复厥回,故名"四逆汤"。

【运用】

1. 本方为回阳救逆的代表方剂。除四肢厥冷外,应以神衰欲寐,舌淡苔白,脉微为证治要点。真热假寒者忌用。

2. 现代常用本方作为对心肌梗死、心力衰竭、急慢性胃肠炎吐泻过多、或某些急证大汗出而见休克,属亡阳虚脱者的急救方剂。

【附方】

1. 通脉四逆汤（《伤寒论》）甘草 二两,炙(6g)　附子 大者一枚,生用,去皮,破八片(20g)　干姜 三两,强人可四两(12g)　上三味,以水三升,煮取一升二合,去滓,分温再服,其脉即出者愈。功用:回阳通脉。主治:少阴病,下利清谷,里寒外热,手足厥逆,脉微欲绝,身反不恶寒,其人面色赤,或利止,脉不出等。若"吐已下断,汗出而厥,四肢拘急不解,脉微欲绝者",加猪胆汁半合(5ml),名"通脉四逆加猪胆汁汤"。"分温再服,其脉即来。无猪胆,以羊胆代之"。

2. 四逆加人参汤（《伤寒论》）即四逆汤加人参 一两 (6g)。用法同四逆汤。功用:回阳益气,救逆固脱。主治:阴寒内盛四肢厥逆, 恶寒踡卧, 脉微而复自下利, 利虽止而余证仍在者。

3. 白通汤（《伤寒论》）葱白 四茎　干姜 一两(5g)　附子 一枚,生,去皮,破八片(15g)　三味,以水三升,煮取一升,去滓,分温再服。功用:通阳破阴。主治:少阴病,下利脉微者。若利不止,厥逆无脉,干呕烦者,加猪胆汁 一合(5ml),　人尿 五合 (25ml),名"白通加猪胆汁汤"。

4. 参附汤（《正体类要》）人参 四钱(12g)　附子 炮,去皮,三钱(9g)水煎服。阳气脱陷者倍用。功用:益气回阳。主治:阳气暴脱。手足逆冷,头晕气短,汗出脉微。

通脉四逆汤、四逆加人参汤、白通汤均为《伤寒论》中少阴病的主要方剂,是在四逆汤的基础上,加减衍化而来,但各有深意,应用时须加以区别。

通脉四逆汤证除"少阴四逆"外,更有"身反不恶寒,其人面色赤, 或腹痛,或干呕, 或咽痛, 或利止脉不出"等,是阴盛格阳,真阳欲脱之危象,所以在四逆汤的基础上加重姜、附用量,冀能阳回脉复,故方后注明"分温再服,其脉即出者愈。"若吐下都止,汗出而厥,四肢拘急不解, 脉微欲绝者,是真阴真阳大虚欲脱之危象,故加苦寒之胆汁,既防寒邪拒药,又引虚阳复归于阴中,亦是反佐之妙用。是以方后注明:"无猪胆,以羊胆代之"。

四逆汤证原有下利,若利止而四逆证仍在,是气血大伤之故。所以于四逆汤中加大补元气之人参,益气固脱,使阳气回复,阴血自生。临床凡是四逆汤证而见气短、气促者, 均可用四逆加人参汤急救。

白通汤即四逆汤去甘草,减少干姜用量,再加葱白而成。主治阴寒盛于下焦,急需通阳破阴,以防阴盛逼阳,所以用辛温通阳之葱白,合姜、附以通阳复脉。因下利甚者,阴液必伤,所以减干姜之燥热,寓有护阴之意。若利不止,厥逆无脉,干呕烦者,是阴寒盛于里, 阳气欲上脱,阴气欲下脱之危象,所以急当用大辛大热之剂通阳复脉,并加胆汁、人尿滋阴以和阳,是反佐之法。原文有"服汤,脉暴出者死,微续者生。"方后还有"若无胆,亦可用",可知所重在人尿。这些都是白通加猪胆汁汤证治精细之处,与通脉四逆汤之"无猪胆, 以羊胆代之"之反佐法,皆有深意,须详加领悟。

参附汤为峻补阳气以救暴脱之剂。除上述主治外,凡大病虚极欲脱,产后或月经暴行崩注,或痈疡久溃,血脱亡阳等,均可用本方救治。但一俟阳气来复,病情稳定,便当辨证调治,不可多服,免纯阳之品过剂,反致助火伤阴耗血。

【文献摘要】

《医方论》:"四逆汤为四肢厥冷而设,仲景立此方以治伤寒之少阴病。若太阴之腹痛下利,完谷不化;厥阴之恶寒不汗,四肢厥冷者亦宜之。盖阴惨之气深入于里,真阳几微欲脱,非此纯阳之品,不足以破阴气而发阳光;又恐姜、附之性过于燥烈,反伤上焦,故倍用甘草以缓之。立方之法,尽美尽善……四逆者,必手冷过肘,足冷过膝,脉沉细无力,腹痛下利等象咸备,方可用之,否则不可轻投。"

实验研究:四逆汤对麻醉家兔低血压状态有升压效应。实验以麻醉家兔的低血压状态为模型,观察四逆汤及其各单味药所具有的效应。单味附子虽有一定的强心升压效应,但其作用不如四逆汤,且可导致异位性心律失常;单味甘草虽有升压效应,但不能增加心脏收缩幅度;单味干姜未能显示任何有意义的生理效应。由附子、干姜、甘草组成的四逆汤,其强心升压效应优于各单味药物组,且能减慢窦性心律,避免了单味附子所产生的异位心律失常。该实验提示四逆汤组方的合理性,体现了"附子无姜不热,得甘草则性缓"的论述。通过本实验观察,展示了四逆汤可作为临床抗休克中药制剂的良好前景(中成药研究,1983;2:26)。用小鼠热板法测定不同时程痛阈,发现四逆汤的镇痛效应强度与剂量呈正相关,镇痛效应半衰期为6.84小时。又用ED_{50}测定四逆汤抗大鼠蛋清性关节肿效应,推算得药物抗炎成分在大鼠体内6小时存留率是0.69,抗炎药效半衰期为11.35小时(中国中药杂志,1992;2:104)。

【方歌】

四逆汤中附草姜,四肢厥冷急煎尝,

腹痛吐泻脉微细,急投此方可回阳。

回阳救急汤

《伤寒六书》

【组成】 熟附子(9g) 干姜(5g) 肉桂(3g) 人参(6g) 白术炒(9g) 茯苓(9g) 陈皮(6g) 甘草炙(5g) 五味子(3g) 半夏制(9g)

【用法】 水二盏,姜三片,煎之,临服入麝香三厘(0.1g)调服。中病以手足温和即止,不得多服。

【功用】 回阳救急,益气生脉。

【主治】 寒邪直中三阴,真阳衰微证。恶寒踡卧,四肢厥冷,吐泻腹痛,口不渴,神衰欲寐,或身寒战栗,或指甲口唇青紫,或吐涎沫,舌淡苔白,脉沉微,甚或无脉等。

【方解】 本方所治证候系寒邪直中三阴,阴寒内盛,阳微欲脱所致之寒厥证。三阴寒邪内盛,故利、厥、脉微、神衰欲寐俱见,身寒战栗,唇指青紫,踡卧等,纯是一派阴寒内盛,微阳欲脱之危象,治宜回阳救逆,益气生脉。故以四逆汤合六君子汤,再加肉桂、五味子、麝香组方。方中熟附子虽不如生附子回阳之峻,但除干姜外,更加肉桂为辅,其温壮元阳,祛寒破阴之功益显。用六君子汤补益脾胃,固守中州,并除阳虚水湿不化所生之痰饮;人参与五味子相合,还有益气生脉之功。更有麝香三厘,借其斩关夺门,通十二经血脉,且与五味之酸收相配,则发中有收,使诸药迅布周身,而无虚阳散越之弊。诸药合用,共收回阳生脉之效,俾厥回脉复而诸证自除。

【运用】

1. 本方为寒邪直中三阴,真阳衰微所致之证而设,除一般里寒症状外,应以厥、利、脉微、神衰欲寐并重为证治要点。但本方终是辛热峻剂,不宜过量,服药后,手足温和即止。

2. 若呕吐涎沫,或少腹痛,加盐炒吴萸,取其温胃暖肝,下气止呕之功;若无脉加猪胆汁,用为反佐,以防阳微阴盛而成阳脱之变;泄泻不止,加升麻、黄芪等益气升阳止泻,以防虚阳不能固阴而阴气下脱;呕吐不止加姜汁,以温胃止呕。

【附方】

回阳救急汤(《重订通俗伤寒论》) 黑附块三钱(9g) 紫瑶桂五分(1.5g) 别直参二钱(6g) 原麦冬三钱,辰砂染,(9g) 川姜二钱(6g) 姜半夏一钱(3g) 湖广术钱半(5g) 北五味三分(1g) 炒广皮八分(3g) 清炙草八分(3g) 真麝香三厘(0.1g)冲 功用:回阳生脉。主治:少阴病下利脉微,甚则利不止,肢厥无脉,干呕心烦。

【文献摘要】

《医方集解》:"此足三阴药也。寒中三阴,阴盛则阳微,故以附子、姜、桂,辛热之药,祛其阴寒,而以六君温补之药,助其阳气,五味合人参,可以生脉,加麝香者,通其窍也。"

【方歌】

回阳救急用六君,桂附干姜五味寻,

加麝三厘或胆汁,三阴寒厥建奇勋。

第三节 温经散寒

温经散寒剂,适用于寒邪凝滞经脉之血痹寒厥、阴疽等证。阳气不足,经脉受寒,血行不畅或气机郁滞,故手足厥寒,肢体麻木或痹痛,或发阴疽。此类疾病多系阳气不足,阴血内弱,寒滞经脉所致。故本类方剂配伍特点是辛温散寒与温养气血药合用。主要药如桂枝、细辛和当归、白芍、黄芪、熟地等。代表方如当归四逆汤、黄芪桂枝五物汤、阳和汤等。

当归四逆汤

《伤寒论》

【组成】 当归三两(12g) 桂枝三两,去皮(9g) 芍药三两(9g) 细辛三两(3g) 甘草二两,炙(6g) 通草二两(6g) 大枣二十五枚,擘(8枚)

【用法】 上七味,以水八升,煮取三升,去滓,温服一升,日三服。

【功用】 温经散寒,养血通脉。

【主治】 血虚寒厥证。手足厥寒,口不渴,或腰、股、腿、足疼痛,舌淡苔白,脉沉细或细而欲绝。

【方解】 本方原治手足厥冷,脉细欲绝之证。此系血虚受寒,血寒凝滞,血弱不充养四肢,寒阻阳气不得温煦四末,则见手足厥寒,脉细欲绝之证。但虽脉细而不见其他阳微阴盛表现,可知是寒在经脉,血脉不利所致。此时既要温经散寒,又要养血通脉。本方以桂枝汤去生姜,倍大枣,加当归、通草、细辛组成。血虚寒凝,故用甘温之当归,归经入肝,补血和血,为温补肝经要药;桂枝辛温,温经通脉,以祛经脉中客留之寒邪而畅通血行,两味共用为君,是养血温通之法。以白芍、细辛为臣,白芍养血和营,与当归相合,补益营血,与桂枝相伍,内和气血;细辛辛温,外温经脉,内温脏腑,通达表里,以散寒邪,可助桂枝温经散寒。通草为佐,以通经脉。甘草、大枣味甘,益气健脾,调和诸药,重用大枣,既助归、芍补血,又防桂、辛之燥烈太过,免伤阴血,是以为使。诸药合用,温而不燥,补而不滞,共奏温经通脉之功效,使阴血充,客寒除,阳气振,经脉通,手足温而脉亦复。

《伤寒论》中以四逆命名者,有四逆散、四逆汤、当归四逆汤。三方主治及用药皆不同,临证当加以鉴别。四逆散治阳郁厥逆,由传经热邪入里,阳气内郁不达四末,其冷在肢端,不过肘膝,故尚可见身热,脉弦等症,药性偏凉;四逆汤、当归四逆汤均治寒厥,但四逆汤证是少阴病阴寒内盛,阳衰之极,肢冷严重,冷过肘膝,并见一身虚寒征象,脉沉微细。当归四逆汤证是因肝血不足,血虚寒凝于经脉,在经不在脏,其肢厥程度较四逆汤证为轻,并见血虚舌淡、脉细等,不宜姜、附之燥烈,以免再伤阴血,此三者之不同。正如周扬俊所言:"四逆汤全在回阳起见,四逆散全在和解表里起见,当归四逆汤全在养血通脉起见"(《温热暑疫全书》)。

【运用】

1. 本方为素体血虚,寒凝经脉所致之证而设。以手足厥寒,脉细欲绝,舌淡为证治要点。

2. 治疗腰、股、腿、足疼痛属血虚寒凝者,可酌加川断、牛膝、鸡血藤、木瓜等活血祛瘀之品;加吴茱萸、生姜,又可治本方证内有久寒,兼有水饮呕逆者;亦可用治妇女血虚寒凝之经期腹痛,及男子寒疝,睾丸掣痛,牵引少腹冷痛,肢冷脉弦者,可酌加乌药、茴香、良姜、香附等理气止痛;可用治手足冻疮,不论初期未溃或已溃者,均可加减运用。

3. 血栓闭塞性脉管炎、无脉症、雷诺病、小儿下肢麻痹等属血虚寒凝者,可用本方。

【文献摘要】

《古今名医方论》柯韵伯:"此厥阴初伤于寒,发散表寒之剂。凡厥阴伤寒,则脉微而厥,以厥阴为两阴之交尽,又名阴之绝阳,伤于寒,则阴阳之气不相顺接,便为厥,厥者,手足逆冷是也。然相火寄于厥阴之脏,经虽寒而脏不寒,故先厥者后必发热,所以伤寒初起,见其手足厥冷,脉细欲绝者,不得遽认为虚寒而用姜、附耳。此方取桂枝汤,君以当归者,厥阴主肝为血室也;倍加大枣者,肝苦急,甘以缓之,即小建中加饴法;肝欲散,急食辛以散之,细辛甚辛,通三阴气血,外达于毫端,力比麻黄,用以代生姜,不欲其横散也,与麻黄汤不用同义;通草能通关节,用以开厥阴之阖。当归得芍药生血于中,大枣同甘草益气于里,桂枝得细辛而气血流经。缓中以调肝,则营气得至太阴,而脉自不绝;温表以逐邪,则卫气得行四末,而手足自温。不须参、苓之补,不用姜、附之峻,此厥阴四逆,与太、少不同治,仍不失辛甘发散之理,斯为厥阴伤寒表剂欤!"

临床报道:以当归四逆汤为基础方,并随症加味,治疗慢性荨麻疹23例,结果痊愈11例,好转6例,无效6例(中医年鉴,1986:108)。

实验研究:家兔实验表明,灌服当归四逆汤后,兔耳小血管扩张充血,血管数显著增多,作用维持也久,表明本方确能扩张末梢血管,改善血液运行(中华医学杂志,1981;1:57)。当归四逆汤有调整血液循环,改善末梢循环障碍和镇静、镇痛及抗实验性关节炎的作用。又有促进消化功能,缓解肠痉挛以及调节子宫功能,缓解子宫痉挛疼痛等多种作用(中成药,

【方歌】
当归四逆桂芍枣,细辛甘草与通草,
血虚肝寒手足冷,煎服此方乐陶陶。

黄芪桂枝五物汤

《金匮要略》

【组成】 黄芪三两(9g) 芍药三两(9g) 桂枝三两(9g) 生姜六两(18g) 大枣十二枚(4枚)

【用法】 上药,以水六升,煮取二升,温服七合,日三服。

【功用】 益气温经,和血通痹。

【主治】 血痹。肌肤麻木不仁,脉微涩而紧。

【方解】 血痹证由素体"骨弱肌肤盛",劳而汗出,腠理开,受微风,邪遂客于血脉,致肌肤麻木不仁,状如风痹,但无痛,是与风痹之区别,而脉微涩兼紧,说明邪滞血脉,凝涩不通。《素问·痹论》说:"营气虚,则不仁。"故以益气温经,和血通痹而立法。方中黄芪为君,甘温益气,补在表之卫气。桂枝散风寒而温经通痹,与黄芪配伍,益气温阳,和血通经。桂枝得黄芪益气而振奋卫阳;黄芪得桂枝,固表而不致留邪。芍药养血和营而通血痹,与桂枝合用,调营卫而和表里,两药为臣。生姜辛温,疏散风邪,以助桂枝之力;大枣甘温,养血益气,以资黄芪、芍药之功;与生姜为伍,又能和营卫,调诸药,以为佐使。方药五味,配伍精当,共奏益气温经,和血通痹之效。

本方即桂枝汤去甘草,倍生姜,加黄芪而成,旨在温通阳气,驱风散邪,调畅营卫,而通血痹。不仅适用于血痹,亦可用于中风之后,半身不遂,或肢体不用,或半身汗出,肌肉消瘦,气短乏力,以及产后、经后身痛等。

【运用】

1. 本方为治疗血痹之常用方剂。以四肢麻木,或身体不仁,微恶风寒,舌淡,脉无力为证治要点。

2. 若风邪偏重者,加防风、防己以祛风通络;兼血瘀者,可加桃仁、红花以活血通络;用于产后或月经之后,可加当归、川芎、鸡血藤以养血通络。

3. 对于皮肤炎、末梢神经炎、中风后遗症等见有肢体麻木疼痛,属气虚血滞,微感风邪者,均可加味用之。

【文献摘要】

《金匮要略方论本义》:"黄芪桂枝五物汤,在风痹可治,在血痹亦可治也。以黄芪为主固表补中,佐以大枣;以桂枝治卫升阳,佐以生姜;以芍药入营理血,共成厥美。五物而营卫兼理,且表营卫里胃肠亦兼理矣。推之中风于皮肤肌肉者,亦兼理矣。固不必多求他法也。"

【方歌】
黄芪桂枝五物汤,芍药大枣与生姜,
益气温经和营卫,血痹风痹功效良。

阳 和 汤

《外科证治全生集》

【组成】 熟地一两(30g)　肉桂一钱,去皮,研粉(3g)　麻黄五分(2g)　鹿角胶三钱(9g)　白芥子二钱(6g)　姜炭五分(2g)　生甘草一钱(3g)

【用法】 水煎服。

【功用】 温阳补血,散寒通滞。

【主治】 阴疽。漫肿无头,皮色不变,痠痛无热,口中不渴,舌淡苔白,脉沉细或迟细。或贴骨疽、脱疽、流注、痰核、鹤膝风等属于阴寒证者。

【方解】 阴疽多由素体阳虚,营血不足,寒凝湿滞,痹阻于肌肉、筋骨、血脉所致,故局部或全身见一系列虚寒表现。治宜温阳补血,散寒通滞。方中重用熟地,滋补阴血,填精益髓;配以血肉有情之鹿角胶,补肾助阳,强壮筋骨,两者合用,养血助阳,以治其本,共为君药。寒凝湿滞,非温通而不足以化,故方用姜炭、肉桂温热之品为臣。脾主肌肉,姜炭温中,破阴通阳;寒在营血,肉桂入营,温通血脉。佐以麻黄,辛温达卫,宣通经络,引阳气,开寒结;白芥子祛寒痰湿滞,可达皮里膜外,两味合用,既能使血气宣通,又可令熟地、鹿胶补而不滞。甘草生用为使,解毒而调诸药。综观全方,其配伍特点是补血药与温阳药合用,辛散与滋腻之品相伍,宣化寒凝而通经络,补养精血而扶阳气。用于阴疽,犹如离照当空,阴霾自散,化阴凝而布阳气,使筋骨、肌肉、血脉、皮里膜外凝聚之阴邪,皆得尽去,故以阳和名之。

【运用】

1. 本方为治疗阴疽的常用方剂。以患部漫肿无头,皮色不变,痠痛无热,脉迟细或沉细为证治要点。只适用于阴证,阳证忌用。《马评外科全生集》说:"此方治阴症,无出其右。乳岩万不可用,阴虚有热及破溃日久者,不可沾唇。"

2. 方中麻黄只起发越阳气作用,故用量较轻,熟地补血固本,用量宜重,运用时应注意麻黄与熟地之比例,如兼气虚不足,可加党参、黄芪等补气之品效果更佳。

3. 用本方治疗骨结核、腹膜结核、慢性骨髓炎、骨膜炎、慢性淋巴结炎、类风湿性关节炎、血栓闭塞性脉管炎、肌肉深部脓疡等属血虚寒凝者。

【附方】

1. 小金丹(《外科证治全生集》　白胶香　制草乌　五灵脂　地龙　木鳖各一两五钱　乳香去油　没药去油　归身酒炒,各七钱五分　麝香三钱　墨炭一钱二分　上药各研细末,用糯米粉一两二钱,同上糊厚,千槌打融为丸,如芡实大,每料约二百五十丸,临用陈酒送下一丸,醉盖取汗。如流注将溃及溃者,以十丸均作五日服完,以杜流走不定,可绝增入者。但丸内有五灵脂与人参相反,不可与有参之药同日而服。功用:化痰除湿,祛瘀通络。主治:寒湿痰瘀所致的流注、痰核、瘰疬、乳岩、横痃、贴骨疽、蟮拱头等病。初起肤色不变,肿硬作痛者。

原书使用本方,常与阳和汤并进,或交替使用。但此方较阳和汤药力峻猛,惟体实者相宜,正虚者不可用,孕妇忌用。

2. 犀黄丸(《外科证治全生集》　牛黄三分　麝香一钱半　乳香　没药各一两,各去油研极细末黄米饭一两。上药用黄米饭捣烂为丸,忌火烘,晒干,陈酒送下三钱(9g)。患生上部,临卧服;下部,空心服。功用:解毒消痈,化痰散结,活血祛瘀。主治:乳岩、横痃、瘰疬、痰核、流注、肺痈、小肠痈等。

【文献摘要】

《成方便读》:"夫痈疽流注之属于阴寒者,人皆知用温散之法,然痰凝血滞之证,若正气充足者,自可运行无阻,所谓邪之所凑,其气必虚,故其所虚之处,即受邪之处。疡因于血分者,仍必从血而求之。故以熟地大补阴血之药为君;恐草木无情,力难充足,又以鹿角胶有形精血之属以赞助之;但既虚且寒,又非平补之性可收速效,再以炮姜之温中散寒,能入血分者,引领熟地、鹿角胶直入其地,以成其功;白芥子能祛皮里膜外之痰,桂枝入营,麻黄达卫,共成解散之勋,以宣熟地、鹿角胶之滞;甘草……协和诸药。"

《外科症治全生集·阴疽治法》:"夫色之不明而散漫者,乃气血两虚也;患之不痛而平塌者。毒痰凝结也。治之之法,非麻黄不能开其腠理,非肉桂、炮姜不能解其寒凝,此三味虽酷暑不可缺一也。腠理一开,寒凝一解,气血乃行,毒亦随之消矣。"

临床报道:用阳和汤加当归、丹参治疗血栓闭塞性脉管炎 20 例,结果肢痛和跛行消失,皮温肤色正常,创面愈合者 12 例;症状减轻、创面经手术治愈者 8 例(中医年鉴,1985:121)。阳和汤去姜炭、生甘草,加桃仁、海藻、莪术为基本方,并随证加减,治疗卵巢囊肿 26 例,均经妇科检查和B超检查确诊,以单侧发病、囊肿最大径在 10 cm 以内未扭转者为观察对象。经治疗,囊肿及症状消失,并经B超检查证实评为治愈者 23 例;囊肿缩小,症状好转或消失评为有效者 2 例,其中 1 例经手术证明为畸胎瘤;服药 10 剂包块无缩小,未再继续服药评为无效 1 例。治愈病例最少服药 5 剂,最多服药 36 剂(中医杂志,1989;11:40)。

【方歌】

阳和汤法解寒凝,贴骨流注鹤膝风,
熟地鹿胶姜炭桂,麻黄白芥甘草从。

小 结

温里剂共选主方 8 首。按其功用分为温中祛寒、回阳救逆、温经散寒三类。

1. 温中祛寒 本类方剂主治中焦虚寒证。理中丸温中散寒,补气健脾,亦常作汤剂用,是治中焦虚寒,腹痛吐利的代表方。凡因中焦虚寒所致的阳虚失血、小儿慢惊,病后喜唾涎沫、霍乱、胸痹等均可应用。小建中汤温中补虚,和里缓急,主治虚劳里急证,并用治虚劳心悸、虚劳发热等,是温建中脏之主方。吴茱萸汤温中补虚,降逆止呕,主治阳明、厥阴、少阴三经虚寒呕逆证。

2. 回阳救逆 本类方剂主治阳气衰微,阴寒内盛而致的四肢厥逆,阳气将亡之危证。四逆汤为回阳救逆之主方,主治阴盛阳微,而见四肢厥逆,呕吐下利,脉微之证。回阳救急汤于回阳固脱之外,还能益气生脉,而麝香三厘与五味子相配,一发一收,尤具相反相成之妙,适用于寒邪直中三阴,真阳衰微欲脱之危证。

3. 温经散寒 温经散寒的方剂主治寒邪凝滞经脉之寒厥、血痹、阴疽等证。当归四逆汤温经散寒,养血通脉,主治血虚寒厥证,但其寒在经脉,且兼血虚,与四逆之寒厥有别。黄芪桂枝五物汤主治血痹,症见肌肤麻木不仁,脉微涩而紧,本方有益气温经,和血通痹之功。阳和汤温阳补血,散寒通滞,为主治阴疽之主要方剂。

第十一章 补 益 剂

凡用补益药为主组成，具有补养人体气、血、阴、阳等作用，主治各种虚证的方剂，统称补益剂。属于"八法"中的"补法"。《素问·三部九候论》说："虚者补之"，《素问·至真要大论》说："损者益之"。都是补益剂的立论根据。

虚证，系指人体的气、血、阴、阳等不足而产生的病证。虚证的成因甚多，但归纳言之，有先天不足与后天失调（包括饮食不节、劳倦过度、情志不畅、病后失调等）两个方面。无论是先天不足或后天失调引起的虚证都不能离开五脏，而五脏的虚损又不外乎气、血、阴、阳。因此，以气、血、阴、阳为纲，结合五脏为目，是对虚证辨证论治的关键。虚证有气虚、血虚、气血两虚、阴虚、阳虚、阴阳两虚等区分。所以，补益剂相应的分为补气、补血、气血双补、补阴、补阳、阴阳并补六类。

补气、补血虽各有重点，但气血相依，两者关系非常密切。《脾胃论》说："血不自生，须得生阳气之药，血自旺矣。"《温病条辨》说："血虚者，补其气而血自生。"因此，血虚者补血时，宜加入补气之品，以助生化，或者重补气以生血；如因大失血而致血虚者，尤应补气以固脱，使气旺则血生。对气虚，一般以补气药为主，可少配伍补血药，过之则阴柔碍胃。若气血两虚者，宜气血双补。

补阴、补阳之剂的配伍方法亦是如此。阴阳互为其根，孤阴不生，独阳不长，《景岳全书》说："善补阳者，必于阴中求阳，则阳得阴助而生化无穷；善补阴者，必于阳中求阴，则阴得阳升而泉源不竭"。因此，阳虚补阳，宜佐以补阴之品，以阳根于阴，使阳有所附，并可藉阴药的滋润以制阳药的温燥，使之补阳而不伤津；阴虚补阴，宜佐以补阳之品，以阴根于阳，使阴有所化，并可藉阳药之温运，以制阴药的凝滞，使之滋而不滞。若阴阳两虚，则宜阴阳并补。总之，补气、补血、补阴、补阳，其间既有区别，又有联系，必须全面考虑，切中肯綮。

人体气血阴阳不足，联系脏腑出现的各种虚证，亦有不同的补益方法。《难经·十四难》说："损其肺者，益其气"；"损其肾者，益其精。"此为直接补益法。有按五行相生理论，采用"虚者补其母"的方法，如肺气虚者补其脾，即培土生金；脾阳虚者补其命门，即补火生土；肝阴虚者补其肾，即滋水涵木等，这是通过间接补益的方法以补其不足。此外，还有侧重补脾或补肾的方法，以间接补养虚损之脏，这种理论的根据在于：肾为先天之本，是真阴真阳之所在；脾为后天之本，是气血生化之源泉。通过补益脾肾之根本来达到治疗虚损的目的。

应用补益剂须注意以下事项：首先，应辨别虚实的真假。《景岳全书》曾说："至虚之病，反见盛势；大实之病，反有羸状。"前者是指真虚假实，若误用攻伐之剂，则虚者更虚；后者是指真实假虚，若误用补益之剂，则实者更实。其次，对虚证而不受补的患者，宜先调理脾胃，可适当配合健脾和胃，理气消导之品，以资运化，使之补而不滞。

第一节 补 气

补气剂，适用于脾肺气虚的病证。症见肢体倦怠乏力，少气懒言，语音低微，动则气促，面色萎白,食少便溏,舌淡苔白,脉虚弱,甚或虚热自汗,或脱肛、子宫脱垂等。常用补气药如人参、党参、黄芪、白术、甘草等为主,根据兼夹证的不同,分别配伍理气、渗湿、升阳举陷、补血、养阴、疏风解表之品组成方剂。代表方如四君子汤、参苓白术散、补中益气汤、玉屏风散、生脉散等。

四 君 子 汤

《太平惠民和剂局方》

【组成】 人参去芦　白术　茯苓去皮（各9g）　甘草炙（6g）各等分

【用法】 上为细末。每服二钱(15 g),水一盏,煎至七分,通口服,不拘时候;入盐少许,白汤点亦得。

【功用】 益气健脾。

【主治】 脾胃气虚证。面色㿠白,语音低微,气短乏力,食少便溏,舌淡苔白,脉虚弱。

【方解】 本方证为脾胃气虚,纳谷与运化乏力所致。脾胃为后天之本,气血生化之源。脾胃虚弱,则气血生化不足,故面色㿠白,语音低微,气短乏力。脾失健运,胃纳不振,湿浊内生,**故饮食减少,大便溏薄**。舌淡,苔薄白,脉虚弱,均为中焦脾胃气虚之象。《医方考》说:"夫面色㿠白,则望之而知其气虚矣;言语轻微,则闻之而知其气虚矣;四肢无力,则问之而知其气虚矣;脉来虚弱,则切之而知其气虚矣。如是则宜补气。"治宜补益中焦脾胃之气,以恢复其运化受纳之功。方中人参甘温益气,健脾养胃,为君药。白术苦温,健脾燥湿,加强益气助运之力,为臣药。茯苓甘淡,健脾渗湿,为佐药;苓、术合用,则健脾祛湿之功更显。炙甘草甘温,益气和中,调和诸药,为使药。四药配伍,共奏益气健脾之效。

本方与温里剂的理中丸比较,从组成药物分析,仅一味之别,两方均用人参、白术、炙甘草以补益中气。其间不同点:四君子汤配茯苓,功用以益气健脾为主,主治脾胃气虚证;理中丸用干姜,功用以温中祛寒为主,适用于中焦虚寒证。

【运用】

1. 本方是治疗脾胃气虚证的常用方,亦是补气剂的基本方,后世众多补脾益气的方剂均从此方衍化而来。以面色㿠白,食少,气短,四肢无力,舌淡苔白,脉虚弱为证治要点。

2. 若呕吐者,加半夏以降逆止呕;胸膈痞满者,可加枳壳、陈皮以行气宽胸;心悸失眠者,加枣仁以宁心安神;兼肾阳虚者,加附子以温肾助阳。

3. 慢性胃炎、胃及十二指肠溃疡等属脾胃气虚者,均可用之。

【附方】

1. 异功散（《小儿药证直诀》）　即四君子汤加陈皮各等分（各6g）　上为细末,每服二钱(6g),水一盏,加生姜五片,大枣二个,同煎至七分,食前温服,量多少与之。功用:益气健脾,行气化滞。主治:脾胃气虚兼气滞证。饮食减少,大便溏薄,胸脘痞闷不舒,或呕吐泄泻等。现用于小儿消化不良属脾虚气滞者。

2. 六君子汤（《医学正传》）　即四君子汤加陈皮一钱（3g）　半夏一钱五分（4.5g）　上为细末,作一服,加大枣二枚,生姜三片,新汲水煎服。功用:益气健脾,燥湿化痰。主治:脾胃气虚兼痰湿证。食少便溏,胸脘痞闷,呕逆。

3. 香砂六君子汤（《古今名医方论》）　人参一钱（3g）　白术二钱（6g）　茯苓二钱（6g）　甘

草七分（2g）　陈皮八分（2.5g）　半夏一钱（3g）　砂仁八分（2.5g）　木香七分（2g）　上加生姜二钱（6g），水煎服。功用：益气化痰，行气温中。主治：脾胃气虚，痰阻气滞证。呕吐痞闷，不思饮食，脘腹胀痛，消瘦倦怠，或气虚肿满。

4．保元汤（《博爱心鉴》）　黄芪三钱（9g）　人参一钱（3g）　炙甘草一钱（3g）　肉桂五分（1.5g）（原书无用量，今据《景岳全书》补）　上加生姜一片，水煎，不拘时服。功用：益气温阳。主治：虚损劳怯，元气不足。倦怠乏力，少气畏寒，以及小儿痘疮，阳虚顶陷，不能发起灌浆者。

以上四方均为四君子汤加味而成。异功散益陈皮侧重于益气健脾，行气化滞，适用于脾胃气虚兼气滞证；六君子汤配半夏、陈皮，重在益气和胃，燥湿化痰，适用于脾胃气虚兼有气逆或痰湿证；香砂六君子汤伍半夏、陈皮、木香、砂仁，功在益气和胃，行气温中，适用于脾胃气虚，寒湿气滞证。三方配伍的共同点均为补气药与行气化痰药相配，使补气而不滞气，消除痰湿的停留，促进脾胃的运化，宜于脾胃气虚兼有气滞痰湿中阻之证。保元汤中应用补气药为主，配伍少量肉桂以助阳，功能益气温阳，适用于小儿元气不足诸证。

【文献摘要】

《医方集解》："此手足太阴、足阳明药也。人参甘温，大补元气，为君。白术苦温，燥脾补气，为臣。茯苓甘淡，渗湿泻热，为佐。甘草甘平，和中益土，为使也。气足脾运，饮食倍进，则余脏受荫，而色泽身强矣。再加陈皮以理气散逆，半夏以燥湿除痰，名曰六君，以其皆中和之品，故曰君子也。"

临床报道：用四君子汤加黄芪为主，治疗胃癌、食道癌、乳腺癌、肺癌各1例，生存时间分别达3年半、12年、3年9个月，且在相当长时间未发现转移。以上4例癌症，尽管临床表现错综复杂，但都具有患病部位隐隐作痛，疲乏无力，纳少便溏，面色少华，舌淡，脉细等脾气虚证，故用四君子汤加黄芪补气健脾，配合生薏苡仁、生半夏、夏枯草、狼毒等抗肿瘤药物，标本兼顾而获效（中医杂志，1986；12：42）。

实验研究：四君子汤能增强机体免疫功能，其中党参、白术、茯苓二药配伍或三药配伍（除配炙甘草者外），都能提高小白鼠腹腔巨噬细胞的吞噬功能，单味党参作用最显著。炙甘草为一拮抗剂，其拮抗作用与本品在配伍中的用量有关（含1/3时，拮抗作用明显，含1/5或1/7时，作用不明显）（中西医结合杂志，1984；6：63）。四君子汤在体外能够较明显地促进淋巴细胞转化及活性花斑形成。本方去甘草后煎汤内服，可使人体血清 IgG 含量较显著地上升（新医药学杂志，1979；6：60）。对营养不良所致小鼠胸腺萎缩和功能降低者，本方可促使其恢复（中西医结合杂志，1984；6：366）。

【方歌】

四君子汤中和义，参术茯苓甘草比，
益以夏陈名六君，祛痰补益气虚饵，
除却半夏名异功，或加香砂气滞使。

参苓白术散

《太平惠民和剂局方》

【组成】　莲子肉去皮，一斤（9g）　薏苡仁一斤（9g）　缩砂仁一斤（6g）　桔梗炒令深黄色，一斤(6g) 白扁豆姜汁浸,去皮,微炒,一斤半(12g) 白茯苓二斤(15g) 人参二斤(15g) 甘草炒,二斤(9g) 白术二斤(15g) 山药二斤(15g)

【用法】 上为细末。每服二钱(6g),大枣汤调下。小儿量岁数加减服之。

【功用】 益气健脾,渗湿止泻。

【主治】 脾虚夹湿证。饮食不化,胸脘痞闷,肠鸣泄泻,四肢乏力,形体消瘦,面色萎黄,舌淡苔白腻,脉虚缓。

【方解】 本方治证由脾虚夹湿所致。脾胃虚弱,则运化失职,湿自内生,气机不畅,故饮食不化,胸脘痞闷,肠鸣泄泻。脾失健运,则气血生化不足,肢体失于濡养,故四肢无力,形体消瘦,面色萎黄。治宜补益脾胃,兼以渗湿为法。方中以人参、白术、茯苓益气健脾渗湿为君。配伍山药、莲子肉助人参以健脾益气,兼能止泻;白扁豆、薏苡仁助白术、茯苓以健脾渗湿,均为臣药。佐以砂仁醒脾和胃,行气化滞;桔梗宣肺利气,以通调水道,又载药上行,以益肺气。炒甘草健脾和中,调和诸药,为使。诸药合用,补其中气,渗其湿浊,行其气滞,恢复脾胃受纳与健运之职,则诸症自除。

本方是在四君子汤的基础上加山药、莲子、白扁豆、薏苡仁、砂仁、桔梗而成。两方均有益气健脾之功,但四君子汤以补气为主,为治脾胃气虚的基本方;参苓白术散兼有和胃渗湿作用,并有保肺之效,适用于脾胃气虚夹湿之证,亦可用治肺损虚劳诸证,为"培土生金"法中的常用方剂。

《古今医鉴》所载参苓白术散,较本方多陈皮一味,适用于脾胃气虚兼有湿阻气滞证者。

【运用】

1.本方药性平和,温而不燥,临床运用除脾胃气虚症状外,以泄泻,舌苔白腻,脉虚缓为证治要点。

2.若兼里寒而腹痛者,加干姜、肉桂以温中祛寒止痛。

3.常用于慢性胃肠炎、贫血、慢性支气管炎、慢性肾炎及妇女带下病等属脾虚夹湿者。

【附方】

资生丸(《先醒斋医学广笔记》) 人参人乳浸,饭上蒸,烘干,三两(9g) 白术三两(9g) 白茯苓为细末,水澄,蒸,晒干,入人乳再蒸,晒干,一两半(4.5g) 广陈皮去白,略蒸,二两(6g) 山楂肉蒸,二两(6g) 甘草去皮,蜜炙,五钱(3g) 怀山药切片,炒,一两五钱(4.5g) 川黄连如法炒七次,三钱(1g) 薏苡仁炒三次,一两半(4.5g) 白扁豆炒,一两半(4.5g) 白豆蔻仁不可见火,三钱五分(1g) 藿香叶不见火,五钱(1.5g) 莲肉去心,炒,一两五钱(4.5g) 泽泻切片,炒,三钱半(1g) 桔梗米泔浸,去芦,蒸,五钱(1.5g) 芡实粉炒黄,一两五钱(4.5g) 麦芽炒,研磨,取净面,一两(3g)上为细末,炼蜜为丸,如弹子大。每次一丸,重二钱(6g),用白汤或清米汤、橘皮汤、炒砂仁汤嚼化下。功用:益气健脾,和胃渗湿,消食理气。主治:妊娠三月,阳明脉衰,胎元不固。亦治脾胃虚弱,食少便溏,脘腹作胀,恶心呕吐,消瘦乏力等证。

资生丸即参苓白术散去砂仁,加陈皮、白豆蔻、山楂、麦芽、黄连、藿香叶、泽泻、芡实组成,因此渗湿理气,消食和胃之功,较参苓白术散尤胜。原书主要用于保胎,故又名保胎资生丸。罗美谓该方"既无参苓白术散之滞,又无香砂枳术丸之燥,能补能运,臻于至和。于以固胎,永无滑堕,丈夫服之,调中养胃。名之资生,信不虚矣。"(《古今名医方论》)

【文献摘要】

《医方考》:"脾胃虚弱,不思饮食者,此方主之。脾胃者,土也。土为万物之母,诸脏腑百骸受气于脾胃而后能强。若脾胃一亏,则众体皆无以受气,日见羸弱矣,故治杂证者,宜以脾胃为主。然脾胃喜甘而恶苦,喜香而恶秽,喜燥而恶湿,喜利而恶滞。是方也,人参、扁豆、甘草,味之甘者也;白术、茯苓、山药、莲肉、薏苡仁,甘而微燥者也;砂仁辛香而燥,可以开胃醒脾;桔梗甘而微苦,甘则性缓,故为诸药之舟楫,苦则喜降,则能通天气于地道矣。"

临床报道:用参苓白术散加减治本为主,配伍生肌玉红膏加氢化考的松保留灌肠治疗慢性非特异性溃疡性结肠炎 24 例。其中辨证属脾气虚者 15 例,脾肾阳虚者 2 例,脾虚挟大肠湿热者 7 例,30 天为一疗程。结果:治愈者 19 例,好转 4 例,无效 1 例。24 例平均治疗时间为 36.2 天,23 例有效者食欲不振、腹痛、腹胀肠鸣消失时间分别为 21、23 及 18 天;腹泻、下腹或左下腹压痛消失时间分别为 22 及 31 天;乙状结肠镜检,19 例肠粘膜充血、水肿、糜烂消失,4 例好转;X 线钡剂灌肠复查 22 例,20 例正常;10 例血清免疫学检查示 IgM、IgA 及 E-玫瑰花结形成率显著增高,IgG 有所增高但不显著(中医杂志,1982;3:25)。

实验研究:参苓白术散对于兔的离体肠管运动实验表明,小剂量时能轻度兴奋胃肠运动,从而有助于缓解胸脘满闷、饮食不消,而较大剂量则有显著的解痉作用,有助于吐、泻的治疗。其解痉机理在于对平滑肌的直接作用及抗胆碱作用。全方显示一种以抑制为主,兴奋为辅的胃肠运动调节效果(中成药研究,1982;8:25)。以参苓白术散加减而成的脾胃 1 号方,治疗婴儿脾虚泄泻的研究表明,服药后随着泄泻的控制,腹壁脂肪增厚、体重增加等症状、体征的改善,还可见 D-木糖吸收明显增加。证明本方能显著改善脾虚泄泻患儿的小肠吸收功能(中医杂志,1982;5:32)。应用参苓白术散为主对脾虚泄泻患者治疗后,可见脾阳不足型患者尿 7-羟、17-酮及脾虚型之 17-酮、脾肾阳虚之 17-羟排泄量有显著增加,自然花瓣形成率低下者的百分比减少。提示本方有改善肾上腺皮质功能及增强细胞免疫功能的作用(新医药学杂志,1979;3:1)。

【方歌】
参苓白术扁豆陈,山药甘莲砂薏仁,
桔梗上浮兼保肺,枣汤调服益脾神。

补中益气汤

《脾胃论》

【组成】 黄芪病甚劳役热甚者一钱(18g) 甘草炙,各五分(9g) 人参去芦,三分(6g) 当归酒焙干或晒干,二分(3g) 橘皮不去白,二分或三分(6g) 升麻二分或三分(6g) 柴胡二分或三分(6g) 白术三分(9g)

【用法】 上咬咀,都作一服,水二盏,煎至一盏,去滓,食远稍热服。

【功用】 补中益气,升阳举陷。

【主治】
1. 脾胃气虚证。饮食减少,体倦肢软,少气懒言,面色㿠白,大便稀溏,脉大而虚软。
2. 气虚下陷证。脱肛,子宫脱垂,久泻,久痢,崩漏等,气短乏力,舌淡,脉虚者。
3. 气虚发热证。身热,自汗,渴喜热饮,气短乏力,舌淡,脉虚大无力。

【方解】 本方治证系因饮食劳倦,损伤脾胃,以致脾胃气虚,清阳下陷。《脾胃论》说:"饮食不节则胃病","形体劳倦则脾病"。脾胃为营卫气血生化之源,脾胃气虚,受纳与运化不及,故饮食减少,少气懒言,大便稀薄;气虚不能固表,阳浮于外,故身热自汗;气虚下陷,清阳不升,故脱肛、子宫下垂等。但内伤发热,时发时止,手心热甚于手背,与外感发热、热甚不休,手背热甚于手心者不同。治宜补益脾胃中气,以退虚热,升提中阳,举其下陷。《脾胃论》说:"内伤脾胃,乃伤其气;外感风寒,乃伤其形。伤其外为有余,有余者泻之;伤其内为不足,不足者补之。内伤不足之病,苟误认作外感有余之病而反泻之,则虚其虚也。"惟以甘温之剂,补其中而升其阳。方中重用黄芪,味甘微温,入脾肺经,补中益气,升阳固表,为君药。配伍人参、炙甘草、白术补气健脾为臣,与黄芪合用,以增强其补中益气之功。血为气之母,气虚时久,营血亏虚,故用当归养血和营,协人参、黄芪以补气养血;陈皮理气和胃,使诸药补而不滞,共为佐药。并以少量升麻、柴胡升阳举陷,协助君药以升提下陷之中气,为佐使药。《本草纲目》曾说:"升麻引阳明清气上行,柴胡引少阳清气上行,此乃禀赋虚弱、元气虚馁,及劳役饥饱,生冷内伤,脾胃引经最要药也。"炙甘草调和诸药,亦为使药。诸药合用,使气虚者补之,气陷者升之,气虚发热者,得此甘温益气而除之,元气内充,清阳得升,则诸证自愈。

【运用】

1. 本方是李杲根据《素问·至真要大论》"损者益之","劳者温之"之旨而制定,为补气升阳,甘温除热的代表方。以体倦乏力,少气懒言,面色㿠白,脉虚软无力为证治要点。阴虚发热及内热炽盛者忌用。

2. 若兼腹中痛者,加白芍以柔肝止痛;头痛者,加蔓荆子、川芎;头顶痛者,加藁本、细辛以疏风止痛;咳嗽者,加五味子、麦冬以敛肺止咳;兼气滞者,加木香、枳壳以理气解郁。本方亦可用于虚人感冒,加苏叶少许以增辛散之力。

3. 本方在临床应用范围甚广,如内脏下垂、久泻、久痢、脱肛、重症肌无力、乳糜尿、慢性肝炎等;妇科之子宫脱垂、妊娠及产后癃闭、胎动不安、月经过多;眼科之眼睑下垂、麻痹性斜视等,属脾胃气虚或中气下陷者,均可加减应用。

【附方】

1. 升陷汤(《医学衷中参西录》) 生黄芪六钱(18g) 知母三钱(9g) 柴胡一钱五分(4.5g) 桔梗一钱五分(4.5g) 升麻一钱(3g) 水煎服。功用:益气升陷。主治:大气下陷证。气短不足以息,或努力呼吸,有似乎喘,或气息将停,危在顷刻,脉沉迟微弱,或叁伍不调。

2. 升阳益胃汤(《内外伤辨惑论》) 黄芪二两(30g) 半夏汤洗 人参去芦 甘草炙,各一两(各15g) 独活 防风 白芍药 羌活各五钱(各9g) 橘皮四钱(6g) 茯苓 柴胡 泽泻 白术各三钱(各5g) 黄连一钱(1.5g) 上㕮咀,每服三钱至五钱(15g),加生姜五片,大枣二枚,用水三盏,煎至一盏,去滓,早饭后温服。功用:益气升阳,清热除湿。主治:脾胃虚弱,湿热滞留中焦。怠惰嗜卧,四肢不收,体重节肿,口苦舌干,饮食无味,食不消化,大便不调。

以上两方和补中益气汤组方立意相同,均重用黄芪,功专益气升阳,主治气虚下陷证,但同中有异,其中升陷汤配伍升麻、柴胡以升提举陷;并配知母之凉润,以制黄芪之温性;桔梗载药上行,用为向导,主治胸中大气下陷之证。对气分虚极者,酌加人参以加强益气之力,或更加萸肉以收敛气分之耗散。升阳益胃汤配伍人参、白术、甘草补气养胃;柴胡、防风、羌活、独活升举清阳,祛风除湿;半夏、陈皮、茯苓、泽泻、黄连除湿清热;白芍药养血和营。适用于脾肺气虚,湿郁生热之证。

【文献摘要】

《古今名医方论》柯琴:"凡脾胃一虚,肺气先绝,故用黄芪护皮毛而闭腠理,不令自汗;

元气不足,懒言气喘,人参以补之;炙甘草之甘以泻心火而除烦,补脾胃而生气。此三味,除烦热之圣药也。佐白术以健脾;当归以和血;气乱于胸,清浊相干,用陈皮以理之,且以散诸甘药之滞;胃中清气下沉,用升麻、柴胡气之轻而味之薄者,引胃气以上腾,复其本位,便能升浮以行生长之令矣。补中之剂,得发表之品而中自安;益气之剂,赖清气之品而气益倍,此用药有相须之妙也。是方也,用以补脾,使地道卑而上行;亦可以补心肺,损其肺者益其气,损其心者调其营卫也;亦可以补肝木,郁则达之也。惟不宜于肾,阴虚于下者不宜升,阳虚于下者更不宜升也。"

【临床报道】用补中益气汤加茯苓、郁金、枳壳、山楂、山药、鸡内金、大枣治疗经X线钡透确诊为胃下垂患者103例。经治疗15~60天后,治愈54例,显效25例,有效22例,无效2例。在治愈病例中随访21例,经2~4年观察,未见复发(新医药学杂志,1974;11:39)。用补中益气汤治疗伴有气虚的失眠患者30例,服药7剂后,睡眠均有明显好转,平均睡眠延长3小时以上,最长者延长8小时,其他症状亦明显改善(《中医杂志,1983;7·61)。

【实验研究】补中益气汤对小肠蠕动的影响。当肠蠕动亢进时有抑制作用,张力下降时则有兴奋作用。对蛙横纹肌和心脏的作用,能加强横纹肌的收缩,小量使心力增强,过量起抑制作用。实验还证明,本方配伍升麻、柴胡时,对动物肠蠕动有促进作用,从方中减去此二药时,促进蠕动效果则明显减弱,且不持久。只有升麻、柴胡对肠管蠕动无明显影响。说明升麻、柴胡与本方中其他药物有协同效果(《天津医药杂志,1960;2:4)。补中益气汤对环磷酰胺抗癌活性和毒性的实验结果表明,本方煎剂与注射剂均可显著提高环磷酰胺的抗癌活性,注射剂作用大于煎剂;对环磷酰胺所致染色体畸变,红、白细胞减少,及脾脏的萎缩有显著的对抗作用。提示在使用抗肿瘤化疗药物时配合本方,将会提高疗效,降低化疗药物毒性副反应(中国中药杂志,1989;3:48)。

【方歌】
补中益气芪术陈,升柴参草当归身,
虚劳内伤功独擅,亦治阳虚外感因。

玉 屏 风 散

《究原方》录自《医方类聚》

【组成】 防风一两（6g） 黄芪蜜炙 白术各二两（各12g）
【用法】 上咬咀,每服三钱(9g),用水一盏半,加大枣一枚,煎至七分,去滓,食后热服。
【功用】 益气固表止汗。
【主治】 表虚自汗。汗出恶风,面色㿠白,舌淡苔薄白,脉浮虚。亦治虚人腠理不固,易于感冒。
【方解】 本方证为卫气虚弱,不能固表所致。表虚腠理不密,则易为风邪所袭,卫虚失固,营阴不能内守,津液外泄,则自汗恶风。治宜益气扶正,固表止汗。方中黄芪甘温,内可大补脾肺之气,外可固表止汗,为君药。白术健脾益气, 助黄芪以加强益气固表之力, 为臣药。两药合用,使气旺表实,则汗不外泄,邪亦不易内侵。佐以防风走表而祛风邪,合芪、术则扶正为主,兼以祛邪。本方配伍特点在于:以补气固表药为主,配伍小量祛风解表之品,使补中寓散。其中黄芪得防风,则固表而不留邪;防风得黄芪,则祛邪而不伤正,两者相畏而相使。对于表虚自汗,或体虚易于感冒者,用之有益气固表,扶正祛邪之功。方名玉屏风者,即是根据其功用有似御风的屏障,而又珍贵如玉之意。

本方与桂枝汤均可用治表虚自汗,然本方证之自汗,乃卫气虚弱,腠理不固所致;桂枝汤证之自汗,因外感风寒,营卫不和而致。故本方功专固表止汗,兼以祛风;而桂枝汤则以解肌发表,调和营卫取效。

【运用】

1．本方为治疗表虚自汗的常用方剂。除自汗恶风外,以面色㿠白,舌淡脉虚为证治要点。若外感自汗,阴虚盗汗,不宜应用。

2．若自汗较重者,可加浮小麦、煅牡蛎、麻黄根,以加强固表止汗之效。

3．对于过敏性鼻炎、上呼吸道感染、因表阳不固而外感风邪者,以及肾小球肾炎易于伤风感冒而诱致病情反复者,均可加减用之。

【文献摘要】

《古今名医方论》:"柯琴曰:邪之所凑其气必虚,故治风者,不患无以驱之,而患无以御之;不畏风之不去,而畏风之复来,何则?发散太过,玄府不闭故也。昧者不知托里固表之法,遍试风药以驱之,去者自去,来者自来,邪气留连,终无解期矣。防风遍行周身,称治风之仙药,上清头目七窍,内除骨节疼痹,外解四肢挛急,为风药中之润剂,治风独取此味,任重功专矣。然卫气者,所以温分肉而充皮肤,肥腠理而司开阖,惟黄芪能补三焦而实卫,为玄府御风之关键,且无汗能发,有汗能止,功同桂枝,故又能除头目风热,大风癞疾,肠风下血,妇人子脏风,是补剂中之风药也,所以防风得黄芪,其功愈大耳。白术健脾胃,温分肉,培土以宁风也。夫以防风之善驱风,得黄芪以固表,则外有所卫;得白术以固里,则内有所据,风邪去而不复来。此欲散风邪者,当倚如屏,珍如玉也。"

临床报道:玉屏风散对预防体弱儿童反复呼吸道感染有良好疗效。有人以黄芪9g,白术6g,防风3g,陈皮6g,山药9g,牡蛎9g为散,先后观察85例,作用显著。其机理与本方能提高血清IgA水平有关(中医杂志,1982;1:37)。用玉屏风散加淫羊藿及维生素E(每日60～90mg)为基本方,治疗36例隐匿性肾炎。结果基本缓解30例,无效6例,对尿红细胞、尿蛋白的有效率分别为90.9%、83.3%。对基本缓解病例中,18例经过8个月至3年的随访,仅2例尿复查出现2～3次尿红细胞少许,其他均无复发(中西医结合杂志,1983;6:340)。对病毒性心肌炎患者60例进行自然杀伤(NK)细胞活性检测,发现NK细胞活性降低者达50例,占83.3%。经用玉屏风散合生脉散服用3～6个月后,60例的NK细胞活性由治前的$9.75\pm5.44\%$提高至$23.23\pm10.88\%$,两者比较有非常显著差异($p<0.001$)。患者临床症状及心电图亦均有改善(中医杂志,1990;12:22)。

实验研究:玉屏风散对机体免疫功能呈现双向调节作用,实验表明能使cAMP低者升高,高者则降低之,且cAMP变化与溶血空斑细胞数(PFC)变化呈逆相关,即cAMP升高,PFC降低;cAMP降低,PFC则升高;与cGMP呈正相关,对cAMP/cGMP变化则呈逆相关(中药通报,1981;1:33)。玉屏风散对实验性肾炎有一定保护作用,能减轻病变,促进病理修复(中西医结合杂志,1986;4:229)。

【方歌】

玉屏风散最有灵,芪术防风鼎足形,

表虚汗多易感冒,药虽相畏效相成。

生 脉 散

《医学启源》

【组成】 人参五分（9g） 麦门冬五分（9g） 五味子七粒（6g）

【用法】 长流水煎，不拘时服。

【功用】 益气生津，敛阴止汗。

【主治】

1．温热、暑热，耗气伤阴证。汗多神疲，体倦乏力，气短懒言，咽干口渴，舌干红少苔，脉虚数。

2．久咳肺虚，气阴两虚证。干咳少痰，短气自汗，口干舌燥，脉虚细。

【方解】 本方治证为温热、暑热之邪，耗气伤阴，或久咳肺虚，气阴两伤而致。因暑为阳邪，热蒸汗多，最易耗气伤津，导致气阴两伤，故汗多、神疲、体倦、气短、咽干、脉虚。咳嗽时久伤肺，气阴不足者，亦可见上述征象。治宜益气养阴生津之法。方中人参甘温，益气生津以补肺，肺气旺则四脏之气皆旺，为君药。麦门冬甘寒，养阴清热，润肺生津，为臣药。人参、麦冬合用，则益气养阴之功益彰。五味子酸温，敛肺止汗，生津止渴，为佐药。三药合用。一补一清一敛，共奏益气养阴，生津止渴，敛阴止汗之效。使气复津生，汗止阴存，脉得气充，则可复生，故名"生脉"。《医方集解》说："人有将死脉绝者，服此能复生之，其功甚大。"至于久咳肺虚，气阴两伤证，取其益气养阴，敛肺止咳，以求本图治，使气阴两复，肺润津生，诸症得除。

【运用】

1．本方是治疗气阴两虚证的常用方剂。以体倦，气短，咽干，舌红脉虚为证治要点。若属外邪未解，或暑病热盛，气阴未伤者，均不宜用。久咳肺虚，亦应在阴伤气耗，纯虚无邪之时，方为适当。

2．方中人参性味甘温，若属气阴不足，阴虚有热者，可用西洋参代替；病情急重者，全方用量宜加重。

3．对于肺结核、慢性支气管炎、神经衰弱的咳嗽和心烦失眠，以及心脏病心律不齐属气阴两虚者，均可加减应用。生脉散经剂型改革后制成的生脉注射液，药理研究证实，该制剂毒性小，安全度大。临床常用于治疗急性心肌梗死、心源性休克、中毒性休克、失血性休克及冠心病、内分泌等疾病属气阴两虚者。

【文献摘要】

《成方便读》："夫肺主一身之气，为百脉所朝宗，肺气旺则脏腑之气皆旺，精自生而形自盛，脉自不绝矣。一受暑热之气，金受火刑，肺气被灼，则以上诸证叠出矣。然暑为夏月之正邪，人之元气充实者，原可不病，故邪之所凑，其气必虚。方中但以人参保肺气，麦冬保肺阴，五味以敛其耗散，不治暑而单治其正，以暑为无形之邪，若暑中无湿，则不致留恋之患，毕竟又无大热，则清之又无可清，故保肺一法，即所以却暑耳。此又治邪少虚多，热伤元气之一法也，在夏月肺虚者，可以服之。"

临床报道：本方治疗冠心病心绞痛患者222例，用生脉散口服液分煎制剂（Ⅰ号）、合煎制剂（Ⅲ号）及空白对照组（Ⅱ号）进行随机双盲法自身对照研究。结果：Ⅰ号与Ⅲ号心电图疗效好转率分别为37.7%和48.6%，Ⅱ号为20%。Ⅰ号和Ⅲ号疗效较Ⅱ号为好（p＜0.02）（实用中西医结合杂志，1988；1：15）。采用 Swan—Ganz 四腔气囊导管送至肺动脉，观察生脉注射液对急性心肌梗死患者的血流动力学影响。结果表明，急性心肌梗死尤其是伴有休克患者，静脉注射生脉注射液后，临床症状得到显著改善（中华心血管病杂志，1984；1：5）。应用生脉注射液治疗22例急性心梗患者。结果：给药1小时后，LVEF明显延长，射血前期(PEP)，等容收缩期(ICT)明显缩短。静脉注射生脉注射液前后对比有显著差异（中西医结合杂志，1981；1：13）。对86例早搏患者，以加味生脉散治疗，结果有76例在用药之后心律恢复正常，总有效率为87.2%（中医杂志，1988；12：37）。用参麦注射液治疗15例肺心病低氧血症及酸碱失衡患者，与同期具有可比性的其他疗法治疗的14例作对照。结果：参麦注射液组治疗前后动脉血氧分压、动脉血氧饱和度、碱剩余等指标均有改善，并与对照组比较有显著性差异（中医杂志，1988；7：41）。用生脉散加味治疗16例心源性哮喘患者。结果：显效8例，好转5例，无效3例（中医杂志，1988；12：22）。应用生脉注射液治疗感染性休克24例，发现在稳定和回升血压、改善全身功能状态等方面均有较好疗效（中西医结合杂志，1983；1：10）。

实验研究：生脉散能抑制心肌细胞膜 Na^+-K^+-ATP 活性，使心肌糖原代谢降到最低水平，降低耗氧量，增强收缩力，对急性心肌缺血具有保护作用，提高缺血心肌耐受力，延长缺血心肌存活时间，减少坏死区，并减慢心率，改善冠脉血流。此外，能稳定血压，对失血性休克有升压作用。并有抑制体外血栓形成作用，抗凝血功能较强，对外源性和内源性凝血系统均有明显抑制作用，对纤溶功能有促进作用（中西医结合杂志，1989；11：690）。生脉散对中暑有预防作用，实验结果表明可降低动物死亡率，减轻心肌磷酸肌酸及 cAMP 含量的耗竭。其机理可能与该方稳定心肌能量贮备有关（中西医结合杂志，1989；8：485）。生脉散对人体进入高原而引起的血浆心钠素含量下降有积极的预防作用（中国医药学报，1991；3：39）。

【方歌】
生脉麦味与人参，保肺清心治暑淫，
气少汗多兼口渴，病危脉绝急煎斟。

人参蛤蚧散

《御药院方》

【组成】　蛤蚧一对,全者,以河水浸五宿,逐日换水,浸洗净,去腥气,酥炙香熟　甘草炒紫,五两　杏仁炒,去皮尖,五两　人参　茯苓　贝母　桑白皮　知母各二两

【用法】　上为细末，净瓷盒子内盛，每日(6～9g)如茶点服，一料永除。

【功用】　补肺益肾，止咳定喘。

【主治】　肺肾气虚喘息、咳嗽。痰稠色黄，或咳吐脓血，胸中烦热，身体羸瘦，或遍身浮肿，脉浮虚。

【方解】　本方治证为肺肾虚衰，痰热内蕴，气逆不降所致。久病不已，肺虚不降，肾虚不纳，故喘咳俱甚；痰热阻肺，故咯痰色黄且稠，胸中烦热，甚则损伤血络，以致咳吐脓血。治宜补肺益肾，以固其本；清热化痰，止咳定喘，以治其标。方中蛤蚧咸平，归肺肾二经，功能补肺益肾，定喘止嗽；人参大补元气，而益脾肺，共为君药。茯苓渗湿健脾，以杜绝生痰之源，为臣

药。佐以杏仁、桑白皮肃降肺气,以定喘咳;知母、贝母清热润肺,化痰止咳。甘草调和诸药,为使。诸药合用,补益肺肾,清热化痰,止咳定喘,标本兼顾。

【运用】

1. 本方适用于喘咳时久,肺肾虚衰,兼有痰热之证。以喘息,咳嗽,痰稠色黄,脉浮虚为证治要点。若新感有外邪者,则非本方所宜。

2. 若无热者,去桑白皮、知母;阴虚者,加麦冬以养阴润肺;咳吐脓血或痰中带血者,加白茅根、地榆炭、侧柏炭以清热凉血止血。

3. 常以本方治疗慢性支气管炎、支气管扩张症,属虚喘而兼痰热者。

【附方】

人参胡桃汤(《夷坚已志》录自《是斋百一选方》原名观音人参胡桃汤) 新罗人参一寸许(9g) 胡桃肉一个(9g)去壳,不剥皮 水煎服。功用:补肺肾,定喘逆。主治:肺肾两虚,气促痰喘者。

方中人参大补元气,胡桃肉补肾敛肺定喘。两药合用,补虚定喘,肺肾同治。人参蛤蚧散与本方均有补虚定喘之功,同治虚喘证,但前者药性偏寒,主治肺肾虚衰,兼有痰热之咳喘;后者药性偏温,主治肺肾两虚,气喘不能平卧者。

【文献摘要】

《医方考》:"是方也,人参益气,蛤蚧补真,杏仁利气,二母清金,桑皮泻喘,若甘草、茯苓,乃调脾而益金之母也。又曰:蛤蚧为血气之属,能排血气之毒,故此方用之调脓理血,亦假其性而伏奇于正也。"

【方歌】

补益人参蛤蚧散,专治痰血与咳喘,
桑皮二母杏苓草,若非虚热慎毋餐。

第二节 补 血

补血剂,适用于血虚的病证。血虚与心、肝、脾最为密切。症见面色萎黄,头晕目眩,唇爪色淡,心悸,失眠,舌淡,脉细,或妇女月经不调,量少色淡,或经闭不行等。常用补血药如熟地、当归、芍药、阿胶、龙眼肉等为主,根据病证的需要和药物的特性,适当地配伍活血祛瘀、补气、或理气之品组成方剂。代表方如四物汤、当归补血汤、归脾汤等。

四 物 汤

《仙授理伤续断秘方》

【组成】 熟地黄(12g) 当归(9g) 白芍药(9g) 川芎各等分(6g)

【用法】 上为粗末。每服三钱(15g),水一盏半,煎至七分,空心热服。

【功用】 补血和血。

【主治】 营血虚滞证。心悸失眠,头晕目眩,面色无华,妇人月经不调,量少或经闭不行,脐腹作痛,舌淡,脉细弦或细涩。

【方解】 本方是由《金匮要略》中的胶艾汤减去阿胶、艾叶、甘草而成。所治之证为营血亏虚,血行不畅所致。肝为藏血之脏,血虚则肝失所养,无以上荣,故头晕目眩。心主血,藏神，血虚则无以养心，以致心神不宁，故心悸失眠。营血亏虚，则唇爪失于濡养，故苍白无华。妇人肝血不足，冲任虚损，加之血行不畅，故月经量少，甚者不能应时而下，或前或后，脐腹疼痛。治宜补养营血为主。由于血虚则易滞，故在补血的同时结合和血，既可生新，又能防瘀。方中熟地甘温味厚，而质柔润，长于滋阴养血，为君药。当归补血养肝，和血调经，为臣药。佐以白芍养血柔肝和营，川芎活血行气，调畅气血。其中地、芍为阴柔之品，与辛温之归、芎相配，则补血而不滞血，和血而不伤血，这是本方的配伍特点。四药配合，功能养血和血，可使营血调和，因此血虚者可用之以补血，血瘀者用之以行血，构成既能补血，又能活血调经之方剂。

四物汤的药物剂量，原书为各等分，《谦斋医学讲稿》认为："一般用作养血的用量，熟地、当归较重，白芍次之，川芎又次之；在不用熟地时，白芍的用量又往往重于当归。这是用四物汤平补血虚的大法"。《蒲辅周医疗经验》中说："此方为一切血病通用之方。凡血瘀者，俱改白芍为赤芍；血热者，改熟地为生地。川芎量宜小，大约为当归之半，地黄为当归之二倍。"这些对本方的运用具有指导意义。

【运用】

1. 本方原治外伤瘀血作痛，宋·《太平惠民和剂局方》用于妇人诸疾。本方是补血的常用方，也是调经的基本方。以心悸头晕，面色无华，舌淡，脉细为证治要点。对于阴虚发热，以及血崩气脱之证，非其所宜。

2. 本方多用于血虚而又血行不畅的病证。若兼气虚者，加人参、黄芪以补气生血；瘀血为主者，加桃仁、红花，白芍易赤芍，以加强活血祛瘀之力；血虚有寒者，加肉桂、炮姜、吴茱萸以温通血脉；血虚有热者，加黄芩、丹皮，熟地易生地，以清热凉血；妊娠胎漏者，加阿胶、艾叶，以止血安胎。

3. 对妇女月经不调、胎产疾病、荨麻疹等慢性皮肤病、骨伤科疾病，以及过敏性紫癜、神经性头痛等属营血虚滞者，均可应用。

【附方】

1. 胶艾汤（又名芎归胶艾汤《金匮要略》） 川芎二两（6g） 阿胶二两（9g） 甘草二两（6g） 艾叶三两（9g） 当归三两（9g） 芍药四两（12g） 干地黄六两（15g） 以水五升，清酒三升，合煮，取三升，去滓，内胶令消尽，温服一升，日三服。不瘥更作。功用：养血止血，调经安胎。主治：妇人冲任虚损，崩漏下血，月经过多，淋漓不止；产后或流产损伤冲任，下血不绝；或妊娠胞阻，胎漏下血，腹中疼痛。现用于功能性子宫出血、先兆流产、不全流产、产后子宫复旧不全等出血，属于冲任虚损者。

2. 桃红四物汤（《医宗金鉴》） 即四物汤加桃仁(9g) 红花(6g) 水煎服。功用：养血活血。主治：妇女经期超前，血多有块，色紫稠粘，腹痛等。

胶艾汤较之四物汤多阿胶、艾叶、甘草。阿胶功专滋阴补血，又善于止血，艾叶长于暖宫止血。两味与四物汤合用，则侧重于养血止血，兼以调经安胎，是标本兼顾之方。桃红四物汤是在四物汤的基础上加桃仁、红花，因此偏重于活血化瘀，适用于血瘀所致的月经不调、痛经等。

【文献摘要】

《医方考》："气、血，人身之二仪也。天地之道，阳常有余，阴常不足，人与天地相似，故阴血难成而易亏。是方也，当归、芍药、地黄味厚者也，味厚为阴中之阴，故能生血；川芎味薄而气清，为阴中之阳，故能行血中之气……。若上下失血太多，气息几微之际，则四物禁勿与之。所以然者，四物皆阴，阴者天地闭塞之令，非所以生万物者也，故曰禁勿与之。"

《成方便读》："夫人之所赖以生者，血与气耳，而医家之所以补偏救弊者，亦惟血与气耳。故一切补气诸方，皆从四君化出；一切补血诸方，又当从此四物而化也。补气者，当求之脾肺；补血者，当求之肝肾。地黄入肾；壮水补阴；白芍入肝，敛阴益血，二味为补血之正药。然血虚多滞，经脉隧道不能滑利通畅，又恐地、芍纯阴之性，无温养流动之机，故必加以当归、川芎，辛香温润，能养血而行血中之气者，以流动之。总之，此方乃调理一切血证，是其所长，若纯属阴虚血少，宜静不宜动者，则归、芎之走窜行散，又非所宜也。"

临床报道：用四物汤为基础方治疗黄体功能不全40例，对肾阳虚者加紫石英、仙茅、仙灵脾、菟丝子、覆盆子，对肾阴虚者加女贞子、旱莲草、枸杞子、五味子、玄参、麦冬，每次选加其中1～2味，每个月经周期(20±2天)为1疗程。经期及妊娠后停用。结果：单纯以中药治疗者27例中，妊娠19例，平均服药45剂。余13例服中药2疗程未孕者，加用氯䓛酚胺治疗7例，妊娠2例；加用绒毛膜促性腺激素治疗5例，妊娠4例；1例经上述治疗无效改用溴隐亭治疗后，足月分娩。本组妊娠率65%，已娩新生儿20例，均无畸形(中医杂志，1986；10：34)。应用四物汤加大黄、蝉蜕、甘草、僵蚕、乌蛇治疗变态反应性皮肤病185例，其中急性荨麻疹34例，慢性荨麻疹132例，丘疹性麻荨疹5例，过敏性紫癜2例，幼儿湿疹12例。服药7～10剂为1疗程。结果痊愈161例(87.03%)，好转20例(10.81%)无效4例(2.16%)。随访1年，痊愈者中复发4例，占0.25%(中西医结合杂志，1991；4：242)。

【方歌】

四物地芍与归芎，血家百病此方通，

经带胎产俱可治，加减运用在胸中。

当归补血汤

《内外伤辨惑论》

【组成】　黄芪一两(30g)　　当归酒洗，二钱(6g)

【用法】　上㕮咀。以水二盏，煎至一盏，去滓，空腹时温服。

【功用】　补气生血。

【主治】　血虚发热证。肌热面红，烦渴欲饮，脉洪大而虚，重按无力。亦治妇人经期、产后血虚发热头痛，或疮疡溃后，久不愈合者。

【方解】　本方证为劳倦内伤，血虚气弱所致。血虚阳浮，阴不维阳，故肌热面红，烦渴引饮。此种烦渴，每每时烦时止，渴喜热饮；面红目赤，亦是虚火上冲则症显，虚火下降则症平。脉洪大而虚，重按无力，则是劳倦以致血虚发热的辨证关键。此类虚热证，决不能误用表散清热之剂，治宜补气生血，使气旺血生，虚热自止。由于有形之血生于无形之气，故方中重用黄芪大补脾肺之气，以资气血生化之源，为君药。配伍当归甘辛而温，养血和营，为臣药。如此则阳生阴长，气旺血生，诸证自除。

至于妇人经期、产后血虚发热头痛，取其益气养血而退热。疮疡溃后，久不愈合，用本方以补气养血，扶正托毒，有利于生肌收口。

《内外伤辨惑论》说："血虚发热，证象白虎"，应加以区别。白虎汤证是因外感引起，为阳亢津伤之候,病情属实;当归补血汤证由内伤所致,为血虚气弱,病情属虚。因此,白虎汤证大渴而喜冷饮,身大热而大汗出,脉洪大而有力; 当归补血汤证口渴而喜温饮, 身虽热而无汗, 脉大而虚, 重按无力。所以《内外伤辨惑论》强调:"惟脉不长实,有辨耳,误服白虎汤必死"。

【运用】

1. 本方为补气生血之剂。常用于血虚发热,应用时除肌热,口渴喜热饮,面红外, 以脉大而虚,重按无力为证治要点。阴虚潮热证,慎用。

2. 各种贫血、过敏性紫癜等属血虚气弱者,均可用之。

【文献摘要】

《医方考》:"血实则身凉,血虚则身热。或以肌困劳役, 虚其阴血,则阴独治, 故令肌热、目赤、面红、烦渴引饮。此证纯象伤寒白虎汤之证,但脉大而虚, 非大而长, 为可辨尔。《内经》所谓脉虚血虚是也。当归味厚,为阴中之阴,故能养血;而黄芪则味甘补气者也, 今黄芪多于当归数倍,而曰补血汤者,有形之血不能自生, 生于无形之气故也。《内经》曰:'阳生阴长',是之谓尔!"

《伤寒绪论》:"气虚则身寒,血虚则身热,故用当归调血为主。然方中反以黄芪五倍当归者,以血之肇始本乎营卫也。每见血虚发热,服发散之药则热转剧, 得此则泱然自汗而热除者,以营卫和则热解,热解则水谷之津液,皆化为精血矣。"

临床报道:用当归补血汤与三棱补血汤(当归补血汤加三棱)治疗原因不明、辨证属气血两虚的白细胞减少症各5例,并设以蜂乳和维生素治疗的5例为对照组。经过3周治疗,结果对照组白细胞仅略有上升(10%左右), 而当归补血汤组白细胞增高25%左右,三棱补血汤组疗效最好,白细胞上升达50%,并迅速消除神疲、乏力等症状 (中医杂志,1985;12:887)。

实验研究:当归补血汤能促进RNA和蛋白质的合成,在体外营养肝细胞内加当归补血汤后, ($5-H^3$)尿嘧啶核苷掺入增强, 核仁 RNA 在 G_1 期的合成率提高,表明此时肝细胞分泌的蛋白质量增加。此外, 可见细胞增生活跃, 体积增大, RNA 合成率增高。($5-H^3$)尿嘧啶核苷掺入率在对照组仅1.92%,而当归补血汤组为5.2%,有统计学意义(中成药研究,1986;7:44)。当归补血汤有免疫增强效果。对小鼠腹腔巨噬细胞, 能使吞噬百分率和吞噬指数显著提高,水煎剂及醇提剂均有效, 给药后增强作用持续24小时以上。对蛋白胨吸引的腹腔巨噬细胞,本方水煎或醇提物也均有明显促进作用。拆方实验表明,本方中黄芪的增强巨噬细胞活性作用较强,而当归无明显作用(中医杂志,1979;3:56)。溶血空斑试验表明,当归补血汤能促进β-淋巴细胞分泌抗体。另用酸性非特异性脂酶标记T-淋巴细胞的实验证明,本方可显著提高其阳性细胞数。上述结果表明,当归补血汤能促进β-淋巴细胞及T-淋巴细胞功能(中药药理与临床,1985;创刊号:15)。对血小板聚集性的影响,体外法实验结果表明,当归补血汤对正常人和大鼠血小板聚集性均有非常显著地抑制作用,并且对血小板的Ⅰ相与Ⅱ相聚均有抑制作用。提示本方既能抑制外源性ADP的诱聚作用,亦能抑制血小板自身的释放功能。此外,该方还有较好地促解聚作用(中药药理与临床,1990;5:40)。

【方歌】

当归补血东垣笺,黄芪一两归二钱,

血虚发热口烦渴,脉大而虚宜此煎。

归 脾 汤

《济 生 方》

【组成】 白术(9g) 茯神去木(9g) 黄芪去芦(12g) 龙眼肉(12g) 酸枣仁炒,去壳,各一两(12g) 人参(6g) 木香不见火,各半两(6g) 甘草炙,二钱半(3g) 当归(9g) 远志各一钱(6g),(后两味从《内科摘要》补入)

【用法】 上㕮咀,每服四钱(12g),水一盏半,加生姜五片,枣子一枚,煎至七分,去滓温服,不拘时候。

【功用】 益气补血,健脾养心。

【主治】

1. 心脾气血两虚证。心悸怔忡,健忘失眠,盗汗虚热,体倦食少,面色萎黄,舌淡,苔薄白,脉细弱。

2. 脾不统血证。便血,皮下紫癜,妇女崩漏,月经超前,量多色淡,或淋漓不止,舌淡,脉细者。

【方解】 本方治证是因心脾两虚,气血不足所致,心藏神而主血,脾主思而统血,思虑劳倦过度,损伤心脾。脾胃为气血生化之源,脾虚则气衰血少,心无所养,不能藏神,故心悸怔忡,健忘失眠,体倦食少,舌淡,苔薄白,脉细弱。脾气虚则统摄无权,故便血,皮下紫癜,妇女崩漏下血等。治宜益气补血与健脾养心兼顾。方中黄芪甘微温,补脾益气;龙眼肉甘温,既能补脾气,又能养心血,共为君药。人参、白术甘温补气,与黄芪相配,加强补脾益气之功;当归甘辛微温,滋养营血,与龙眼肉相伍,增加补心养血之效,均为臣药。茯神、酸枣仁、远志宁心安神;木香理气醒脾,与补气养血药配伍,使之补不碍胃,补而不滞,俱为佐药。张璐曾说:"此方滋养心脾,鼓动少火,妙以木香调畅诸气。世以木香性燥不用,服之多致痞闷,或泄泻、减食者,以其纯阴无阳,不能输化药力故耳"(《古今名医方论》)。炙甘草补气健脾,调和诸药,为使药。用法中加姜、枣调和脾胃,以资生化。本方的配伍特点,一是心脾同治,重点在脾,使脾旺则气血生化有源。方名归脾,意即在此。二是气血并补,但重用补气,意在生血。方中黄芪配当归,寓当归补血汤之意,使气旺则血自生,血足则心有所养。所以《沈氏女科辑要笺正》指出:"归脾汤方确为补益血液专剂"。

本方原载宋·严用和《济生方》,但方中无当归、远志,至明·薛己为加强养血宁神之效,将此二味补入。本方的适应范围,随着后世医家的临床实践,不断有所扩充,原治思虑过度,劳伤心脾、健忘、怔忡之证。元·危亦林在《世医得效方》中增加治疗脾不统血之吐血、下血。明·薛己《内科摘要》增补了治疗惊悸、盗汗、嗜卧少食、月经不调、赤白带下等证。

本方与补中益气汤同用参、芪、术、草以益气补脾。其不同之处,本方是补气药配伍养心安神药,意在补益心脾,复其生血统血之职;补中益气汤是补气药配伍升阳举陷药,意在补气升提,复其升清降浊之能。在主治方面,本方主治心脾气血两虚之心悸怔忡,健忘失眠,体倦食少,以及脾不统血之便血、崩漏;补中益气汤主治脾胃气虚之少气懒言、发热及中气下陷诸证。

【运用】

1. 本方是治疗心脾气血不足的常用方。以心悸失眠,体倦食少,便血及崩漏,舌淡,脉细弱为证治要点。

2. 用于崩漏下血偏寒者，可加艾叶炭、炮姜炭以温经止血；若偏热者，加生地炭、阿胶珠、棕榈炭以清热止血。

3. 常用于胃及十二指肠溃疡出血、功能性子宫出血、再生障碍性贫血、血小板减少性紫癜、神经衰弱、心脏病等属心脾气血两虚及脾不统血者。

【文献摘要】

《医方集解》："此手少阴、足太阴药也。血不归脾则妄行，参、术、黄芪、甘草之甘温，所以补脾；茯神、远志、枣仁、龙眼之甘温酸苦，所以补心，心者，脾之母也。当归滋阴而养血，木香行气而舒脾，既以行血中之滞，又以助参、芪而补气。气壮则能摄血，血自归经，而诸证悉除矣。"

《成方便读》："夫心为生血之脏而藏神，劳则气散，阳气外张，而神不宁，故用枣仁之酸以收之，茯神之静以宁之，远志泄心热而宁心神。思则脾气结，故用木香行气滞，舒脾郁，流利上、中二焦，清宫除道。然后参、芪、术、草、龙眼等大队补益心脾之品以成厥功。继之以当归，引诸血各归其所当归之经也。"

临床报道：应用归脾汤治疗缺铁性贫血19例，服药1个月后以血象检查评定疗效，其中显效4例，有效11例，无效4例，有效率为79%（中成药研究，1987；5：20）。用本方加减治疗慢性原发性血小板减少性紫癜35例，近期疗效：完全缓解15例（血小板计数 $>100\times10^9/L$，临床症状消失），基本缓解10例[血小板计数$(80\sim100)\times10^9/L$，临床症状基本消失]，进步9例（血小板上升$20\times10^9/L$以上，临床症状部分消失），无效1例，总有效率为97.2%（实用中西医结合杂志，1990；1：29）。用归脾丸治疗心脾气血两虚证的神经衰弱100例，每次服1丸(9g)，1日2次。其自觉症状大都在服药1周后相继减轻，病程愈短，疗效愈好。100例中服药后症状显著改善者19例，改善者72例，无变化者9例，总有效率为91%（中华医学杂志，1958；10：989）。应用归脾汤加减治疗脑外伤后遗综合征88例，患者皆诊断为脑震荡、脑挫伤等闭合性颅脑损伤。伤后经治疗1个月以上，仍有头痛、头晕、昏胀、健忘、失眠、耳鸣、注意力不集中、疲乏无力、食欲不振、苔白、脉细等症状，以本方加减为主，辅以西药谷维素、r-氨酪酸等。治疗结果：痊愈41例(45.5%)，显效30例(34%)，好转17例(20.5%)（新医药学杂志，1977；9：21）。

【方歌】

归脾汤用术参芪，归草茯神远志随，

酸枣木香龙眼肉，煎加姜枣益心脾，

怔忡健忘俱可却，肠风崩漏总能医。

第三节 气血双补

气血双补剂，适用于气血两虚的病证。症见面色无华，头晕目眩，心悸怔忡，食少倦怠，气短懒言，舌淡，脉虚无力等。常用补气药如人参、黄芪、白术等与补血药如当归、熟地、白芍、阿胶等共同组成方剂。代表方如八珍汤等。

八 珍 汤

《正体类要》

【组成】 人参 白术 白茯苓 当归 川芎 白芍药 熟地黄各一钱(各9g) 甘草炙,五分(5g)

【用法】 加生姜三片,大枣五枚,水煎服。

【功用】 益气补血。

【主治】 气血两虚证。面色苍白或萎黄,头晕目眩,四肢倦怠,气短懒言,心悸怔忡,饮食减少,舌淡苔薄白,脉细弱或虚大无力。

【方解】 本方治证多由久病失治或病后失调,或失血过多,以致气血两虚,而见上述诸症。治宜益气与养血并补。方中人参与熟地相配,益气养血,共为君药。白术、茯苓健脾渗湿,协人参益气补脾;当归、白芍养血和营,助熟地补益阴血,均为臣药。佐以川芎活血行气,使之补而不滞。炙甘草益气和中,调和诸药,为使药。上述参、术、苓、草,即四君子汤;地、芍、归、芎,即四物汤。因此,本方实为四君子汤和四物汤的复方。

【运用】

1. 本方是治疗气血两虚的常用方。以气短乏力,心悸失眠,头目眩晕,舌淡,脉细无力为证治要点。

2. 常用于病后虚弱、各种慢性病,以及妇女月经不调等属气血不足者。

【附方】

1. 十全大补汤 (《太平惠民和剂局方》) 人参(6g) 肉桂去粗皮(3g) 川芎(6g) 地黄洗,酒蒸,焙(12g) 茯苓(9g) 白术焙(9g) 甘草炙(3g) 黄芪去芦(12g) 川当归洗,去芦(9g) 白芍药(9g) 各等分 上为细末,每服二大钱(9g),用水一盏,加生姜三片,枣子二个,同煎至七分,不拘时候温服。功用:温补气血。主治:气血不足,饮食减少,久病体虚,脚膝无力,面色萎黄,精神倦息,以及疮疡不敛,妇女崩漏等。

2. 人参养荣汤 (原名养荣汤《三因极一病证方论》) 黄芪(12g) 当归(9g) 桂心(3g) 甘草炙(3g) 橘皮 白术 人参各一两(各6g) 白芍药三两(18g) 熟地黄(9g) 五味子 茯苓各七钱半(各4g) 远志去心,炒,半两(6g) 上锉为散,每服四大钱(12g),用水一盏半,加生姜三片,大枣二个,煎至七分,去滓,空腹服。功用:益气补血,养心安神。主治:积劳虚损,气血不足,四肢沉滞,骨肉痠疼,行动喘咳,小便拘急,腰背强痛,心虚惊悸,咽干唇燥,饮食无味,形体瘦削等。

以上两方均由八珍汤加减而成,都具有益气补血的作用,主治气血两虚病证。其中十全大补汤偏于温补气血,用于气血两虚而有温补之力;人参养荣汤益气补血,养心安神,用于气血两虚而有安神之功。

【文献摘要】

《医方考》:"血气俱虚者,此方主之。人之身,气血而已。气者百骸之父,血者百骸之母,不可使其失养者也。是方也,人参、白术、茯苓、甘草,甘温之品也,所以补气;当归、川芎、芍药、地黄,质润之品也,所以补血。气旺则百骸资之以生,血旺则百骸资之以养。形体既充,则百邪不入,故人乐有药饵焉。"

【方歌】
双补气血八珍汤,四君四物合成方,
煎加姜枣调营卫,气血亏虚服之康。

泰山磐石散

《古今医统大全》

【组成】 人参一钱（3g） 黄芪一钱（6g） 白术二钱（6g） 炙甘草五分（2g） 当归一钱（3g） 川芎八分（2g） 白芍药八分（3g） 熟地黄八分（3g） 川续断一钱（3g） 糯米一撮（6g） 黄芩一钱（3g） 砂仁五分（1.5g）

【用法】 上用水一盅半,煎至七分,食远服。但觉有孕,三五日常用一服,四月之后,方无虑也。

【功用】 益气健脾,养血安胎。

【主治】 堕胎、滑胎。胎动不安,或屡有堕胎宿疾,面色淡白,倦怠乏力,不思饮食,舌淡苔薄白,脉滑无力。

【方解】 本方证是由气血虚弱,胞宫不固,胎元失养,以致胎动不安,甚或流产滑胎。方中人参、黄芪、白术、炙甘草益气健脾以固胎元;当归、熟地、白芍、川芎养血和血以养胎元;续断与熟地合用,补益肝肾而保胎元。白术与黄芩相配,健脾清热,为安胎要药。少用砂仁理气醒脾,既可防益气养血之品滋腻碍胃,又有安胎之效。糯米补脾养胃。诸药配伍,使气血旺盛,冲任安固,自无堕胎之患。

本方系八珍汤减去茯苓,加黄芪、续断、黄芩、砂仁、糯米而成。减去茯苓,因其淡渗易使津液下行外泄,对养胎不利。

【运用】

1. 本方是治疗妊娠胎动不安的常用方剂。以倦怠乏力,腰痠神疲,舌淡,脉滑无力为证治要点。

2. 若热多者,倍黄芩以清热安胎,少用砂仁以防辛温助热;胃弱者,多用砂仁以助脾胃之运化,少加黄芩以免苦寒伤胃。

3. 治疗习惯性流产,从妊娠2个月起,每周服用2剂,连服2～3个月。

【附方】

保产无忧散（《女科·产后编》） 当归钱半,酒洗（5g） 川芎钱半（5g） 炒黑芥穗八分（2.5g） 艾叶炒,七分（2g） 麸炒枳壳六分（2g） 炙黄芪八分（2.5g） 兔丝子钱四分,酒炒（5g） 羌活五分（1.5g） 厚朴七分,姜炒（2g） 川贝母一钱,去心（3g） 白芍钱二分,酒炒（4g） 甘草五分（1.5g） 姜三片 水煎温服。保胎,每月三五服;催生,临产热服。功用:益气养血,理气安胎,顺产。主治:妊娠胎动,腰疼腹痛,势欲小产,或临产时,交骨不开,横生逆下,或子死腹中。

本方与泰山磐石散均能安胎,治疗堕胎。泰山磐石散补气养血之力强,主治屡有堕胎之滑胎;本方补气血之力较逊,又有理气顺产之功,主治难产,有未产能安,临产能催之用。

【方歌】
泰山磐石八珍全,去苓加芪芩断联,
再益砂仁及糯米,妇人胎动可安全。

第四节 补 阴

补阴剂,适用于阴虚的病证。阴虚与五脏均有密切关系,尤以肾阴虚为主,而且心肾、肝肾、肺肾等往往结合为病。症见形体消瘦,头晕耳鸣,潮热颧红,五心烦热,盗汗失眠,腰痠遗精,咳嗽咯血,口燥咽干,舌红少苔,脉细数。常用补阴药如熟地、麦冬、沙参、阿胶、龟版等为主组方。由于阴虚易从热化,故应适量配伍清热之品。此外,根据兼夹证和药物特性的不同,有时需配补阳、理气之品组成方剂。代表方如六味地黄丸、大补阴丸、炙甘草汤、一贯煎、百合固金汤等。

六味地黄丸(原名地黄丸)

《小儿药证直诀》

【组成】 熟地黄八钱(24g) 山萸肉 干山药各四钱(各12g) 泽泻 牡丹皮 茯苓去皮,各三钱(各9g)

【用法】 上为末,炼蜜为丸,如梧桐子大。空心温水化下三丸。

【功用】 滋阴补肾。

【主治】 肾阴虚证。腰膝痠软,头晕目眩,耳鸣耳聋,盗汗,遗精,消渴,骨蒸潮热,手足心热,舌燥咽痛,牙齿动摇,足跟作痛,小便淋漓,以及小儿囟门不合,舌红少苔,脉沉细数。

【方解】 肾为先天之本,肾阴不足,则变生诸证。腰为肾之府,肾主骨生髓,齿为骨之余,肾阴不足则骨髓不充,故腰膝痠软无力,牙齿动摇;脑为髓之海,肾阴亏损,不能生髓充脑,故头晕目眩;肾开窍于耳,肾阴不足,精不上承,故耳鸣耳聋;肾藏精,为封藏之本,肾阴虚则相火内扰精室,故遗精;阴虚生内热,甚者虚火上炎,故骨蒸潮热,消渴,盗汗,舌红少苔,脉沉细数等。小儿囟门不合,亦为肾虚生骨迟缓所致。治宜滋阴补肾为主,适当配伍清虚热之品。亦即王冰所说:"壮水之主,以制阳光"。方中重用熟地黄,滋阴补肾,填精益髓,为君药。山萸肉补养肝肾,并能涩精;山药补益脾阴,亦能固精,共为臣药。三药相配,滋养肝脾肾,称为"三补"。但熟地黄的用量是山萸肉与山药两味之和,故以补肾阴为主,补其不足以治本。配伍泽泻利湿泄浊,并防熟地黄之滋腻恋邪;牡丹皮清泄相火,并制山萸肉之温涩;茯苓淡渗脾湿,并助山药之健运。三药为"三泻",渗湿浊,清虚热,平其偏胜以治标,均为佐药。六味合用,三补三泻,其中补药用量重于"泻药",是以补为主;肝脾肾三阴并补,以补肾阴为主,这是本方的配伍特点。

六味地黄丸系宋·钱乙从《金匮要略》的肾气丸减去桂、附而成,用治肾怯诸证。《小儿药证直诀笺正》说:"仲阳意中,谓小儿阳气甚盛,因去桂、附而创立此丸,以为幼科补肾专药。"

【运用】

1. 本方是治疗肾阴虚证的基本方。以腰膝痠软,头晕目眩,口燥咽干,舌红少苔,脉沉细数为证治要点。脾虚泄泻者慎用。

2. 若阴虚而火旺盛者,加知母、玄参、黄柏等以加强清热降火之功;兼有脾虚气滞者,加焦白术、砂仁、陈皮等以防碍气滞脾。

3．慢性肾炎、高血压病、糖尿病、肺结核、肾结核、甲状腺功能亢进、中心性视网膜炎及无排卵性功能性子宫出血、更年期综合征等属肾阴虚弱为主者，均可加减应用。

【附方】

1．知柏地黄丸（又名知柏八味丸《医宗金鉴》）　即六味地黄丸加知母盐炒　黄柏盐炒各二钱（各6g）　上为细末，炼蜜为丸，如梧桐子大，每服二钱(6g)，温开水送下。功用：滋阴降火。主治：阴虚火旺证。骨蒸潮热，虚烦盗汗，腰脊痠痛，遗精等证。

2．杞菊地黄丸（《医级》）　即六味地黄丸加枸杞子　菊花各三钱（各9g）　上为细末，炼蜜为丸，如梧桐子大，每服三钱(9g)，空腹服。功用：滋肾养肝明目。主治：肝肾阴虚证。两目昏花，视物模糊，或眼睛干涩，迎风流泪等。

3．都气丸（《医贯》）　即六味地黄丸加五味子二钱(6g)　用法同上。功用：滋肾纳气。主治：肾虚气喘，或呃逆之证。

4．麦味地黄丸（原名八仙长寿丸《寿世保元》）　即六味地黄丸加麦冬三钱(9g)　五味子二钱(6g)　上为细末，炼蜜为丸，如梧桐子大，每服三钱(9g)，空腹时用姜汤送下。功用：滋补肺肾。主治：肺肾阴虚，或喘或咳者。

以上四方均由六味地黄丸加味而成，都有滋阴补肾的功用。其中知柏地黄丸偏于滋阴降火，适用于阴虚火旺，骨蒸潮热，遗精盗汗之证；杞菊地黄丸偏于养肝明目，适用于肝肾阴虚，两目昏花，视物模糊之证；都气丸偏于滋肾纳气，适用于肾虚喘逆；麦味地黄丸偏于滋肾敛肺，适用于肺肾阴虚之喘嗽。

【文献摘要】

《古今名医方论》柯琴："肾虚不能藏精，坎宫之火无所附而妄行，下无以奉春生之令，上绝肺金之化源。地黄禀甘寒之性，制熟味更厚，是精不足者补之以味也，用以大滋肾阴，填精补髓，壮水之主。以泽泻为使，世或恶其泻肾去之，不知一阴一阳者，天地之道，一开一阖者，动静之机。精者属癸，阴水也，静而不走，为肾之体；溺者属壬，阳水也，动而不居，为肾之用。是以肾主五液，若阴水不守，则真水不足；阳水不流，则邪水逆行。故君地黄以护封蛰之本，即佐泽泻以疏水道之滞也。然肾虚不补其母，不导其上源，亦无以固封蛰之用。山药凉补，以培癸水之上源，茯苓淡渗，以导壬水之上源。加以茱萸之酸温，藉以收少阳之火，以滋厥阴之液，丹皮辛寒，以清少阳之火，还以奉少阳之气也。滋化源，奉生气，天癸居其所矣。壮水制火，特此一端耳。"

《成方便读》："此方大补肝脾肾三脏，真阴不足，精血亏损等证。故用补必兼泻邪，邪去则补乃得力。故以熟地之大补肾脏之精血为君，必以泽泻分导肾与膀胱之邪浊为佐；山萸之补肝固精，即以丹皮能清泄厥阴、少阳血分相火者继之；山药养脾阴，茯苓渗脾湿，相和相济，不燥不寒，乃王道之方也。"

临床报道：对无恶性肿瘤的子宫及附件切除后绝经，自然绝经2年以及正处于绝经期前后有明显更年期症状的23名妇女进行临床研究。患者每日服六味地黄丸9g，早晚分服，一般用药3个月后，其潮红、潮热、出汗、心悸、焦虑、急躁、失眠、记忆力减退等症状均有明显的改善；显效与有效率分别为39.1%（9例）及60.9%（14例）（中西医结合杂志，1986；6：386）。以本方加枸杞子、菊花、当归、赤芍、丝瓜络、珍珠母为基础方，治疗中心性视网膜炎52例，其中除13例（16眼）因不明原因而中断治疗者外，余39例（43眼）均有不同程度的效果（新医药学杂志，1976；5：22）。用本方试治于食道癌的癌前病变-食道上皮细胞重度增生患者92例，1年后病理脱落细胞复查，癌变仅2例，稳定8例，好转或正常82例。与对照组89例相比较，差异显著（p＜0.001）。并对湖北57例和河北30例患者作了5年以上的随访，癌变率和重增率明显比对照组下降，好转或正常率明显上升，食道管粘膜炎性细胞浸润和霉菌感染明显减轻，血清极谱较治疗前明显下降（中医杂志，1983；6：71）。

实验研究：对实验性肾性高血压有明显的降压，改善肾功能，降低病死率的作用（中华内科杂志，1964；1：23）。本方对血脂的影响，实验结果表明，每天在喂高脂饲料的同时，加服六味地黄片（相当生药0.6g），8周后用药组动物的血清胆固醇和甘油三酯比不给药组明显降低（p＜0.01）。解剖时肉眼观察到，对照组肝脏等脏器呈现较明显的脂肪沉积；而给药组脏器色泽均正常（中成药研究，1986；12：41）。本方对神经和血液系统也有一定影响。实验证明，本方能改善动物神经系统及性腺的功能障碍，并使红细胞糖分解代谢恢复正常（中华内科杂志，1984；4：310）。用六味地黄汤煎剂（1：2.5＝ml：g）滴喂实验性佝偻雏鸡2个月，检测血清钙、磷含量。结果给药组血清钙、磷浓度均高于不给药的佝偻鸡组。X线诊断证明，不给药组的佝偻病患病率高达65.5%，给六味地黄汤组发病率仅为16.7%（中西医结合杂志，1987；7：423）。对环磷酰胺和地塞米松造成的免疫功能低下动物进行实验。结果给动物灌服六味地黄丸（5g/kg）1周，可有一定的对抗环磷酰胺和地塞米松的抑制作用。表现为能使环磷酰胺所致的小鼠胸膜、脾脏重量减轻。血清特异性抗体水平下降和淋巴细胞转化功能降低恢复至接近正常对照组水平；使地塞米松所致小鼠腹腔巨噬细胞吞噬功能下降和血中 $ANAE^+$ 淋巴细胞比率降低提高至正常水平（中国免疫学杂志，1987；5：296）。在抗肿瘤的药理研究方面，发现六味地黄汤能抑制某些化学致癌物质如 N-亚硝基肌氨酸乙脂和氨基甲酸乙脂的诱瘤作用，使接受化学致癌物质的动物脾脏淋巴小结生发中心增生活跃，促进骨髓早细胞和淋巴组织增生，增强荷瘤动物机体的单核吞噬系统的吞噬功能，在一定程度上维持荷瘤动物的甲状腺功能，降低蛋白分解，提高荷瘤动物血清白/球蛋白比例，从而对肿瘤的形成和荷瘤动物的生存具有某些作用（中医杂志，1983；6：71）。六味地黄丸能降低正常的和化学诱变的动物骨髓多染细胞微核出现率；连续投药60周后，动物肿瘤的自发率随用药剂量增大而降低，其中大剂量组的自发率明显低于对照组（p＜0.01），说明本方对突变和癌变均具有一定的防护作用（中西医结合杂志，1990；7：433）。此外，对灌服20g/kg六味地黄汤与灌服10g/kg人参煎液的动物进行药理比较，结果显示服用六味地黄汤组的小鼠与人参组动物有类似的抗低温、抗疲劳、耐缺氧以及促皮质激素样作用；对氢化考的松引起的小鼠肾上腺、胸腺萎缩也有一定的对抗作用，并能抑制小鼠棉球样肉芽肿增生（中成药研究，1986；4：26）。

【方歌】
　　六味地黄益肾肝，茱薯丹泽地苓专，
　　更加知柏成八味，阴虚火旺自可煎。
　　养阴明目加杞菊，滋阴都气五味先，
　　肺肾两调金水生，麦冬加入长寿丸。

第四节 补 阴

左 归 丸

《景岳全书》

【组成】 大熟地八两(24g) 山药炒,四两(12g) 枸杞子四两(12g) 山茱萸肉四两(12g) 川牛膝酒洗,蒸熟,三两(9g) 菟丝子制,四两(12g) 鹿角胶敲碎,炒珠,四两(12g) 龟版胶切碎,炒珠,四两(12g)

【用法】 上先将熟地蒸烂,杵膏,炼蜜为丸,如梧桐子大。每食前用滚汤或淡盐汤送下百余丸(9g)。

【功用】 滋阴补肾,填精益髓。

【主治】 真阴不足证。头目眩晕,腰酸腿软,遗精滑泄,自汗盗汗,口燥舌干,舌红少苔,脉细。

【方解】 本方治证为真阴不足,精髓亏损所致。肾藏精,主骨生髓,肾阴亏损,精髓不充,封藏失职,故头目眩晕,腰酸腿软,遗精滑泄。治宜壮水之主,以培肾之真阴。方中重用熟地滋肾益精,以填真阴,为君药。山茱萸养肝滋肾,涩精敛汗;山药补脾益阴,滋肾固精;枸杞子补肾益精,养肝明目;龟鹿二胶,为血肉有情之品,峻补精髓,龟版胶偏于补阴,鹿角胶偏于补阳,在补阴之中配伍补阳药,取"阳中求阴"之义,均为臣药。菟丝子、川牛膝益肝肾,强腰膝,健筋骨,俱为佐药。诸药合用,共奏滋阴补肾,填精益髓之效。

左归丸是由六味地黄丸去"三泻"(泽泻、茯苓、丹皮),加枸杞子、龟版胶、鹿角胶、菟丝子、川牛膝而成。两方均为滋阴补肾之剂,但立法和主治均有不同。六味地黄丸以补肾阴为主,寓泻于补,适用于阴虚内热证;左归丸纯甘壮水,补而无泻,适用于真阴不足,精髓亏损之证。故《王旭高医书六种·医方证治汇编歌诀》中说:"左归是育阴以涵阳,不是壮水以制火"。

【运用】

1. 本方是治真阴不足证的常用方。以头目眩晕,腰酸腿软,舌光少苔,脉细为证治要点。方中组成药物以阴柔滋润为主,久服常服,每易滞脾碍胃,若脾虚泄泻者慎用。

2. 若真阴不足,虚火上炎者,去枸杞子、鹿角胶,加女贞子、麦门冬以养阴清热;火烁肺金,干咳少痰者,加百合以润肺止咳;夜热骨蒸者,加地骨皮以清虚热,退骨蒸;小便不利、不清者,加茯苓以利水渗湿;大便燥结者,去菟丝子,加肉苁蓉以润肠通便;气虚者,加人参以补气。

【附方】

左归饮(《景岳全书》) 熟地二三钱,或加至一二两(9g) 山药 枸杞子各二钱(各6g) 炙甘草一钱(3g) 茯苓一钱半(4.5g) 山茱萸一二钱(6g)畏酸者少用之 以水二盅,煎至七分,食远服。功用:补益肾阴。主治:真阴不足证。腰酸遗泄,盗汗,口燥咽干,口渴欲饮,舌尖红,脉细数。

左归饮与左归丸均为纯补之剂,同治肾阴不足证。然左归饮药味较少,滋阴补肾之力逊于左归丸,适用于肾阴不足之轻证。

【文献摘要】

《医学举要》:"左归宗钱仲阳六味丸,减去丹皮者,以丹皮过于动汗,阴虚必多自汗、盗汗也;减去茯苓、泽泻者,意在峻补,不宜于淡渗也。方用熟地之补肾为君;山药之补脾,山茱之补肝为臣;配以枸杞补精,川膝补血,菟丝补肾中之气,鹿胶、龟胶补督任之元。虽曰左归,其实三阴并补,水火交济之方也。"

【方歌】

左归丸内山药地,萸肉枸杞与牛膝,

菟丝龟鹿二胶合,壮水之主方第一。

大补阴丸（原名大补丸）

《丹溪心法》

【组成】　熟地黄酒蒸　龟版酥炙，各六两（各18g）　黄柏炒褐色　知母酒浸,炒,各四两（各12g）

【用法】　上为细末，猪脊髓蒸熟，炼蜜为丸。每服七十丸（6~9g），空心盐白汤送下。

【功用】　滋阴降火。

【主治】　阴虚火旺证。骨蒸潮热,盗汗遗精,咳嗽咯血,心烦易怒,足膝疼热,舌红少苔,尺脉数而有力。

【方解】　本方治证乃因肝肾阴虚，相火亢盛所致。肾中水火本应既济以并存，肝肾阴亏,则相火失制,阴虚火旺,故骨蒸潮热,盗汗遗精,足膝疼热,甚则虚火刑金,损伤肺络,故咳嗽咯血，虚火上扰,故心烦易怒。治宜滋阴为主,以培其本,佐以降火,以清其源。朱震亨认为:"阴常不足,阳常有余,宜常养其阴,阴与阳齐,则水能制火,斯无病矣"（《医宗金鉴·删补名医方论》）。方中重用熟地、龟版滋阴潜阳,壮水制火,共为君药。黄柏、知母相须为用，苦寒降火，保存阴液，平其阳亢，均为臣药。应用猪脊髓、蜂蜜为丸,此乃血肉甘润之品,既能滋补精髓，又能制约黄柏的苦燥，俱为佐使。诸药合用，滋阴精而降相火,以达培本清源之效。

本方的配伍特点，滋阴药与清热降火药相配，培本清源，两者兼顾。其中熟地和龟版的用量较重，与知、柏的比例为三比二，表明是以滋阴培本为主，降火清源为次。对于阴虚火旺证,若仅滋阴而不降火，则虚火难清;若只降火而不滋阴，即使火势暂息，犹恐复萌，故必须滋阴与降火合用，方可两全。

大补阴丸与六味地黄丸虽均能滋阴降火，但后者偏于补养肾阴，而清热之力不足；前者则滋阴与降火之效均著，故对阴虚而火旺甚者，选用该方为宜。正如《医宗金鉴·删补名医方论》所说:"是方能骤补真阴，以制相火，较之六味功效尤捷"。

【运用】

1．大补阴丸为滋阴降火的常用方。以骨蒸潮热，舌红少苔，尺脉数而有力为证治要点。若脾胃虚弱，食少便溏，以及火热属于实证者不宜使用。

2．若阴虚较重者，可加天门冬、麦门冬以润燥养阴；阴虚盗汗者，可加地骨皮以退热除蒸；咯血、吐血者，加仙鹤草、旱莲草、白茅根以凉血止血；遗精者，加金樱子、芡实、桑螵蛸、潼蒺藜以固精止遗。

3．甲状腺功能亢进、肾结核、骨结核、糖尿病等属阴虚火旺者，均可应用。

【文献摘要】

《医宗金鉴·删补名医方论》朱震亨:"阴常不足，阳常有余，宜常养其阴，阴与阳齐，则水能制火，斯无病矣。今时之人，过欲者多，精血既亏，相火必旺，真阴愈竭，孤阳妄行，而痨瘵、潮热、盗汗、骨蒸、咳嗽、咯血、吐血等证悉作。所以世人火旺致此病者十居八九，火衰成此疾者百无二三。是方能骤补真阴,承制相火,较之六味功效尤捷。盖因此时以六味补水,水不能遽生;以生脉保金,金不免犹燥;惟急以黄柏之苦以坚肾,则能制龙家之火,继以知母之清以凉肺,则能全破伤之金。若不顾其本,既使病去,犹恐复来,故又以熟地、龟版大补其阴,是谓培其本,清其源矣。虽有是证,若食少便溏,则为胃虚,不可轻用。"

临床报道:用大补阴丸加味治疗附睾炎 18 例,其中急性附睾炎 10 例,慢性附睾炎 7 例,慢性附睾炎继发鞘膜积液 1 例。疗程最短者 5 天,最长者 55 天。18 例完全治愈,临床症状消失,触诊双侧睾丸大小正常。10 例患者随访 1 年,无复发(《浙江中医杂志,1955;11~12:495)。

【方歌】
大补阴丸知柏黄,龟版脊髓蜜成方,
咳嗽咯血骨蒸热,阴虚火旺制亢阳。

炙甘草汤(又名复脉汤)

《伤寒论》

【组成】 甘草四两,炙(12g)　生姜三两,切(9g)　桂枝三两,去皮(9g)　人参二两(6g)　生地黄一斤(50g)　阿胶二两(6g)　麦门冬半升,去心(10g)　麻仁半升(10g)　大枣三十枚,擘(10枚)

【用法】 上以清酒七升,水八升,先煮八味,取三升,去滓,内胶烊消尽,温服一升,日三服。

【功用】 滋阴养血,益气温阳,复脉止悸。

【主治】
1. 阴血不足,阳气虚弱证。脉结代,心动悸,虚羸少气,舌光少苔,或质干而瘦小者。
2. 虚劳肺痿。咳嗽,涎唾多,形瘦短气,虚烦不眠,自汗盗汗,咽干舌燥,大便干结,脉虚数。

【方解】 本方原治伤寒脉结代,心动悸,系由阴血不足,阳气虚弱所致。阴血不足,血脉无以充盈;阳气虚弱,无力鼓动血脉,则脉气不相接续,故脉结代,心动悸。治宜滋心阴,养心血,益心气,温心阳,以复脉定悸。方中重用生地黄滋阴养血为君。《名医别录》谓地黄"补五脏内伤不足,通血脉,益气力。"配伍炙甘草、人参、大枣益心气,补脾气,以资气血生化之源;阿胶、麦冬、麻仁滋心阴,养心血,充血脉,共为臣药。佐以桂枝、生姜辛温走散,温心阳,通血脉。诸药合用,使阴血足而血脉充,阳气足而心脉通,共成阴阳气血并补之剂。如此则气血充足,阴阳调和,悸定脉复,故本方又名"复脉汤"。用法中加酒煎服,以清酒辛热,可温通血脉,以行药力。

【运用】
1. 本方为阴阳气血并补之剂。以脉结代,心动悸,虚羸少气,舌光少苔为证治要点。
2. 方中可加酸枣仁、柏子仁以增强养心安神定悸之力,或加龙齿、磁石以资助重镇安神之功。
3. 常用于功能性心律不齐、期外收缩,有较好效果。对于冠心病、风湿性心脏病、病毒性心肌炎、甲状腺功能亢进等而有心悸、气短、脉结代,属阴血不足、心气虚弱者,均可加减应用,并可用于气阴两伤之虚劳干咳等。

【附方】

加减复脉汤（《温病条辨》） 炙甘草六钱(18g)　干地黄六钱(18g)　生白芍六钱(18g)　麦冬不去心，五钱(15g)　阿胶三钱(9g)　麻仁三钱(9g)　上以水八杯，煮取三杯，分三次服。功用：滋阴养血，生津润燥。主治：温热病后期，邪热久羁，阴液亏虚，身热面赤，口干舌燥，脉虚大，手足心热甚于手足背者。

本方是由炙甘草汤(复脉汤)加减衍化而成。因温病后期，热灼阴伤，故本方去益气温阳之参、枣、桂、姜，加养血敛阴之白芍，变阴阳气血并补之剂为滋阴养液之方。

【文献摘要】

《古今名医方论》柯琴："仲景于脉弱者，用芍药以滋阴，桂枝以通血，甚则加人参以生脉；未有地黄、麦冬者，岂以伤寒之法，义重护阳乎？抑阴无骤补之法与？此以心虚脉代结，用生地为君，麦冬为臣，峻补真阴，开后学滋阴之路。地黄、麦冬味虽甘而气大寒，非发陈蕃秀之品，必得人参、桂枝以通脉，生姜、大枣以和营，阿胶补血，酸枣安神，甘草之缓不使速下，清酒之猛捷于上行，内外调和，悸可宁而脉可复矣。酒七升，水八升，只取三升者，久煎之则气不峻，此虚家用酒之法，且知地黄、麦冬得酒良。"

《医寄伏阴论》："本方亦名复脉汤，为滋阴之祖方也。其功固在地黄、麦冬、人参、甘草等一派甘寒纯静之品，而其妙全在姜、桂、白酒耳。盖天地之机，动则始化，静则始成。使诸药不得姜、桂、白酒动荡其间，不能通行内外，补营阴而益卫阳，则津液无以复生，枯槁无以复润，所谓阳以相阴，阴以含阳，阳生于阴，柔生于刚，刚柔相济，则营卫和谐。营卫和则气血化，气血化则津液生，津液生则百虚理，脉之危绝安有不复者乎？"

临床报道：用炙甘草汤加减配合附子治疗病态窦房结综合征11例。其中动脉硬化性心脏病6例，心肌炎、心肌病各2例，诊断未明1例。11例均有传导阻滞、窦性停搏，其中2例出现逸搏心律，心率在40次/分以下3例，40～50次/分8例。治疗结果，显效4例，有效7例。其中心率上升至60次/分7例，传导阻滞9例减轻，窦性停搏7例消失，2例逸搏心律消失，4例阿斯综合征服药期间未见发作。其中3例随访1年亦无发作。治疗后9例进行阿托品试验对照观察，5例心率＞90次/分(中医杂志，1983;10:34)。应用炙甘草汤治疗重病呃逆，其中脑溢血并呃者7例，脑血栓并呃者3例，蛛网膜下腔出血并呃者2例，肝癌并呃者2例。14例均是男性，年龄在64～79岁。结果服药剂量最少1剂，多者3剂，呃逆即止，获效神速(中医杂志，1982;11:45)。

【方歌】

炙甘草汤参姜桂，麦冬生地大麻仁，
大枣阿胶加酒服，虚劳肺痿效如神。

一贯煎

《续名医类案》

【组成】 北沙参　麦冬　当归身各三钱(各9g)　生地黄六钱至一两五钱(18～30g)　枸杞子三钱至六钱(9～18g)　川楝子一钱半(4.5g)

【用法】 水煎服。

【功用】 滋阴疏肝。

【主治】 肝肾阴虚,肝气不舒证。胸脘胁痛,吞酸吐苦,咽干口燥,舌红少津, 脉细弱或虚弦。亦治疝气瘕聚。

【方解】 肝脏体阴而用阳,其性喜条达而恶抑郁。肝肾阴亏,肝失所养,则疏泄失常,气郁而滞,进而横逆犯胃,故胸脘胁痛,吞酸吐苦。阴虚液耗,津不上承, 故咽干口燥,舌红少津。肝气不舒,肝脉郁滞,久则结为疝气瘕聚。治宜滋养肝肾之阴血为主, 配伍疏达肝气之品。方中重用生地黄为君,滋阴养血,补益肝肾。北沙参、麦冬、当归身、枸杞子为臣,益阴养血而柔肝,配合君药以补肝体,育阴而涵阳。佐以少量川楝子,疏肝泄热,理气止痛, 遂肝木条达之性,该药性虽苦寒,但与大量甘寒滋阴养血药配伍,则无苦燥伤阴之弊。诸药合用,使肝体得以濡养,肝气得以条畅,则胸脘胁痛等症可解。

本方配伍特点,是在大队滋养肝肾阴血药中,少佐一味川楝子以疏肝理气,使滋阴养血而不遏滞气机,疏肝理气又不耗伤阴血。

一贯煎与逍遥散都有疏肝理气作用,均可治肝郁不舒之胁痛。不同之处,逍遥散疏肝养血健脾的作用较强,主治肝郁血虚之胁痛,并伴有神疲食少等;一贯煎滋养肝肾的作用较强,主治肝肾阴虚之胁痛,并见吞酸吐苦等。

【运用】

1. 本方是治疗阴虚气滞而致脘胁疼痛的代表方剂。以胁肋疼痛,吞酸吐苦,舌红少津,脉虚弦为证治要点。由于方中滋腻之药较多,故有停痰积饮而舌苔白腻,脉沉弦者,不宜使用。

2. 若大便秘结,加蒌仁;有虚热或汗多,加地骨皮;痰多,加贝母; 舌红而干,阴亏过甚,加石斛;胁胀痛,按之硬,加鳖甲;烦热而渴,加知母、石膏;腹痛,加芍药、甘草;两足痿软, 加牛膝、薏苡仁;不寐,加枣仁;口苦燥,少加黄连。

3. 慢性肝炎、慢性胃炎、胃及十二指肠溃疡、肋间神经痛、神经官能症等属阴虚气滞者,均可加减治之。

【文献摘要】

《中风斠诠》:"胁肋胀痛,脘腹搘撑,多是肝气不疏,刚木恣肆为病。治标之法,每用香燥破气,轻病得之,往往有效。然燥必伤阴,液愈虚而气愈滞,势必渐发渐剧,而香药、气药不足恃矣。若脉虚舌燥,津液已伤者,则行气之药,尤为鸩毒。柳洲此方,虽是从固本丸、集灵膏二方脱化而来,独加一味川楝,以调肝气之横逆,顺其条达之性,是为涵养肝阴第一良药。凡血液不充, 络脉窒滞, 肝胆不驯, 而变生诸病者, 皆可用之。苟无停痰积饮, 此方最有奇功……。口苦而燥,是上焦之郁火,故以川连泄火。连本苦燥,而入于大剂养阴队中,反为润燥之用,非神而明之,何能辨此?方下舌无津液四字,最宜注意,如其舌苔浊垢, 即非所宜。"

临床报道:以一贯煎为主加减治疗妊娠高血压综合征74例, 其中肝肾阴虚型70例,脾虚肝旺型4例。服药后如症状未见缓解甚至加重,血压突然升高者, 加用"止抽散"〔羚羊角粉1.5g,地龙30g,天竺黄、郁金、胆南星各12g,琥珀9g,黄连10g,共研细末, 装入胶囊, 每日15粒(约3g),分3~4次服〕。结果:显效(血压至正常或下降2.67~4/1.333~2.67kPa以上,症状迅速好转,水肿完全消退,蛋白尿稍有减轻,未发现子痫者)47例,有效(血压下降缓慢,未达到显效标准,水肿未完全消退,蛋白尿稍有减轻,症状好转缓慢, 未发生子痫者)24例,无效3例。总有效率为95.9%,无1例发生子痫。本法对改善症状和降压、消肿的疗效较为显著,但对消除蛋白尿不理想(中医杂志,1983;3:37)。

实验研究:一贯煎对大鼠实验性胃溃疡的作用。实验证明,本方口服煎剂能防止幽门结扎所致胃溃疡的发生,对乙酰胆碱所致家兔离体肠管的痉挛有拮抗作用(中成药研究,1987;1:245)。

【方歌】
一贯煎中用地黄,沙参杞子麦冬囊,
当归川楝水煎服,阴虚肝郁是妙方。

百合固金汤

《慎斋遗书》

【组成】 百合一钱半(12g) 熟地 生地 当归身各三钱(各9g) 白芍(6g) 甘草各一钱(3g) 桔梗(6g) 玄参各八分(3g) 贝母(6g) 麦冬各一钱半(9g)

【用法】 水煎服。

【功用】 滋肾保肺,止咳化痰。

【主治】 肺肾阴亏,虚火上炎证。咳嗽气喘,痰中带血,咽喉燥痛,头晕目眩,午后潮热,舌红少苔,脉细数。

【方解】 本方证由肺肾阴亏所致。肺肾为子母之脏,肺肾阴虚,阴虚则生内热,肺失清肃,虚火上炎,故咳嗽气喘,咽喉燥痛,甚则灼伤肺络,以致痰中带血。治宜滋养肺肾之阴血,配合清热化痰止咳之法,以图标本兼顾。方中百合甘苦微寒,滋阴清热,润肺止咳;生地、熟地并用,既能滋阴养血,又能清热凉血,共为君药。麦冬甘寒,协百合以滋阴清热,润肺止咳;玄参咸寒,助二地滋阴壮水,以清虚火,均为臣药。当归治咳逆上气,伍白芍以养血和血;贝母润肺化痰止咳;桔梗载药上行,清利咽喉,化痰散结,俱为佐药。生甘草清热泻火,调和诸药,为使药。合而成方,滋肾保肺,金水并调,可使阴血渐充,虚火自靖,痰化咳止,以达固护肺气之目的,故名"百合固金汤"。

【运用】

1.本方为治疗肺肾阴亏,虚火上炎而致咳嗽痰血证的常用方剂。以咳嗽,咽喉燥痛,舌红少苔,脉细数为证治要点。由于方中药物多属甘寒滋润,故对脾虚便溏,饮食减少者,慎用或忌用。

2．若痰多而色黄者,加胆南星、黄芩、瓜蒌皮以清肺化痰;咳喘甚者,加杏仁、五味子、款冬花以止咳平喘;若咳血重者,可去桔梗之升提,或加白及、白茅根、仙鹤草以增止血之功。

3．肺结核、慢性支气管炎、支气管扩张咯血、慢性咽喉炎、自发性气胸等属肺肾阴虚者,均可加减治疗。

【文献摘要】

《医方集解》:"此手太阴、足少阳药也。金不生水,火炎水干,故以二地助肾滋水退热为君。百合保肺安神,麦冬清热润燥,元参助二地以生水,贝母散肺郁而除痰,归、芍养血兼以平肝,甘、桔清金,成功上部,皆以甘寒培元清本,不欲以苦寒伤生发之气也。"

临床报道:用百合固金汤治疗自发性气胸15例,提示本方对自发性气胸,特别是原发病为结核者具有一定疗效。治疗组15例(闭合型11例,开放型3例,高血压型1例),平均病程5.33天。对照组15例(闭合型12例,开放型2例,高压型1例),采用传统西医疗法,治疗组在此基础上加用本药,每日1剂。10剂为1疗程,连用3～4疗程。结果:治疗组平均住院天数(18.93天)与对照组(27.85天)相比,差异显著(p＜0.05)。治疗组结核性气胸(11例)的有效率为90.9%,与对照组(10例)相比(60.0%)差异显著(p＜0.05)(中西医结合杂志,1986;5:280)。

【方歌】
百合固金二地黄,玄参贝母桔甘藏,
麦冬芍药当归配,喘咳痰血肺家伤。

补肺阿胶汤(原名阿胶散,又名补肺散)

《小儿药证直诀》

【组成】　阿胶麸炒一两五钱(9g)　黍粘子(牛蒡子)炒香,二钱五分(3g)　甘草炙,二钱五分(1.5g)　马兜铃焙,五钱(6g)　杏仁去皮尖,七个(6g)　糯米炒,一两(6g)

【用法】　上为细末,每服一二钱(6g),水煎,食后温服。

【功用】　养阴补肺,清热止血。

【主治】　小儿肺虚有热证。咳嗽气喘,咽喉干燥,咯痰不多,或痰中带血,舌红少苔,脉细数。

【方解】　本方为小儿肺阴不足,阴虚有热之证而设。肺主气,行肃降之权。肺阴不足,阴虚有热,津液被灼,气逆不降,故咳嗽气喘,咽喉干燥,咯痰不多。若久咳不已,肺络受损,则痰中带血。治宜补养肺阴为主,结合宁嗽化痰止血为法。方中阿胶甘平质粘,用量独重,功能滋阴补肺,养血止血,为君药。臣以马兜铃清泄肺热,化痰宁嗽;牛蒡子宣肺清热,化痰利咽。杏仁宣降肺气,止咳平喘;糯米、甘草既能补脾益肺,又作为调和诸药之用,为佐、使药。诸药合用,补肺阴,清肺热,降肺气,止喘咳。

本方配伍特点,以补益肺阴以治本;清肺化痰,宁嗽平喘以治标。而成标本兼顾之方,主治肺虚久咳之证。

【运用】

1．本方不仅用于小儿肺阴不足,阴虚有热之咳喘,成人亦可使用。以咳嗽气喘,咽喉干燥,舌红少苔,脉浮细数为证治要点。若属肺虚无热,或外有表寒,内有痰浊者,均非所宜。

2．慢性支气管炎、支气管扩张症咯血属阴虚有热者,均可用之。

【文献摘要】

《医方考》:"肺虚有火,嗽无津液,咳而哽气者,此方主之。燥者润之,今肺虚自燥,故润以阿胶、杏仁。金郁则泄之,今肺中郁火,故泄以兜铃、粘子。土者,金之母,虚者补其母,故入甘草、糯米以补脾益胃。"

【方歌】
补肺阿胶马兜铃,鼠粘甘草杏糯停,
肺虚火盛人当服,顺气生津嗽哽宁。

益 胃 汤

《温病条辨》

【组成】 沙参三钱（9g） 麦冬五钱（15g） 冰糖一钱（3g） 细生地五钱（15g） 玉竹炒香，一钱五分（4.5g）

【用法】 上以水五杯，煮取二杯，分二次服，渣再煮一杯服。

【功用】 养阴益胃。

【主治】 阳明温病，胃阴损伤证。不能食，口干咽燥，舌红少苔，脉细数者。

【方解】 温病易从热化伤津，热结腑实，应用泻下剂后，热结虽解，但胃阴损伤已甚，故不能食，口干咽燥。胃为五脏六腑之海，十二经皆禀气于胃，胃阴复则气降能食。治宜甘凉生津，养阴益胃为法。方中重用生地、麦冬，味甘性寒，功能养阴清热，生津润燥，为甘凉益胃之上品，共为君药。配伍北沙参、玉竹为臣，养阴生津，以加强生地、麦冬益胃养阴之力。冰糖濡养肺胃，调和诸药，为使。全方药简力专，共奏养阴益胃之效。

【运用】

1. 本方为滋养胃阴的代表方剂。以食欲不振，口干咽燥，舌红少苔，脉细数为证治要点。

2. 若汗多，气短，兼有气虚者，加党参、五味子（与生脉散合用）以益气敛汗；食后脘胀者，加陈皮、神曲以理气消食。

3. 慢性胃炎、糖尿病、小儿厌食症等属胃阴亏损者，均可加减应用。

【文献摘要】

《成方便读》："夫伤寒传入阳明，首虑亡津液，而况温病传入阳明，更加汗、下后者乎？故虽邪解，胃中之津液枯槁已盛，若不急复其阴，恐将来液亏燥起，干咳身热等证有自来矣。阳明主津液，胃者五脏六腑之海。凡人之常气，皆禀于胃，胃中津液一枯，则脏腑皆失其润泽。故以一派甘寒润泽之品，使之饮入胃中，以复其阴，自然输精于脾，脾气散精，上输于肺，通调水道，下输膀胱，五经并行，津自生而形自复耳。"

【方歌】

益胃汤能养胃阴，冰糖玉竹与沙参，

麦冬生地同煎服，温病须虑热伤津。

第五节 补 阳

补阳剂，适用于阳气虚弱的病证。阳虚与内脏的关系，以心、脾、肾为主，有关心、脾阳虚的方剂，已在温里剂介绍，本节主要论述治疗肾阳虚的方剂。肾阳虚症每见面色苍白，形寒肢冷，腰膝痠痛，下肢软弱无力，小便不利，或小便频数，尿后余沥，少腹拘急，男子阳痿早泄，女子宫寒不孕，舌淡苔白，脉沉细，尺部尤甚等。常用补阳药如附子、肉桂、巴戟天、肉苁蓉、仙灵脾、鹿角胶、仙茅等为主，配伍利水、补阴之品组成方剂。代表方如肾气丸、右归丸等。

第五节 补 阳

肾 气 丸

《金匮要略》

【组成】 干地黄八两(24g) 薯蓣(即山药) 山茱萸各四两(各12g) 泽泻 茯苓 牡丹皮各三两(各9g) 桂枝 附子各一两(各3g)

【用法】 上为细末,炼蜜和丸,如梧桐子大,酒下十五丸(6g),日再服。

【功用】 补肾助阳。

【主治】 肾阳不足证。腰痛脚软,身半以下常有冷感,少腹拘急,小便不利,或小便反多,入夜尤甚,阳痿早泄,舌淡而胖,脉虚弱,尺部沉细,以及痰饮,水肿,消渴,脚气,转胞等。

【方解】 本方治证皆由肾阳不足所致。腰为肾府,肾为先天之本,中寓命门之火。命门真阳即肾间动气,《难经·八难》说:"此五脏六腑之本,十二经脉之根,呼吸之门,三焦之原"。肾阳不足,不能温养下焦,故腰痛脚软,身半以下常有冷感;肾阳虚弱,不能化气利水,水停于内,故小便不利,少腹拘急不舒;若肾虚不能约束水液,则小便反多,或消渴、水肿、痰饮、脚气,以及转胞等。治宜补肾助阳为法。亦即王冰所谓"益火之源,以消阴翳"之意。《景岳全书·新方八阵》又说:"善补阳者,必于阴中求阳,则阳得阴助,而生化无穷。"故方中重用干地黄滋阴补肾为君药。臣以山茱萸、山药补肝脾而益精血;加以附子、桂枝之辛热,助命门以温阳化气。君臣相伍,补肾填精,温肾助阳,乃阴中求阳之治。从用量分析,补肾药居多,温阳药较轻,其立方之旨,又在微微生火,鼓舞肾气,取"少火生气"之义,而非峻补。柯琴谓:"此肾气丸纳桂、附于滋阴剂中十倍之一,意不在补火,而在微微生火,即生肾气也。"又配泽泻、茯苓利水渗湿泄浊,丹皮清泄肝火,三药于补中寓泻,使邪去则补乃得力,并防滋阴药之腻滞。诸药合用,温而不燥,滋而不腻,助阳之弱以化水,滋阴之虚以生气,使肾阳振奋,气化复常,则诸证自除。

本方配伍特点有二:一为补阳与补阴配伍,阴阳并补,而以补阳为主;二为滋阴之中配入少量桂、附以温阳,目的在于阴中求阳,少火生气,故方名"肾气"。

【运用】

1．本方为补肾助阳的常用方剂。以腰痛脚软,小便不利或反多,舌淡而胖,脉虚弱而尺部沉细为证治要点。若咽干口燥,舌红少苔,属肾阴不足,虚火上炎者,不宜应用。

2．方中干地黄,现多用熟地;桂枝,改用肉桂,如此效果则更好。若用于阳痿,尚需加淫羊藿、补骨脂、巴戟天等以助壮阳起痿之力。

3．慢性肾炎、糖尿病、醛固酮增多症、甲状腺功能低下、性神经衰弱、肾上腺皮质功能减退、慢性支气管哮喘、更年期综合征等属肾阳不足者,均可加减应用。

【附方】

1．加味肾气丸(《济生方》) 附子炮,二两(9g) 白茯苓去皮 泽泻 山茱萸取肉 山药炒 车前子酒蒸 牡丹皮去木,各一两(各6g) 官桂不见火(3g) 川牛膝去芦,酒浸(6g) 熟地黄6g(各半两) 上为细末,炼蜜为丸,如梧桐子大,每服七十丸(9g),空心米饮送下。功用:温补肾阳,利水消肿。主治:肾(阳)虚水肿,腰重脚肿,小便不利。

2．十补丸(《济生方》) 附子炮,去皮、脐 五味子各二两(各9g) 山茱萸取肉 山药锉,炒 牡丹皮去木(各9g) 鹿茸去毛,酒蒸(3g) 熟地黄洗,酒蒸(9g) 肉桂去皮,不见火(3g) 白茯苓去皮泽泻各一两(各6g)　　上为细末,炼蜜为丸,如梧桐子大,每服七十丸(9g),空心盐酒、盐汤任下。功用:补肾阳,益精血。主治:肾阳虚损,精血不足证。面色黧黑,足冷足肿,耳鸣耳聋,肢体羸瘦,足膝软弱,小便不利,腰脊疼痛。

以上两方均由肾气丸加味而成,都有温补肾阳的作用。前方增加牛膝、车前子,温肾利水以消肿,常用于肾阳虚的水肿,小便不利;后方增加鹿茸、五味子,温肾壮阳,补养精血,适用于肾阳虚损,精血不足诸证。

【文献摘要】

《医宗金鉴·删补名医方论》柯琴:"命门之火,乃水中之阳,夫水体本静,而川流不息者,气之动,火之用也,非指有形者言也。然少火则生气,火壮则食气,故火不可亢,亦不可衰。所云火生土者,即肾家之少火游行其间,以息相吹耳。若命门火衰,少火几于熄矣。欲暖脾胃之阳,必先温命门之火,此肾气丸纳桂、附于滋阴剂中十倍之一,意不在补火,而在微微生火,即生肾气也。故不曰温肾,而名肾气,斯知肾以气为主,肾得气而土自生也。且形不足者,温之以气,则脾胃因虚寒而致病者固瘥,即虚火不归其原者,亦纳之而归封蛰之本矣。"

《小儿药证直诀笺正》:"仲师八味,全为肾气不充,不能鼓舞真阳,而小水不利者设法。故以桂、附温煦肾阳,地黄滋养阴液,萸肉收摄耗散,而即以丹皮泄导湿热,茯苓、泽泻渗利膀胱,其用山药者,实脾以堤水也。立方大旨,无一味不从利水着想。方名肾气,所重者在一气字。故桂、附极轻,不过借其和煦,吹嘘肾中真阳,使溺道得以畅遂。"

临床报道:本方对多种老年病具有良好的疗效。以本方治疗53例前列腺综合征(包括前列腺肥大、膀胱颈部硬变、前列腺炎、神经性膀胱炎等),其中对主诉排尿困难者有效率为46.9%,对尿频及夜尿者有效率为36%。应用八味丸治疗老年性白内障,每日约3g,长期服用,有效率为80%,其中60%视力有不同程度的改善,20%白内障停止发展,早期服药者,疗效尤佳,而且在白内障得到治愈同时,患者老花眼亦得到很大改善(中成药,1990;3:38)。

实验研究:肾气丸有防治动脉硬化的作用。服用八味地黄丸后,可使血中高密度脂蛋白-胆固醇量上升,且尤以女性为显著。由于高密度脂蛋白-胆固醇有抗动脉硬化的作用,因此本实验结果具有重要意义(中成药,1990;3:38)。肾气丸对免疫系统功能的影响,实验表明有显著提高体液和细胞免疫的作用(中西医结合杂志,1990;12:720)。

【方歌】

金匮肾气治肾虚,熟地淮药及山萸,

丹皮苓泽加桂附,引火归原热下趋。

右 归 丸

《景岳全书》

【组成】　熟地黄八两(24g)　　山药炒,四两(12g)　　山茱萸微炒,三两(9g)　　枸杞子微炒,三两(9g)　　菟丝子制,四两(12g)　　鹿角胶炒珠,四两(12g)　　杜仲姜汁炒,四两(12g)　　肉桂二两(6g)　　当归三两(9g)　　制附子二两(6g)

【用法】　上将熟地蒸烂杵膏,余为细末,加炼蜜为丸,如弹子大。每嚼服二三丸(6~9g),以滚白汤送下。

第五节 补 阳

【功用】 温补肾阳,填精益髓。

【主治】 肾阳不足,命门火衰证。年老或久病气衰神疲,畏寒肢冷,腰膝软弱,阳痿遗精,或阳衰无子,或饮食减少,大便不实,或小便自遗,舌淡苔白,脉沉而迟。

【方解】 肾为水火之脏,,元气所聚,为元阳之根本。肾阳不足,命门火衰,不能温煦,甚则火不生土,影响脾胃的受纳与运化,故气衰神疲,畏寒肢冷,腰膝软弱,或饮食减少,大便不实;肾藏精,阳虚火衰,封藏失职,精关不固,或肾虚不能固摄,故阳痿、遗精、不育或小便自遗。治宜"益火之源,以培右肾之元阳"。方中附子、肉桂、鹿角胶培补肾中之元阳,温里祛寒,为君药。熟地黄、山萸肉、枸杞子、山药滋阴益肾,养肝补脾,填精补髓,取"阴中求阳"之义,为臣药。佐以菟丝子、杜仲补肝肾,健腰膝;当归养血和血,与补肾之品相配,以补养精血。诸药合用,肝脾肾阴阳兼顾,仍以温肾阳为主,妙在阴中求阳,使元阳得以归原,故名"右归丸"。

右归丸系由《金匮要略》肾气丸减去"三泻"(泽泻、丹皮、茯苓),加鹿角胶、菟丝子、杜仲、枸杞子、当归而成,增加补阳的作用,减少用"泻"妨补之力,使药效更能专于温补。

【运用】

1. 本方为治肾阳不足,命门火衰的常用方。以神疲乏力,畏寒肢冷,腰膝瘦软,脉沉迟为证治要点。由于本方纯补无泻,故对肾虚而有湿浊者,不宜应用。

2. 若阳衰气虚,加人参以补之;阳虚精滑或带浊、便溏,加补骨脂以补肾固精止泻;肾泄不止,加五味子、肉豆蔻以涩肠止泻;饮食减少或不易消化,或呕恶吞酸,加干姜以温中散寒;腹痛不止,加吴茱萸(炒)以散寒止痛;腰膝瘦痛者,加胡桃肉以补肾助阳,强腰膝;阳痿者,加巴戟肉、肉苁蓉或黄狗外肾以补肾壮阳。

3. 肾病综合征、老年骨质疏松症、精少不育症,以及贫血、白细胞减少症等属肾阳不足者,均可加减治疗。

【附方】

右归饮(《景岳全书》) 熟地二三钱或加至一二两(9~30g) 山药炒,二钱(9g) 枸杞子二钱(9g) 山茱萸一钱(6g) 甘草炙,一二钱(3g) 肉桂一二钱(3~6g) 杜仲姜制,二钱(9g) 制附子一二三钱(6~9g) 上以水二盅,煎至七分,食远温服。功用:温补肾阳,填精补血。主治:肾阳不足证。气怯神疲,腹痛腰瘦,肢冷脉细,舌淡苔白,或阴盛格阳,真寒假热之证。

本方与右归丸均有温肾填精的作用,治疗肾阳不足证。但右归丸较右归饮组成多鹿角胶、菟丝子、当归,而不用甘草,故其温补肾阳,填精补血之力更强。

【文献摘要】

《医略六书·杂病证治》:"肾脏阳衰,火反发越于上,遂成上热下寒之证,故宜引火归原法。熟地补肾脏,萸肉涩精气,山药补脾,当归养血,杜仲强腰膝,菟丝补肾脏,鹿角胶温补精血以壮阳,枸杞子甘滋精髓以填肾也。附子、肉桂补火回阳,专以引火归原,而虚阳无不敛藏于肾命,安有阳衰火发之患哉?此补肾回阳之剂,为阳虚火发之专方。"

【方歌】

右归丸中地附桂,山药茱萸菟丝归,

杜仲鹿胶枸杞子,益火之源此方魁。

第六节 阴阳并补

阴阳并补剂,适用于阴阳两虚的病证。症见头晕目眩,腰膝痠软,阳痿遗精,畏寒肢冷,自汗盗汗,午后潮热等。常用补阴药如熟地、山茱萸、龟版、何首乌、枸杞子和补阳药如肉苁蓉、巴戟天、附子、肉桂、鹿角胶等共同组成方剂,并根据阴阳虚损的情况,分别主次轻重。代表方如地黄饮子、龟鹿二仙胶等。

地 黄 饮 子

《黄帝素问宣明论方》

【组成】 熟地黄(12g) 巴戟天 去心 山茱萸 石斛 肉苁蓉浸酒,焙(各9g) 附子炮 五味子 官桂 白茯苓 麦门冬去心 石菖蒲 远志去心,各等分(各6g)。

【用法】 上为粗末,每服三钱(9～15g),水一盏半,加生姜五片,大枣一枚,薄荷五七叶,同煎至八分,不计时候。

【功用】 滋肾阴,补肾阳,开窍化痰。

【主治】 喑痱。舌强不能言,足废不能用,口干不欲饮,足冷面赤,脉沉细弱。

【方解】 喑痱乃因下元虚衰,虚阳上浮,痰浊随之上泛,堵塞窍道所致。"喑"是舌强不能言语,"痱"是足废不能行走,下元虚衰,包括肾之阴阳两虚,肾主骨,故筋骨痿软无力,以致足废不能行走;足少阴肾脉挟舌本,肾虚则精气不能上承,加之痰浊上泛,堵塞窍道,故舌强而不能言语。此类病证常见于老年人及重病之后,肾之阴阳两虚,摄纳无权。治宜补养下元为主,摄纳浮阳,佐以开窍化痰,宣通心气。方用甘温的熟地黄与酸温的山茱萸相配,补肾填精;肉苁蓉、巴戟天温壮肾阳。配伍附子、肉桂之辛热,以助温养下元,摄纳浮阳,引火归源;石斛、麦冬、五味子滋阴敛液,壮水以济火。石菖蒲与远志、茯苓合用,功能开窍化痰、交通心肾。再加少许薄荷以疏郁而轻清上行, 姜、枣以和中调药。综观全方, 标本兼顾, 上下并治, 而以治本治下为主。诸药合用,使下元得以补养,浮阳得以摄纳,水火相济,痰化窍开,则喑痱可愈。

【运用】

1. 本方为治肾虚喑痱的主方。以舌喑不语,足废不用为证治要点。方中阴阳并补,温而不燥,是其特长;然毕竟偏于温补,故对气火上升,肝阳偏亢之证,不宜应用。

2. 若用于肾虚之痱证,减去石菖蒲、远志、薄荷等宣通开窍之品;喑痱以阴虚为主,而痰火盛者,去温燥的附、桂,酌加川贝母、竹沥、陈胆星、天竹黄等以清化痰热;兼有气虚者,适当加黄芪、人参以益气。

3. 对晚期高血压病、脑动脉硬化、中风后遗症、脊髓炎等慢性疾病过程中出现阴阳两虚者,均可加减运用。

【文献摘要】

《成方便读》:"夫中风一证,有真中,有类中。真中者,真为风邪所中也。类中者,不离阴虚、阳虚两条。如肾中真阳虚者,多痰多湿;真阴虚者,多火多热。阳虚者,多暴脱之证;阴虚者,多火盛之证。其神昏不语,击仆偏枯等证,与真中风似是而实非,学者不得不详审而施治

第六节 阴阳并补

也。此方所云少阴气厥不至,气者,阳也,其为肾脏阳虚无疑矣。故方中以熟地、巴戟、山萸、苁蓉之类,大补肾脏之不足,而以桂、附之辛热,协四味以温养真阳。但真阳下虚,必有浮阳上僭,故以石斛、麦冬清之。火载痰升,故以茯苓渗之。然痰火上浮,必多堵塞窍道,菖蒲、远志能交通上下而宣窍辟邪。五味以收其耗散之气,使正有攸归。薄荷以搜其不尽之邪,使风无留着。用姜、枣者,和其营卫,匡正除邪耳。"

《中风斠诠》:"河间是方,用意极为周密,是治肾脏气衰,阴阳两脱于下,而浊阴泛溢于上,以致厥逆肢废,喑不成声。其证必四肢逆冷,或冷汗自出,其脉必沉微欲绝,其舌必润滑淡白,正与肝阳上冒之面赤气粗,脉弦或大者,绝端相反。故以桂、附温肾回阳,萸、戟、苁、地填补肾阴,麦、味收摄耗散。而又有浊阴上泛之痰壅,则以菖蒲、远志之芳香苦温为开泄,茯苓之纳气为镇坠,庶乎面面俱到。果是肾虚下脱,始为适用,若气升火升之卒然喑废者,此方万万不可误投。"

【方歌】
地黄饮子山萸斛,麦味菖蒲远志茯,
苁蓉桂附巴戟天,少入薄荷姜枣服。

龟鹿二仙胶

《医 便》

【组成】 鹿角用新鲜麋鹿杀,角解的不用,马鹿角不用,去角脑梢角二寸绝断,劈开净用,十斤　龟版去弦,洗净,五斤,捶碎　人参十五两　枸杞子三十两

【用法】 上前二味袋盛,放长流水内浸三日,用铅坛一只,如无铅坛,底下放铅一大片亦可。将角并版放入坛内,用水浸高三五寸,黄蜡三两封口,放大锅内,桑柴火煮七昼夜。煮时坛内一日添热水一次,勿令沸起,锅内一日夜添水五次,候角酥取出,洗,滤净去滓。其滓即鹿角霜、龟版霜也。将清汁另放。另将人参、枸杞子用铜锅以水三十六碗,熬至药面无水,以新布绞取清汁,将滓置石臼水捶捣细,用水二十四碗又熬如前;又滤又捣又熬,如此三次,以滓无味为度。将前龟、鹿汁并参、杞汁和入锅内,文火熬至滴水成珠不散,乃成胶也。每服初起一钱五分(4.5g),十日加五分(1.5g),加至三钱(9g)止,空心酒化下。

【功用】 滋阴填精,益气壮阳。

【主治】 真元虚损,精血不足证。全身瘦削,阳痿遗精,两目昏花,腰膝瘘软,久不孕育。

【方解】 本方证为真元虚损,阴阳精血不足所致。气血化生于脾胃,精血化生于肝肾,人体只有气血不亏,精血无损,精神才能充沛。若先天肾精不足,真元虚损;后天脾胃失养,或病后失调,以致阴阳精血不足,故身体消瘦,腰膝瘘软,两目昏花,阳痿遗精,久不孕育。治宜填精补髓,益气养血,阴阳并补。方中鹿角胶甘咸而温,善于温肾壮阳,益精补血;龟版胶甘咸而寒,长于填精补髓,滋阴养血,二味为血肉有情之品,能峻补阴阳以生气血精髓,共为君药。配伍人参补后天脾胃之中气,以增强化生气血之源;枸杞子益肝肾,补精血,以助龟、鹿之功,均为臣药。四味合用,阴阳并补,气血兼顾,故又能益寿延年,生精种子。

【运用】

1. 本方为滋养阴阳气血之剂,既补肝肾之亏损,又益脾胃之不足。以腰膝瘘软,两目昏花,阳痿遗精为证治要点。若脾胃虚弱而食少便溏者不宜应用。

2. 若兼有眩晕者,加杭菊花、明天麻以熄风止晕;遗精频作者,加金樱子、潼蒺藜以补肾固精。

3. 对内分泌障碍引起的发育不良、重症贫血、神经衰弱,以及性功能减退等属阴阳两虚者,均可用之。

【文献摘要】

《医方考》:"精、气、神,有身之三宝也。师曰:精生气,气生神。是以精极则无以生气,故令瘦削少气;气少则无以生神,故令目视不明。龟、鹿禀阴气之最完者,其角与版,又其身聚气之最胜者,故取其胶以补阴精。用血气之属剂而补之,所谓补以类也。人参善于固气,气固则精不遗;枸杞善于滋阴,阴滋则火不泄。此药行,则精日生,气日壮,神日旺矣。"

【方歌】

龟鹿二仙最守真,补人三宝精气神,

人参枸杞和龟鹿,益寿延年实可珍。

七宝美髯丹

《本草纲目》引《积善堂方》

【组成】 赤、白何首乌各一斤,米泔水浸三四日,瓷片刮去皮,用淘净黑豆二升,以砂锅木甑,铺豆及首乌,重重铺盖,蒸之。豆熟取出,去豆晒干,换豆再蒸,如此九次,晒干,为末(各18g) 赤、白茯苓各一斤,去皮,研末,以水淘去筋膜及浮者,以人乳十碗浸匀,晒干,研末(各18g) 牛膝八两,去苗,酒浸一日,同何首乌第七次蒸之,至第九次止,晒干(9g) 当归八两,酒浸,晒(9g) 枸杞子八两,酒浸,晒(9g) 菟丝子八两,酒浸生芽,研烂,晒(9g) 补骨脂四两,以黑脂麻炒香(6g)

【用法】 上药石臼捣为末,炼蜜和丸,如弹子大,每次一丸,一日三次,清晨温酒下,午时姜汤下,卧时盐汤下。

【功用】 补益肝肾,乌发壮骨。

【主治】 肝肾不足证。须发早白,脱发,齿牙动摇,腰膝瘦软,梦遗滑精,肾虚不育等。

【方解】 白发、脱发与齿牙动摇,和肝肾密切相关。因发为血之余,齿为骨之余,若肝亏损,则上荣于须发、齿龈之精血不足,故须发早白、脱发及齿牙动摇。方中何首乌赤白并用,且量较重,功能补肝肾,益精血,乌须发,壮筋骨,为君药。枸杞子、菟丝子均入肝肾,能补肾益精,养肝补血,共为臣药。佐以当归补血养肝;牛膝补肝肾,坚筋骨,活血脉;补骨脂补肾壮阳,固精;赤、白茯苓补脾肾,渗湿浊。诸药合用,以滋阴益精养血为主,兼顾补阳,有阴阳并补,精血互生之妙。对于肾虚精少不育之症,亦甚适宜。

【运用】

1. 本方为平补肝肾之剂。以须发早白、脱发、齿牙动摇,腰膝瘦软为证治要点。配制时忌用铁器。

2. 中年早衰之白发及脱发、牙周病,以及男子不育症属肝肾不足者,均可应用。

【文献摘要】

《医方集解》:"此足少阴、厥阴药也。何首乌涩精固气,补肝坚肾为君。茯苓交心肾而渗脾湿,牛膝强筋骨而益下焦,当归辛温以养血,枸杞甘寒而补水,菟丝子益三阴而强卫气,补骨脂助命火而暖丹田。此皆固本之药,使荣卫调适,水火相交,则气血太和,而诸疾自已也。"

实验研究：用七宝美髯丹给大、小鼠饲养15天后，通过应激试验表明，能显著提高小鼠在缺氧状况下的应激生存能力。测定喂养前后大鼠血红蛋白（Hb）、血清铁与过氧化氢酶（CAT）含量，结果表明：本方能增加大鼠蛋白质合成，提高大鼠聚铁能力和CAT活性，降低有害色素的累积（中成药，1986；12：40）。

【方歌】

七宝美髯何首乌，菟丝牛膝茯苓俱，

骨脂枸杞当归合，专益肝肾精血虚。

小　　结

本章共选正方24首，按其功用不同分为补气、补血、气血双补、补阴、补阳、阴阳并补六类。

1．补气　四君子汤、参苓白术散、补中益气汤、玉屏风散、生脉散、人参蛤蚧散均有补气作用，主治气虚诸证。其中四君子汤为益气健脾的基本方，适用于脾胃气虚，运化乏力之证；参苓白术散的功用除益气健脾外，并能和胃渗湿，用治脾胃气虚而挟湿之证；补中益气汤长于益气升阳，适用于内伤脾胃，气虚发热或气虚下陷的脱肛、子宫下垂等证；玉屏风散功专益气固表止汗，多用于表虚自汗及虚人感冒；生脉散补养气阴，兼能生津止汗和敛肺止咳，善治暑热汗多，耗气伤阴，以及久咳肺虚，气阴两虚之证；人参蛤蚧散补肺益肾，止咳定喘，常用于肺肾虚衰，痰热内蕴，气逆不降之喘咳等证。

2．补血　四物汤、当归补血汤、归脾汤均有补血作用，主治血虚诸证。其中四物汤为补血的常用方，也是妇女调经的基本方，功能补血活血，适用于营血虚滞，冲任虚损，月经不调，痛经等证；当归补血汤重在补气生血，常用于劳倦内伤，血虚发热之证；归脾汤以益气补血，健脾养心为主，善治心脾气血两虚和脾不统血之证。

3．气血双补　八珍汤和泰山磐石散均有气血双补的作用，主治气血两虚的病证。其中八珍汤为四君子汤和四物汤的复方，补气与补血并重，是气血双补的基本方，适用于久病失治或病后失调的气血两虚之证；泰山磐石散除气血双补外，长于安胎，多用于气血虚弱，冲任不固，以致胎动不安，甚或流产之证。

4．补阴　六味地黄丸、左归丸、大补阴丸、炙甘草汤、一贯煎、百合固金汤、补肺阿胶汤、益胃汤均有滋阴作用，主治阴虚诸证。其中六味地黄丸肝、脾、肾三阴并补，以补肾为主，为滋阴补肾的常用代表方，适用于肾阴不足为主的各种病证；左归丸滋阴补肾，填精益髓，用治真阴不足，精髓亏损之证，其滋阴补肾之力，大于六味地黄丸，纯甘壮水，补而无泻；大补阴丸侧重于滋阴降火，常用于肝肾阴亏，相火亢盛之证；炙甘草汤滋阴养血，益气温阳，善治阴血不足，阳气虚弱之脉结代，心动悸；一贯煎长于滋阴疏肝，适用于肝肾阴虚，肝气不舒之脘胁疼痛，吞酸吐苦等证；百合固金汤滋肾保肺，止咳化痰，多用于肺肾阴亏，虚火上炎所致的咳嗽气喘，痰中带血证；补肺阿胶汤养阴补肺，宁嗽止血，适用于肺阴不足，阴虚有热而致的咳喘或痰中带血；益胃汤专于养阴益胃，主治胃阴损伤引起的食欲不振，口干咽燥证。

5．补阳　肾气丸和右归丸均有温补肾阳的作用，主治肾阳不足诸证。其中肾气丸为补肾助阳的代表方，适用于肾阳不足诸证；右归丸温补肾阳，填精补血，适用于肾阳不足，命门火衰及火不生土等证，该方纯补无泻，温补肾阳的作用大于肾气丸。

6．阴阳并补　地黄饮子、龟鹿二仙胶、七宝美髯丹均有阴阳并补的作用，主治阴阳两虚诸证。其中地黄饮子滋阴补阳,并能开窍化痰,常用于喑痱证;龟鹿二仙胶滋阴填精,益气壮阳,适用于真元虚损,精血不足所致的阳痿遗精,两目昏花,久不孕育之证;七宝美髯丹补益肝肾,乌发壮骨,多用于肝肾不足,须发早白,以及脱发,齿牙动摇等。

第十二章 固 涩 剂

　　凡以固涩药为主组成,具有收敛固涩作用,以治疗气、血、精、津液耗散滑脱之证的方剂,统称固涩剂。系根据《素问·至真要大论》"散者收之"的原则立法,属于"十剂"中的涩剂。

　　气、血、精、津液是营养人体的宝贵物质,正如《灵枢·本脏篇》说:"人之血气精神者,所以奉生而周于性命者也。"在正常情况下,人体的气、血、精、津液既不断被消耗,又不断得到补充,盈亏消长,周而复始。若一旦消耗过度,每致滑脱不禁,散失不收,轻则有碍健康,重者危及生命。因此,必须采用收敛固涩之法进行治疗。耗散滑脱之证,由于病因及发病部位的不同,常见有自汗、盗汗、久咳不止、久泻不止、遗精滑泄、小便失禁、崩漏带下等。故本章方剂根据所治病证的不同,分为固表止汗、敛肺止咳、涩肠固脱、涩精止遗、固崩止带五类。

　　固涩剂是为正气内虚,耗散滑脱之证而设。在运用时,还应根据患者气、血、精、津液耗伤程度的不同,配伍相应的补益药,使之标本兼顾。然而若是元气大虚,亡阳欲脱所致的大汗淋漓,小便失禁或崩中不止,又非急用大剂参附之类回阳固脱不可,非单纯固涩所能治疗。

　　固涩剂为正虚无邪者设,故凡外邪未去,误用固涩,则有"闭门留寇"之弊,转生他变。此外,对于由实邪所致的热病多汗,火扰遗泄,热痢初起,食滞泄泻,实热崩带等,均非本类方剂之所宜。

第一节　固表止汗

　　固表止汗剂,适用于体虚卫外不固,阴液不能内守而致的自汗、盗汗,常用黄芪、牡蛎、麻黄根等固表止汗药物为主组成方剂,代表方如牡蛎散。

牡 蛎 散

《太平惠民和剂局方》

【组成】　黄芪去苗土(30g)　麻黄根洗(9g)　牡蛎米泔浸,刷去土,火烧通赤,各一两(30g)

【用法】　上三味为粗散,每服三钱(9g),水一盏半,小麦百余粒,同煎至八分,去渣热服,日二服,不拘时候。

【功用】　益气固表,敛阴止汗。

【主治】　自汗,盗汗。常自汗出,夜卧更甚,心悸惊惕,短气烦倦,舌淡红,脉细弱。

【方解】　《素问·阴阳应象大论》说:"阴在内,阳之守也;阳在外,阴之使也。"阳气虚不能卫外固密,则表虚而阴液外泄,故常自汗出。夜属阴,汗出过多,心阴不足,阳不潜藏,虚热内生,故汗出夜卧更甚。汗出过多,不但心阴受损,亦使心气耗伤,故心悸惊惕,短气烦倦。治宜益气固表,敛阴止汗。方中煅牡蛎咸涩微寒,敛阴潜阳,固涩止汗,为君药。生黄芪味甘微温,益气实卫,固表止汗,为臣药。麻黄根甘平,功专止汗,为佐药。小麦甘凉,专入心经,养心气,退虚热,为使药。合而成方,益气固表,敛阴止汗,使气阴得复,自汗可止。

【运用】

1. 本方为卫气不固,阴液外泄的自汗、盗汗证而设。以汗出,心悸,短气,舌淡,脉细弱为证治要点。

2. 汗出属阳虚者,可加附子以温阳;属气虚者,可加人参、白术以益气;属阴虚者,可加生地、白芍以养阴。自汗应重用黄芪以固表,盗汗可再加稽豆衣、糯稻根以止汗,疗效更佳。

3. 常用于病后、手术后及产后自汗、盗汗,属卫外不固,阴液外泄者。

【文献摘要】

《医方集解》:"此手太阴少阴药也。陈来章曰:'汗为心之液,心有火则汗不止,牡蛎、浮小麦之咸凉,去烦热而止汗。阳为阴之卫,阳气虚则卫不固,黄芪、麻黄根之甘温,走肌表而固卫。'"

临床报道:用牡蛎散治疗自汗、盗汗28例,其中属于病后者18例,手术后者8例,新产者2例。28例病人中自汗6例,盗汗15例,自汗兼盗汗7例。全部病例除出汗为临床主症外,其他兼证为饮食减少,头晕心悸,疲乏无力为最多。经治疗后,28例中痊愈20例,基本痊愈者5例,减轻者1例,无效者2例。服药2~5剂者18例,6~10剂者5例,10剂以上者5例(福建中医药,1966;3:37)。

【方歌】

牡蛎散内用黄芪,小麦麻根合用宜,

卫虚自汗或盗汗,固表收敛见效奇。

第二节 敛肺止咳

敛肺止咳剂,适用于久咳肺虚,气阴耗伤,症见咳嗽,气喘,自汗,脉虚数等。常用敛肺止咳药如五味子、乌梅、罂粟壳等与益气养阴药如人参、阿胶等组成方剂,代表方如九仙散。

九 仙 散

王子昭方,录自《卫生宝鉴》

【组成】 人参　款冬花　桑白皮　桔梗　五味子　阿胶　乌梅各一两(各10g)　贝母半两(5g)　罂粟壳八两,去顶,蜜炒黄(15g)

【用法】 上为末,每服三钱(9g),白汤点服,嗽住止后服。

【功用】 敛肺止咳,益气养阴。

【主治】 久咳肺虚证。久咳不已,咳甚则气喘自汗,痰少而粘,脉虚数。

【方解】 久咳伤肺,肺气虚损,必致咳嗽不已,甚则气喘;肺主气属卫,肺气虚损,则卫外不固,而致自汗;久咳既伤肺气,亦耗肺阴,肺阴亏损,虚热内生,炼液成痰,故痰少而粘,脉虚而数。治宜敛肺止咳,益气养阴,佐以化痰之法。方中重用罂粟壳,其味酸涩,善能敛肺止咳,为君药。配伍五味子、乌梅之酸涩,收敛肺气,以加强敛肺止咳之效,为臣药。人参补益肺气;阿胶滋养肺阴;款冬花、桑白皮降气化痰,止咳平喘;贝母止咳化痰,合桑白皮清肺热,以上共为佐药。使以桔梗宣肺祛痰,载药上行,与以上诸药配伍,则敛中有散、降中寓升,但总以降、收为主,是为治疗久咳肺虚之良方。

【运用】

1. 本方为久咳伤肺,气阴两虚者设。以久咳不止,气喘自汗,脉虚数为证治要点。但对久咳而内多痰涎,或咳嗽而外有表证者忌用,以免邪留不去。方中罂粟壳不宜多服、久服。故方后注曰:"嗽住止后服"。

2. 慢性气管炎、肺气肿属久咳肺虚,气阴两亏者,可以本方加减。

【方歌】

九仙散中罂粟君,五味乌梅共为臣,

参胶款桑贝桔梗,敛肺止咳益气阴。

第三节 涩肠固脱

涩肠固脱剂,适用于泻痢日久不止,脾肾虚寒,以致大便滑脱不禁的病证。常以涩肠止泻药物如肉豆蔻、诃子、罂粟壳、赤石脂等,与温补脾肾药如人参、白术、肉桂、干姜、补骨脂等配伍组成方剂,代表方如真人养脏汤、四神丸等。

真人养脏汤

《太平惠民和剂局方》

【组成】 人参(9g) 当归去芦(6g) 白术焙(9g)各六钱 肉豆蔻面裹煨,半两(6g) 肉桂去粗皮(3g) 甘草炙(6g)各八钱 白芍药一两六钱(15g) 木香不见火,一两四钱(4.5g) 诃子去核,一两二钱(12g) 罂粟壳去蒂萼,蜜炙,三两六钱(15g)

【用法】 上锉为粗末,每服二大钱(6g),水一盏半,煎至八分,去渣食前温服。忌酒、面、生冷、鱼腥、油腻。

【功用】 涩肠止泻,温中补虚。

【主治】 久泻久痢。泻痢无度,滑脱不禁,甚至脱肛坠下,脐腹疼痛,不思饮食,舌淡苔白,脉迟细。

【方解】 素体脾胃虚寒,不能腐熟水谷,或因久泻久痢,积滞虽去,脾胃损伤,关门不固,以致泻痢无度,滑脱不禁;脾虚中气不足,故脱肛坠下,不思饮食;脾肾虚寒,故脐腹疼痛。治宜涩肠止泻,温中补虚。方中重用罂粟壳涩肠止泻,为君药。肉豆蔻、诃子暖脾温中,涩肠止泻,为臣药。泻痢日久,耗伤气血,故用人参、白术益气健脾,当归、白芍养血和血,且白芍又治下痢腹痛;以肉桂温补脾肾,消散阴寒;木香理气醒脾,使诸补涩之品不致壅滞气机,共为佐药。使以炙甘草调和诸药,且合参、术补中益气,合芍药缓急止痛。诸药合用,涩肠止泻,温中补虚,养已伤之脏气,故以"养脏"名之。

【运用】

1. 本方为脾肾虚寒,久泻久痢者设。以泻痢滑脱不禁,腹痛,食少神疲,舌淡苔白,脉迟细为证治要点。泻痢初起,湿热积滞未去者,忌用本方。

2. 脾肾虚寒,手足不温者,可加附子以温肾暖脾;脱肛坠下者,加升麻、黄芪以益气升陷。

3. 慢性肠炎日久不愈属脾肾虚寒者,可随证加减用之。

【文献摘要】

《医方考》:"下痢日久,赤白已尽,虚寒脱肛者,此方主之。甘可以补虚,故用人参、白术、甘草;温可以养脏,故用肉桂、豆蔻、木香;酸可以收敛,故用芍药;涩可以固脱,故用粟壳、诃子。是方也,但可以治虚寒气弱之脱肛耳。若大便燥结,努力脱肛者,则属热而非寒矣,此方不中与也,与之则病益甚。"

临床报道:以真人养脏汤原方治疗痢疾后综合征(腹泻、粘液便、腹痛、下坠等)14例。患者均为男性青年,大多住院时间较长,经他药治疗无效。服本方后13例治愈,平均用药6.7天,便次恢复正常2.2天,粪便外观恢复正常3.2天,腹痛消失2.7天。慢性菌痢而仍有脓血便者,忌用本方(解放军医学杂志,1965;4:325)。

【方歌】

真人养脏诃粟壳,肉蔻当归桂木香,

术芍参甘为涩剂,脱肛久痢早煎尝。

四 神 丸

《内科摘要》

【组成】 肉豆蔻二两(6g) 补骨脂四两(12g) 五味子 吴茱萸各二两(各6g)

【用法】 上为末,生姜四两,红枣五十枚,用水一碗,煮姜、枣,水干,取枣肉,丸桐子大,每服五七十丸(6~9g),空心食前服。

【功用】 温肾暖脾,固肠止泻。

【主治】 肾泄。五更泄泻,不思饮食,食不消化,或腹痛肢冷,神疲乏力,舌淡,苔薄白,脉沉迟无力。

【方解】 肾泄,又称五更泄、鸡鸣泻。《素问·金匮真言论》说:"鸡鸣至平旦,天之阴,阴中之阳也,故人亦应之。"脾肾阳虚,阳虚则生内寒,而五更正是阴气极盛,阳气萌发之际,阳气当至而不至,阴气极而下行,故为泄泻。肾阳虚衰,命门之火不能上温脾土,脾失健运,故不思饮食,食不消化;脾肾阳虚,阴寒凝聚,则腹痛肢冷。《素问·生气通天论》说:"阳气者,精则养神",脾肾阳虚,阳气不能化精微以养神,以致神疲乏力。治宜温肾暖脾,固涩止泻。方中重用补骨脂辛苦大温,补命门之火以温养脾土,《本草纲目》谓其"治肾泄",故为君药。肉豆蔻辛温,温脾暖胃,涩肠止泻,配合补骨脂则温肾暖脾,固涩止泻之功益彰,故为臣药。五味子酸温,固肾益气,涩精止泻;吴茱萸辛苦大热,温暖肝脾肾以散阴寒,共为佐药。生姜暖胃散寒,大枣补脾养胃,为使药。诸药合用,俾火旺土强,肾泄自愈。方名"四神",正如《绛雪园古方选注》所说:"四种之药,治肾泄有神功也。"

本方由《普济本事方》的二神丸与五味子散两方组合而成。二神丸用肉豆蔻、补骨脂组成,主治"脾肾虚弱,全不进食";五味子散用五味子、吴茱萸组成,专"治肾泄"。今两方相合,则温补脾肾,固涩止泻之功益佳。

本方与真人养脏汤同为固涩止泻之剂,但所治各异。本方重用补骨脂为君药,以温肾为主,兼以暖脾涩肠,主治命门火衰,火不生土所致的肾泄。真人养脏汤重用罂粟壳为君药,配伍温中补脾之人参、白术、肉桂,主治泻痢日久,脾肾虚寒,而以脾虚为主者。

【运用】

1．临床以五更泄泻，不思饮食，舌淡苔白，脉沉迟无力为证治要点。亦可用治久泻，属命门火衰，火不生土者。

2．适用于慢性结肠炎、过敏性结肠炎属脾肾虚寒者。

【文献摘要】

《医方集解》："此足少阴药也。破故纸辛苦大温，能补相火以通君火，火旺乃能生土，故以为君；肉蔻辛温，能行气消食，暖胃固肠；五味咸能补肾，酸能涩精；吴茱辛热，除湿燥脾，能入少阴、厥阴气分而补火；生姜、大枣补土，所以防水。盖久泻皆由肾命火衰，不能专责脾胃，故大补下焦元阳，使火旺土强，则能制水而不复妄行也。"

实验研究：用四神丸及其拆方二神丸、五味子散，以及单味药五味子、吴茱萸对家兔离体肠管的自发活动有明显抑制作用，并能对抗乙酰胆碱和氯化钡引起的痉挛。四神丸与肾上腺素抑制肠管作用的比较表明，本方的抑制作用并非通过 α-受体而起作用（中成药研究，1981年；9:31）。

【方歌】

四神故纸与吴萸，肉蔻五味四般须，

大枣生姜为丸服，五更肾泄最相宜。

桃 花 汤

《伤寒论》

【组成】　赤石脂一斤，一半全用，一半筛末（25 g）　干姜一两（6 g）　粳米一斤（25 g）

【用法】　上三味，以水七升，煮米令熟，去滓，温服七合，内赤石脂末方寸匕，日三服。若一服愈，余勿服。

【功用】　温中涩肠止痢。

【主治】　虚寒痢。下痢不止，便脓血，色黯不鲜，日久不愈，腹痛喜温喜按，舌淡苔白，脉迟弱或微细。

【方解】　《伤寒论》说："少阴病，下利便脓血者，桃花汤主之。"下利便脓血，一般属热者多，今言少阴病下利便脓血，乃由少阴阳衰，阴寒之邪在里，寒湿阻滞，肠络受伤，变为脓血，滑利下脱。此时必现一派虚寒之象，如血色黯而不鲜，其气不臭，腹痛喜温喜按等。治宜温中涩肠止痢。方中重用赤石脂温涩固脱以止泄痢，《神农本草经》谓其"主泄痢，肠澼脓血"，尤妙在以赤石脂一半筛末冲服，令其留着于肠中，则收涩之力更强，故以其为君药。臣以干姜大辛大热，温中散寒，与赤石脂合用，则有温中涩肠，止血止痢之效。粳米甘平，养胃和中，助石脂、干姜以固肠胃，为佐使药。三药合用，共奏温中涩肠止痢之效。

【运用】

1．本方偏于温中涩肠而止泄痢，主治虚寒血痢证。以久痢便脓血，色黯不鲜，腹痛喜温喜按，舌淡苔白，脉迟弱为证治要点。对少阴阳虚，久泻滑脱不禁者，虽无脓血，亦可用之。热痢便脓血，里急后重，肛门灼热者，切忌应用。

2．阳虚阴寒盛者，可加人参、附子、炙甘草以补虚散寒；腹痛甚者，可加当归、白芍以养血柔肝止痛。

3. 慢性细菌性痢疾、慢性阿米巴痢疾、慢性结肠炎、胃及十二指肠溃疡出血、功能性子宫出血等属阳虚阴盛,下焦不固者,可用本方。

【文献摘要】

《注解伤寒论》:"涩可去脱,赤石脂之涩以固肠胃;辛以散之,干姜之辛以散里寒;粳米之甘以补正气。"

【方歌】

桃花汤中赤石脂,干姜粳米共用之,

虚寒下痢便脓血,温涩止痢最宜施。

第四节 涩精止遗

涩精止遗剂,适用于肾虚封藏失职,精关不固所致的遗精滑泄,或肾气不足,膀胱失约所致的尿频遗尿等证。常用涩精止遗的药物如沙苑蒺藜、芡实、莲须、桑螵蛸等为主组成方剂,代表方如金锁固精丸、桑螵蛸散、缩泉丸等。

金锁固精丸

录自《医方集解》

【组成】 沙苑蒺藜炒　芡实蒸　莲须各二两(各12 g)　龙骨酥炙　牡蛎盐水煮一日一夜,煅粉,各一两(各10 g)

【用法】 莲子粉糊为丸,盐汤下。

【功用】 补肾涩精。

【主治】 遗精。遗精滑泄,神疲乏力,腰痛耳鸣,舌淡苔白,脉细弱。

【方解】 《素问·六节藏象论》说:"肾者主蛰,封藏之本,精之处也。"肾虚则封藏失职,精关不固,故遗精滑泄;精亏则气弱,故神疲乏力;腰为肾之府,耳为肾之窍,肾精亏虚,故腰痛耳鸣诸证蜂起。治宜补肾涩精。方中沙苑蒺藜甘温,补肾固精,《本草纲目》谓其"补肾,治腰痛泄精,虚损劳气",《本经逢原》谓其"为泄精虚劳要药,最能固精",故为君药。芡实、莲子甘涩而平,俱能益肾固精,且补脾气,莲子并能交通心肾,共为臣药。佐以龙骨甘涩平,牡蛎咸平微寒,俱能固涩止遗;莲须甘平,尤为收敛固精之妙品。诸药合用,既能补肾,又能固精,实为标本兼顾,以治标为主的良方。因其能秘肾气,固精关,专为肾虚滑精者设,故美其名曰:"金锁固精"。

【运用】

1. 本方主治肾亏精关不固之证。以遗精滑泄,腰痛耳鸣,舌淡苔白,脉细弱为证治要点。亦可用治女子带下属肾虚滑脱者。但相火内炽或下焦湿热所致遗精、带下者禁用。

2. 若大便干结者,可加熟地、肉苁蓉以补精血而通大便;大便溏泄者,加菟丝子、五味子以补肾固涩;腰膝瘘痛者,加杜仲、续断以补肾而壮腰膝。

3. 除治遗精、早泄外,亦可用治乳糜尿、重症肌无力,属肾虚精气不足,下元不固者。

【附方】

水陆二仙丹(《洪氏集验方》)　芡实　金樱子各等分(各12 g)　取鸡头(即芡实),去外皮,取实,连壳杂捣令碎,晒干为末。复取糖樱子去外刺、并其中子,洗净,捣碎,入甑中蒸令熟,却用所蒸汤淋三两过,取所淋糖樱汁入银铫慢火熬成稀膏,用以和鸡头末,丸如梧桐子大,每服盐汤下五十丸(9g)。功用:补肾涩精。主治:男子遗精白浊,小便频数,女子带下,纯属肾虚不摄者。

芡实、金樱子,一生于水,一生于山,故以"水陆"名之。本方与金锁固精丸均有补肾涩精作用,但本方补涩之力较逊,不及金锁固精丸为强。故《医方论》认为:水陆二仙丹"亦能涩精固气,但力量太薄,尚须加味"。

【文献摘要】

《成方便读》:"夫遗精一证,不过分其有火无火,虚实两端而已。有梦者,责相火之强,当清心肝之火,病自可已;无梦者,全属肾虚不固,又当专用补涩,以固其脱。既属虚滑之证,则无火可清,无瘀可寻,故以潼沙苑补摄肾精,益其不足;牡蛎固下潜阳,龙骨安魂平木,二味皆有涩可固脱之能;芡实益脾而止浊,莲肉入肾以交心,复用其须者,专赖其止涩之功,而为治虚滑遗精者设也。"

【方歌】

金锁固精芡莲须,蒺藜龙骨与牡蛎,

莲粉糊丸盐汤下,补肾涩精止滑遗。

桑螵蛸散

《本草衍义》

【组成】 桑螵蛸(9g) 远志(6g) 菖蒲(6g) 龙骨(15g) 人参(9g) 茯神(12g) 当归(9g) 龟甲酥炙(15g)以上各一两

【用法】 上为末,夜卧人参汤调下二钱(6g)。

【功用】 调补心肾,涩精止遗。

【主治】 心肾两虚证。小便频数,或尿如米泔色,或遗尿遗精,心神恍惚,健忘,舌淡苔白,脉细弱。

【方解】 本方主治证乃心肾两虚,水火不交所致。肾藏精,主封藏,与膀胱相为表里,肾虚不摄则膀胱失约,以致小便频数,或尿如米泔色,甚或遗尿;肾虚精关不固,而致遗精。心藏神,心气不足则心神不宁,且由肾精不足,不能上通于心,故心神恍惚,健忘。治宜调补心肾,涩精止遗。方中桑螵蛸甘咸平,补肾固精止遗,为君药。臣以龙骨收敛固涩,且安心神;龟甲滋养肾阴,亦补心阴。桑螵蛸得龙骨则固涩止遗之力增,龙骨配龟甲则益阴潜阳,安神之功著。佐以人参大补元气,茯神宁心安神,菖蒲善开心窍,远志安神定志,且通肾气上达于心,如此则心肾相交;更以当归补心血,与人参合用,能双补气血。诸药相合,共奏交通心肾,补益气血,涩精止遗之效。

本方与金锁固精丸均为涩精止遗之方,但金锁固精丸纯用补肾涩精之品组成,专治肾虚精关不固之遗精滑泄。本方则在涩精止遗的基础上配伍交通心肾之品,使心肾相交,神安志宁而肾自固,主治心肾两虚所致的尿频,遗尿,遗精。

【运用】

1.临床以尿频或遗尿、遗精,心神恍惚,舌淡苔白,脉细弱为证治要点。尤宜于小儿遗尿。

若由下焦湿热而致的小便频数,溺赤涩痛,或由脾肾阳虚所致的尿频失禁,均非本方所宜。

2. 糖尿病、神经衰弱等属心肾不交者,可以本方治之。

【文献摘要】

《成方便读》:"夫便数一证,有属火盛于下者,有属下虚不固者。但有火者,其便必短而赤,或涩而痛,自有脉证可据。其不固者,或水火不交,或脾肾气弱,时欲便而不能禁止,老人小儿多有之。凡小儿睡中遗溺,亦属肾虚而致。桑螵蛸补肾固精,同远志入肾,能通肾气上达于心。菖蒲开心窍,使君主得受参、归之补,而用茯苓之下行者,降心气下交于肾,如是则心肾自交。龙与龟皆灵物,一则入肝而安其魂,一则入肾而宁其志。以肝司疏泄,肾主闭藏,两藏各守其职,宜乎前证皆瘳也。"

【方歌】

桑螵蛸散治便数,参苓龙骨同龟壳,

菖蒲远志当归入,补肾宁心健忘却。

缩 泉 丸

《妇人良方》

【组成】 乌药(6g) 益智仁(9g)等分

【用法】 上为末,酒煎山药末为糊,丸桐子大,每服七十丸(9g),盐、酒或米饮下。

【功用】 温肾祛寒,缩尿止遗。

【主治】 膀胱虚寒证。小便频数,或遗尿不止,舌淡,脉沉弱。

【方解】 膀胱者,与肾相为表里,肾气不足则膀胱虚寒,不能约束水液,以致小便频数或遗尿不止。治宜温肾祛寒,缩尿止遗。方中益智仁辛温,温补脾肾,固精气,缩小便,故为君药。乌药辛温,调气散寒,能除膀胱肾间冷气,止小便频数,故为臣药。更以山药糊丸,取其健脾补肾,固涩精气,为佐使药。三药合用,温肾祛寒,使下焦得温而寒去,则膀胱之气复常,约束有权,溺频遗尿自可痊愈。

本方与桑螵蛸散均能治疗小便频数或遗尿,均有固涩止遗作用,但本方以益智仁配伍乌药,重在温肾祛寒,宜于下元虚冷而致者;桑螵蛸散则以桑螵蛸配伍龟版、龙骨、茯神、远志等,偏于调补心肾,适用于心肾两虚所致者,这是两方的不同之处。

【运用】

1. 本方主治膀胱虚寒证,以尿频,遗尿,舌淡,脉沉弱为证治要点。

2. 神经性尿频、尿崩症等属膀胱虚寒者,可以本方治之。亦可用治多涎症属脾肾虚寒者。

【文献摘要】

《医方考》:"脬气者,太阳膀胱之气也。膀胱之气,贵于冲和,邪气热之则便涩,邪气实之则不出,正气寒之则遗尿,正气虚之则不禁。是方也,乌药辛温而质重,重者坠下,故能疗肾间之冷气;益智仁辛热而色白,白者入气,故能壮下焦之脬气。脬气复其元,则禁固复其常矣。"

【方歌】

缩泉丸治小便频,膀胱虚寒遗尿斟,

乌药益智各等分,山药糊丸效更珍。

第五节 固崩止带

固崩止带剂,适用于妇女崩中漏下,或带下日久不止等证。常用固崩止带药如椿根皮、龙骨、牡蛎、白果等为主组成方剂。若崩漏因脾气虚弱,冲任不固所致者,宜配黄芪、白术、山茱萸等补脾益肾药;因阴虚血热,损伤冲任者,宜配龟板、黄柏等滋阴清热药;若带下因湿热下注者,宜配车前子等清热渗湿药。代表方如固冲汤、固经丸、易黄汤等。

固 冲 汤

《医学衷中参西录》

【组成】 白术一两,炒（30g） 生黄芪六钱（18g） 龙骨八钱,煅,捣细（24g） 牡蛎八钱,煅,捣细（24g） 萸肉八钱,去净核（24g） 生杭芍四钱（12g） 海螵蛸四钱,捣细（12g） 茜草三钱（9g） 棕边炭二钱（6g） 五倍子五分,轧细,药汁送服（1.5g）

【用法】 水煎服。

【功用】 益气健脾,固冲摄血。

【主治】 脾气虚弱,冲脉不固证。血崩或月经过多,色淡质稀,心悸气短,腰膝瘦软,舌淡,脉微弱者。

【方解】 冲为血海,脾为气血生化之源,主统血摄血。若脾气虚弱,统摄无权,或冲脉不固,而致血崩或月经过多。亟宜益气健脾,固冲摄血为治。方中重用白术、黄芪补气健脾,俾脾气健旺则统摄有权,故为君药。肝司血海,肾主冲任,故以山萸肉、生白芍补益肝肾,养血敛阴,共为臣药。煅龙骨、煅牡蛎、棕榈炭、五倍子收涩止血;在大队固涩药中,又配海螵蛸、茜草化瘀止血,使血止而无留瘀之弊,以上共为佐药。综合全方,补气固冲以治其本,收涩止血以治其标,共奏固崩止血之效。冲为血海,血崩则冲脉空虚,而本方有益气健脾,固冲摄血之功,故方以"固冲"名之。

【运用】

1．本方为治崩漏的常用方剂。以出血量多,色淡质稀,腰膝瘦软,舌淡,脉微弱为证治要点。血热妄行者忌用。

2．若兼肢冷汗出,脉微欲绝者,为阳脱之象,需加重黄芪用量,并合参附汤以益气回阳。

3．功能性子宫出血属脾气虚弱与冲任不固者可用本方。

【方歌】
固冲汤中用术芪,龙牡芍萸茜草施,
倍子海蛸棕榈炭,崩中漏下总能医。

固 经 丸

《丹溪心法》

【组成】 黄柏炒,三钱（6g） 黄芩炒,一两（15g） 椿根皮七钱半（12g） 白芍炒,一两（15g） 龟版炙,一两（15g） 香附二钱半（6g）

【用法】 为末,酒糊丸,空心温酒或白汤下五十丸(6g)。

【功用】 滋阴清热,固经止血。

【主治】 崩漏。经水过期不止,或下血量过多,血色深红或紫黑稠粘,手足心热,腰膝瘦软,舌红,脉弦数。

【方解】 本方所治崩中漏下,系由阴虚血热所致。肝肾阴虚,相火炽盛,损伤冲任,迫血妄行,以致经水过期不止或下血量多。正如《素问·阴阳别论》所说:"阴虚阳搏谓之崩。"阴虚火旺,故手足心热,腰膝瘦软。治宜滋阴清热,固经止血。方中重用龟版咸甘性平,益肾滋阴而降火;白芍苦酸微寒,敛阴益血以养肝,共为君药。黄芩苦寒,清热止血;黄柏苦寒,泻火坚阴,共为臣药。佐以椿根皮苦涩而凉,固经止血。又恐寒凉太过止血留瘀,故用少量香附辛苦微温,调气活血,以为佐药。诸药合用,使阴血得养,火热得清,气血调畅,诸症自愈。

本方与固冲汤都是固涩止血,治疗崩漏下血的方剂。本方治证乃阴虚血热所致,用药以滋阴清热为主;固冲汤治证则由脾虚冲任不固所致,用药以补气固冲为主。

【运用】

1.本方为治阴虚火旺,经行不止的常用方剂。以血色深红甚或紫黑稠粘,舌红,脉弦数为证治要点。

2.阴虚热不甚者,可去黄柏,酌加女贞子、墨旱莲以养阴凉血止血;出血日久者,再加龙骨、牡蛎、乌贼骨、茜草炭以固涩止血。

3.可用治功能性子宫出血或慢性附件炎,而致经行量多,淋漓不止,属阴虚血热者。

【文献摘要】

《成方便读》:"夫崩中一证,有因气虚,血不固而下陷者;有因热盛,血为热逼而妄行者;有因损伤肝脾冲任之络而血骤下者,当各因所病而治之。如此方之治火盛而崩者,则以黄芩清上,黄柏清下,龟版之潜阳,芍药之敛阴,椿皮之固脱。用香附者,以顺其气,气顺则血亦顺耳。"

【方歌】

固经丸用龟版君,黄柏椿皮香附群,

黄芩芍药酒丸服,漏下崩中色黑殷。

易 黄 汤

《傅青主女科》

【组成】 山药炒,一两(30g)　芡实炒,一两(30g)　黄柏盐水炒,二钱(6g)　车前子酒炒,一钱(3g)　白果十枚,碎(12g)

【用法】 水煎,连服四剂。

【功用】 补肾清热,祛湿止带。

【主治】 湿热带下。带下色黄,其气腥秽,舌红,苔黄腻者。

【方解】 傅青主说:"夫黄带乃任脉之湿热也。"肾与任脉相通,肾虚有热,气不化津,津液反化为湿,下注于前阴,故带下色黄,其气腥秽。治宜补肾清热祛湿之法。方中重用炒山药、炒芡实补脾益肾,固涩止带,《本草求真》说:"山药之补,本有过于芡实,而芡实之涩,更有胜于山药,"故共为君药。白果收涩止带,兼除湿热,为臣药。用少量黄柏苦寒入肾,清热燥湿;车前子甘寒,清热利湿,均为佐药。诸药合用,重在补涩,辅以清利,使肾虚得复,热清湿祛,带下自愈。

【运用】
1．本方为治湿热带下的常用方剂。以带下色黄,其气腥秽,舌苔黄腻为证治要点。
2．湿甚者,加土茯苓、薏苡仁以祛湿;带下不止,再加鸡冠花、墓头回以止带。
3．宫颈炎、阴道炎属肾虚湿热下注者,可用本方加减治疗。

【附方】
清带汤(《医学衷中参西录》) 生山药一两(30g) 生龙骨六钱,捣细(18g) 生牡蛎六钱,捣细(18g) 海螵蛸四钱,去净甲,捣(12g) 茜草三钱(9g) 水煎服。功用:滋阴收涩,化瘀止带。主治:妇女赤白带下,绵绵不绝者。

易黄汤、清带汤两方皆治带下,均重用补肾固涩之山药为君。但易黄汤中配伍清热祛湿之黄柏、车前子,主治肾虚湿热下注之带下;而清带汤中配伍龙骨、牡蛎与化瘀的海螵蛸、茜草,主治带下滑脱而兼有瘀滞者。

【文献摘要】
《傅青主女科》:"妇人有带下而色黄者,宛如黄茶浓汁,其气腥秽,所谓黄带是也。夫黄带乃任脉之湿热也……惟有热邪存于下焦之间,则津液不能化精而反化湿也……法宜补任脉之虚而清肾火之炎,则庶几矣……此不独治黄带方也,凡有带病者,均可治之,而治带下黄者功更奇也。盖山药、芡实专补任脉之虚又能利水,加白果引入任脉之中,更为便捷,所以奏功之速也。至于用黄柏,清肾中之火也。肾与任脉相通以相济,解肾中之火,即解任脉之热也。"

临床报道:用易黄汤为主治疗带下110例。其中经实验室及妇科检查:滴虫性阴道炎13例,阴道炎50例,宫颈糜烂19例,慢性盆腔炎8例。全部病例均以带下连绵,或稠或稀,或腥或臭为主症,用易黄汤为主方酌情加减。若阴痒者,配以苦参、蛇床子、花椒、枯矾,水煎外洗阴部。治疗效果:110例中,89例痊愈(白带正常,诸症消除,随访2年无复发);21例显效(带下近正常,其他诸症均显著减轻或消除,但2年内尚有复发)(浙江中医杂志,1987;8:366)。

【方歌】
易黄白果与芡实,车前黄柏加薯蓣,
能消带下粘稠秽,补肾清热又祛湿。

小 结

固涩剂共选正方11首,按功用分为固表止汗、敛肺止咳、涩肠固脱、涩精止遗、固崩止带五类。

1．固表止汗 牡蛎散益气固表,敛阴止汗,用于卫外不固,阴液外泄所致的自汗、盗汗。

2．敛肺止咳 九仙散敛肺止咳,益气养阴,主治久咳不止,肺气损伤,肺阴亦亏者。

3．涩肠固脱 真人养脏汤涩肠止泻,温中补虚,用于泻痢日久,滑脱不禁,脾肾虚寒,而以脾虚为主者。四神丸温肾暖脾,固涩止泻,主治命门火衰,火不生土而致的肾泄。桃花汤温中涩肠止痢,主治虚寒久痢不止,便下脓血,色黯不鲜者。

4. 涩精止遗　金锁固精丸纯用补肾涩精之品组成,专治肾虚精关不固所致的遗精滑泄。桑螵蛸散调补心肾,涩精止遗,主治心肾两虚所致的尿频、遗尿、遗精,并见心神恍惚,健忘等证者。缩泉丸则专以温肾缩尿见长,主治肾气不足,膀胱虚寒而致的小便频数或遗尿。

5. 固崩止带　固冲汤益气健脾,固冲摄血,主治脾气虚弱,冲脉不固所致的血崩或月经过多。固经丸滋阴清热,固经止血,主治肝肾阴虚,相火炽盛,损伤冲任,迫血妄行所致的经水过多或崩中漏下。易黄汤补肾清热,祛湿止带,主治肾虚湿热带下,色黄气腥,舌苔黄腻者。

第十三章 安 神 剂

凡以安神药为主组成,具有安神定志作用,治疗神志不安疾患的方剂,称为安神剂。

神志不安疾患,多表现为心悸失眠,烦躁惊狂等症。因心藏神,肝藏魂,肾藏志,故本病的发生主要责之于心、肝、肾三脏之阴阳盛衰,或其相互关系失调。其基本病机为外受惊恐,肝郁化火,内扰心神;或为阴血不足,心神失养。然火盛每致阴伤,阴虚易致阳亢,所以病机变化又多虚实挟杂,互为因果。神志不安证表现为惊狂善怒,烦躁不安者,多属实证,按照"惊者平之"的治疗大法,治宜重镇安神;表现为心悸健忘,虚烦失眠者,多属虚证,根据"虚者补之"的治疗大法,治宜补养安神。故本章方剂分为重镇安神与补养安神两类。此外,神志不安又有因火、因痰、因瘀等不同,如因火热而狂躁者,又当清热泻火;因痰而惊狂者,则宜祛痰;因瘀而发狂者,又应祛瘀。诸如此类,可与有关章节互参,或选择有关适宜药物配用,以求运用灵活,方证相宜。

重镇安神剂多由金石类药物组成,此类药物易伤胃气,不宜久服。对脾胃虚弱者,可配合服用健脾和胃之品。此外,某些安神药,如朱砂等具有一定毒性,久服能引起慢性中毒,亦应注意。

第一节 重 镇 安 神

重镇安神剂,适用于心阳偏亢,火热扰心所致的烦乱,失眠,惊悸,怔忡,癫痫等。常用重镇安神药,如朱砂、磁石、珍珠母、龙齿等为主组方。在配伍用药方面,由于火热扰心,故常配伍黄连等清热泻火药以彻火热;心经火热每多耗伤阴血,故常配伍生地黄、当归等滋阴养血药,补其不足之阴血。代表方如朱砂安神丸、磁朱丸。

朱 砂 安 神 丸

〈医学发明〉

【组成】 朱砂半两　黄连六钱　炙甘草五钱半　生地黄二钱半　当归二钱半

【用法】 上四味为细末,另研朱砂,水飞如尘,阴干,为衣,汤浸蒸饼为丸,如黍米大,每服十五丸(2 g),津唾咽之,食后。

【功用】 重镇安神,清心泻火。

【主治】 心火亢盛,阴血不足证。失眠多梦,惊悸怔忡,心烦神乱,舌红,脉细数。

【方解】 本方治证由心火亢盛,灼伤阴血,心失所养所致。心火亢盛,当清其火;阴血不足,当补其阴血。方中朱砂质重性寒,专入心经,重可镇怯,寒能清热,为重镇安神之品,故为君药。黄连苦寒,清心泻火,助君药清心安神,为臣药。两药相伍,重镇以安神志,清心以除烦热,共奏清心安神之功。生地黄甘苦大寒,滋阴清热;当归甘辛苦温,补养心血,配伍生地以补其不足之阴血,共为佐药。使以炙甘草和中调药,防朱砂质重碍胃。合而用之,重镇安神,清心泻火,滋阴养血,有标本兼治之用,使神志安宁,则失眠、惊悸、怔忡诸症得解,故以"安神"名之。

【运用】

1. 临床以惊悸失眠,舌红,脉细数为证治要点。方中朱砂含硫化汞,不宜多服或久服,以防引起汞中毒。阴虚、脾弱者忌用。

2. 神经衰弱所致的心悸、健忘、失眠,或精神抑郁症引起的神志恍惚等,属心火上炎,阴血不足者,均可用之。

【附方】

生铁落饮（《医学心悟》） 天冬去心 麦冬去心 贝母各三钱(各9g) 胆星 橘红 远志肉 石菖蒲 连翘 茯苓 茯神各一钱(各3g) 元参 钩藤 丹参各一钱五分(各4.5g) 辰砂三分(1g) 生铁落(30g) 煎熬45分钟,以汤代水煎药。 功用:镇心安神,清热涤痰。主治:痰火上扰之癫狂证。

生铁落饮与朱砂安神丸均具有重镇安神之功,治疗心神不安证。然前方以镇心安神药与涤痰清热药配伍,使热清神宁,痰化窍开,主治痰火上扰之癫狂;后方则以重镇安神药与清心养血药并投,使心火降,阴血充,神志安定,主治心火上炎,阴血不足之心悸失眠,心烦神乱者。

【文献摘要】

《医宗金鉴·删补名医方论》叶仲坚:"朱砂具光明之体,色赤通心,重能镇怯,寒能胜热,甘以生津,抑阴火之浮游,以养上焦之元气,为安神之第一品。心苦热,配黄连之苦寒,泻心热也,更佐甘草之甘以泻之。心主血,用当归之甘温,归心血也,更佐地黄之寒以补之。心血足则肝得所藏而魂自安;心热解则肺得其职而魄自宁也。"

【方歌】

朱砂安神东垣方,归连甘草合地黄,
怔忡不寐心烦乱,清热养阴可复康。

磁 朱 丸

〈备急千金要方〉

【组成】 磁石二两 朱砂一两 神曲四两

【用法】 三味末之,炼蜜为丸,如梧子大,饮服三丸(2g),日三服。

【功用】 益阴明目,重镇安神。

【主治】 心肾不交证。视物昏花,耳鸣耳聋,心悸失眠,亦治癫痫。

【方解】 本方治证是由肾阴不足,心阳偏亢,心肾不交所致。《灵枢·大惑论》说:"五脏六腑之精气,皆上注于目而为之精。"肾阴不足,则精气不能上注于目,故视物不清;肾开窍于耳,肾阴不能上贯于耳,则耳鸣耳聋;阴虚则阳浮,心阳不得下潜,以致心神不宁,故心悸失眠,甚则神乱而发癫痫。治宜益阴潜阳,交通心肾。方中磁石辛寒入肾,益阴潜阳,重镇安神为君药。朱砂甘寒入心,清心降火,重镇安神为臣药。两药相伍,益阴潜阳,水火既济,使精气得以上荣,心火不致上扰,心肾交泰,则目昏耳聋,心悸失眠等症自除。佐以神曲健脾和胃,以助金石药之运化,并可防其重镇伤胃。炼蜜为丸,取其补中益胃,且可缓和药力。药味虽简,却具益阴潜阳,交通心肾,明目安神,诸多功用。原方之后有"常服益眼力,众方不及,学者宜知,此方神验不可言"等语。柯琴更称"此丸治癫痫之圣剂"。

【运用】

1. 本方原为视物昏花之目疾而设,因能交通心肾,益阴潜阳,重镇安神,后世医家扩大治疗范围,用于神志不安与癫痫等病证。以心悸失眠,耳鸣耳聋,视物昏花为证治要点。方中磁石、朱砂均为重坠之品,用量不宜过多。

2. 神志不安兼头晕目眩,目涩羞明等肝肾阴虚表现明显者,宜配合六味地黄丸同用;癫痫痰多者,可加胆南星、制半夏、天竹黄等祛痰之品。

3. 神经衰弱,高血压病,视网膜、视神经、玻璃体、晶状体的病变,以及房水循环障碍等属心肾不交者,可用本方。

【文献摘要】

《古今名医方论》王又原:"磁石直入肾经,收散失之神,性能引铁,吸肺金之气归藏肾水。朱砂体阳而性阴,能纳浮游之火而安神明。水能鉴,火能烛,水火相济,而光华不四射与?然目受脏腑之精,精资于谷,神曲能消化五谷,则精易成矣。盖神水散大,缓则不收,赖镇坠之品疾收而吸引之,故为急救之剂也。其治耳鸣、耳聋等症,亦以镇坠之功,能制虚阳之上奔耳。"

【方歌】

磁朱丸中有神曲,安神潜阳治目疾,
心悸失眠皆可用,癫狂痫证宜服之。

第二节 补养安神

补养安神剂,适用于心肝失养所致的虚烦不眠,心悸怔忡,健忘多梦等证。常以补养安神药物,如酸枣仁、柏子仁、五味子、茯苓、小麦等为主组成方剂。代表方如天王补心丹、酸枣仁汤、甘麦大枣汤等。

天王补心丹

《摄生秘剖》

【组成】 酸枣仁 柏子仁炒 当归身酒洗 天门冬去心 麦门冬去心各二两(各9g) 生地黄酒洗,四两(12g) 人参去芦 丹参微炒 玄参微炒 白茯苓去皮 五味子烘 远志去心,炒 桔梗各五钱(各5g)

【用法】 上药为末,炼蜜丸如梧子大,朱砂用三五钱为衣,空心白滚汤下三钱(9g),或圆眼汤俱佳。忌胡荽、大蒜、萝卜、鱼腥、烧酒。

【功用】 滋阴养血,补心安神。

【主治】 阴虚血少,神志不安证。心悸失眠,虚烦神疲,梦遗健忘,手足心热,口舌生疮,舌红少苔,脉细而数。

【方解】 本方治证是由心肾两虚,阴虚血少,虚火内扰所致。《素问·灵兰秘典论》说:"心者,君主之官,神明出焉。"阴虚血少,心失所养,故心悸失眠,神疲健忘;阴虚生热,虚火内扰,故手足心热,虚烦、遗精、口舌生疮。治宜滋阴养血,补心安神。方中重用生地黄滋阴养血,为君药。天冬、麦冬滋阴清热;酸枣仁、柏子仁养心安神,当归补血润燥,共为臣药。人参补气，使气旺则阴血自生，且又宁心益智；五味子益气敛阴，以助补气生阴之力；茯苓、远志养心安神，又可交通心肾；玄参滋阴降火，以制虚火上炎；丹参清心活血，使之补而不滞；朱砂镇心安神，兼治其标，共为佐药。桔梗为使药，取其载药上行，俾药力上入心经，与丹参相伍，又可行气血，使诸药滋而不腻，补不留瘀。综合全方，以滋阴养血，补心安神为主，兼可滋阴降火，交通心肾，而治心悸，失眠，健忘诸症。

【运用】

1. 本方为滋补心阴的主要方剂。以心悸失眠，手足心热，舌红少苔，脉细数为证治要点。

2. 失眠较重者，可酌加龙骨、磁石等以增其安神之功。

3. 神经衰弱、精神分裂症、心脏病、甲状腺功能亢进等属心经阴亏血少者，均可用之。

【附方】

1. 柏子养心丸（《体仁汇编》） 柏子仁四两（12g） 枸杞子三两（9g） 麦门冬 当归 石菖蒲 茯神各一两（各5g） 玄参 熟地黄各二两（各6g） 甘草五钱（5g） 蜜丸，梧桐子大，每服四五十丸（9g）。功用：养心安神，滋阴补肾。主治：阴血亏虚，心肾失调所致之精神恍惚，惊悸怔忡，夜寐多梦，健忘盗汗，舌红少苔，脉细而数。

2. 孔圣枕中丹（《备急千金要方》原名孔子大圣知枕中方） 龟版 龙骨 远志 菖蒲各等分。为末，酒服一方寸匕（3g），日三，常服令人大聪。亦可蜜丸，每服二钱（6g）黄酒送服。功用：补肾宁心，益智安神。主治：心肾不足而致健忘失眠，心神不安。

天王补心丹、柏子养心丸、孔圣枕中丹同治阴血亏虚之虚烦不眠。其不同点在于：天王补心丹以补心安神药与滋阴清热养血药相配，其中生地用量独重，且与二冬、玄参等大队滋阴清热药为伍，故主治以阴亏内热为主的心神不安证；柏子养心丸以补肾滋阴药与养心安神药相配，方中重用柏子仁与枸杞子，而滋阴清热之力不足，故主治心肾两虚内热较轻者；孔圣枕中丹则以宁心益智药与交通心肾之远志、菖蒲相配伍，故主治心肾不足之健忘，失眠等。

【文献摘要】

《古今名医方论》柯韵伯："心者主火，而所以主者神也。神衰则火为患，故补心者必清其火而神始安。补心丹用生地黄为君者，取其下足少阴以滋水主，水盛可以伏火，此非补心之阳，补心之神耳！凡果核之有仁，犹心之有神也。清气无如柏子仁，补血无如酸枣仁，其神存耳！参、苓之甘以补心气，五味之酸以收心气，二冬之寒以清气分之火，心气和而神自归矣；当归之甘以生心血，玄参之咸以补心血，丹参之寒以清血中之火，心血足而神自藏矣；更假桔梗为舟楫，远志为向导，和诸药入心而安神明。以此养生寿则，何有健忘、怔忡、津液干涸、舌上生疮、大便不利之虞哉？"

临床报道：用天王补心丹为主治疗神经性血循环衰弱症218例，病程最短者6个月，最长者10年。临床诊断系根据患者有不同程度的心悸、心慌、心前区不适，甚或疼痛、气短、乏力、头晕、易出汗、烦躁、失眠等主诉，并由心电多域频谱分析诊断系统对其心电信号及有关临床资料进行自动处理后打印出诊断结论。同时还经心电图、超声心动图、心脏X线及其他临床检查排除各类器质性心脏病。以天王补心丹口服，每次10～15g，连续服药1个月为1疗程。结果服药2个疗程后，总有效率为98.6%，且服药期间未见任何毒副作用。提示天王补心丹对神经性血循环衰弱症有显著而稳定的疗效（中医杂志，1990；8:30）。

第二节 补养安神

【方歌】
补心丹用柏枣仁,二冬生地当归身,
三参桔梗朱砂味,远志茯苓共养神。

酸枣仁汤

《金匮要略》

【组成】 酸枣仁二升,炒(15~30g) 茯苓二两(6g) 知母二两(6~9g) 川芎二两(6g) 甘草一两(3g)

【用法】 上五味,以水八升,煮酸枣仁得六升,内诸药,煮取三升,分温三服。

【功用】 养血安神,清热除烦。

【主治】 虚烦不眠证。失眠心悸,虚烦不安,头目眩晕,咽干口燥,舌红,脉弦细。

【方解】 本方所治诸证皆由肝血不足,阴虚内热而起。肝藏血,血舍魂,若肝血不足,魂不守舍,心失所养,则虚烦不眠,心悸不安;血亏阴虚,易生内热,虚热内扰,每见虚烦不安,咽干口燥,舌红等。头目眩晕,脉细弦,乃血虚肝旺使然。治宜养血安神,清热除烦。方中重用酸枣仁,以其性味甘平,入心肝之经,养血补肝,宁心安神,为君药。茯苓宁心安神,知母滋阴清热,为臣药,与君药枣仁相配,以助君药安神除烦之效。佐以川芎调畅气机,疏达肝气,与君药相配,酸收辛散并用,相反相成,具有养血调肝之妙。甘草生用,和中缓急,为使药。诸药相伍,一则养肝血以宁心神,一则清内热以除虚烦。共奏养血安神,清热除烦之功。

本方与天王补心丹均治阴血不足,虚热扰心之心烦失眠。组方以养心安神,滋阴补血为主,配以清虚热之品。然前者重用酸枣仁养血安神,配伍调气疏肝之川芎,酸收辛散并用,具有养血调肝之妙,主治肝血不足,虚烦不眠,伴头目眩晕,脉弦细等;后者重用生地,并与二冬、玄参等滋阴清热药为伍,更与养血安神之品相配,主治阴亏血少,心火上扰,心烦失眠,见手足心热,舌红少苔,脉细数者。

【运用】
1. 临床以虚烦不眠,咽干口燥,舌红,脉弦细为证治要点。
2. 神经衰弱、心脏神经官能症、更年期综合征等,属肝血不足,虚热内扰,心神不安者,均可用之。

【文献摘要】
《古今名医方论》:"枣仁酸平,应少阳木化,而治肝极者,宜收宜补,用枣仁至二升,以生心血,养肝血,所谓以酸收之,以酸补之是也。顾肝郁欲散,散以川芎之辛散,使辅枣仁通肝调营,所谓以辛补之。肝急欲缓,缓以甘草之甘缓,防川芎之疏肝泄气,所谓以土葆之。然终恐劳极,则火发于肾,上行至肺,则卫不和而仍不得眠,故以知母崇水,茯苓通阴,将水壮金清而魂自宁。斯神凝、魂藏而魄且静矣。此治虚劳肝极之神方也。"

【方歌】
酸枣二升先煮汤,茯知二两用之良,
芎二甘一相调剂,服后安然入梦乡。

甘麦大枣汤

《金匮要略》

【组成】 甘草三两（9g） 小麦一升（15~30g） 大枣十枚（5枚）
【用法】 上三味，以水六升，煮取三升，温分三服。
【功用】 养心安神，和中缓急。
【主治】 脏躁。精神恍惚，常悲伤欲哭，不能自主，心中烦乱，睡眠不安，甚则言行失常，呵欠频作，舌淡红苔少，脉细微数。
【方解】 脏躁一病多因忧思过度，心阴受损，肝气失和所致。心阴不足，心神失养，则精神恍惚，睡眠不安，心中烦乱；肝气失和，疏泄失常，则悲伤欲哭，不能自主，或言行妄为。遵《素问·藏气法时论》"肝苦急，急食甘以缓之"，以及《灵枢·五味》"心病者，宜食麦"之旨，方中用小麦为君药，取其甘凉之性，养肝补心，除烦安神。甘草甘平，补养心气，和中缓急，为臣药。大枣甘温质润，益气和中，润燥缓急，为佐药。三药合用，甘润平补，养心调肝，共奏养心安神，和中缓急之功。

【运用】
1．本方为治脏躁的常用方剂。以精神恍惚，悲伤欲哭为证治要点。
2．若心烦不眠，舌红少苔，阴虚较明显者，加生地、百合以滋养心阴；头目眩晕，脉弦细，肝血不足者，加酸枣仁、当归以养肝补血安神。
3．癔病、更年期综合征等，属心阴不足，肝气失和者，均宜用之。

【文献摘要】
《金匮要略论注》："小麦能和肝阴之客热，而养心液，且有消烦利溲止汗之功，故以为君。甘草泻心火而和胃，故以为臣。大枣调胃，而利其上壅之燥，故以为佐。盖病本于血，心为血主，肝之子也，心火泻而土气和，则胃气下达。肺脏润，肝气调，躁止而病自除也。补脾气者，火为土之母，心得所养，则火能生土也。"

临床报道：以甘麦大枣汤为主治疗顽固性神经衰弱34例，服药期间一律停服西药，一般服4~6剂见效，结果有效者30例，无效者4例，平均服药13.9剂（新医药学杂志，1974；7:35）。

【方歌】
金匮甘麦大枣汤，妇人脏躁喜悲伤，
精神恍惚常欲哭，养心安神效力彰。

小 结

本章共选正方5首，按其功用分为重镇安神和补养安神两类。

1．重镇安神 朱砂安神丸和磁朱丸均具有重镇安神之功，皆可治疗不寐，心悸，多梦等。其中朱砂安神丸长于清心泻火，滋阴养血，主治心火亢盛，阴血不足的心悸，失眠之证；磁朱丸长于潜阳明目，主治阴虚阳浮，心肾不交而致的心悸失眠，耳鸣耳聋，视物昏花等证。

2．补养安神 天王补心丹、酸枣仁汤、甘麦大枣汤皆以补心安神而立法，均可治疗心烦失眠,心悸健忘等。然天王补心丹长于滋阴养血,主治心经阴亏血少,心悸失眠之证;酸枣仁汤侧重于养血调肝,清除烦热,主治肝血不足,虚烦不眠证;甘麦大枣汤长于养心调肝,和中缓急,善治心阴不足,肝气失和之脏躁证。

第十四章 开 窍 剂

凡用芳香开窍药为主组成，具有开窍醒神作用，治疗神昏窍闭之证的方剂，统称开窍剂。

神昏窍闭之证有虚实之分。属于实证者，称为闭证，多由邪气壅盛，蒙蔽心窍所致。闭证根据其临床表现，可分为热闭与寒闭两种。热闭由温热之邪内陷心包所致，治宜清热开窍，简称凉开；寒闭由中风、中寒或气郁、痰浊蒙蔽心窍引起，治宜温通开窍，简称温开。本类方剂，据此分为凉开和温开两类。

开窍剂的运用，首先应辨别病证的虚实，如邪盛气实而见口噤，两手握固，脉有力者，属于闭证，可用开窍之剂；对于汗出肢冷，呼吸气微，手撒遗尿，口开目合的脱证，即使神志昏迷，也不宜使用。其次，对于阳明腑实证而见神昏谵语者，治宜寒下，不宜应用开窍剂。至于阳明腑实而兼邪陷心包之证，应根据病情的缓急轻重，或先投寒下，或开窍与泻下并用，才能切合病情。其三，开窍剂多为芳香药物，其性辛散走窜，久服则易伤元气，故临床多用于急救，中病即止，不可久服。另外，此类方剂中麝香等药，有碍胎元，孕妇慎用。其四，本类方剂多制成散剂、丸剂或注射剂应用，尤以散剂较丸剂为优，宜温开水化服或鼻饲，不宜加热煎煮，以免药性挥发，影响疗效。

第一节 凉 开

凉开剂，适用于温热之邪内陷心包的热闭证。症见高热烦躁，神昏谵语，甚或痉厥等。其他如中风、气郁、痰厥及感受秽浊之气，以致卒然昏倒，不省人事，证有热象者，亦可选用。常用芳香开窍药，如麝香、冰片、郁金、石菖蒲等配伍清热泻火、凉血解毒药为主组成方剂。由于热入心包，引起神志不安，故常配镇心安神药，如朱砂、磁石、琥珀、珍珠等；邪热内陷，每易灼液为痰，故宜适当配伍清化痰热之品，如胆星、川贝母、天竺黄、雄黄等。代表方如安宫牛黄丸、紫雪、至宝丹等。

安 宫 牛 黄 丸

《温病条辨》

【组成】 牛黄　郁金　黄连　朱砂　山栀　雄黄　黄芩各一两　水牛角浓缩粉一两　冰片　麝香各二钱五分　珍珠五钱　金箔衣

【用法】 上为极细末，炼老蜜为丸，每丸一钱（3g），金箔为衣，蜡护。脉虚者人参汤下，脉实者银花、薄荷汤下，每服一丸。兼治飞尸卒厥，五痫中恶，大人小儿痉厥之因于热者。大人病重体实者，日再服，甚至日三服；小儿服半丸，不知，再服半丸。

【功用】 清热开窍，豁痰解毒。

【主治】 邪热内陷心包证。高热烦躁，神昏谵语，口干舌燥，痰涎壅盛，舌红或绛，脉数。亦治中风昏迷，小儿惊厥，属邪热内闭者。

【方解】 本方为温热之邪内陷心包，痰热蒙蔽清窍之证而设。温病热邪炽盛，逆传心包，必扰及神明，心主失其清灵之常，故高热烦躁，神昏谵语；里热炽盛，灼津炼液成痰，或素有痰热，故多见口干舌燥等津伤以及痰涎壅盛之证。《成方便读》说："温邪内陷之证，必有粘腻秽浊之气留恋于膈间"。痰浊上蒙清窍，势必加重神昏谵语。中风痰热昏迷，小儿高热惊厥，亦属热闭之证。治宜芳香开窍，清解心包热毒，并配安神、豁痰之品，以加强清开之力。方中牛黄味苦而凉，功能清心解毒，熄风定惊，豁痰开窍；麝香辛温，通行十二经，长于开窍醒神，两味相协，体现清心开窍的立方之旨，共为君药。臣以水牛角清心凉血解毒；黄连、黄芩、栀子清热泻火解毒，助牛黄以清心包之热；冰片、郁金芳香辟秽，通窍开闭，以加强麝香开窍醒神之效。上述清心凉血解毒、清热泻火之品与芳香开窍药的结合应用，是凉开方剂的配伍特点。这种配伍目的，正如《温病条辨》所说"使邪火随诸香一齐俱散也"。佐以朱砂、珍珠镇心安神，以除烦躁不安；雄黄助牛黄以豁痰解毒。应用蜂蜜为丸，以和胃调中，为使。用金箔为衣，亦是取其重镇安神之效。

原书在用法中指出："脉虚者，人参汤下"，是取人参补气扶正，以加强其清热开窍之功，但脉虚为正不胜邪之兆，故应严密观察其病情变化，慎防其由闭转脱；"脉实者，银花、薄荷汤下"，是增强其清热透解之效。

【运用】

1. 本方为清热开窍的常用代表方剂。凡神昏谵语属温（暑）热之邪内陷心包或痰热闭阻者，均可应用。以神昏谵语，伴高热烦躁，舌红或绛，脉数为证治要点。孕妇慎用。

2. 若邪陷心包，兼有腑实，见神昏舌短，大便秘结，饮不解渴者，用安宫牛黄丸2粒化开，调大黄末9g内服，可先服一半，不知再服。

3. 流行性乙型脑炎、流行性脑脊髓膜炎、中毒性痢疾、尿毒症、脑血管意外、肝昏迷等病属痰热内闭者，皆可用之。

【附方】

牛黄清心丸（《痘疹世医心法》） 牛黄二分五厘 朱砂一钱五分 黄连五钱 黄芩 栀子各三钱 郁金二钱 以上六味，将牛黄研细，朱砂水飞或粉碎成极细粉，其余黄连等四味粉碎成细粉，与上述粉末配研，过筛，混匀，加炼蜜适量，制成大蜜丸，每丸重1.5g，每次2丸，一日2～3次；小儿酌减。功用：清热解毒，开窍安神。主治：温热之邪，内陷心包，身热，神昏谵语，烦躁不安，以及小儿高热惊厥，中风窍闭等证。

本方为明·万全《痘疹世医心法》之方，故又称万氏牛黄清心丸、万氏牛黄丸。安宫牛黄丸是在本方基础上加味衍化而成，如在清心解毒方面加水牛角，镇心安神加珍珠，芳香开窍加麝香、冰片，并增加雄黄以豁痰解毒。因此，两方的功用、主治基本相同，但牛黄清心丸清热开窍作用稍逊，适用于热闭之轻证。

【文献摘要】

《温病条辨》："此芳香化秽浊而利诸窍，咸寒保肾水而安心体，苦寒通火腑而泻心用之方也。牛黄得日月之精，通心主之神。犀角主治百毒，邪鬼瘴气。真珠得太阴之精，而通神明，合犀角补水救火。郁金草之香，梅片木之香，雄黄石之香，麝香乃精血之香，合四香以为用，使闭固之邪热温毒深在厥阴之分者，一齐从内透出，而邪秽自消，神明可复也。黄连泻心火，栀子泻心与三焦之火，黄芩泻胆、肺之火，使邪火随诸香一齐俱散也。朱砂补心体，泻心用，合金箔坠痰而镇固，再合真珠、犀角为督战之主帅也。"

临床报道:应用安宫牛黄丸减味,由麝香、冰片、郁金、黄芩、黄连、山栀等六味制成针剂,名醒脑静注射液,又名安宫牛黄注射液,用于肝昏迷、脑病所致昏迷,感染所致高热患者共75例,结果有明显的苏醒和退热作用者共43例。其中对烦躁、神志不清和肝昏迷早期病例的疗效较好,对深度肝昏迷的疗效较差,对严重细胞损害及肝细胞衰竭的患者作用不明显,对脑膜炎引起的谵妄、抽搐、昏迷有明显效果,对脑血管外伤患者可改善呼吸。此外,对各种感染所致高热有明显退热作用(中华医学杂志,1975;9:548)。对104例颅脑损伤意识障碍患者,使用安宫牛黄丸作对照观察。结果,加用安宫牛黄丸组有效率为76%,常规组为41%,两组比较 $P < 0.005$。认为本品对患者大脑皮质有明显兴奋作用(中西医结合杂志,1989;12:726)。

实验研究:应用安宫牛黄丸原方(简称Ⅰ号)及以广角取代犀角制成的安宫牛黄丸Ⅱ号进行药理研究。实验结果:两种安宫牛黄丸均有镇静、抗惊厥、解热和消炎作用,Ⅰ号品比Ⅱ号品更为明显。同时并说明安宫牛黄丸的适应证与动物药理作用是相吻合的(中成药研究,1982;5:23)。将安宫牛黄丸的组成药物分为清热解毒、镇静安神和芳香化浊、辟秽开窍两类。在清热镇静类药物中去牛黄,代之以牛胆酸和猪胆酸;去犀角、珍珠,代之以水牛角、珍珠母;去黄连,加板蓝根,并去朱砂及金箔,配制成复方针剂,定名为清开灵(Ⅰ)注射液。在芳香开窍类药物中,以麝香皮代替麝香,去雄黄,加藿香,配制成复方醑剂,定名为清开灵(Ⅱ)滴鼻液。分别供肌肉注射和滴鼻用。经临床验证,效果良好(新医药学杂志,1975;8:12)。

【方歌】
安宫牛黄开窍方,芩连栀郁朱雄黄,
牛角珍珠冰麝箔,热闭心包功效良。

紫　　雪

《苏恭方》录自《外台秘要》

【组成】　石膏　寒水石　滑石　磁石各三斤　水牛角浓缩粉　羚羊角屑　沉香　青木香各五两　玄参　升麻各一斤　甘草炙,八两　丁香一两　芒硝制,十斤　硝石精制,四升　麝香五分　朱砂三两　黄金一百两

【用法】　以水一斛,先煮五种金石药,得四斗,去滓后,内八物,煮取一斗五升,去滓,取消石四升,芒硝亦可,用朴硝精者十斤投汁中,微炭火上煮,柳木篦搅勿住手,有七升,投在木盆中,半日欲凝,内成研朱砂三两,细研麝香五分,内中搅调,寒之二日成霜雪紫色。病人强壮者,一服二分(1.5~3 g),当利热毒;老弱人或热毒微者,一服一分(1~2 g),以意节之。

【功用】　清热开窍,熄风止痉。

【主治】　热邪内陷心包热盛动风证。高热烦躁,神昏谵语,痉厥,斑疹吐衄,口渴引饮,唇焦齿燥,尿赤便秘,舌红绛苔干黄,脉数有力或弦数,以及小儿热盛惊厥。

【方解】　本方为邪热炽盛,内陷心包,热盛动风之证而设。热邪内陷心包,热扰心神,故神昏谵语,烦躁不安;温邪热毒充斥内外,迫血妄行,以致高热,斑疹吐衄;热极生风,故痉厥;热盛伤津,故口渴引饮,唇焦齿燥。治宜寒凉清热与芳香开窍为主,配合熄风安神。方中水牛角善清心热,凉血解毒,羚羊角长于凉肝熄风止痉,水牛角与羚羊角并用,为热传心肝两经之良剂;麝香辛温香窜,开窍醒神,三味同用,则清心凉肝,开窍熄风,针对高热、神昏、痉厥等主

症而用。生石膏、寒水石、滑石大寒清热；玄参、升麻清热解毒，其中玄参并能养阴生津，升麻清热透邪。方中选用甘寒清热药为主，而不用苦寒之品，以避免苦燥伤津，对热盛津伤之证，尤为适合。木香、丁香、沉香行气通窍，与麝香配伍，以增强开窍醒神之功。朱砂、磁石重镇安神，朱砂并能清心解毒，磁石又能潜镇肝阳，加强除烦止痉之效。更以芒硝、硝石泄热散结，釜底抽薪，使邪热从肠腑下泄。《小儿药证直诀笺正》说："凡气火甚盛，有升无降诸证，尤为相宜。"甘草益气安中，调和诸药，以防寒凉碍胃之弊。原方应用黄金，亦取其镇心安神之功，诸药合用，共奏清热解毒，开窍醒神，熄风止痉，安神除烦之效。徐大椿说："邪火毒火，穿经入脏，无药可治，此能消解，其效如神"。

紫雪原出唐·《苏恭方》，《外台秘要》转载，《千金翼方》卷十八亦载此方，方中只少滑石一味，余皆相同，主治脚气及解诸石草热药毒等。宋以后，本方逐渐应用于热病神昏，伤寒发斑，小儿惊痫等证。《普济本事方》所载紫雪丹较《苏恭方》少黄金、犀角、沉香。《温病条辨》所载，亦据《普济本事方》将黄金减去。

【运用】

1. 临床以高热，烦躁，神昏，痉厥，便秘，舌红绛苔干黄，脉数有力为证治要点。服用过量有损伤元气之弊，甚至可出现大汗，肢冷，心悸，气促等症，故应中病即止。孕妇禁用。

2. 常用于治疗各种发热性感染性疾病，如流行性脑脊髓膜炎、乙型脑炎的极期、重症肺炎、猩红热、化脓性感染等疾患的败血症期，肝昏迷以及小儿高热惊厥、小儿麻疹热毒炽盛所致的高热神昏抽搐。

【文献摘要】

《温病条辨》："诸石利水火而通下窍，磁石、元参补肝肾之阴，而上济君火，犀角、羚羊泻心、胆之火，甘草和诸药而败毒，且缓肝急。诸药皆降，独用一味升麻，盖欲降先升也。诸香化秽浊，或开上窍，或开下窍，使神明不致坐困于浊邪而终不克复其明也。丹砂色赤补心，而通心火，内含汞补心体，为坐镇之用。诸药用气，硝独用质者，以其水卤结成，性峻而易消，泻火而散结也。"

实验研究：紫雪散有明显的解热作用，且作用时间快而持久；能明显对抗戊四氮及硝酸士的宁引起的惊厥，延长小鼠惊厥发生的时间，降低惊厥率和死亡率。在镇静作用方面，本方与巴比妥类药物无协同作用（中成药研究，1985；1:12）。

【方歌】

紫雪羚牛朱朴硝，硝磁寒水滑石膏，

丁沉木麝升玄草，不用赤金法亦超。

至 宝 丹

《太平惠民和剂局方》

【组成】 水牛角浓缩粉 朱砂研飞 雄黄研飞 生玳瑁屑研 琥珀研，各一两 麝香研 龙脑研，各一分 金箔半入药，半为衣 银箔研，各五十片 牛黄研，半两 安息香一两半，为末，以无灰酒搅澄飞过，滤去沙土，约得净数一两，慢火熬成膏

【用法】 将水牛角、玳瑁为细末，入余药研匀，将安息香膏重汤煮，凝成后，入诸药中和搜成剂，盛不津器中，并旋圆如桐子大，用人参汤化下三丸至五丸。每两岁儿服二丸，人参汤

化下。

【功用】 清热开窍,化浊解毒。

【主治】 痰热内闭心包证。神昏谵语,身热烦躁,痰盛气粗,舌红苔黄垢腻,脉滑数,以及中风、中暑、小儿惊厥属于痰热内闭者。

【方解】 本方所治各种病证皆为邪热亢盛,痰浊内闭心包所致。小儿惊厥用此,机理亦同。《绛雪园古方选注》说:"热入心包络,舌绛神昏者,以此丹入寒凉汤药中用之,能祛阴起阳,立展神明,有非他药之可及。"方中水牛角与麝香相配,清热开窍,共为君药。冰片(龙脑)与安息香均能芳香开窍,辟秽化浊,与麝香合用,开窍之力尤为显著;牛黄、玳瑁清热解毒,其中牛黄又能豁痰开窍,熄风定惊,与水牛角同用,可以增强清热凉血解毒之效,俱为臣药。佐以朱砂、琥珀镇心安神,雄黄豁痰解毒;方中金箔、银箔,与朱砂、琥珀同用,意在加强重镇安神之力。诸药相伍,共奏清热开窍,化浊解毒之效。原书在用法中用人参汤化服,对于正气虚弱者,借助人参之力以益气扶正,与芳香开窍药配伍,对苏醒神志,扶正祛邪,功效较著,但以脉虚者为宜。原方另有用童子小便合生姜汁化服一法。盖童便擅于滋阴降火,且能行瘀;姜汁辛散之力较强,并能豁痰止呕,故适用于热闭证而脉实者。

至宝丹与安宫牛黄丸、紫雪合称"三宝"。从清热解毒之力而论,《温病条辨》说:"大抵安宫牛黄丸最凉,紫雪次之,至宝又次之。"但从三方功用全面分析,则各有所长,其中安宫牛黄丸长于清热解毒豁痰,紫雪长于熄风止痉,至宝长于芳香开窍,化浊辟秽。总之,三方功用、主治略同,临床可辨证选用,亦可交替使用。

【运用】

1. 至宝丹亦是凉开方剂的常用代表方。以神昏谵语,身热烦躁,痰盛气粗为证治要点。方中芳香辛燥之品较多,有耗阴竭液之弊,故神昏谵语由于阳盛阴虚所致者不宜使用。孕妇慎服。

2. "流脑"、"乙脑"、中毒性痢疾、尿毒症、脑血管意外、肝昏迷等属痰热内闭心包证,均可用之。

【文献摘要】

《绛雪园古方选注》:"至宝丹,治心脏神昏,从表透里之方也。犀角、牛黄、玳瑁、琥珀,以有灵之品内通心窍;朱砂、雄黄、金银箔,以重坠之药安镇心神;佐以龙脑、麝香、安息香,搜剔幽隐诸窍。……故热入心包络,舌绛神昏者,以此丹入寒凉汤药中用之,能祛阴起阳,立展神明,有非他药之可及。若病起头痛而后神昏不语者,此肝虚魂升于顶,当以牡蛎救逆以降之,又非至宝丹之所能苏也。"

【方歌】

至宝朱砂麝息香,雄黄牛角与牛黄,

金银二箔兼龙脑,琥珀还同玳瑁良。

行 军 散

《霍乱论》

【组成】 西牛黄 麝香 珍珠 冰片 硼砂各一钱 明雄黄飞净,八钱 硝石精制,三分 飞金二十页

【用法】 上各研极细如粉,再合研匀,瓷瓶密收,以蜡封之,每服三分至五分(0.3g～0.9g),凉开水调下,或点眼、搐鼻。

【功用】 清热开窍,辟秽解毒。

【主治】 暑秽。吐泻腹痛,烦闷欲绝,头目昏晕,不省人事。并治口疮咽痛。点目去风热障翳;搐鼻可避时疫之气。

【方解】 暑秽俗名"发痧",是因夏月之时,感受秽浊之气所致。由于中焦气机逆乱,清浊相干,升降机能失常,故吐泻腹痛,甚则烦闷欲绝;暑热与秽浊之气蒙蔽清窍,故头目昏晕,不省人事。治宜芳香开窍,清热解毒,行气辟秽为法。方中麝香芳香开窍,行气辟秽;并善于止痛;牛黄清心解毒,豁痰化浊,共为君药。冰片与麝香同用,加强开窍止痛之功,用为臣药。硝石泻热破结;硼砂清热解毒;雄黄辟秽解毒;珍珠重镇安神,以上俱为佐药。从全方分析,是以清热开窍为主,配伍辟秽、解毒、安神,以加强清热开窍的功效。方中应用飞金,亦取其重镇安神之效。此外,因方中牛黄、冰片、硼砂、珍珠等具有清热解毒,防腐消翳之功,故亦能治口疮咽痛,风热障翳等疾。

【运用】

1．本方又名诸葛行军散、武候行军散,是治疗暑秽痧胀的专用方剂。以吐泻腹痛,烦闷欲绝,甚则不省人事为证治要点。本方辛香走窜,孕妇慎服。

2．夏令中暑、急性胃肠炎等由感受秽浊之气所致者,均可应用。

【方歌】

诸葛行军痧胀方,珍珠牛麝冰雄黄,

硼硝金箔共研末,窍闭神昏服之康。

第二节 温 开

温开剂,适用于中风、中寒、气郁、痰厥等属于寒闭之证。症见卒然昏倒,牙关紧闭,神昏不语,苔白脉迟等。常用芳香开窍药如麝香、苏合香、冰片等为主,配伍温里、行气之品组成方剂。代表方如苏合香丸。

苏 合 香 丸

《太平惠民和剂局方》

【组成】 苏合香 龙脑(冰片)各一两 麝香 安息香用无灰酒一升熬膏 青木香 香附白檀香 丁香 沉香 荜茇各二两 熏陆香(乳香)制,一两 白术 诃黎勒煨 朱砂各二两 水牛角浓缩粉,二两

【用法】 上为细末,入研药匀,用安息香膏并炼白蜜和剂,每服旋丸如梧桐子大,取井华水化服四丸(3g),老人、小儿可服一丸,温酒化服也得,并空心服之。

【功用】 芳香开窍,行气温中。

【主治】 寒闭证。突然昏倒,牙关紧闭,不省人事,苔白,脉迟;心腹卒痛,甚则昏厥。亦治中风、中气及感受时行瘴疠之气,属于寒闭证者。

【方解】 本方主治病证较广,多因寒邪或秽浊、气郁闭阻,蒙蔽清窍,扰乱神明所致,属

于寒闭之证。闭者宜开,故治以芳香开窍为主,对于寒邪及气郁、秽浊所致者,须配伍温里散寒、行气活血及辟秽化浊之品,以为辅助。方中苏合香、麝香、冰片、安息香等均为芳香开窍之品,用为君药。配合木香、白檀香、沉香、乳香、丁香、香附为臣,以行气解郁,散寒止痛,辟秽化浊,活血化瘀。佐以辛热之荜茇,温中散寒,与上述十种辛香之品配合,增强散寒、止痛、开郁的作用。白术补气健脾,燥湿化浊;诃子肉收涩敛气,两味与诸香药配伍,可以补气收敛,防止辛香太过,耗散正气。并配水牛角浓缩粉以清心解毒,朱砂重镇安神,以上俱为佐药。总之,本方配伍特点是以芳香开窍药为主,重点配伍行气解郁,辟秽化浊,温中止痛之品,并少佐补气及收涩药,如此组方,既可加强芳香开窍与行气止痛之效,又可防止香散耗气伤正之弊,配伍极为精当。

本方原载《外台秘要》引《广济方》,名吃力伽丸(吃力伽即白术),《苏沈良方》更名为苏合香丸。原方以白术命名,提示开窍行气之方,不忘补气扶正之意。

【运用】

1. 苏合香丸是温开剂的代表方,既是治疗寒闭的常用方,又是适用于心腹疼痛属于气滞寒凝的有效方剂。以突然昏倒,不省人事,牙关紧闭,苔白,脉迟为证治要点。方中药物辛香走窜,有损胎气,孕妇慎服。对于脱证,不宜应用。

2. 流行性乙型脑炎、肝昏迷、冠心病心绞痛、心肌梗死等属于寒闭与寒凝气滞证者,均可应用。

【附方】

冠心苏合丸(《中国药典》)　苏合香 50g　冰片 105g　乳香制, 105g　檀香 210g　青木香 210g　以上五味,除苏合香、冰片外,其余乳香等三味粉碎成细粉,过筛;冰片研细,并与上述粉末配研,过筛,混匀。另取炼蜜适量微温后,加入苏合香,搅匀,再与上述粉末混匀,制成1000丸。含服或嚼碎服,每次1丸,1日1～3次。功用:芳香开窍,行气活血,宽胸止痛。主治:心绞痛,胸闷憋气,属于痰浊气滞血瘀者。

本方是从苏合香丸筛选衍化而成,药仅五味,但兼具开窍与行气活血之效,经过临床广泛应用,对心绞痛和胸闷憋气具有良好的宽胸止痛效果。

【文献摘要】

《绛雪园古方选注》:"苏合香能通十二经络、三百六十五窍,故君之以名其方;与安息香相须,能内通脏腑。龙脑辛散轻浮,走窜经络,与麝香相须,能内入骨髓。犀角入心,沉香入肾,木香入脾,香附入肝,熏陆香入肺,复以丁香入胃者,以胃亦为一脏也。用白术健脾者,欲令诸香留顿于脾,使脾转输于各脏也。诸脏皆用辛香阳药以通之,独心经用朱砂寒以通之者,以心为火脏,不受辛热散气之品,当反佐之,以治其寒阻关窍,乃寒因寒用也。"

《成方便读》:"此方汇集诸香以开其闭,而以犀角解其毒,白术、白蜜匡其正,朱砂辟其邪,性偏于香,似乎治邪中气闭者为宜耳。"

临床报道:应用苏合香丸治疗心肌梗死5例,其中4例明显好转。尤其是1例急性后壁心肌梗死患者,自觉服药后半小时顿觉心胸有开朗感(中华医学杂志,1973;1:29)。

【方歌】

苏合香丸麝息香,木丁朱乳荜檀襄,

牛冰术沉诃香附,中恶急救莫彷徨。

第二节 温 开

紫金锭（又名玉枢丹）

《片玉心书》

【组成】 山慈菇三两　红大戟一两半　千金子霜一两　五倍子三两　麝香三钱　雄黄一两　朱砂一两

【用法】 上为细末，糯米糊作锭子，阴干。口服，每次 0.6g～1.5g，每日 2 次；外用醋磨，调敷患处。

【功用】 化痰开窍，辟秽解毒，消肿止痛。

【主治】

1. 中暑时疫。脘腹胀闷疼痛，恶心呕吐，泄泻，及小儿痰厥。
2. 外敷疗疮疖肿，虫咬损伤，无名肿毒，以及痄腮、丹毒、喉风等。

【方解】 本方适应证范围比较广泛，其病机为感受秽恶痰浊之邪，肠胃气机闭塞，升降失常，以致脘腹胀闷疼痛，吐泻兼作。治宜化痰开窍与辟秽解毒结合应用。方中重用山慈菇以清热消肿，化痰散结，并能解毒；配伍麝香芳香开窍，行气止痛，共为君药。千金子霜、红芽大戟逐痰消肿，五倍子涩肠止泻，雄黄化痰辟秽解毒，朱砂重镇安神，俱为佐药。总之，本方不仅能开窍化痰，辟秽解毒，并有缓下降逆之功，可用治腹痛、呕恶、泄泻等证；外敷疗疮疖肿，虫咬损伤，无名肿毒，以及痄腮、丹毒、喉风等，有消肿散结之效。《本草正义》说："肠胃之病，如食积，气滞，胸脘不舒，服玉枢丹少许，则顷刻即效"；又谓本方"外证可敷，内证可服，其效最捷"。

紫金锭源自宋·王璆《百一选方》，原名太乙紫金丹、玉枢丹，《外科精要》始称紫金锭，但其组成药物少雄黄、朱砂二味。

【运用】

1. 紫金锭为暑令感受秽恶痰浊之邪而致脘腹胀闷疼痛、吐泻的常用方。临床应用除上述症状外，舌象以润而不燥，苔厚腻或浊腻，为证治要点。然方中千金子霜、红芽大戟等均为通利迅疾而有毒之品，不可过量或久服，小儿用量宜减；且因麝香性味芳香走窜，故孕妇忌服。
2. 急性胃肠炎、食物中毒、痢疾等由秽恶痰浊之邪引起者，均可应用。外敷亦可治疗皮肤及软组织急性化脓性感染疾病。

【文献摘要】

《成方便读》："方中以毒攻毒之品，居其大半。山茨菇辛寒有毒，功专泻热散结；千金子辛温有毒，功专行水破血，导滞通肠；大戟辛苦而寒，能通能散，专主逐水行瘀，三者功用相仿，皆能以毒攻毒，辟蛊除邪。然疫毒之邪，散漫不定，恐攻不胜攻，逐不胜逐。故以五倍子酸咸性涩者，敛而降之，使之归聚不散，然后三者之力，方可各展其长。但疫毒之来，元气为之骤闭，且恐药饵有所不受，故必用麝香以开其闭。朱砂、雄黄皆禀土之精气结成，俱能辟恶镇邪，以疫毒既自土中而出，仍以土中之精华解化之，所谓百毒遇土则化，况又假宝气以镇邪乎？"

临床报道：应用紫金锭内服配合外敷治疗皮肤及软组织急性化脓性感染 186 例（其中急性淋巴结炎 58 例，疖肿 54 例，蜂窝组织炎 38 例，急性乳腺炎 24 例，痈肿 6 例，急性淋巴管炎 4 例，丹毒 2 例），结果治愈者 162 例，占 87.1%。治愈时间以 3～7 日者为最多（中医杂志，1961；6：20）。

【方歌】
紫金锭用麝朱雄，慈戟千金五倍同，
太乙玉枢名又别，祛痰逐秽及惊风。

小 结

本章共选正方6首，根据其功用和主治病证，分为凉开和温开两类。

1. 凉开 安宫牛黄丸、紫雪、至宝丹合称"三宝"，是凉开剂中的常用代表方剂，均用于热闭之证。但具体应用，略有区别，安宫牛黄丸长于清热解毒豁痰，适用于热陷心包，神昏谵语之证；至宝丹长于芳香开窍，化浊辟秽，主治一切热闭神昏之证；紫雪的解毒之功虽不及安宫牛黄丸，开窍之效逊于至宝丹，但优于熄风镇痉，故对热陷心包及热盛动风，症见神昏而有痉厥者，较为合适。行军散功能清热开窍，辟秽解毒，常用于暑秽之证，并治口疮咽痛。

2. 温开 苏合香丸是温开剂中的常用代表方剂，治疗寒闭之证，既优于开窍辟秽，并长于行气温中止痛，故对气滞寒凝所致的心腹疼痛，有较好疗效。紫金锭擅长化痰开窍，辟秽解毒，消肿止痛，宜用于暑热时疫，脘腹胀闷疼痛，呕吐泄泻之证；亦可外敷疗疮疖肿等。

第十五章 理 气 剂

凡以理气药物为主组成,具有行气或降气的作用,以治疗气滞或气逆病证的方剂,统称为理气剂。

气为一身之主,升降出入有序,内而脏腑,外而肌腠,周行全身,以维持人体的正常生理活动。若因情志失常,或寒温失调,或饮食失节,或劳倦太过等因素,均可使气之升降失常,引起脏腑功能失调,而产生多种疾病。故《素问·举痛论》说:"百病生于气也"。理气之法是根据《素问·至真要大论》中"逸者行之"、"结者散之"、"高者抑之"及《素问·六元正纪大论》中"木郁达之"等理论而立。气病的范围较为广泛,病变也较为复杂,但概括起来,不外气虚、气滞、气逆三个方面。气虚证的治法与方剂已在补益剂中论述,本章主要论述气滞和气逆证的治法与方剂。气滞以肝气郁结与脾胃气滞为主,气逆以胃气上逆和肺气上逆为主。气滞法当行气,气逆自当降气,故本章方剂分为行气和降气两大类。

使用理气剂首先要辨清虚实,勿犯虚虚实实之戒。若气滞实证,误用补气,则其滞愈增;若气虚证,误用行气,则更伤其气。其二,气滞而兼气逆者,宜行气与降气并用;若兼气虚者,则需配伍补气之品,以虚实兼顾。其三,理气剂多属芳香辛燥之品,易伤津耗气,应适可而止,慎勿过剂,尤其对年老体弱者或阴虚火旺者以及孕妇等,均当慎用。

第一节 行 气

行气剂,具有疏畅气机的作用,适用于气机郁滞的病证。气滞一般以肝气郁滞和脾胃气滞为多见。肝气郁滞主要表现为胸胁胀痛,或疝气痛,或月经不调,或痛经等,常选用疏肝理气药如香附、乌药、川楝子、青皮、郁金等为主组方。脾胃气滞主要表现为脘腹胀满,嗳气吞酸,呕恶食少,大便失常等,常选用疏理脾胃气滞的药如陈皮、厚朴、木香、枳壳、砂仁等为主组方。由于病情兼挟有异,因此在组方时还应视其具体情况灵活配伍。代表方有越鞠丸、半夏厚朴汤、瓜蒌薤白白酒汤、枳实消痞丸等。

越鞠丸(又名芎术丸)

《丹溪心法》

【组成】 香附　川芎　苍术　神曲　栀子 各等分(各6g)
【用法】 为末,水丸如绿豆大,每服6～9g
【功用】 行气解郁。
【主治】 郁证。胸膈痞闷,脘腹胀痛,嗳腐吞酸,恶心呕吐,饮食不消等。
【方解】 本方所治郁证系由肝脾气机郁滞,以致气、血、痰、火、食、湿等相因成郁。《丹溪心法》说:"气血冲和,万病不生,一有怫郁,诸病生焉,故人身之病,多生于郁。"人以气为本,气和则病无由生。若喜怒无常,忧思过度,或饮食失节,寒温不适等因素,均可引起气机郁滞。气滞则肝气不舒,肝病及脾,脾胃气滞,升降失常,运化不行,故见胸膈痞闷,脘腹胀痛,吞酸呕吐,饮食不消等症。肝郁气滞,气滞则血行不畅,或郁久化火。脾运失司,聚湿生痰,或食滞不化。故气、血、火三郁责在肝(胆);湿、痰、食三郁责在脾(胃)。病虽言六郁,但侧重于气郁为主。《成方便读》说:"治郁者必先理气,以气行则郁行,气阻则郁结耳。"治当宜行气解郁为主,使气行则血畅,气畅则痰、火、湿、食诸郁自解。方中以香附行气解郁,以治气郁,为君药。川芎为血中之气药,既可活血祛瘀,以治血郁,又可助香附行气解郁之功;栀子清热泻火,以治火郁;苍术燥湿运脾,以治湿郁;神曲消食导滞,以治食郁,共为臣佐药。痰郁多由脾湿所生,亦与气、火、食有关,气机流畅,诸郁得解,则痰郁亦随之而消,此亦治病求本之意。

【运用】

1. 本方为治疗郁证的代表方剂。以胸膈痞闷,脘腹胀痛,饮食不消等为证治要点。

2. 若气郁偏重者,可重用香附,酌加木香、枳壳、厚朴等以增强其行气解郁之功;若血郁偏重者,重用川芎,酌加桃仁、赤芍、红花等以增其活血祛瘀之力;若湿郁偏重者,重用苍术,酌加茯苓、泽泻以利湿;若食郁偏重者,重用神曲,酌加山楂、麦芽以消食;若火郁偏重者,重用山栀,酌加黄芩、黄连以清热泻火;若痰郁偏重者,酌加半夏、瓜蒌以祛痰。

3. 胃神经官能症、胃及十二指肠溃疡、慢性胃炎、胆石症、胆囊炎、肝炎、肋间神经痛、妇女痛经、月经不调等而有六郁见症者,可加减使用之。

【古代文献摘要】

《医宗金鉴·删补名医方论》:"夫人以气为本,气和则上下不失其度,运行不停其机,病从何生?若饮食不节,寒温不适,喜怒无常,忧思无度,使冲和之气升降失常,以致胃郁不思饮食,脾郁不消水谷,气郁胸腹胀满,血郁胸膈刺痛,湿郁痰饮,火郁为热,及呕吐恶心,吞酸吐酸,嘈杂嗳气,百病丛生。故用香附以开气郁,苍术以除湿郁,抚芎以行血郁,山栀以清火郁,神曲以消食郁。此朱震亨因五郁之法而变通者也。五药相须,共收五郁之效。然当问何郁病甚,便当以何药为主。至若气虚加人参,气痛加木香,郁甚加郁金,懒食加谷蘖,胀加厚朴,痞加枳实,呕痰加姜、夏,火盛加萸连,则又存乎临证者之详审也。"

【方歌】

越鞠丸治六般郁,气血痰火食湿因;

芎苍香附兼栀曲,气畅郁舒痛闷伸。

柴 胡 疏 肝 散

《景岳全书》

【组成】 陈皮醋炒　柴胡各二钱（各6g）　川芎　香附　枳壳麸炒　芍药各一钱半（各5g）　甘草炙,五分（3g）

【用法】 水一盅半,煎八分,食前服。

【功用】 疏肝解郁,行气止痛。

【主治】 肝气郁滞证。胁肋疼痛,或寒热往来,嗳气太息,脘腹胀满,脉弦。

【方解】 肝喜条达,主疏泄而藏血,其经脉布胁肋,循少腹。因情志不遂,木失条达,肝失疏泄,而致肝气郁结。气为血帅,气行则血行,气郁则血行不畅,肝经不利,故见胁肋疼痛,往来寒热。《内经》说："木郁达之"。治宜疏肝理气之法。方中用柴胡疏肝解郁为君药。香附理气疏肝,助柴胡以解肝郁;川芎行气活血而止痛,助柴胡以解肝经之郁滞,二药相合,增其行气止痛之功,为臣药。陈皮、枳壳理气行滞;芍药、甘草养血柔肝,缓急止痛,为佐药。甘草兼调诸药,亦为使药之用。诸药相合,共奏疏肝行气,活血止痛之功。使肝气条达,血脉通畅,营卫自和,痛止而寒热亦除。

本方是四逆散去枳实,加香附、陈皮、枳壳、川芎而成,虽由四逆散加味,而且各药用量已变,尤其是减甘草用量,使其疏肝解郁,行气止痛之力大增。

【运用】

1．本方为疏肝解郁常用方剂。以胁肋胀痛,脉弦为证治要点。

2．若痛甚者,酌加当归、郁金、乌药等以增强其行气活血之力;肝郁化火者,可酌加山栀、川楝子以清热泻火。

3．肝炎、慢性胃炎、胁间神经痛等属肝郁气滞者,可加减使用。

【文献摘要】

实验研究:本方能促进胆汁分泌。用雄性大白鼠制成肝郁模型,然后用本方灌胃,在腹腔麻醉条件下,做胆汁引流,记录1小时胆汁流量,结果显示本方对肝郁动物的泌胆功能有显著促进作用(实用中医内科杂志,1989;1:11)。

【方歌】

柴胡疏肝芍川芎,枳壳陈皮草香附,

疏肝行气兼活血,胁肋疼痛皆能除。

四 磨 汤

《济 生 方》

【组成】 人参(6g) 槟榔(9g) 沉香(6g) 天台乌药(6g)

【用法】 四药各浓磨水,和作七分盏,煎三五沸,放温服。

【功用】 行气降逆,宽胸散结。

【主治】 肝气郁结证。胸膈胀闷,上气喘急,心下痞满,不思饮食。

【方解】 本方治证为七情所伤,肝气郁结所致。肝气郁结,横逆胸膈之间,故胸膈胀闷;若上犯于肺,肺气上逆,则气急而喘;若横逆犯胃,胃失和降,则心下痞满,不思饮食。此病之标虽在肺胃,而病之本则在肝。证属气滞兼有气逆,治宜行气降逆,宽胸散结。方中用乌药行气疏肝以解郁;沉香下气降逆而平喘;槟榔行气导滞以除痞满;三药合用,行气疏肝而消痞满,下气降逆而平喘急。然而人以气为本,破气之品易耗伤正气,故又用人参益气扶正,使郁开而不伤气,且与沉香相配有温肾纳气之功,以增强其平喘之力。四药相合,共奏行气降逆,宽胸散结之效。

【运用】

1．本方主治肝气郁结之重证。以胸膈胀闷,上气喘急为证治要点。

2．若体壮气实而气结较甚,大怒暴厥,心腹胀痛者,可去人参,加木香、枳实以增其行气破结之力;大便秘结,嗳气,腹满或胀痛,脉弦,可加枳实、大黄以通便导滞。

3．支气管哮喘、肺气肿属气滞兼有气逆者,可加减使用。

【文献摘要】

《成方便读》:"大抵此方所治,皆为忧愁思怒得之者多。因思则气结,怒则气上,忧愁不已,气多厥逆,故为上气喘急,妨闷不食等证。然气之所逆者,实也,实者泻之,故以槟榔、沉香之破气快膈,峻利之品,可升可降者,以之为君。而以乌药之宣行十二经气分者助之。其所以致气逆者,虚也。若元气充足,经脉流行,何有前证?故以人参辅其不逮,否则气暂降而郁暂开,不久又闭矣,是以古人每相需而行也。若纯实无虚者,即可去参加枳壳。"

【方歌】

四磨饮子七情侵,人参乌药及槟沉,

浓磨煎服调滞气,实者枳壳易人参。

瓜蒌薤白白酒汤

《金匮要略》

【组成】 瓜蒌实一枚(24g) 薤白半升(12g) 白酒七升(适量)

【用法】 三味同煮,取二升,分温再服。

【功用】 通阳散结,行气祛痰。

【主治】 胸痹。胸中闷痛,甚至胸痛彻背,喘息咳唾,短气,舌苔白腻,脉沉弦或紧。

【方解】 本方所治胸痹系由胸阳不振,痰阻气滞所致。因诸阳受气于胸中而转行于背,胸中阳气不振,津液不得输布,凝聚为痰,痰阻气机,故胸中闷痛,甚则胸痛彻背;痰浊内阻,肺失宣降,而见喘促、短气、咳唾等。治宜通阳散结,行气祛痰。方中以瓜蒌实理气宽胸,涤痰散结,为君药。薤白温通滑利,通阳散结,行气止痛,为臣药。两药相配,一祛痰结,一通阳气,相辅相成,为治胸痹之要药。佐以辛散温通之白酒,行气活血,增强薤白行气通阳之功。药仅三味,配伍精当,共奏通阳散结,行气祛痰之功。使胸中阳气宣通,痰浊消而气机畅,则胸痹喘息诸证自除。

【运用】

1. 本方是治疗胸阳不振,气滞痰阻之胸痹证的基础方剂。以胸痛,喘息短气,舌苔白腻,脉弦紧为证治要点。

2. 若寒邪较重者,可酌加干姜、桂枝、附子等以通阳散寒;气滞甚者,可酌加厚朴、枳实以理气行滞;兼血瘀者,可酌加丹参、赤芍等以活血祛瘀。

3. 冠心病心绞痛、非化脓性肋骨炎、肋间神经痛等,属胸阳不振,痰浊内阻见症者,可加减用之。

【附方】

1. 瓜蒌薤白半夏汤(《金匮要略》) 瓜蒌实一枚(24g) 薤白三两(9g) 半夏半升(12g) 白酒一斗(适量) 四味同煮,取四升,温服一升,日三服。功用:通阳散结,祛痰宽胸。主治:胸痹。胸中满痛彻背,背痛彻胸,不能安卧者。

2. 枳实薤白桂枝汤(《金匮要略》) 枳实四枚(12g) 厚朴四两(12g) 薤白半升(9g) 桂枝一两(6g) 瓜蒌实一枚,捣(24g) 上五味,以水五升,先煎枳实、厚朴,取二升,去渣,内诸药,煮数沸,分温三服。功用:通阳散结,下气祛痰。主治:胸痹。气结在胸,胸满而痛,心中痞气,气从胁下上逆抢心,舌苔白腻,脉沉弦或紧。

以上三方中均有瓜蒌、薤白,都有通阳散结,行气祛痰的作用,皆可治疗胸阳不振,痰气内阻之胸痹。但瓜蒌薤白白酒汤以通阳散结,行气祛痰为主,适用于胸痹而痰浊较轻者,以胸痛、喘息、短气为主要表现;而瓜蒌薤白半夏汤较上方增半夏一味,则祛痰散结之力较大,适用于胸痹而痰浊较盛者,以胸痛彻背,背痛彻胸,且不得安卧为主要表现;而枳实薤白桂枝汤虽无半夏,但增枳实、桂枝、厚朴三味,则善于下气降逆,消痞除满,适用于胸痹而气结较甚,以胸中痞满,气从胁下上逆抢心为主要表现。

【文献摘要】

《王旭高医书六种·退思集类方歌注》:"薤白滑利通阳,瓜蒌润下通阴,佐以白酒熟谷之气,上行药性,助其通经活络,而痹自开。胸中阳也,而反痹,则阳不用矣。阳不用则气上下不相顺接,其津液必凝滞而为痰,故喘息咳唾,胸背痛,短气等证见矣,脉紧沉迟为阳虚之验,故主以通阳。"

实验研究:瓜蒌薤白汤及其方中瓜蒌均能扩张冠状动脉,增加冠状动脉流量,减弱心肌收缩力和减慢心率,明显提高小白鼠常压缺氧耐受力,亦能明显抑制 ADP 诱导家兔血小板聚集,并有一定的促解聚作用。薤白无明显扩冠、增加冠脉流量的作用,对心缩力的影响一般也较弱,其他作用与瓜蒌相似,瓜蒌与薤白组成复方,对提高小白鼠耐缺氧能力及抑制血小板聚集的作用较单用为强(中成药研究,1987年;3:45)。

【方歌】

瓜蒌薤白白酒汤,胸痹胸闷痛难当,

喘息短气时咳唾,难卧仍加半夏良。

半夏厚朴汤

《金匮要略》

【组成】 半夏一升(12g) 厚朴三两(9g) 茯苓四两(12g) 生姜五两(9g) 苏叶二两(6g)

【用法】 以水七升,煮取四升,分温四服,日三夜一服。

【功用】 行气散结,降逆化痰。

【主治】 梅核气。咽中如有物阻,咯吐不出,吞咽不下,胸膈满闷,或咳或呕,舌苔白润或白腻,脉弦缓或弦滑。

【方解】 本方主治梅核气系由痰气互结咽喉,肺胃宣降失常所致。每因情志不畅,肝气郁结,肺胃失于宣降,聚津为痰,痰气交阻,互结咽喉,故咽如物阻,咯吐不出,吞咽不下,胸膈满闷等。气不行则郁难开,痰不化则结难散,而且痰凝可加重气滞,气滞又可促进痰结。治宜两者兼顾,法当行气解郁,化痰散结。方中半夏苦辛温燥,化痰散结,降逆和胃为君。厚朴苦辛而温,行气开郁,下气除满,助半夏以散结降逆为臣。两药为伍,一行气滞,一化痰结。茯苓甘淡渗湿健脾,助半夏以化痰;生姜辛散温行,助半夏和胃而止呕,共为佐药。苏叶芳香疏散,宣肺疏肝,助厚朴行气宽胸,宣通郁结之气,为使药。综观全方,是辛苦合用。辛可行气散结,苦能燥湿降逆,共奏行气散结,降逆化痰之功。

【运用】

1. 本方主治梅核气。以咽如物阻,吞吐不得,苔白腻,脉弦滑为证治要点。因其用药多苦温辛燥,故津伤较重或阴虚者不宜使用。

2. 若气郁较甚者,可酌加香附、郁金等以增强其行气解郁之功；胁肋疼痛者,可酌加川楝子、玄胡索以疏肝理气止痛；咽痛者,可酌加玄参、桔梗以解毒散结,宣肺利咽。

3. 癔病、胃神经官能症、慢性咽炎、慢性支气管炎、食道痉挛等属气滞痰阻者,均可用之。

【文献摘要】

《医宗金鉴》:"咽中如有炙脔,谓咽中有痰涎,如同炙脔,咯之不出,咽之不下者,即今之梅核气病也。此病得于七情郁气,凝涎而生。故用半夏、厚朴、生姜,辛以散结,苦以降逆；茯苓佐半夏,以利饮行涎；紫苏芳香,以宣通郁气,俾气舒涎去,病自愈矣。此证男人亦有,不独妇人也。"

临床报道:用半夏厚朴汤加味治疗咽异感症34例,若因情志刺激,伴有胸胁胀满,善太息较重者,加香附、陈皮、瓜蒌；病久气阴两虚伴有神疲乏力,心烦失眠等症者,加黄芪、沙参、黄连、黄芩、枣仁、丹皮等。治疗结果,治愈(症状完全消失,1年以上无复发者)8例；显效(症状基本消失,无明显复发者)20例；有效(症状得到控制,易复发者)4例；无效(症状无明显改善者)2例,总有效率为94.1%(中国中西医结合杂志, 1993, 3:11)。

实验研究:本方能明显抑制喉反射运动,消除咽喉异物感,还有一定的抗过敏作用(中成药研究,1989;7:11)。

【方歌】

半夏厚朴痰气疏,茯苓生姜共紫苏,

加枣同煎名四七,痰凝气滞皆能除。

枳实消痞丸（又名失笑丸）

《兰室秘藏》

【组成】 干生姜一钱(3g) 炙甘草 麦芽曲 白茯苓 白术各二钱(各6g) 半夏曲 人参各三钱(各9g) 厚朴炙、四钱(12g) 枳实15g 黄连各五钱(6g)

【用法】 为细末,汤浸蒸饼为丸,梧桐子大,每服五七十丸(6~9g),白汤下,食远服。

【功用】 行气消痞,健脾和胃。

【主治】 脾虚气滞,寒热互结证。心下痞满,不欲饮食,倦怠乏力,大便失调。

【方解】 本方所治痞满为脾胃虚弱,升降失司,寒热互结,气壅湿聚所致。因脾为湿困,脾失健运,故见不欲饮食,倦怠乏力,大便不调等。证属脾虚气滞,寒热错杂。治宜行气消痞,健脾和胃,平调寒热。本方是由枳术汤、半夏泻心汤、四君子汤三方加减化裁而成。方中以辛温之枳实行气消痞,为君药。以辛苦性温之厚朴下气除满,为臣药。两药合用,以增强其行气消痞满之功。以苦寒之黄连清热燥湿以泻痞,半夏辛温和胃而散结除痞,用少量干姜温中祛寒,三药相合,辛开苦降,调其寒热,助枳、朴行气开痞除满；以麦芽消食和胃；用人参、白茯苓、白术、炙甘草补中健脾,祛湿和中,共为佐药。炙甘草调和诸药,兼使药之用。综观全方,消补兼施,寒热并用,为行气消痞良剂。方中枳实、厚朴用量独重,且黄连用量大于干姜,故本方消重于补,寒大于温,其治当属实多虚少,热重寒轻之证。

【运用】

1. 本方主治脾虚气滞,寒热互结之心下痞满证。以心下痞满,食少倦怠,苔腻微黄为证治要点。

2. 若偏寒者,应减黄连用量,加重干姜,或再加高良姜、肉桂等以温中散寒;脾虚甚者,应重用人参、白术以加强益气健脾之力;胀甚者,可酌加陈皮、木香等以加强行气消胀之功。

3. 慢性胃炎、慢性支气管炎、胃肠神经官能症等,属脾虚气滞,寒热错杂者,均可用之。

【附方】

1. 枳术汤（《金匮要略》） 枳实七枚（12g） 白术二两（6g） 上二味,以水五升,煮取三升,分温三服。功用:行气消痞。主治:气滞水停。心下坚,大如盘,边如旋盘。

2. 枳术丸（《脾胃论》引张元素方） 枳实麸炒一两（5g） 白术二两（10g） 同为极细末,荷叶裹烧饭为丸,如梧桐子大,每服五十丸（9g）多用白汤下,无时。功用:健脾消痞。主治:脾虚气滞,饮食停聚。胸脘痞满,不思饮食。

枳实消痞丸、枳术汤、枳术丸三方均为消补兼施之剂。枳实消痞丸是行气药配伍益气健脾,佐以苦寒辛温之品,适用于脾虚气滞,寒热互结之心下痞满。枳术汤与枳术丸皆是用行气之枳实配伍益气健脾之白术,枳术汤中枳实量重于白术,消重于补,意在以消为主,适用于气滞水停心下坚满之证;而枳术丸中白术量重于枳实,补重于消,以补为主,且为丸剂,作用更缓,适用于脾虚气滞食停之胸脘痞满证。

【文献摘要】

《成方便读》:"夫满而不痛者为痞。痞属无形之邪,自外而入,客于胸胃之间,未经有形之痰血饮食互结,仅与正气搏聚一处为患。故以黄连、干姜并用,一辛一苦,一散一降,则无论寒热之邪,皆可开泄,二味实为治痞之主药。然痞结于中,则气壅湿聚,必渐至痰食交阻,故以枳实破气,厚朴散湿,麦芽化食,半夏行痰,自无胶固难愈之势。但邪之所凑,其气必虚,故必以四君子坐镇中州,祛邪扶正,并驾齐驱。故此方无论虚实之痞,皆可治之。用蒸饼糊以谷气助脾胃之蒸化耳。"

【方歌】

枳实消痞四君全,麦芽夏曲朴姜连,

蒸饼糊丸消积满,消中有补两相兼。

厚朴温中汤

《内外伤辨惑论》

【组成】 厚朴姜制 陈皮去白,各一两（各9g） 甘草炙 茯苓去皮 草豆蔻仁 木香各五钱（各5g） 干姜七分（2g）

【用法】 合为粗散,每五钱匕（10g）,水二盏,生姜三片,煮至一盏,去滓温服,食前。忌一切冷物。

【功用】 行气温中,燥湿除满。

【主治】 寒湿气滞证。脘腹胀满或疼痛,不思饮食,舌苔白腻,脉沉弦。

【方解】 本方治证为寒湿困于脾胃所致。脾喜燥恶湿,寒主凝滞,湿性粘腻,易阻气机,今寒湿困于脾胃,寒凝湿阻,气机阻滞,故脘腹胀痛,不思饮食等。治宜温中行气,燥湿除满。方中厚朴辛苦温燥,辛散行气以消胀,苦温燥湿以除满,为君药。草豆蔻辛温芳香,温中散寒,燥湿运脾,为臣药。陈皮、木香助厚朴行气宽中以消胀除满;干姜、生姜助草豆蔻温胃暖脾以散寒止痛;茯苓、甘草渗湿健脾而和中,均为佐使药。诸药相合,共奏行气温中,燥湿除满之功。

【运用】

1. 本方主治寒湿气滞。以脘腹胀痛,舌苔白腻为证治要点。

2. 若兼身重肢浮者,可加腹皮以下气利水;痛甚者,加肉桂、良姜以温中散寒。

3. 慢性胃炎、慢性肠炎、胃溃疡、妇女白带等属寒湿气滞者,均可加减用之。

【文献摘要】

《成方便读》:"夫寒邪之伤人也,为无形之邪,若无有形之痰血食积互结,则亦不过为痞满为呕吐,即疼痛亦不致拒按也。故以厚朴温中散满者为君;凡人之气,得寒则凝而行迟,故以木香、草蔻之芳香辛烈,入脾脏以行诸气;脾恶湿,故用干姜、陈皮以燥之,茯苓以渗之;脾欲缓,故以甘草缓之;加生姜者,取其温中散逆,除呕也。以上诸药,皆入脾胃,不特可以温中,且能散表,用之贵得其宜耳。"

【方歌】

厚朴温中陈草苓,干姜草蔻木香停,

煎服加姜治腹痛,虚寒胀满用皆灵。

良 附 丸

《良方集腋》

【组成】 高良姜酒洗七次,焙,研   香附子醋洗七次,焙,研,各等分(各9g)

【用法】 上两味须要各研各贮,用时以米饮汤加入生姜汁一匙,盐一撮为丸,服之立止。

【功用】 行气疏肝,祛寒止痛。

【主治】 气滞寒凝证。胃脘疼痛,胸闷胁痛,畏寒喜热,以及妇女痛经等。

【方解】 本方治证为肝气郁滞,胃有寒凝所致。气滞寒凝,不通则痛,故胃脘胸胁诸痛;气为血帅,气滞则血行不畅,故可见痛经。气滞宜行,寒凝宜温,治宜行气疏肝,温中祛寒之法。方中高良姜味辛大热,温中暖胃,散寒止痛,且用酒洗,以增强其散寒之力。香附疏肝开郁,行气止痛,且用醋洗,加强入肝行气止痛之功。两药相配,一散寒凝,一行气滞,共奏行气疏肝,散寒止痛之功。

【运用】

1. 本方主治气滞寒凝诸痛。以胃脘疼痛,胸闷为证治要点。虚寒性胃痛及火郁胃痛均不宜使用。

2. 若寒凝甚者,可重用高良姜,或酌加干姜、吴萸等以加强温中祛寒之力;气滞偏重者,可重用香附,或酌加木香、砂仁等以增强其行气止痛之力;痛经者,可酌加当归、川芎以和血调经止痛。

3. 慢性胃炎、胃及十二指溃疡等属气滞寒凝者,可加减用之。

【文献摘要】

《谦斋医学讲稿》:"本方治肝胃气痛之偏于寒者有效。这两药的效能,良姜长于温胃散寒,香附长于疏肝行气。一般用量大多相等,取其互相协助,但因寒而得者,良姜可倍于香附;因气而得者,香附可倍于良姜。"

【方歌】
　良附丸用醋香附,良姜酒洗加盐服,
　米饮姜汁同调下,心脘胁痛一齐除。

金 铃 子 散

<素问病机气宜保命集>

　　【组成】　金铃子　玄胡索各一两(各9g)
　　【用法】　为细末,每服三钱(9g),酒调下。
　　【功用】　疏肝泄热,活血止痛。
　　【主治】　肝郁化火证。心胸胁肋诸痛,时发时止,口苦,舌红苔黄,脉弦数。
　　【方解】　本方治证为肝郁气滞,气郁化火所致。肝藏血而主疏泄,性喜条达, 其经脉布胁肋,抵少腹,循阴器。肝郁气滞,疏泄失常,血行不畅,故见心腹胁肋诸痛, 时发时止;气郁化火, 故口苦, 舌红,苔黄,脉弦数。治宜疏肝泄热,行气止痛。方中金铃子苦寒,行气疏肝, 清泄肝火,为君药。玄胡索苦辛温,行气活血, 增强川楝子止痛之功,为臣佐药。两药合用, 既可疏肝泄热,又能行气止痛,使肝火清,气血畅,诸痛自止。
　　【运用】
　　1．本方为治疗肝郁化火诸痛证的代表方剂。以胸腹胁肋疼痛,口苦,舌红,苔黄, 脉弦为证治要点。因本方具有活血作用, 孕妇慎用。
　　2．若用于痛经,可酌加当归、益母草、香附等以增强行气活血之功;用于疝痛,可酌加橘核、荔枝核等以加强行气止痛之力。
　　3．胃及十二指肠溃疡、慢性胃炎、慢性肝炎、胆囊炎等属肝郁化火者,均可加减用之。
　　【文献摘要】
　　《绛雪园古方选注》:"金铃子散,一泄气分之热, 一行血分之滞。《雷公炮炙论》云:心痛欲死速觅延胡。洁古复以金铃治热厥心痛。经言诸痛皆属于心, 而热厥属于肝逆。金铃子非但泄肝, 功专导去小肠膀胱之热, 引心包相火下行;延胡索和一身上下诸痛。时珍曰:用之中的,妙不可言。方虽小制,配合存神,确有应手取愈之功,勿以淡而忽之。"
　　【方歌】
　　金铃子散止痛方,玄胡酒调效更强,
　　疏肝泄热行气血,心腹胸胁痛经匡。

天 台 乌 药 散

<医学发明>

　　【组成】　天台乌药(12g)　木香(6g)　小茴香(6g)　青皮(6g)　高良姜(9g)各半两　槟榔二个(9g)　川楝子十个(12g)　巴豆七十粒(12g)
　　【用法】　上八味,先将巴豆微打破,同川楝子用麸炒黑,去巴豆及麸皮不用,合余药共研为末,和匀,每服一钱(3g)温酒送下。
　　【功用】　行气疏肝,散寒止痛。

【主治】 小肠疝气。少腹引控睾丸而痛,偏坠肿胀,或少腹疼痛,苔白,脉弦。

【方解】 本方主治疝气为寒凝肝脉,气机阻滞所致。因肝的经脉循少腹,络阴器,寒客肝脉,气机阻滞,故少腹疼痛,痛引睾丸,偏坠肿胀。《儒门事亲》说:"诸疝皆归肝经。"《景岳全书》又说:"治疝必先治气。"故治疝之法总不离行气疏肝。方中用乌药辛温,行气疏肝,散寒止痛,为君药。青皮疏肝理气,木香行气止痛,小茴香暖肝散寒,良姜散寒止痛,四药皆辛温芳香之品,合用以加强乌药的行气疏肝作用,共为臣药。用槟榔下气导滞,直达下焦而破坚;取苦寒之川楝子与辛热之巴豆同炒,去巴豆而用川楝子,既能增强川楝子行气散结之力,又可制其苦寒之性,共为佐使药。综观全方是行气药与散寒药配伍,共成行气疏肝,散寒止痛之剂,使气行寒散,肝脉调和,则疝痛自愈。

【运用】

1. 本方主治气滞寒凝之疝气痛。以少腹痛引睾丸,舌淡苔白,脉沉弦为证治要点。湿热下注之疝痛不宜使用。

2. 临床运用于偏坠肿胀,可酌加荔枝核、橘核等以增强其行气止痛之功;寒甚者,可酌加肉桂、吴萸等以加强散寒止痛之力。

3. 睾丸炎、附睾炎、胃及十二指溃疡、慢性胃炎等属气滞寒凝者,均可加减使用。

【文献摘要】

《成方便读》:"夫治疝之法,皆不外暖下祛寒,逐湿行气。然阴寒之气,若与厥阴之或血或痰凝结为积者,又非前药所能卒除,则必以推荡之品,从其性而温下之,方能有效。方中乌药、木香辛温香烈,善行善散,能上能下,以宣气中之滞。茴香暖下而祛寒,良姜温中而止痛,青皮入肝破气,槟榔导积下行。其妙在用巴豆与川楝二味同炒,去巴豆不用,但取其荡涤攻坚刚猛直前之性味,同川楝入肝,导之下行,又不欲其直下之意。"

【方歌】

天台乌药木茴香,巴豆制楝青槟姜,

行气疏肝止疼痛,寒疝腹痛是良方。

橘 核 丸

《济生方》

【组成】 橘核炒 海藻洗 昆布洗 海带洗 川楝子去肉,炒 桃仁麸炒各一两(各9g) 厚朴去皮,姜汁炒 木通 枳实麸炒 延胡索炒,去皮 桂心不见火 木香不见火,各半两(各6g)

【用法】 为细末,酒糊为丸,如桐子大,每服七十丸(9g),空心温酒盐汤送下。

【功用】 行气止痛,软坚散结。

【主治】 㿗疝。睾丸肿胀偏坠,或坚硬如石,或痛引脐腹。

【方解】 本方治证以睾丸肿胀为特征,前人称为㿗疝。是由于寒湿客于肝脉,肝经气血郁滞所致。肝脉抵少腹,绕阴器,寒湿阻滞肝脉,初起睾丸肿胀,偏坠疼痛,久之则气滞血瘀,而致坚硬如石,痛引少腹。治宜行气活血,软坚散结为主,辅以逐寒祛湿。方中橘核苦辛性平,入肝行气,散结止痛,是治疝之要药,为方中君药。川楝子入厥阴气分行气而止痛;桃仁入厥阴血分活血散结以消肿;海藻、昆布、海带软坚散结而消肿胀,共为臣药。君臣相配,行肝经气血之郁滞而散结止痛。延胡索活血散瘀;木香行气散结;厚朴下气除湿;枳实行气破坚;肉桂温肝肾而散寒凝;木通通利血脉而除湿,均为佐使药。诸药合用,可直达肝经,共奏行气活血,散寒除湿,软坚散结之功,使气血调畅,寒湿得除,则睾丸肿胀坚硬诸症自行缓解。

【运用】

1．本方主治寒湿疝气。以睾丸肿胀偏坠,痛引少腹为证治要点。

2．若寒甚者,可酌加小茴香、吴茱萸等以增强其散寒止痛之功;瘀肿重者,可酌加三棱、莪术等以祛瘀止痛;寒湿化热,阴囊红肿痒痛者,可去肉桂,酌加黄柏、土茯苓、车前子等以清利湿热。

3．睾丸鞘膜积液、急慢性睾丸炎、睾丸结核、附睾炎等属寒湿者,均可加减使用。

【文献摘要】

《医方集解》:"此足厥阴药也。疝病由于寒湿,或在气,或在血,证虽见乎肾,病实本于肝。橘核、木香,能入厥阴气分而行气;桃仁、延胡,能入血分而活血;川楝、木通,能导小肠、膀胱之热,由小便下行,所以祛湿;官桂能平肝暖肾,补命门之火,所以祛寒;厚朴、枳实,并能行结水而破宿血;昆布、藻、带,咸润下而软坚,寒行水以泄热,同为散肿消坚之剂也。"

【方歌】

橘核丸中川楝桂,朴实延胡藻带昆,

桃仁二木酒糊丸,癩疝痛丸盐酒吞。

暖 肝 煎

《景岳全书》

【组成】 当归二三钱(6～9g)　枸杞子三钱(9g)　小茴香二钱(6g)　肉桂一二钱(3～6g)　乌药二钱(6g)　沉香一钱(或木香亦可)(3g)　茯苓二钱(6g)

【用法】 水一盅半,加生姜三五片,煎七分,食远温服。

【功用】 温补肝肾,行气止痛。

【主治】 肝肾虚寒证。睾丸冷痛,或小腹疼痛,畏寒喜暖,舌淡苔白,脉沉迟。

【方解】 本方治证乃因肝肾不足,寒客肝脉,气机郁滞所致。阳虚则不能御邪,寒从下受。寒为阴邪,其性主凝敛收引,寒邪内盛,肝脉失和,气机运行不畅,故见睾丸冷痛,少腹疼痛诸症。治宜暖肝温肾,行气止痛。方中肉桂辛甘大热,温肾暖肝,散寒止痛;小茴香味辛性温,暖肝散寒,理气止痛,两药合用,温肾暖肝散寒,共为君药。当归辛甘温,养血补肝,枸杞子甘平,补养肝肾,两药以补肝肾之不足;乌药、沉香皆辛温之品,行气散寒而止痛,均为臣药。阳虚阴盛,水湿不化,故用甘淡之茯苓渗湿健脾;少佐辛温之生姜,温散寒凝,为佐使药。诸药相伍,温补肝肾以治其本,行气祛寒以治其标,使下元得温,寒凝得散,气机通畅,则睾丸、少腹疼痛诸症自解。

【运用】

1．本方适用于肝肾阴寒,气机阻滞之少腹疼痛,疝气痛。以睾丸或少腹疼痛,畏寒喜温,得温痛减,舌淡苔白,脉沉迟为证治要点。若证属实热,见阴囊红肿热痛者,切勿使用。

2．若寒甚者,加吴茱萸、干姜等以增其温中祛寒之功;腹痛甚者,加香附行气止痛;睾丸痛甚者,加青皮、橘核疏肝理气。

3. 精索静脉曲张、腹股沟疝、鞘膜积液等属肝肾虚寒者,可加减用之。

【文献摘要】

《医学举要》:"此治阴寒疝气之方,疝属肝病,而阴寒为虚,故用当归、枸杞以补真阴之虚,茯苓以泄经腑之滞,肉桂补火以镇浊阴,乌药利气而疏邪逆,小茴、沉香为疝家本药,生姜为引,辛以散之,如寒甚者,吴萸、附子、干姜亦可加入。"

【方歌】

暖肝煎中杞茯归,茴沉乌药合肉桂,

下焦虚寒疝气痛,温补肝肾此方推。

加味乌药汤

《济阴纲目》

【组成】 乌药 缩砂 木香 延胡索各一两（各10g） 香附炒,去毛二两(10g) 甘草一两半（5g）

【用法】 细锉,每服七钱(20g),水一盏半,生姜三片, 煎至七分,不拘时温服。

【功用】 行气活血,调经止痛。

【主治】 痛经。月经前或月经初行时,少腹胀痛,胀甚于痛,或连胸胁乳房胀痛, 舌淡,苔薄白,脉弦紧。

【方解】 痛经一证较为复杂,有痛在经前或经后,有胀甚于痛,或痛甚于胀,然不外实寒、虚寒、气滞、血瘀等几种。本方治证为肝郁气滞,经行不畅,故经前少腹胀痛,胀甚于痛。治宜疏肝解郁,调经止痛。方中香附疏肝理气,调经止痛,为君药。乌药辛散温通,助香附疏肝解郁,行气止痛;延胡索行气活血,调经止痛,两药合用,行气活血,调经止痛,共为臣药。木香、砂仁行气止痛而消胀,生姜温胃散寒,均为佐药。甘草缓急止痛,兼调诸药,为佐使之用。诸药相合,共奏行气活血,调经止痛之功,使气行血畅,经调痛止。

【运用】

1. 本方治疗肝郁气滞之痛经。以经前少腹胀痛,胀甚于痛为证治要点。

2. 若兼血瘀,经少色暗,挟有血块者,加蒲黄、五灵脂以祛瘀止痛;兼寒者,加吴茱萸、小茴香以温经散寒止痛。

【附方】

正气天香散(刘河间方,录自《医学纲目》) 乌药二两（6g） 香附末八两(12g) 陈皮 苏叶 干姜各一两（各3g） 上为细末,每次三钱(9g),水调服。功用:行气温中,调经止痛。主治:妇人诸气作痛,或上冲心胸,或攻筑胁肋,腹中结块刺痛,月水不调,或眩晕呕吐,往来寒热。

本方与加味乌药汤均有行气止痛作用,本方以行气为主,兼有和胃之功, 适用于气滞之腹痛;而加味乌药汤长于行气活血,适用于肝郁气滞之痛经。

【方歌】

加味乌药汤砂仁,香附木香乌草伦,

配入玄胡共六味,经前胀痛效堪珍。

第二节 降　气

降气剂，具有降气平喘或降逆止呕的作用，适用于气机上逆之证。气逆之证主要表现为肺气上逆和胃气上逆两个方面。肺气上逆以咳喘为主要见症，常选用降气平喘药物如苏子、杏仁、款冬花、紫菀等为主组方。胃气上逆主要以呃逆、呕吐、嗳气等为主要见症。常选用降逆止呕药物如旋覆花、代赭石、半夏、竹茹、丁香、柿蒂等为主组方。因气逆之证有寒热虚实和兼证的不同，因此降气剂中配伍各异，或配清热、或配温里、或配补气、或配祛痰等。代表方剂如苏子降气汤、旋覆代赭汤等。

苏子降气汤

《太平惠民和剂局方》

【组成】　紫苏子　半夏_{汤洗七次,每二两半(各9g)}　川当归_{去芦,两半(6g)}　甘草_{炙,二两(6g)}　前胡_{去芦}　厚朴_{去粗皮,姜汁拌炒,各一两(各6g)}　肉桂_{去皮,一两半(3g)}

【用法】　上为细末，每服二大钱(6g)，水一盏半，入生姜二片，枣子一个、苏叶五片，同煮至八分，去滓热服，不拘时候。

【功用】　降气平喘，祛痰止咳。

【主治】　实喘。痰涎壅盛，喘咳短气，胸膈满闷，或腰疼脚软，或肢体浮肿，舌苔白滑或白腻，脉弦滑。

【方解】　本方主治上实下虚之喘咳。所谓"上实"，即痰涎壅肺，肺失宣降，故胸膈满闷，咳喘短气，痰多稀白，苔白滑或白腻；所谓"下虚"，即肾不足，肾阳不足，不能纳气化饮，故见短气喘逆，腰疼脚软，体肢浮肿等。本方证虽属"上实下虚"，但以"上实"为主。治应以降气平喘，化痰止咳为法，方中用紫苏子，降气平喘，化痰止咳，为君药。以半夏降逆祛痰；厚朴降气平喘，宽胸除满；前胡宣肺下气，祛痰止咳，三药合用，助苏子降气祛痰平喘之功，共为臣药。君臣相配，以治上实。下元不足，用辛温之肉桂，温补下元，纳肾气以平喘；又以辛甘温之当归，既可治咳逆上气，又能养血润燥，同肉桂以温补下元；略加生姜、苏叶以宣肺散寒，共为佐药。大枣、甘草和中而调药为使。诸药相合，治上顾下，标本兼顾，使气降痰消，则喘咳自平。

原书方后注："一方有陈皮去白一两半"，则燥湿化痰之力更强。

【运用】

1．本方主治痰涎壅盛，上实下虚之喘咳。以胸膈满闷，痰多稀白，苔白滑或白腻为证治要点。方中药多温燥，对肺肾阴虚的喘咳，或肺热痰喘，均不宜使用。

2．若痰涎壅盛，喘咳气逆难卧者，可酌加沉香等以增强其降气平喘之力；兼有表证者，可酌加麻黄、杏仁以宣肺平喘，疏散外邪；兼气虚者，可酌加人参等以益气。

3．慢性支气管炎、肺气肿、支气管哮喘等属肺气壅实者，可加减用之。

【附方】

三子养亲汤(《韩氏医通》)　白芥子(6g)　苏子(9g)　莱菔子(9g)　上各洗净微炒，击碎，看何证多，则以所主者为君，余次之。每剂不过三钱(9g)，用生绢小袋盛之，煮作汤饮，代茶水啜用，不宜煎熬太过。若大便素实者，临服加熟蜜少许；若冬寒加生姜三片。功用：降气快膈,化痰消食。主治:痰壅气滞。咳嗽喘逆,痰多胸痞,食少难消,舌苔白腻,脉滑等。

本方与苏子降气汤均有降气祛痰平喘作用,本方重在行气祛痰,适用于痰食气阻之喘咳,而苏子降气汤降气之力较强,适用于肺气壅实,上实下虚之喘咳。

【文献摘要】

《医方集解》:"苏子、前胡、厚朴、橘红、半夏皆能降上逆之气,兼能除痰,气行则痰行也。数药亦能发表,既以疏内壅,兼以散外寒也。当归润以和血,甘草甘以缓中,下虚上盛,故又用肉桂引火归元也。"

【方歌】

苏子降气半夏归,前胡桂朴草姜随,

上实下虚痰嗽喘,或加沉香去肉桂。

定 喘 汤

《摄生众妙方》

【组成】 白果去壳,砸碎炒黄,二十一枚(9g)　麻黄三钱(9g)　苏子二钱(6g)　甘草一钱(3g)　款冬花三钱(9g)　杏仁一钱五分(9g)　桑白皮三钱(6g)　黄芩一钱五分(6g)　半夏三钱(9g)

【用法】 水三盅,煎二盅,作二服,每服一盅,不用姜,不拘时,徐徐服。

【功用】 宣肺降气、清热化痰。

【主治】 哮喘。咳嗽痰多气急,痰稠色黄,微恶风寒,舌苔黄腻,脉滑数。

【方解】 本方治证为风寒外束,痰热内蕴所致。由于素有痰热,复感风寒,肺气壅闭,肺失宣降,故哮喘咳嗽,痰多气急,痰稠而黄,苔黄腻,脉滑数。治宜宣肺降气,清热化痰。方中用麻黄辛温,宣肺平喘,解表散邪;白果甘涩,敛肺定喘,祛痰止咳,两药合用,一散一收,既能增强平喘之功,又可防麻黄辛散太过耗伤肺气,共为君药。杏仁、苏子、款冬花、半夏皆能降气平喘,化痰止咳,协助君药加强平喘祛痰之功,共为臣药,用甘寒之桑白皮,苦寒之黄芩,清泄肺热,止咳平喘,为佐药。臣佐相配,以解内蕴之痰热。甘草和中而调药,为使药之用。诸药相合,共奏宣降肺气,止咳平喘,清热化痰之功。使痰热清,外寒解,肺气降,则咳嗽痰喘诸证自除。

本方与苏子降气汤均为降气平喘之剂,本方是用宣降肺气之麻黄、白果配伍清热化痰之黄芩、桑白皮,具有宣肺散寒,降气平喘,清热化痰之功,主治素有痰热,外感风寒,肺失宣降之哮喘。而苏子降气汤是以苏子降气平喘为主,配以下气祛痰,温肾纳气之品,具有降气平喘,兼温肾纳气之功,主治上实下虚而以上实为主之咳喘。

本方与小青龙汤均有宣肺解表,祛痰平喘之功,皆可治疗外感风寒,内有痰浊之哮喘。但小青龙汤是用麻黄、桂枝配干姜、半夏、细辛,一以解表散寒,一以温化寒饮,适宜于内有寒饮,且表寒较重之喘咳;而本方是以麻黄、白果与黄芩、桑白皮配伍,一以宣肺降逆兼解表,一以清泄肺热而平喘咳,用于治疗外感风寒,痰热内蕴之喘咳。

【运用】

1. 本方主治外感风寒,痰热内蕴之哮喘。以痰多色黄,微恶风寒,苔黄腻,脉滑数为证治要点。哮喘日久,肺肾阴虚者,不宜使用。

2. 若无表证者,麻黄可减量应用,取其宣肺定喘之功;痰稠难出者,可酌加瓜蒌、胆南星

第二节 降 气

等以增强清热化痰之力；肺热重者,可酌加石膏、鱼腥草等以清泄肺热。

3. 支气管哮喘、慢性支气管炎等属痰热蕴肺者,可加减使用之。

【文献摘要】

《成方便读》："夫肺为娇脏,畏热畏寒,其间毫发不容,其性亦以下行为顺,上行为逆。若为风寒外束,则肺气壅闭,失其下行之令,久则郁热内生,于是肺中之津液,郁而为痰,哮嗽等疾所由来也。然寒不去则郁不开,郁不开则热不解,热不解则痰亦不能遽除,哮咳等疾,何由而止？故必以麻黄、杏仁、生姜开肺疏邪,半夏、白果、苏子化痰降浊,黄芩、桑白皮之苦寒,除郁热而降肺,款冬、甘草之甘润,养肺燥而益金。数者相助为理,以成其功,宜乎哮喘痼疾,皆可愈也。"

临床报道：用定喘汤治疗慢性喘息性气管炎100例,每日1剂,连服10剂为1疗程,个别继发感染者,酌加鱼腥草、蒲公英、服药期间不同时服用其他药物,且均在发作期接受治疗,经1个疗程治疗。结果：显效占83%,好转占14%,近期疗效总有效率为97%。本方确有较好的平喘、止咳、祛痰作用(新医学,1972;9:14)。

【方歌】

定喘白果与麻黄,款冬半夏白皮桑,

苏杏黄芩兼甘草,外寒痰热喘哮尝。

旋 覆 代 赭 汤

《伤 寒 论》

【组成】 旋覆花三两(9g) 人参二两(6g) 生姜五两(10g) 代赭石一两(9g) 甘草炙,三两(6g) 半夏洗半升(9g) 大枣十二枚,擘(4枚)

【用法】 以水一斗,煮取六升,去滓,再煮取三升,温服一升,日三服。

【功用】 降逆化痰,益气和胃。

【主治】 胃气虚弱,痰浊内阻证。心下痞鞕,噫气不除,或反胃呕逆,吐涎沫,舌淡,苔白滑,脉弦而虚。

【方解】 本方原治"伤寒发汗,若吐若下,解后,心下痞鞕,噫气不除"之证。表证经汗、吐、下后,邪虽去而胃气已伤,伏饮内动,胃失和降,故心下痞鞕,噫气频作、呕吐、呃逆。胃虚宜补,痰浊宜化,气逆宜降,治当降逆化痰,益气和胃。方中旋覆花苦辛性温,下气化痰,降逆止噫,为君药。代赭石甘寒质重,降逆下气,助旋覆花降逆化痰而止呕噫,为臣药。半夏辛温,燥湿化痰,降逆和胃；生姜辛温,祛痰散结,降逆止呕,两药合用,协助君、臣药,增强其降逆止呕之功；胃气虚弱,以人参、大枣、甘草益气补中以疗胃虚,且可防金石之品伤胃,均为佐药。甘草又能调和诸药,兼使药之用。诸药相合,标本兼顾,共奏降逆化痰,益气和胃之功,使胃气复,痰浊消,气逆平,则痞满、噫气、呕呃自除。

【运用】

1. 本方主治胃虚痰阻,气逆不降之证。以心下痞鞕,噫气频作,呕呃,苔白滑,脉弦虚为证治要点。

2. 原方代赭石用量较轻,恐其苦寒质重伐胃。若胃气不虚者,可去人参、大枣,且加重代赭石用量,增其重镇降逆之功；若痰多者,可加茯苓、陈皮等以化痰和胃。

3. 胃神经官能症、慢性胃炎、胃扩张、胃及十二肠指溃疡、幽门不全梗阻、神经性呃逆等属胃虚痰阻者,均可用之。

【文献摘要】

《金镜内台方议》:"汗吐下后,大邪虽解,胃气已弱而未和,虚气上逆,故心下痞鞕,而噫气不除者。与旋覆花下气除痰为君;以代赭石为臣,而镇其虚气;以生姜、半夏之辛,而散逆气,除痞散鞕以为佐;人参、大枣、甘草之甘,而调缓其中,以补胃气而除噫也。"

临床报道:用旋覆代赭汤治疗眩晕呕吐 50 例,其中急慢性胃炎和胃溃疡 6 例,神经官能症 11 例,高血压、美尼尔综合征及脑膜炎后遗症各 1 例,临床以头晕目眩、胸痞呕恶,口淡,吐白沫或泛清水,舌苔薄白或滑腻,脉弦缓或弦滑为主要表现。治疗结果:34 例眩晕呕吐俱止;14 例眩晕呕吐减轻;2 例无效。服药最少为 2 剂,最多为 18 剂,平均 6 剂,一般 3～6 天见效(浙江中医杂志,1966;7:30)。

【方歌】

旋覆代赭用人参,半夏姜甘大枣临,

重以镇逆咸软痞,痞鞕噫气力能禁。

橘 皮 竹 茹 汤

《金匮要略》

【组成】 橘皮二升(12g) 竹茹二升(12g) 生姜半斤(9g) 甘草五两(6g) 人参一两(3g) 大枣三十枚(5枚)

【用法】 上六味,以水一斗,煮取三升,温服一升,日三服。

【功用】 降逆止呃,益气清热。

【主治】 胃虚有热之呃逆。呃逆或干呕,舌红嫩,脉虚数。

【方解】 呃逆之证皆由胃气上逆而致,但有寒热虚实之分。本方证系因胃虚有热,气逆不降所致。胃虚宜补,热则宜清,气逆宜降,治当降逆和胃,益气清热。方中用橘皮辛苦性温,行气和胃以止呃;竹茹甘寒,清热安胃以止呕,两药相伍,既能降逆止呕,又可清热安胃,且用量俱重,共为君药。生姜辛温,和胃止呕,为呕家圣药;素体胃虚,故用人参益气补中,与橘皮相合,行中有补,共为臣药。甘草、大枣益气和胃,助人参补益脾胃,奠安中土,以治胃虚为佐使。诸药合用,共奏降逆止呃,益气清热之功。本方特点是清而不寒,补而不滞。

【运用】

1. 本方主治胃虚有热,气逆不降之证。以呃逆,呕吐,舌红嫩,脉虚数为证治要点。若呃逆呕吐属虚寒者或实热者,不宜使用。

2. 若兼胃阴不足者,可加麦冬、石斛等以养胃阴;胃热呕逆气阴两伤者,可加麦冬、茯苓、半夏、枇杷叶以养阴和胃;胃热呃逆,气不虚者,可去人参、甘草、大枣,加柿蒂降逆止呃。

3. 幽门不全梗阻,及术后呃逆不止等属胃虚有热者,可加减使用之。

【附方】

新制橘皮竹茹汤(《温病条辨》) 橘皮三钱(9g) 竹茹三钱(9g) 柿蒂七枚(9g) 姜汁三茶匙(冲) 水煎服。功用:理气降逆,清热止呃。主治:胃热呃逆,胃气不虚者。

本方是橘皮竹茹汤去人参、甘草、大枣,加柿蒂而成。两者皆有理气和胃,降逆清热止呃作用,均可治疗胃中有热,胃气上逆之呃逆证。但本方无益气作用,适用于胃热呃逆而胃气不虚者;而橘皮竹茹汤兼有益气作用,适用于胃热呃逆而胃气虚弱者。

【文献摘要】

《医方考》:"呃逆者,由下达上,气逆作声之名也。大病后,则中气皆虚,余邪乘虚入里,邪正相搏,气必上腾,故令呃逆。脉来虚大,虚者正气弱,大者邪热在也。是方也,橘皮平其气,竹茹清其热,甘草和其逆,人参补其虚,生姜正其胃,大枣益其脾。"

【方歌】

橘皮竹茹治呕逆,人参甘草枣姜益,

胃虚有热失和降,久病之后更相宜。

丁香柿蒂汤

《症因脉治》

【组成】 丁香(6g) 柿蒂(9g) 人参(3g) 生姜(6g)

【用法】 水煎服。

【功用】 温中益气、降逆止呃。

【主治】 虚寒呃逆。呃逆不已,胸脘痞闷,舌淡苔白,脉沉迟。

【方解】 本方所治呃逆是由胃气虚寒,胃失和降所致。根据虚者补之、寒者温之、逆者降之的治疗原则,治当温中益气,降逆止呃。方中丁香辛温,温胃散寒,降逆止呃,是治疗胃寒呃逆之要药;柿蒂苦平,降逆止呃,专治呃逆,两药相配,温胃散寒,降逆止呃,共为君药。生姜辛温,为呕家圣药,与丁香、柿蒂合用,增强温胃降逆之功;因其胃虚,更配人参甘温益气补其虚,皆为臣佐药。四药合用,共奏温中益气,降逆止呃之功,使胃寒散,胃虚复,气逆平,则呃逆胸痞自除。

【运用】

1．本方主治胃气虚寒,气逆不降之呃逆。以舌淡,苔白,脉沉迟为证治要点。胃热呃逆者不宜使用。

2．若兼气滞痰阻者,可加半夏、陈皮以理气化痰;胃气不虚者,可减人参。

3．神经性呃逆、膈肌痉挛等属胃中虚寒者,可加减使用。

【文献摘要】

《成方便读》:"夫呃逆一证,其声短促,连续不断之象,虽其证有火有寒,皆能所致,然无不皆自胃腑而来者,以胃气下行为顺,上行为逆,或邪搏胃中,则失其下降之令,即上出于口而为呃矣。昔人有谓肾病者,究竟脏气不能上至于口,必因于胃而出也。亦犹咳之一证,虽有五脏之分,然亦总不离开肺也。方中以丁香温胃祛寒,补火生土;柿蒂苦温降气,生姜散逆疏邪,二味皆经之药;用人参者,以祛邪必先补正,然后邪退正安,且人参入胃,镇守于中,于是前三味之功,益臻效验耳。"

【方歌】

丁香柿蒂人参姜,呃逆因寒中气伤,

温中降逆又益气,胃气虚寒最相当。

小 结

本章共选 17 首方剂,按其功效的不同,分为行气与降气两类。

1. 行气 具有行气作用,用于气机郁滞的病证。越鞠丸长于行气解郁,主治气、血、痰、火、食、湿之六郁证,但以气郁为主。柴胡疏肝散行气解郁,兼有活血止痛之功,适用于肝气郁结之胁肋胀痛。四磨汤行气兼有降逆作用,适用于气滞兼有气逆之证。瓜蒌薤白白酒汤与半夏厚朴汤均具有行气祛痰之功,前者兼有通阳散结作用,适用于胸阳不振,痰浊内阻之胸痹;后者兼有降逆散结作用,适用于痰气交阻咽喉之梅核气。枳实消痞丸行气兼有健脾作用,适用于脾虚气滞,寒热互结之心下痞满。厚朴温中汤行气兼有温中祛湿之功,适用于寒湿气滞之脘腹胀满疼痛。良附丸与金铃子散均有疏肝止痛作用,良附丸兼有散寒之功,主治气滞寒凝之胃脘胁肋疼痛;而金铃子散兼有清肝活血之功,主治肝郁化火之胸胁疼痛。天台乌药散与橘核丸均为治疝气之常用方,前者行气疏肝,兼有散寒止痛作用,适用于寒凝气滞之小肠疝气,而后者行气疏肝,善于软坚散结,主治寒湿之㿗疝。暖肝煎温补肝肾,行气止痛,主治肝肾虚寒之疝气、腹痛。加味乌药汤善于行气止痛,活血调经,主治肝郁气滞之痛经。

2. 降气 具有降气作用,适用于气逆诸证。苏子降气汤与定喘汤均有降气祛痰平喘作用,前者兼能温补下元,适用于上实下虚之喘咳;后者兼能清泄肺热,适用于外寒内有痰热之喘咳。旋覆代赭汤、橘皮竹茹汤、丁香柿蒂汤均有益胃降逆作用,均可治疗呕呃。旋覆代赭汤兼有祛痰之力,适用于胃虚痰阻之噫气、呃逆反胃等;橘皮竹茹汤兼有清热之功,适用于胃虚有热之呃逆、呕吐,丁香柿蒂汤兼有温中作用,适用于胃虚有寒之呃逆。

第十六章 理 血 剂

凡以理血药为主组成,具有活血化瘀或止血作用,治疗瘀血和出血证的方剂,统称理血剂。

血是营养人体的重要物质,在正常情况下,周流不息地循行于脉中,灌溉五脏六腑,四肢百骸。一旦因某种原因,造成血行不畅,瘀蓄内停,或离经妄行,或亏损不足,均可引起血分病变,如瘀血、出血、血虚等证。因此,血病治法概括起来主要有活血祛瘀、止血、补血三个方面。补血已于补益剂中论述,故本章主要论述活血祛瘀和止血两法。

血证病情复杂,除有寒热虚实之分,还有缓急轻重之别。治疗血证,必须探明致病原因,分清标本缓急,正确运用急则治标,缓则治本,或标本兼顾的法则。同时,逐瘀过猛,易伤正气;止血过急,易致留瘀。因此在使用活血祛瘀方剂时,常辅以扶正之品,使化瘀而不伤正;使用止血剂时,尤应辨明出血原因,做到审因论治;出血兼有瘀滞者,在止血方中又应适当配以活血化瘀之品,以防血止瘀留。此外,活血祛瘀剂性多破泄,故凡月经过多及孕妇均当慎用。

第一节 活 血 祛 瘀

活血祛瘀剂,适用于蓄血及各种瘀血阻滞病证,如经闭、痛经、干血痨、癥瘕、半身不遂、外伤瘀痛等。临床表现以刺痛有定处,舌紫黯,舌上有青紫斑或紫点,腹中或其他部位有肿块,疼痛拒按,按之坚硬,固定不移为特点。

活血祛瘀剂常用活血祛瘀药如川芎、桃仁、红花、赤芍、丹参等为主组成方剂。气行则血行,气滞则血滞,故又常配理气药以行气活血。血证的成因较多,且病机又有寒、热、虚、实的不同,故遣药组方又相应有所侧重,如血瘀偏寒,需配温经祛寒药以温经活血;血瘀偏热,又当配清热凉血药以清热活血;水瘀互见,则应以利水渗湿药与化瘀药同用;正气亏虚而瘀血阻滞者,应扶正活血兼顾。代表方如桃核承气汤、血府逐瘀汤、复元活血汤、补阳还五汤、温经汤等。

桃核承气汤

《伤寒论》

【组成】 桃仁去皮尖,五十个(12 g) 大黄四两(12 g) 桂枝二两(6 g) 甘草炙,二两(6 g) 芒硝二两(6 g)

【用法】 上四味,以水七升,煮取三升半,去滓,内芒硝,更上火,微沸,下火,先食,温服五合,日三服,当微利。

【功用】 破血下瘀。

【主治】 下焦蓄血证。少腹急结,小便自利,甚则谵语烦躁,其人如狂,至夜发热。以及血瘀经闭,痛经,脉沉实而涩等。

【方解】 本方由调胃承气汤减芒硝之量,再加桃仁、桂枝而成。《伤寒论》原治邪在太阳不解,循经入腑化热,与血相搏结于下焦之蓄血证。瘀热互结于下焦,故少腹急结;热在血分而不在气分,膀胱气化未受影响,故小便自利;热在血分,故至夜发热;瘀热上扰心神,故心神不宁,甚则谵语,如狂。此时治当破血下瘀,并除血分之热。方中桃仁与大黄并用为君,桃仁活血破瘀,大黄破瘀泻热,两者配伍,瘀热并治。桂枝通行血脉,助桃仁活血行瘀,配于寒凉破泄方中,亦可防止寒凉凝血之弊;芒硝泻热软坚,助大黄下瘀泄热,共为臣药。炙甘草护胃安中,缓诸药峻烈之性,以为佐使。五味配合,共奏破血下瘀之功,服后"微利",使蓄血去,瘀热清,诸证自平。

【运用】

1．本方为治疗下焦蓄血证的主方。以少腹急结,小便自利,脉沉实或涩为证治要点。因其能破血下瘀,故孕妇忌用。若兼表证未解者,当先解表,而后再用本方。

2．后世对本方的运用有所发展。如对跌打损伤,瘀血留滞,疼痛不能转侧者,可加赤芍、当归尾、红花、苏木以活血祛瘀止痛;火旺而血瘀于上,头痛头胀,目赤面红,吐衄者,可加生地、丹皮、栀子、牛膝以清热凉血;如用于月经不调及经闭属实证者,可加当归、红花以活血调经;兼有气滞者,可加香附、乌药、青皮、木香以行气止痛。

3．常用于急性盆腔炎、胎盘滞留、附件炎、肠梗阻等属瘀热互结下焦者。

【附方】

下瘀血汤(《金匮要略》) 大黄三两(9g) 桃仁二十枚(9g) 䗪虫熬,去足,二十枚(9g) 三味末之,炼蜜和为四丸,以酒一升,煎一丸,取八合,顿服之。功用:破血下瘀。主治:产妇腹痛,因干血内结,著于脐下者;亦治血瘀而致经水不利之证。

本方与桃核承气汤均有破血下瘀作用,但本方是主治产妇腹痛,因"干血著于脐下",有鞭块而腹痛者;桃核承气汤是主治下焦蓄血的少腹急结,以及瘀热互结,上扰心神之发热、如狂等证。

【文献摘要】

《医门棒喝·伤寒论本旨》:"此即调胃承气汤加桂枝、桃仁,引入血脉以破瘀结也。硝、黄、桃仁咸苦下降,佐桂枝、甘草辛温甘缓载之,使徐行入于血脉,导瘀血邪热由肠腑而去,故桂枝非为解太阳之余邪也。所以《论》言,其外不解者,未可攻;外解已,乃可攻之,宜桃核承气。而不以桂枝名汤,见得太阳表邪已解,直从阳明主治,藉桂枝引入膀胱血脉以破瘀结也。良以大黄倍于桂枝,则桂枝乃得从大黄下行,而不能升散走表;大黄得桂枝辛甘而不直下,庶使随入血脉以攻邪也。盖胃为脏腑之海,故各脏腑之邪皆能归胃,则各脏腑之病皆可从胃主治,但佐导引之药,如此方之用桂枝者,自可取效也。诸家多谓桂枝以解太阳余邪,恐非其义。若使桂枝走表,则调胃承气汤焉能入膀胱破瘀结,而仲景亦不言外已解乃可攻之也。"

实验研究:桃核承气汤对血液流变学异常的大鼠明显降低全血粘度、血浆粘度、纤维蛋白原含量、血脂及血球压积。此作用为治疗肝硬化、脑血栓后遗症、宫颈癌的作用原理的一个重要方面(中成药,1993;6:27)。

【方歌】

桃核承气五般施,甘草硝黄并桂枝,

瘀热互结小腹胀,如狂蓄血功最奇。

第一节 活血祛瘀

血府逐瘀汤

《医林改错》

【组成】 桃仁四钱（12g） 红花三钱（9g） 当归三钱（9g） 生地黄三钱（9g） 川芎一钱半（5g） 赤芍二钱（6g） 牛膝三钱（9g） 桔梗一钱半（5g） 柴胡一钱（3g） 枳壳二钱（6g） 甘草一钱（3g）

【用法】 水煎服。

【功用】 活血祛瘀，行气止痛。

【主治】 胸中血瘀证。胸痛，头痛日久，痛如针刺而有定处，或呃逆日久不止，或内热烦闷，或心悸失眠，急躁易怒，入暮潮热，唇暗或两目暗黑，舌黯红或有瘀斑，脉涩或弦紧。

【方解】 本方为治疗瘀血内阻胸部，气机郁滞所致胸痛胸闷的方剂。即王清任所称"胸中血府血瘀"之证。胸胁为肝经循行之处，瘀血内阻胸中，气机郁滞，故胸胁刺痛；郁滞日久，肝失调达之性，故急躁易怒；气血郁而化热，故内热烦闷，或心悸失眠，或入暮潮热；瘀血阻滞，清阳不升，则为头痛；瘀热上冲动膈，可见呃逆不止；至于唇、目、舌、脉所见，皆为瘀血征象。治当活血化瘀为主，兼以行气开胸止痛。本方系由桃红四物汤合四逆散加桔梗、牛膝而成，方中当归、川芎、赤芍、桃仁、红花活血化瘀；牛膝祛瘀血，通血脉，引瘀血下行。柴胡疏肝解郁，升达清阳；桔梗开宣肺气，载药上行，又可合枳壳一升一降，开胸行气，使气行则血行；生地凉血清热，合当归又能养阴润燥，使祛瘀而不伤阴血；甘草调和诸药。全方的配伍特点是既行血分瘀滞，又解气分郁结，活血而不耗血，祛瘀又能生新。合而用之，使瘀去气行，则诸证可愈。

【运用】

1．本方为治疗血瘀胸中的常用方剂。以胸痛，痛有定处，舌黯红或有瘀斑为证治要点。因方中活血祛瘀药物较多，故孕妇忌服。

2．后世以本方加减，可通治多种血瘀气滞证。血瘀经闭、痛经者，可去桔梗，加香附、益母草等以活血调经止痛；胁下有痞块，属血瘀者，可加郁金、丹参以活血祛瘀，消癥化积。

3．常用以治疗冠心病心绞痛、风湿性心脏病、胸部挫伤与肋软骨炎之胸痛，以及脑震荡后遗症之头痛、头晕、精神抑郁属血瘀气滞者。

【附方】

1．通窍活血汤（《医林改错》） 赤芍一钱（3g） 川芎一钱（3g） 桃仁二钱，研泥（6g） 红花三钱（9g） 老葱三根，切碎（6g） 生姜三钱，切片（9g） 大枣七个，去核（5枚） 麝香五厘（0.15g），绢包 黄酒半斤 将前七味煎一盅，去滓，将麝香入酒内再煎二沸，临卧服。功用：活血通窍。主治：瘀阻头面的头痛昏晕，或耳聋年久，或头发脱落，面色青紫，或酒渣鼻，或白癜风，以及妇女干血痨，小儿疳积而见肌肉消瘦，腹大青筋，潮热等。

2．膈下逐瘀汤（《医林改错》） 五灵脂炒，二钱（6g） 当归三钱（9g） 川芎二钱（6g） 桃仁研如泥，三钱（9g） 丹皮二钱（6g） 赤芍二钱（6g） 乌药二钱（6g） 延胡索一钱（3g） 甘草三钱（9g） 香附一钱半（5g） 红花三钱（9g） 枳壳一钱半（5g） 水煎服。功用：活血祛瘀，行气止痛。主治：膈下瘀血，形成积块；或小儿痞块；或肚腹疼痛，痛处不移，或卧则腹坠。

3．少腹逐瘀汤（《医林改错》） 小茴香七粒，炒（1.5g） 干姜二分，炒（3g） 延胡索一钱（3g）

没药一钱(3g) 当归三钱(9g) 川芎一钱(3g) 官桂一钱(3g) 赤芍二钱(6g) 蒲黄三钱(9g) 五灵脂二钱,炒(6g) 水煎服。功用：活血祛瘀,温经止痛。主治：少腹瘀血积块疼痛或不痛,或痛而无积块,或少腹胀满；或经期腰痠少腹胀,或月经一月见三五次,连接不断,断而又来,其色或紫或黑,或有瘀块,或崩漏兼少腹疼痛,或瘀血阻滞,久不受孕等证。

4. 身痛逐瘀汤 (《医林改错》) 秦艽一钱(3g) 川芎二钱(6g) 桃仁三钱(9g) 红花三钱(9g) 甘草二钱(6g) 羌活一钱(3g) 没药二钱(6g) 当归三钱(9g) 五灵脂二钱,炒(6g) 香附一钱(3g) 牛膝三钱(9g) 地龙二钱,去土(6g) 水煎服。功用：活血行气,祛瘀通络,通痹止痛。主治：气血闭阻经络所致的肩痛、臂痛、腰痛、腿痛,或周身疼痛,经久不愈。

王清任善于运用活血化瘀药物,创制了一系列活血化瘀的名方,血府逐瘀汤、通窍活血汤、膈下逐瘀汤、少腹逐瘀汤、身痛逐瘀汤、常称为五逐瘀汤,各方多以川芎、当归、桃仁、红花、赤芍为基础药物,均有活血祛瘀止痛作用。其中血府逐瘀汤配有行气开胸的枳壳、桔梗、柴胡,以及引血下行的牛膝,故宣通胸胁气滞,引血下行之力较好,主治胸中瘀阻之证；通窍活血汤配有通阳开窍的麝香、老葱、生姜等,故辛香通窍作用较好,主治瘀阻头面之证；膈下逐瘀汤配有香附、延胡索、乌药、枳壳等疏肝行气止痛药,故行气止痛作用较好,主治瘀阻膈下,肝郁气滞之两胁及腹中胀痛；少腹逐瘀汤配有温里祛寒之小茴香、官桂、干姜,故温经止痛作用较优,主治血瘀少腹、月经不调、痛经等；身痛逐瘀汤配有通络宣痹止痛之秦艽、羌活、地龙等,故多用于瘀血痹阻经络所致的肢体痹痛或周身疼痛等。

【文献摘要】

临床报道：用血府逐瘀汤加味治疗脑动脉硬化性精神障碍49例,治疗组痊愈29例,好转15例,无效1例,有效率97.5%；对照组（西药组）共40例,痊愈15例,好转11例,无效14例,有效率65%；两组比较经统计学处理,有显著差异$P<0.05$（中西医结合杂志,1989；3：758）。血府逐瘀汤治疗气滞血瘀型高脂血症患者20例,在气滞血瘀明显改善的同时,血清TC和TG也显著降低。结果提示：气滞血瘀证可能与血脂的升高存在一定的关系,血府逐瘀汤对气滞血瘀证患者的血脂升高有一定的降低作用。动物实验结果：方中理气药能降低高脂大鼠血清TC、TG、LDL-Ch和肝TC,方中的活血药能降低其肝TC、TG和肝指数。表明理气药和活血药在调节脂代谢方面有协同作用（中西医结合杂志,1988；10：601）。

【方歌】

血府当归生地桃,红花甘草壳赤芍,

柴胡芎桔牛膝等,血化下行不作劳。

通窍全凭好麝香,桃红大枣老葱姜,

川芎黄酒赤芍药,表里通经第一方。

膈下逐瘀桃牡丹,赤芍乌药元胡甘,

归芎灵脂红花壳,香附开郁血亦安。

少腹茴香与炒姜,元胡灵脂没芎当,

蒲黄官桂赤芍药,调经种子第一方。

身痛逐瘀膝地龙,香附羌秦草归芎,

黄芪苍柏量加减,要紧五灵桃没红。

第一节 活血祛瘀

补阳还五汤

《医林改错》

【组成】 黄芪生,四两(120g) 当归尾二钱(3g) 赤芍一钱半(5g) 地龙一钱(3g) 川芎一钱(3g) 红花一钱(3g) 桃仁一钱(3g)

【用法】 水煎服。

【功用】 补气活血通络。

【主治】 中风。半身不遂,口眼㖞斜,语言蹇涩,口角流涎,小便频数或遗尿不禁,舌黯淡,苔白,脉缓。

【方解】 本方所治素体气虚,不能行血,以致脉络瘀阻,筋脉肌肉失却濡养,故半身不遂,口眼歪斜;气虚血滞,舌体失养,故语言蹇涩,口角流涎;气虚失于固摄,则小便频数,遗尿失禁;苔白,脉缓,亦为气虚佐证。综上诸症,皆由气虚血瘀所致,原书称为"因虚致瘀"。治当补气活血通络。方中重用生黄芪,大补脾胃之元气,令气旺血行,瘀去络通,为君药。当归尾长于活血,且有化瘀而不伤血之妙,是为臣药。川芎、赤芍、桃仁、红花助当归尾活血祛瘀,地龙通经活络,均为佐药。本方的配伍特点是大量补气药与少量活血药相配,使气旺则血行,活血而不伤正,共奏补气活血通络之功。

【运用】

1．本方是体现王清任所创气虚血瘀理论的代表方剂。常用于中风后的治疗,以半身不遂,口眼歪斜,苔白脉缓或脉细弱无力为证治要点。使用本方需久服缓治,疗效方显。愈后还应继续服用一段时间,以巩固疗效,防止复发。

2．本方证以正气亏虚为主,故生黄芪用量宜重(可从30～60g开始,效果不显再逐渐增加),祛瘀药宜轻。偏寒者,可加熟附子以温经散寒;脾胃虚弱者,可加党参、白术以补气健脾;痰多者,加制半夏、天竺黄以化痰;若语言不利,加石菖蒲、郁金、远志等开窍化痰。

3．常用于脑血管意外后遗症,以及其他原因引起的偏瘫、截瘫,或上肢或下肢痿软属气虚血瘀者。

【文献摘要】

《世补斋医书》:"观其方用黄芪四两、归尾二钱、赤芍钱半、川芎、桃仁、红花各一钱,加地龙亦一钱,主治半身不遂。方以黄芪为君,当归为臣,若例以古法当归补血汤,黄芪五倍于当归,则二钱之归宜君以一两之芪,若四两之芪即当臣以八钱之归。今则芪且二十倍于归矣。大约欲以还五成之亏,有必需乎四两之多者。"

实验研究:补阳还五汤对小鼠耳壳炎症,腹腔毛细血管通透性及角叉莱胶性关节炎均有显著的对抗作用,对塑料环肉芽肿有明显的抑制作用,表明该方具有对抗渗出性关节炎症及增殖性炎症的作用。对免疫器官有显著增重作用,对巨噬细胞吞噬功能有明显促进作用并显著增加特异性抗体溶血素的含量,表明该方对非特异性和特异性免疫功能均有增进作用。为文献记载该方具有"补气,活血,行瘀"之功用提供了科学依据(中西医结合杂志,1989;3:164)。补阳还五汤对血液流变学的影响:血液流变学指标的改变是缺血性脑血管疾病发作的危险因素之一。用本方治疗236例缺血性中风患者,发现治疗后六项指标(红细胞压积、全血比粘度、血浆比粘度、纤维蛋白原、红细胞电泳时间、全血还原比粘度)均有改善,其中以全血比粘度、全血还原比粘度下降显著。故认为本方有降低血粘度和升高细胞表面电荷的作用,从而改善血液流动性,实现本方的治疗作用(中国神经精神疾病学杂志,1985;1:9)。

【方歌】

补阳还五赤芍芎,归尾通经佐地龙,

四两黄芪为主药,血中瘀滞用桃红。

复元活血汤

《医学发明》

【组成】 柴胡半两(9g) 瓜蒌根 当归各三钱(各9g) 红花 甘草 穿山甲炮,各二钱(各6g) 大黄酒浸,一两(12g) 桃仁酒浸,去皮尖,研如泥,五十个(9g)

【用法】 除桃仁外,锉如麻豆大,每服一两(30g),水一盏半,酒半盏,同煎至七分,去滓,大温服之,食前,以利为度,得利痛减,不尽服。

【功用】 活血祛瘀,疏肝通络。

【主治】 跌打损伤。瘀血留于胁下,痛不可忍。

【方解】 本方证系外伤损essed,血离经脉,停滞于胁肋所致。胁肋是肝经循行的部位,跌打损伤,瘀血停滞于胁下,血瘀气滞,以致胁肋疼痛,甚则痛不可忍。治当活血祛瘀为主,兼以疏肝行气通络。方中重用酒制大黄荡涤留瘀败血,引瘀血下行;柴胡疏肝理气,使气行血活,且兼可引诸药入肝经;两药合用,一升一降,以攻散胁下之瘀滞,共为君药。当归、桃仁、红花活血祛瘀,消肿止痛,共为臣药。穿山甲破瘀通络;天花粉既能入血分消瘀血而续绝伤,又能清热散结消肿,共为佐药。甘草缓急止痛,调和诸药,是为使药。加酒煎药,以增强活血通络之力。诸药合用,使瘀去新生,气行络通。服药后以利为度,提示瘀血已下,免伤正气。

【运用】

1. 本方用治跌打损伤。以胁肋瘀肿疼痛,痛不可忍为证治要点。

2. 若气滞较甚者,酌加木香、香附、青皮、枳壳以助行气止痛;血瘀较重者,可加三七末,或酌加乳香、没药等以增强化瘀止痛之效。

3. 可用于肋间神经痛、肋软骨炎等属血瘀气滞者。

【附方】

七厘散(《良方集腋》) 血竭一两 麝香 冰片各一分二厘 乳香 没药 红花各一钱五分 朱砂一钱二分 儿茶二钱四分 上八味,研极细末,收贮瓷瓶,黄蜡封口。急用干渗,定痛止血,先以药七厘(1~2g)冲烧酒服之,量伤口之大小复用烧酒调敷。功用:活血散瘀,止痛止血;外敷止血生肌。主治:跌打损伤,筋断骨折之瘀血肿痛,或刀伤出血。并治一切无名肿毒,烧伤烫伤等。

复元活血汤与七厘散都有活血行气,消肿止痛功效,都能用治跌打损伤,血瘀气滞之肿痛。但前者长于活血祛瘀,疏肝通络,是治疗瘀血阻滞胁肋的内服方剂。后者则能活血散瘀,止血生肌,主治外伤瘀血肿痛,或血流不止,是既可外敷,又可内服的伤科常用方剂。

【文献摘要】

《成方便读》:"夫跌打损伤一证,必有瘀血积于两胁间,以肝为藏血之脏,其经行于两胁,故无论何经之伤,治法皆不离于肝。且跌仆一证,其痛者在腰胁间,尤为明证。故此方以柴胡之专入肝胆者,宣其气道,行其郁结。而以酒浸大黄,使其性不致直下,随柴胡之出表入里,以成搜剔之功。当归能行血中之气,使血各归其经。甲片可逐络中之瘀,使血各从其散。血瘀之处,必有伏阳,故以花粉清之。痛盛之时,气脉必急,故以甘草缓之。桃仁之破瘀,红花之活血。去者去,生者生,痛自舒而元自复矣。"

【方歌】
　　复元活血汤柴胡,花粉当归山甲俱,
　　桃仁红花大黄草,损伤瘀血酒煎去。

温 经 汤

<金匮要略>

【组成】　吴茱萸三两（9g）　当归二两（6g）　芍药二两（6g）　川芎二两（6g）　人参二两(6g)
桂枝二两(6g)　阿胶二两(6g)　牡丹皮二两,去心（6g）　生姜二两(6g)　甘草二两(6g)　半夏半升(6g)
麦冬去心,一升（9g）

【用法】　上十二味,以水一斗,煮取三升,分温三服。

【功用】　温经散寒,祛瘀养血。

【主治】　冲任虚寒,瘀血阻滞证。漏下不止,月经不调,或前或后,或一月再行,或经停不至,而见入暮发热,手心烦热,唇口干燥。亦治妇人久不受孕。

【方解】　本方治证皆因冲任虚寒,瘀血阻滞所致。冲为血海,任主胞胎,二脉皆起于小腹。妇女月经与冲任关系密切,冲任虚寒,血凝气滞,故小腹冷痛,月经不调,或因宫寒而久不受孕。若瘀血阻滞而致血不循经,或冲任因虚而致失固,则月经先期,或一月再行,甚或崩中漏下;若寒凝血瘀而致经脉不畅,则月经后期甚或经停不至;失血阴伤,新血不能化生,则唇口干燥,甚至傍晚发热,手心烦热。本证属虚实寒热错杂,故非纯用祛瘀之法所宜,当以温经散寒与养血祛瘀并用,使血得温则行,血行瘀消,诸症可愈。方中吴茱萸辛苦大热,入肝胃肾经,辛则能散,苦能降泄,大热之性又能温散寒邪,故能散寒止痛;桂枝辛甘温,能温经散寒,通行血脉。两药合用,温经散寒,通利血脉之功更佳,共为君药。当归、川芎、芍药俱入肝经,能活血祛瘀,养血调经;丹皮味苦辛性微寒,入心肝肾,活血祛瘀,并退虚热,共为臣药。阿胶甘平,气味俱阴,能养肝血而滋肾阴,具养血止血润燥之功;麦冬甘苦微寒,能养阴清热。两药合用,养阴润燥而清虚热,并制吴茱萸、桂枝之温燥。人参、甘草味甘入脾,能益气补中而资生化之源,阳生阴长,气旺血充。半夏辛温,亦入脾胃,可通降胃气而散结,与参、草相伍,健脾和胃,有助于祛瘀调经;生姜亦为辛温之品,温里散寒,与半夏合用,温中和胃,以助生化,共为佐药。甘草又能调和诸药,兼为使药。诸药合用,温经散寒以活血,补养冲任以固本,则瘀血去,新血生,虚热退,月经调而病自除。

　　本方的配伍特点有二,一是方中温清补消并用,但以温经化瘀为主。二是大队温补药与少量寒凉药相配,能使全方温而不燥,刚柔相济,以成温通、温养之剂。

【运用】

1. 本方为妇科调经常用方剂。主要用于冲任虚寒而有瘀滞的月经不调,痛经,崩漏等证。以月经不调,小腹冷痛,经有瘀块,时发烦热为证治要点。

2. 若小腹冷痛甚者,去丹皮、麦冬,加艾叶,或以肉桂易桂枝,以增强散寒止痛作用;兼气滞者,加香附、乌药以理气止痛;漏下色淡不止者,去丹皮,加艾叶、熟地以温经补血止血。

3. 常用于功能性子宫出血、慢性盆腔炎、不孕症等,属冲任虚寒,瘀血阻滞证候者。

【附方】

1. 温经汤（《妇人良方》） 当归 川芎 肉桂 莪术醋炒 牡丹皮各五分(各3g) 人参 牛膝 甘草各七分(各3g) 水煎服。功用:温经补虚,化瘀止痛。主治:血海虚寒,月经不调,血气凝滞,脐腹作痛,其脉沉紧。

2. 艾附暖宫丸（《仁斋直指》） 艾叶大叶者,去枝梗,三两(6g) 香附去毛,六两俱要合时采者,用醋五升,以石罐煮一昼夜,捣烂为饼,慢火焙干(12g) 吴茱萸去枝梗,三两(6g) 大川芎雀脑者,三两(6g) 白芍药用酒炒,三两(6g) 黄芪取白色软者,三两(6g) 续断去芦,一两五钱(5g) 生地黄生用一两,酒洗焙干(6g) 官桂五钱(5g) 川归酒洗,三两(6g) 为细末,米醋打糊为丸,如梧子大,每服五七十丸(6g),淡醋汤食远送下。忌恼怒,生冷。功用:暖宫温经,养血活血。主治:妇人子宫虚冷,带下白淫,面色萎黄,四肢疼痛,倦怠无力,饮食减少,经脉不调,肚腹时痛,久无子息。

温经汤、《良方》温经汤、艾附暖宫丸三方皆有温经补虚,化瘀止痛功效。温经汤和艾附暖宫丸组成中均有吴茱萸、桂枝、当归、芍药、川芎,温经补虚作用较《良方》温经汤为优。其中艾附暖宫丸配有香附、艾叶、官桂,故温经祛寒之力较强,温经汤则配有人参、阿胶、麦冬,故以养血补虚见长。《良方》温经汤因配有莪术、牛膝,故其功效以活血祛瘀止痛为主。

【文献摘要】

《金匮直解》:"妇人有瘀血,当用前证下瘀血汤,今妇人年五十,当天癸竭之时,又非下药所宜,故以温药治之,以血得温即行也。经寒者,温以吴萸、姜、桂;血虚者,益以芍药、归、芎;气虚者,补以人参、甘草;血枯者,润以阿胶、麦冬;半夏用以止带下,牡丹皮用以逐坚癥。十二味为养血温经之剂,则瘀血自行而新血自生矣,故亦主不孕崩中,而调血水。"

临床报道:温经汤治疗女性性功能低下患者10例(继发性闭经9例,无排卵周期1例)观察血中激素的变化。女性闭经者10例,服本方每日5g,每4周期阶段性逐增2.5g,最后每日量15g,服药多在1年以内。结果:已排卵3例,月经样出血者5例,无效2例。观察E_2(雌二醇)与PRG(黄体酮)在排卵组与出血组均达到可以证明排卵和出血水平。同时又观察各病例对氯蔗酚胺的反应时,有的无任何反应,而服本方却能引起排卵。因此,认为本方虽非速效剂,但长期服用有应用价值。又观察投与本方前后激素值的动态,有效组异于无效组,有明显变动,但无一定规律,特别是LH值变动明显。动物实验亦证明,本方并无雌激素样作用,并且对于正常的激素环境亦无影响(国外医学·中医中药分册,1988;2:49)。

【方歌】

温经汤用吴萸芎,归芍丹桂姜夏冬,

参草益脾胶养血,调经重在暖胞宫。

生 化 汤

《傅青主女科》

【组成】 全当归八钱(24g) 川芎三钱(9g) 桃仁去皮尖,十四枚(6g) 干姜炮黑,五分(2g) 甘草炙,五分(2g)

【用法】 黄酒、童便各半煎服。

【功用】 化瘀生新,温经止痛。

【主治】 产后瘀血腹痛。恶露不行,小腹冷痛。

【方解】 产后血虚,正气不足,寒凝血瘀,留阻胞宫,致恶露不行,小腹冷痛。产后血虚,本当培补,然瘀血不去,新血不生,治宜养血化瘀,使新血生,瘀血化,故名"生化"。方中重用当归补血活血,化瘀生新,为君药。川芎活血行气,桃仁活血祛瘀,共为臣药。炮姜温经散寒止痛,黄酒温散以助药力,加入童便者,取其益阴化瘀,并有引败血下行之效,共为佐药。炙甘草调和诸药,为使药。药仅五味,但配伍得当,共奏化瘀生新,温经止痛之功。

【运用】

1. 本方为妇女产后常用方剂。以产后恶露不行,小腹冷痛为证治要点。若产后血热而有瘀滞者,则非本方所宜。

2. 若腹痛不甚者,可减去桃仁;若瘀块留滞,腹痛甚者,可加蒲黄、五灵脂、延胡索以祛瘀止痛;若小腹冷痛甚者,可加肉桂以温经散寒。

【文献摘要】

《成方便读》:"治产后恶露不行,腹中疼痛等证。夫产后血气大虚,固当培补,然有败血不去,则新血亦无由而生,故见腹中疼痛等证,又不可不以祛瘀为首务也。方中当归养血,甘草补中,川芎理血中之气,桃仁行血中之瘀,炮姜色黑入营,助归、草以生新,佐芎、桃而化旧,生化之妙,神乎其神。"

【方歌】

生化汤是产后方,归芎桃草酒炮姜,

消瘀活血功偏擅,止痛温经效亦彰。

桂 枝 茯 苓 丸

《金 匮 要 略》

【组成】 桂枝 茯苓 丹皮 桃仁去皮尖 芍药各等分(各6g)

【用法】 炼蜜和丸,如兔屎大,每日食前服一丸(3g),不知,加至三丸。

【功用】 活血化瘀,缓消癥块。

【主治】 瘀阻胞宫证。腹痛拒按,或漏下不止,血色紫黑晦暗,或妊娠胎动不安等。

【方解】 本方原治妇人素有癥块,致妊娠胎动不安,漏下不止之证。胞宫素有血瘀癥块,复因妊娠,阻遏经脉,以致血溢脉外,进而胎失所养,故见漏下不止,胎动不安等。治当活血化瘀,缓消癥块。癥去则血自归经,而血止胎安。方中桂枝味辛甘而性温,能温通经脉而行瘀滞,是为君药。桃仁味苦甘平,为化瘀消癥之要药;丹皮味辛苦性微寒,既能散血行瘀,又能清退瘀久所化之热;芍药味苦酸性微寒,能和血养血,与诸祛瘀药合用,有活血养血之功。共为臣药。水为血之侣,用茯苓之甘淡性平,消痰利水,渗湿健脾,以助消癥之力,为佐药。以白蜜为丸,取其缓和诸药破泄之力,为使药。诸药相合,共奏活血化瘀,缓消癥块之效。

原书对本方的服法规定极为严格,每日服兔屎大一丸,不知加至三丸,可见本方用量极轻,祛瘀之力甚为缓和,用于妇女妊娠而有瘀血癥块者,只能渐消缓散,不可峻攻猛破。若攻之过急,则易伤胎元,临证运用,切当注意。

因本方有祛瘀消癥功效,故亦可用于妇女经行不畅、闭经、痛经,以及难产、死胎不下等,因瘀血阻滞胞宫者。

【运用】

1. 本方为治疗瘀阻胞宫, 妊娠胎动不安, 漏下不止的常用方剂。以下血色黑晦暗, 腹痛拒按为证治要点。

2. 常用于子宫内膜炎、附件炎、子宫肌瘤、卵巢囊肿等属瘀血阻滞者。

【文献摘要】

《金匮要略论注》: "药用桂枝茯苓丸者, 桂枝、芍药, 一阴一阳, 茯苓、丹皮, 一气一血, 调其寒温, 扶其正气。桃仁以之破恶血消癥癖, 而不嫌伤胎血者, 所谓有病则病当之也。患证之初必因寒, 桂能化气而消除本寒; 癥之成必挟湿热为窠囊, 苓渗湿气, 丹清血热, 芍药敛肝血而扶脾, 使能统血, 则养正即所以去邪耳。"

【方歌】

金匮桂枝茯苓丸, 桃仁芍药和牡丹,

等分为末蜜丸服, 缓消癥块胎可安。

失 笑 散

《太平惠民和剂局方》

【组成】 五灵脂酒研,淘去沙土　蒲黄炒香,各等分(各6 g)

【用法】 先用酽醋调二钱(6 g), 熬成膏, 入水一盏, 煎七分, 食前热服。

【功用】 活血祛瘀, 散结止痛。

【主治】 瘀血停滞。心胸刺痛, 脘腹疼痛, 或产后恶露不行, 或月经不调, 少腹急痛等。

【方解】 本方主治诸痛都由瘀血内停, 脉络阻滞, 血行不畅所致。瘀血阻滞, 不通则痛, 故宜活血祛瘀止痛为治。方中五灵脂甘温, 善入肝经血分, 能通利血脉而散瘀血, 用治瘀血疼痛; 蒲黄甘平, 亦入肝经血分, 有活血止血作用, 与五灵脂相须为用, 活血散结, 祛瘀止痛作用增强, 可治一切心腹诸痛。用酽醋冲服, 取其利血脉, 化瘀血, 以加强活血止痛之功。两者药性平和, 合用共具祛瘀止痛, 推陈致新作用。古人谓本方用后, 病者每于不觉之中诸证悉除, 不觉欣然失笑, 故名"失笑散"。

本方活血祛瘀止痛效果较好, 后世对其运用亦有较大发展。如李时珍说: "失笑散, 不独治妇人心痛腹痛, 凡男女老幼, 一切心腹、胁肋、少腹痛、疝气并治。胎前产后, 血气作痛, 及血崩经溢, 百药不效者, 俱能奏功, 屡用屡验, 真近世神方也"。

【运用】

1. 本方是治疗血瘀作痛的常用方剂, 尤以肝经血瘀者为宜。以心腹刺痛, 或妇人月经不调, 少腹急痛等为证治要点。因本方具有活血祛瘀散结作用, 故孕妇忌用; 五灵脂易败胃, 胃弱者慎用。

2. 若气滞较甚, 可合金铃子散以行气止痛; 兼寒者, 加炮姜、小茴香以温经散寒; 血滞而兼血虚的月经不调, 可与四物汤同用, 以加强养血调经之功。

3. 常用于痛经、慢性胃炎、心绞痛或宫外孕等属瘀血停滞者。

【附方】

1. 活络效灵丹 (《医学衷中参西录》) 当归五钱(15 g) 丹参五钱(15 g) 生明乳香五钱

(15g)　生明没药五钱(15g)　上药四味作汤服。若为散,一剂分作四次服,温酒送下。功用:活血祛瘀,通络止痛。主治:气血郁滞。心腹疼痛,腿痛臂痛,跌打瘀肿,内外疮疡,以及癥瘕积聚等。

2. 宫外孕方(《山西医学院附属一院中西医结合治疗小组经验方》)　丹参五钱(15g)　赤芍五钱(15g)　桃仁三钱(9g)　此为宫外孕Ⅰ号方,若再加三棱、莪术各五分至二钱(各1.5～6g),为宫外孕Ⅱ号方。水煎服。功用:活血祛瘀,消癥止痛。主治:子宫外孕破裂,突发性剧烈腹痛,多自下腹部开始,有时可延及全腹部,并见月经过多,漏下不畅,血色暗红。腹部检查:有压痛、反跳痛和肌紧张,有时亦可有移动性浊音或软硬不一的包块(内诊:可见阴道穹窿部饱满有触痛,宫颈有举痛或摇摆痛,宫体有飘浮感或因被血液包围而触诊不清,附件有具体或不具体的包块)。

活络效灵丹所治诸证皆由血瘀气滞所致,其祛瘀消肿,行气止痛力量较强,为治疗血瘀所致心腹诸痛,癥瘕积聚,以及跌打损伤,瘀血肿痛之有效方剂。

宫外孕方属现代中西医结合治疗急腹证的科研成果。子宫外孕是妇产科急腹症之一。临床一般分为未破损型与已破损型。已破损型又分为休克型、不稳定型和包块型三型。临床上一般用Ⅰ号方治疗不稳定型者,Ⅱ号方治疗包块型者。休克型则需中西医结合进行抢救。

【文献摘要】

《医宗金鉴·删补名医方论》:"《经》云:心主血,脾统血,肝藏血。故产后瘀血停滞,三经皆受其病。以致心腹瘀痛,恶寒发热,神迷眩运,胸膈满闷。凡兹者,由寒凝不消散,气滞不流行,恶露停留,小腹结痛,迷闷欲绝,非纯用甘温破血行血之剂,不能攻逐荡平也。是方用灵脂之甘温走肝,生用则行血,蒲黄辛平入肝,生用则破血。佐酒煎以行其力,庶可直抉厥阴之滞,而有其推陈致新之功。甘不伤脾,辛能散瘀,不觉诸证悉除,直可一笑而置之矣。"

临床报道:用宫外孕Ⅰ号、Ⅱ号方为主,中西医结合非手术方法治疗宫外孕613例次(其中腹腔内血液未经形成血肿包块而被吸收者3例)。在形成包块的593例中,有540例的包块已全部消失;在613例次中,死亡2例(中华医学杂志,1975:6:408)。Ⅰ号方对不稳定型病人有增加血浆纤维蛋白原的趋势和增加血液粘稠度的作用。动物实验表明,Ⅰ号方对宫外孕的止血和防止出血可能有一定意义。Ⅱ号方能使血管扩张,血流量改变;促进单核吞噬细胞的吞噬功能,并有镇痛和抑菌、消炎效能;有提高血浆纤维蛋白溶解活性(分解纤维蛋白)和血浆胶原酶活性(分解胶原蛋白)的作用。这些可能改善机体循环状况,控制感染,对促进腹腔血液和血肿包块的分解吸收起一定作用(《新急腹症学》1978年版)。

【方歌】

失笑灵脂蒲黄同,等量为散酽醋冲,

瘀滞心腹时作痛,祛瘀止痛有奇功。

丹　参　饮

《时方歌括》

【组成】　丹参一两(30g)　檀香　砂仁各一钱半(各6g)

【用法】　以水一杯,煎七分服。

【功用】 活血祛瘀,行气止痛。

【主治】 血瘀气滞,心胃诸痛。

【方解】 本方证由气血瘀滞,互结于中所致。治宜祛瘀行气以止痛。丹参味苦微寒,活血化瘀止痛而不伤气血为君药,配檀香、砂仁温中行气止痛为臣。全方药仅三味,药性平和,气血并治而重在化瘀,使瘀化气畅则疼痛自止。

原书说:"治心胃诸痛,服热药而不效者宜之"。说明本方药性稍偏于寒,故尤宜于心胃痛而偏瘀偏热者。

【运用】

1. 本方是化瘀行气止痛之良方。以心胃诸痛,兼胸闷脘痞为证治要点。因丹参有活血作用,且用量较大,故出血性疾病慎用本方。

2. 常用于慢性胃炎、胃及十二指肠溃疡、胃神经官能症以及心绞痛等,由于气滞血瘀所致者。

【方歌】

丹参饮中用檀香,砂仁合用成妙方,

血瘀气滞两相结,心胃诸痛用之良。

鳖 甲 煎 丸

《金 匮 要 略》

【组成】 鳖甲十二分,炙　乌扇炮　黄芩　鼠妇熬　干姜　大黄　桂枝　石韦去毛　厚朴　瞿麦　紫葳　阿胶各三分　柴胡　蜣螂熬,各六分　芍药　牡丹去心　䗪虫熬,各五分　蜂窠炙,四分　赤硝十二分　桃仁二分　人参　半夏　葶苈各一分

【用法】 上二十三味,取煅灶下灰一斗,清酒一斗五升,浸灰候酒尽一半,着鳖甲于中,煮令泛烂如胶漆,绞取汁,内诸药,煎为丸,如梧子大。空心服七丸(3g),日三服。

【功用】 行气活血,祛湿化痰,软坚消癥。

【主治】 疟母。疟疾日久不愈,胁下痞块,以及癥瘕积聚,腹中疼痛,肌肉消瘦,饮食减少,时有寒热,或女子月经闭止等。

【方解】 本方原治疟母结于胁下,今常以之治腹中癥瘕。疟母之成,每因疟疾久踞少阳,进而深伏经隧,以致正气日衰,气血运行不畅,寒热痰湿之邪与气血相搏结,聚而成形,留于胁下所致。癥瘕一病,亦属气滞血凝,巢元方说:"癥瘕者皆由寒热不调,饮食不化,与脏气相搏所生也。"两者成因颇近,故均可用本方治之。方中鳖甲软坚散结,入肝络而搜邪,又能咸寒滋阴,灶下灰消癥祛积,清酒活血通经,三者共制成煎,混为一体,共奏活血化瘀,软坚消癥之效,是为君药。臣以赤硝破坚散结,大黄攻积祛瘀,䗪虫、蜣螂、鼠妇、蜂窠、桃仁、紫葳、丹皮破血逐瘀,助君药以加强软坚散结的作用;再以厚朴舒畅气机,瞿麦、石韦利水祛湿;半夏、乌扇(即射干)、葶苈祛痰散结;柴胡、黄芩清热疏肝,干姜、桂枝温中通阳,以调畅郁滞之气机,消除凝聚之痰湿,平调互结之寒热,亦为臣药。佐以人参、阿胶、白芍补气养血,使全方攻邪而不伤正。综观全方,寒热并用,攻补兼施,升降结合,气血津液同治,集诸法于一方,且以丸剂缓图,俾攻不伤正,祛邪于渐消缓散之中。

【运用】

1. 本方为消癥化结之名方。以胁下癖块,触之鞭痛,推之不移,舌黯无华,脉弦细为证治要点。由于本方长于消癥散结,扶正之力不足,若癥结而正气虚甚者慎用。

2. 常用于治疗肝硬化、肝脾肿大、肝癌等病,符合上述证治要点者。

【附方】

大黄䗪虫丸　大黄蒸,十分　黄芩二两　甘草三两　桃仁一升　杏仁一升　芍药四两　干地黄十两　干漆一两　虻虫一升　水蛭百枚　蛴螬一升　䗪虫半升　上十二味,末之,炼蜜和丸小豆大,酒饮服五丸(3 g),日三服。功用:祛瘀生新。主治:五劳虚极。形体羸瘦,腹满不能饮食,肌肤甲错,两目黯黑者。

大黄䗪虫丸和鳖甲煎丸都有活血化瘀作用,但大黄䗪虫丸重在祛瘀血,清瘀热兼有滋阴血、润燥结之功,主治因五劳虚极,瘀血内留之干血劳。鳖甲煎丸重在活血行气,软坚消癥,兼有祛湿化痰功效,主治疟疾日久不愈形成之疟母,以及寒热痰湿之邪与气血相搏形成的癥瘕。

【文献摘要】

《金匮要略论注》:"药用鳖甲煎者,鳖甲入肝,除邪养正,合煅灶灰浸酒去瘕,故以为君。小柴胡、桂枝汤、大承气汤为三阳主药,故以为臣。但甘草嫌柔缓而减药力,枳实嫌破气而直下,故去之。外加干姜、阿胶,助人参、白术养正为佐。瘕必假血依痰,故以四虫、桃仁合半夏消血化痰。凡积必由气结,气利而积消,故以乌扇、葶苈利肺气,合石韦、瞿麦清气热,而化气散结。血因邪聚则热,故以牡丹、紫葳去血中伏火,膈中实热为使。"

【方歌】

鳖甲煎丸疟母方,䗪虫鼠妇及蜣螂,

蜂窠石韦人参射,桂朴紫葳丹芍姜,

瞿麦柴芩胶半夏,桃仁葶苈和硝黄,

疟疾日久胁下硬,癥消积化保安康。

第二节　止　血

止血剂,适用于血溢脉外而出现的吐血、衄血、咳血、便血、尿血、崩漏等各种出血证。

出血证颇为复杂,病因有寒热虚实之不同,部位有上下内外之区别,病情有轻重缓急之差异,因此,止血法应与温、清、消、补诸法结合使用,正确把握标本兼顾、急则治标、缓则治本的原则。若因于血热妄行者,治宜凉血止血。因于阳气虚弱不能固摄者,又应温阳益气摄血。慢性出血应着重治本,或标本兼顾。若突然大出血,则当以急则治标之法,着重止血。若气随血脱,则又急需大补元气,以挽救气脱危候为先。至于出血兼有瘀滞者,又应适当配伍活血祛瘀之品,以防血止留滞。总之,止血应治本,在止血的基础上,根据出血的原因适应配伍,切勿一味着眼于止血,所以前人又有"见血休止血"之说,意在强调审因论治,治病求本。

常用止血剂,如热证出血用侧柏叶、小蓟、白茅根、槐花、地榆等,寒证出血用炮姜、艾叶、灶心土等,瘀血所致之出血用三七、蒲黄等为主组成方剂。此外,上部出血忌用升提药,可酌配牛膝、大黄之类以引血下行;下部出血忌用沉降药物,可辅以焦芥穗、黑升麻、黄芪之类以助升举。代表方如十灰散、咳血方、槐花散、小蓟饮子、黄土汤等。

十灰散

《十药神书》

【组成】 大蓟　小蓟　荷叶　侧柏叶　茅根　茜根　山栀　大黄　牡丹皮　棕榈皮各等分(各9g)

【用法】 上药各烧灰存性,研极细末,用纸包,碗盖于地上一夕,出火毒。用时先将白藕捣汁或萝卜汁磨京墨半碗,调服五钱(15 g),食后服下。

【功用】 凉血止血。

【主治】 血热妄行。吐血、咯血、嗽血、衄血。

【方解】 本方功能凉血止血,主治火热炽盛,灼伤血络,迫血妄行的各种出血证。尤宜于气火上冲,迫血妄行之吐血、咯血、嗽血、衄血诸上部出血证。方用大蓟、小蓟、荷叶、茜草、侧柏叶、白茅根等大队凉血止血药为主,配以棕榈皮收涩止血;因本证属气盛火旺,血热妄行所致,故在凉血止血的同时,又用栀子清热泻火,大黄导热下行,折其上逆之势,使气火降而血止,寓釜底抽薪之意;并用丹皮配大黄以凉血祛瘀,使凉血止血而不留瘀。诸药烧炭存性,可加强收涩止血作用;以藕汁或萝卜汁磨京墨调服,意在增强清热凉血止血之功。综观全方,凉血与清降并用,收涩与化瘀兼顾,为一首急救止血方剂。

本方原作内服,《血证论》说:"吹鼻止衄,刀伤止血,皆可用之。"说明亦可作外治之用。

【运用】

1. 本方主治热证出血,对于来势急暴之上部出血,可作应急之用。以上部出血,血色鲜红,舌红脉数为证治要点。对虚寒性出血忌用。

2. 若气火上逆,血热较盛者,可以本方改作汤剂使用,此时当以大黄、栀子为主药,亦可加牛膝、代赭石等镇降之品,引血热下行。

3. 常用于消化道出血、支气管扩张及肺结核咯血等属气火上逆者。

【文献摘要】

《成方便读》:"夫吐血、咯血,固有阳虚阴虚之分,虚火实火之别,学者固当预为体察,而适遇卒然暴起之证,又不得不用急则治标之法以遏其势。然血之所以暴涌者,姑无论其属虚属实,莫不由气火上升所致。丹溪所谓气有余即是火。即不足之证,亦成上实下虚之势。……此方汇集诸凉血、涩血、散血、行血之品,各烧灰存性,使之凉者凉,涩者涩,散者散,行者行……用童便调服者,取其咸寒下行,降火甚速,血之上逆者,以下行为顺耳。"

【方歌】

十灰散用十般灰,柏茅茜荷丹棕煨,

二蓟栀黄各炒黑,上部出血势能摧。

四生丸

《妇人大全良方》

【组成】 生荷叶(9g)　生艾叶(9g)　生柏叶(12g)　生地黄(15g)各等分。

【用法】 上研,丸如鸡子大,每服一丸(12 g),水煎服。

【功用】 凉血止血。

【主治】 血热妄行。吐血、衄血,血色鲜红,口干咽燥,舌红或绛,脉弦数。

【方解】 本方证由火热迫血妄行,血分有热,损伤脉络,血不循经,外溢而致吐血、衄血;血色鲜红,咽干口燥,舌红,脉弦数皆为血热兼阴伤之象。治当清热凉血止血。方中侧柏叶凉血止血为君。生地黄凉血清热,养阴生津,为臣药,佐以生荷叶凉血化瘀,止血不留瘀,生艾叶祛瘀止血,辛温而不燥,既可增强本方止血之功,又可避免血止留瘀之弊。方中四药俱生用,意在增强凉血止血作用。

【运用】

1. 本方为凉血止血的有效方剂,主治血热妄行的上部出血之证。以血色鲜红,舌红,脉数为证治要点。对内热暴作之吐血、衄血疗效较好,然只可暂用,中病即止。若多服,久服,寒凉太过,则可使血凝成瘀,造成不良后果。

2. 若出血较多者,可适当加入小蓟、白茅根、藕节、仙鹤草等增强止血之功。

3. 常用于肺结核、支气管扩张之咯血和胃溃疡吐血,属血热妄行者。

【方歌】

四生丸中三般叶,侧柏艾叶荷叶兼,

生地合用为丸服,血热吐衄效可验。

咳 血 方

《丹溪心法》

【组成】 青黛水飞(6g) 瓜蒌仁去油(9g) 海粉(9g) 山栀子炒黑(9g) 诃子(6g)

【用法】 上为末,以蜜同姜汁为丸,噙化。

【功用】 清肝宁肺,凉血止血。

【主治】 肝火犯肺之咳血证。咳嗽痰稠带血,咯吐不爽,心烦易怒,胸胁作痛,咽干口苦,颊赤便秘,舌红苔黄,脉弦数。

【方解】 本方证由肝火灼肺所致。火热灼肺,肺络受损,遂致咳血;肺津受灼,则咳痰黄稠难咯,痰阻于肺,又可加重咳嗽;其余心烦口苦,颊赤便秘,苔黄脉弦数,则是肝火的辨证依据。本证主症为咳血,病标在肺,病本在肝。按照治病求本的原则,治当清肝凉血,使肝火得清,肺金自宁。方中青黛味咸性寒,能清泻肝经实火而凉血;栀子苦寒,入心肝肺经,有泻火除烦凉血之功,两药合用,澄本清源,为君药。痰不除则咳不止,咳不止则血不宁,故又臣以甘寒入肺之瓜蒌仁清热化痰,润肺止咳;咸平入肺之海粉清金降火, 软坚化痰。诃子苦涩性平,入肺与大肠经,功能清热下气,敛肺化痰,是为佐药。诸药合用, 共奏清肝宁肺, 止咳止血之效。本方的配伍特点是寓止血于清热泻火之中,使火热得清,不致灼伤肺络,肺气肃降有权,痰化咳止,血亦自安。

【运用】

1. 本方主要用于肝火灼肺的咳血证。以咳痰带血,胸胁作痛,舌红苔黄,脉弦数为证治要点。因本方属寒凉降泄之剂,故肺肾阴虚及脾虚便溏者,不宜使用。

2. 若火热伤阴者,可酌加清肺养阴之品,如沙参、麦冬之属;咳甚痰多,可加贝母、天竺黄、枇杷叶以清肺化痰止咳。

3. 常用于支气管扩张、肺结核等病的咳血,属肝火犯肺者。

【文献摘要】

《医方集解》:"此手太阴药也。肝者将军之官,肝火上逆,能灼心肺,故咳嗽痰血也。青黛泻肝而理血,散五脏郁火;栀子凉心而清肺,使邪热下行,两者所以治火;瓜蒌润燥化痰,为治嗽要药;海石软坚止嗽,清水之上源,两者降火而兼行痰;加诃子者,以能敛肺而定痰喘也。不用治血之药者,火退则血自止也。"

【方歌】

咳血方中诃子收,瓜蒌海粉山栀投,

青黛蜜丸口嚼化,咳嗽痰血服之瘥。

小 蓟 饮 子

〈济 生 方〉

【组成】 生地黄洗,四两(30g) 小蓟半两(15g) 滑石半两(15g) 木通半两(6g) 蒲黄半两(炒)(9g) 藕节半两(9g) 淡竹叶半两(9g) 当归(酒浸)半两(6g) 山栀子半两(9g) 炙甘草半两(6g)

【用法】 㕮咀,每服四钱(12g),水一盏半,煎至八分,去滓温服,空心食前。

【功用】 凉血止血,利水通淋。

【主治】 血淋、尿血。尿中带血,小便频数,赤涩热痛,舌红,脉数等。

【方解】 本方证的病机是下焦瘀热,损伤膀胱血络,故尿中带血,或热聚膀胱,气化失司,故小便频数,赤涩疼痛;舌红脉数,亦为热结之征。治宜凉血止血,泻火通淋。方中重用生地凉血止血,养阴清热为君药。臣以小蓟凉血止血,藕节、蒲黄凉血止血,并能消瘀,可使血止而不留瘀。滑石、竹叶、木通清热利水通淋;栀子清泄三焦之火,导热从下而出;当归养血和血,引血归经,且可防诸药寒凉太过之弊,共为佐药。甘草和中调药,是为使药。诸药合用,共成凉血止血,利水通淋之方。本方的配伍特点是止血之中寓以化瘀,清利之中寓以养阴。

【运用】

1. 本方是治疗血淋、尿血属实热证的常用方剂。以小便赤涩热痛,舌红,脉数为证治要点。

2. 方中炙甘草亦可改用生甘草,以取其清热泻火之功;若尿道刺痛者,可加琥珀、海金砂以通淋止血。

3. 常用于急性泌尿系感染以及泌尿系结石,属下焦瘀热,蓄聚膀胱者。

【文献摘要】

《医方考》:"下焦热结血淋者,此方主之。下焦之病责于湿热,法曰:病在下者引而竭之。故用生地、栀子凉而导之,以竭其热;用滑石、通草、竹叶淡而渗之,以竭其湿;用小蓟、藕节、蒲黄消而逐之,以去其瘀血;当归养血于阴;甘草调气于阳。古人治下焦瘀热之病,必用渗药开其溺窍者,围师必缺之义也。

【方歌】

小蓟饮子藕蒲黄,木通滑石生地襄,

归草黑栀淡竹叶,血淋热结服之良。

第二节 止 血

槐 花 散

《本事方》

【组成】 槐花炒(12g) 柏叶杵,焙(12g) 荆芥穗(6g) 枳壳麸炒(6g) 各等分
【用法】 上为细末,用清米饮调下二钱(6g),空心食前服。
【功用】 清肠凉血,疏风行气。
【主治】 肠风脏毒下血。便前出血,或便后出血,或粪中带血,以及痔疮出血,血色鲜红或晦暗。
【方解】 大便下血一证有肠风、脏毒之分,血清而色鲜者为肠风,浊而暗者为脏毒。但究其原因,乃由风热与湿热毒邪壅遏肠道,损伤脉络,血渗外溢所致,治宜清肠凉血为主,兼以疏风行气。方中槐花苦寒,泻热清肠,凉血止血,是为君药。侧柏叶苦涩性寒,清热凉血,燥湿收敛,为治热证出血的要药,与槐花相合可加强凉血止血之功,为臣药。荆芥穗辛散疏风,微温不燥,炒黑能入血分,与上药相配,疏风理血;枳壳宽肠行气,顺遂肠胃腑气下行,为佐使药。诸药合用,既能凉血止血,又能疏风行气。药仅四味,配伍精当,寓行气于止血之中,寄清疏于收涩之内,相反相成,颇具深义。

【运用】
1. 本方为治疗热证便血的常用方剂。以血色鲜红,舌红,脉数为证治要点。由于方中药性寒凉,故只宜暂用,不宜久服。便血日久,属气虚或阴虚者,则不宜使用。
2. 若大肠热盛,可加黄连、黄柏以清肠中湿热;下血量多,可加地榆以加强清热止血之功。
3. 常用于痔疮出血或其他大便下血属血热者。结肠炎、肠癌便血亦可应用。

【文献摘要】
《成方便读》:"肠风者,下血新鲜,直出四射,皆由便前而来。或风客肠中,或火淫金燥,以致灼伤阴络,故血为之逼入肠中而疾出也。脏毒者,下血瘀晦,点滴而下,无论便前便后皆然。此皆由于湿热蕴结,或阴毒之气,久而酿成,以致守常之血,因留着之邪溃裂而出,则渗入肠中而泄矣。然二者之血,与痔漏之血各自不同。肠风、脏毒之血,出于肠脏之间;痔漏之血,出于肛门蚀孔处,治法亦稍有异同也。槐花禀天地至阴之性,疏肝泻热,能凉大肠;侧柏叶生而向西,禀金兑之气,苦寒芳香,能入血分,养阴燥湿,最凉血分之热;荆芥散瘀搜风;枳壳宽肠利气。四味所入之处,俱可相及,宜乎肠风、脏毒等病,皆可治耳。"

【方歌】
槐花散用治肠风,侧柏荆芥枳壳充,
为末等分米饮下,宽肠凉血逐风功。

黄 土 汤

《金匮要略》

【组成】 甘草 干地黄 白术 附子(炮) 阿胶 黄芩各三两(各9g) 灶心黄土半斤(30g)
【用法】 上七味,以水八升,煮取三升,分温二服。

【功用】 温阳健脾,养血止血。

【主治】 阳虚便血。大便下血,先便后血,或吐血、衄血,及妇人崩漏,血色暗淡,四肢不温,面色萎黄,舌淡苔白,脉沉细无力者。

【方解】 本方所治之各种出血证,都因脾阳不足所致。脾主统血,脾阳不足,失去统摄之权,则血从上溢而吐衄,下走而为便血、崩漏。血色黯淡,四肢不温,面色萎黄,舌淡苔白,脉沉细无力等症,皆为脾气虚寒及阴血不足之象。治当标本兼顾。方中灶心土即伏龙肝,辛温而涩,功能温中、收敛、止血而为君药。白术、附子温阳健脾,以复脾胃统摄之权,为臣药。生地、阿胶滋阴养血止血,既可补益阴血之不足,又可制约术、附之温燥伤血,是为佐药;生地、阿胶得术、附,则可避免滋腻呆滞碍脾之弊。方用苦寒之黄芩,不仅止血,且又佐制温热以免动血之用,亦为佐药。甘草为使,和药并益气调中。诸药合用,标本兼顾,刚柔相济,以刚药温阳而寓健脾,以柔药补血而寓止血。共成温阳健脾,养血止血之剂。

黄土汤与归脾汤都可用治脾不统血之便血、崩漏。归脾汤用于脾气不足,气不摄血之证,故以黄芪、人参等益气健脾药为主组方;黄土汤用于脾阳不足,阳虚失摄之证,故以附子、白术合灶心土为主组方,功能温阳摄血。

【运用】

1. 本方主要用于脾阳不足所致的大便下血或妇女崩漏。以血色暗淡,舌淡苔白,脉沉细无力为证治要点。

2. 若胃纳差,阿胶可改为阿胶珠,以减其滋腻之性;气虚甚者,可加人参以益气摄血;出血多者,酌加三七、白及等止血之品。

3. 常用于慢性胃肠道出血及功能性子宫出血属脾阳不足者。

【文献摘要】

《成方便读》:"凡人身之血,皆赖脾脏以为主持,方能统御一身,周行百脉,若脾土一虚,即失其统御之权,于是得热则妄行,得寒则凝涩,皆可离经而下,血为之不守也。此方因脾脏虚寒,不能统血,其色或淡白或瘀晦,随便而下,故以黄土温燥入脾,合白术、附子,以复健行之气;阿胶、地黄、甘草以益脱竭之血,而又虑辛温之品,转为血病之灾,故又以黄芩之苦寒,防其太过。"

临床报道:用黄土汤治疗脾虚型上消化道出血104例,其中偏脾阳虚者用本方加减治疗。若兼肝郁者选加柴胡、佛手、郁金或四逆散;止血药选加炒地榆、炒蒲黄、白及、花蕊石、血余炭等。出血多者可加西药安络血、仙鹤草素、维生素K等止血措施。治愈率为97.7%(中医杂志,1980;7:36)。

【方歌】

黄土汤用芩地黄,术附阿胶甘草尝,

温阳健脾能摄血,便血崩漏服之康。

小 结

理血剂主要用于血瘀及出血证候,选方16首,按其功效分为活血祛瘀和止血两类。

1. 活血祛瘀 本类方剂有通利血脉以祛除瘀血的作用,适用于血行不畅或瘀血内结之证。其中桃核承气汤活血化瘀与泻热攻下同施,功能破血下瘀,适用于血热互结之下焦蓄血证。血府逐瘀汤与复元活血汤均治胸胁瘀积疼痛,但前者活血化瘀与行气开胸止痛同用,适用于血瘀气滞，留结胸中之证；后者活血化瘀与疏肝通络并行，适用于跌打损伤，瘀阻胁下之证。补阳还五汤以大剂补气与小量活血药相配，功能益气活血通络，适用于气虚血滞，脉络瘀阻之中风。温经汤、生化汤均可用治妇科经产方面，但前者温经散寒，养血行瘀，重在温养而不在攻逐，是治冲任虚寒，兼有瘀血内阻所致月经不调的常用方；后者化瘀生新，温经止痛，多用于产后恶露不行，少腹疼痛之证，是产后的常用方。桂枝茯苓丸活血化瘀，缓消癥块，主治妇人素有癥块，瘀血阻滞胞宫诸证。失笑散与丹参饮均能治疗血瘀心腹疼痛，但前者以活血化瘀，散结止痛见长，多用于产后恶露不行，或月经不调而见少腹急痛之证；后者以行气与活血祛瘀相配，多用于心胃诸痛。鳖甲煎丸集行气活血，祛湿化痰，软坚消癥诸法于一方，主治疟疾日久不愈，寒热痰湿与气血搏结形成之疟母，或气滞血瘀日久，癥积结于胁下者。

2．止血 本类方剂均有止血作用，主治各种出血证。其中十灰散、四生丸、咳血方、小蓟饮子、槐花散均为凉血止血方剂，主治火热迫血妄行之出血证，其中十灰散凉血止血之中与收敛清降祛瘀并用，可广泛用于上部各种热证出血，为常用的急救止血剂。四生丸与咳血方均治上部出血，但四生丸以凉血止血为主，长于治疗血热妄行之吐衄；咳血方主要用于肝火犯肺之咳血，重在清肝火，化痰热而治本。槐花散、小蓟饮子均治下部出血，但前者善于清肠疏风，主要用治肠风便血；后者长于利水通淋，主要用于血淋尿血。黄土汤属温阳止血之剂，功能温阳健脾，养血止血，适用于脾阳不足所致的各种出血，尤多用于便血与崩漏。

第十七章 治 风 剂

　　凡用辛散祛风或熄风止痉的药物为主组成,具有疏散外风或平熄内风的作用,治疗风病的方剂,统称治风剂。

　　风病的范围很广,病情变化比较复杂,概言之,可分为外风与内风两大类。外风是指风邪外袭,侵入人体,病变在肌表、经络、肌肉、筋骨、关节等。由于寒、湿、热诸邪常与风邪结合为患,故其证型又有风寒、风湿、风热等区别。其他如风邪毒气,从皮肤破伤之处侵袭人体而致的破伤风,亦属外风范围。外风主要表现为头痛、恶风、肌肤瘙痒、肢体麻木、筋骨挛痛、关节屈伸不利、或口眼㖞斜,甚则角弓反张等症。内风是内生之风,由于脏腑功能失调所致的风病,其发病机理,有肝风上扰、热盛动风、阴虚风动及血虚生风等。内风的临床表现,常有眩晕、震颤、四肢抽搐、语言蹇涩、足废不用,甚或卒然昏倒、不省人事、口角㖞斜、半身不遂等症。风病的治疗,外风宜疏散,内风宜平熄。因此,本类方剂相应地分为疏散外风和平熄内风两类。

　　治风剂的运用,首先应辨别风病的属内、属外。若属外风,治宜疏散,而不宜平熄;属于内风,则宜平熄,而忌用辛散。其次,应分别病邪的兼夹以及病情的虚实,进行适当的配伍,如风邪兼寒、兼湿、兼热,或夹痰、夹瘀者,则应与祛寒、祛湿、清热、祛痰、活血祛瘀等法配合应用,才能切合病情。此外,外风与内风之间,亦可相互影响,外风可以引动内风,而内风又可兼夹外风,这种错综复杂的证候,立法用方,应该分清主次,全面照顾。

第一节 疏 散 外 风

　　疏散外风剂,适用于外风所致诸病。《灵枢·五变篇》说:"肉不坚,腠理疏,则善病风。"说明人体正气不足,腠理疏松,则易感受外界风邪,导致风病。由于风为六淫之首,百病之长,因而风邪多与其他病邪结合为患,且病变范围亦较广泛。外感风邪,病在肌表,以表证为主者,已在解表剂中论述。本节所述外风诸病,是指风邪外袭,侵入肌肉、经络、筋骨、关节等处而设。常用辛散祛风的药物,如羌活、独活、防风、川芎、白芷、荆芥、白附子等为主组成方剂。在配伍用药方面,常因病人体质的强弱,感邪的轻重,病邪的兼夹等不同,而分别配合清热、祛湿、祛寒、养血、活血之品。代表方如川芎茶调散、独活寄生汤、小活络丹、牵正散、消风散等。

川 芎 茶 调 散

《太平惠民和剂局方》

【组成】　川芎　荆芥去梗,各四两(各12g)　白芷　羌活　甘草燼,各二两(各6g)　细辛一两(3g)　防风去芦,一两半(4.5g)　薄荷不见火,八两(12g)

【用法】　上为细末。每服二钱(6g),食后用茶清调下。

【功用】 疏风止痛。

【主治】 风邪头痛。偏正头痛或巅顶作痛,恶寒发热,目眩鼻塞,舌苔薄白,脉浮者。

【方解】 头痛的原因甚多,本方所治者,为外感风邪所致。头为诸阳之会,风邪外袭,循经上犯头部,阻遏清阳之气,故头痛。《素问·太阴阳明论》说:"伤于风者,上先受之"即是此意。风邪袭表,邪正相争,故见恶寒发热,目眩鼻塞,脉浮等症。若风邪稽留不解,头痛久而不愈者,其痛或偏或正,或牵引眉棱骨痛,休作无时,即为头风。外风以疏散为法,治宜散风邪,止头痛。方中川芎性味辛温,用量较重,善于祛风活血而止头痛,长于治少阳、厥阴经头痛(头顶或两侧痛),并为"诸经头痛之要药",《本经》谓其"主中风入脑头痛",为君药。薄荷、荆芥轻而上行,善能疏风止痛,并能清利头目,为臣药。羌活、白芷均能疏风止痛,其中羌活长于治太阳经头痛(后脑牵连项痛);白芷长于治阳明经头痛(前额及眉心痛),李杲谓"头痛须用川芎,如不愈加各引经药,太阳羌活,阳明白芷"。细辛散寒止痛,并长于治少阴经头痛;防风辛散上部风邪。上述诸药协助君、臣药以增强疏风止痛之效,均为佐药。炙甘草益气和中,调和诸药,为使。服时以清茶调下,取其苦凉之性,既可上清头目,又能制约风药的过于温燥与升散。诸药合用,共奏疏风止痛之效。

【运用】

1. 本方为主治风邪头痛的常用方剂。以头痛,鼻塞,脉浮为证治要点。对于气虚、血虚,或因肝肾阴亏、肝阳上亢、肝风内动引起的头痛,均非所宜。

2. 方中药物以辛温之品为多,故主要适用于风寒头痛,但对于风热头痛亦可加减应用。若头痛属风寒者,可重用川芎,并酌加苏叶、生姜等以加强祛风散寒之功;属风热者,去羌活、细辛,加蔓荆子、菊花以散风热。若头痛久而不愈者,可配全蝎、僵蚕、桃仁、红花等以搜风活血止痛。

3. 对于偏头痛、血管神经性头痛、慢性鼻炎所引起的头痛,属风邪为患者均可应用。

【附方】

菊花茶调散(《银海精微》) 菊花 川芎 荆芥 细辛 甘草 防风 白芷 薄荷 羌活 僵蚕 蝉蜕 上为细末,每服二钱(6 g),食后茶清调服。功用:疏风止痛,清利头目。主治:风热上扰头目。偏正头痛,或巅顶痛,头晕目眩。

本方在川芎茶调散的基础上加菊花、僵蚕、蝉蜕以疏散风热,清头明目,故对头痛及眩晕而偏于风热者较为适合。

【文献摘要】

《医方集解》:"此足三阳药也。羌活治太阳头痛,白芷治阳明头痛,川芎治少阳头痛,细辛治少阴头痛,防风为风药卒徒,皆能解表散寒,以风热在上,宜于升散也。头痛必用风药者,以巅顶之上惟风药可到也。薄荷、荆芥并能消散风热,清利头目,故以为君,同诸药上行,以升清阳而散郁火。加甘草者,以缓中也。用茶调者,茶能上清头目也。"

临床报道:应用川芎茶调散加减治疗血管神经性头痛43例,其中典型偏头痛15例(34.9%),不典型偏头痛19例(44.2%),丛集性头痛9例(20.9%)。每日服1剂,连用30天为1疗程,停药后仍有症状者,过15~30天后再用1疗程,个别病人用3个疗程。结果痊愈11例(25.6%),观察2年,头痛未再发作;显著好转14例(32.6%),偶有轻微头痛,间歇期明显延长,睡眠正常;好转12例(27.9%),头痛减轻,间歇延长,睡眠改善;无效6例(13.6%)。本组无恶化者,治疗期间均无不良反应(中医杂志,1981;9:36)。

【方歌】

川芎茶调散荆防，辛芷薄荷甘草羌，

目昏鼻塞风攻上，正偏头痛悉能康。

独活寄生汤

《备急千金要方》

【组成】　独活三两（9g）　桑寄生　杜仲　牛膝　细辛　秦艽　茯苓　桂心　防风　芎䓖　人参　甘草　当归　芍药　干地黄各二两（各6g）

【用法】　上药㕮咀，以水一斗，煮取三升，分三服，温身勿冷也。

【功用】　祛风湿，止痹痛，益肝肾，补气血。

【主治】　痹证日久，肝肾两虚，气血不足证。腰膝疼痛，肢节屈伸不利，或麻木不仁，畏寒喜温，心悸气短，舌淡苔白，脉细弱。

【方解】　本方证为风寒湿时久不愈，以致损伤肝肾，耗伤气血所致。肾主骨，腰为肾之府。肝主筋，膝为筋之会。肝肾不足，气血亏虚，筋骨失养，故肢节屈伸不利。风寒湿邪客于腰膝筋骨，故腰膝疼痛，或麻木不仁。《素问·痹论》说："痹在于骨则重，在于脉则血凝而不流，在于筋则屈不伸，在于肉则不仁。"《素问·逆调论》又说："营气虚则不仁，卫气虚则不用，营卫俱虚则不仁且不用。"治宜祛风湿，止痹痛，益肝肾，补气血，祛邪与扶正兼顾。方中独活辛苦微温，长于祛下焦风寒湿邪，蠲痹止痛，为君药。防风、秦艽祛风胜湿；肉桂温里祛寒，通利血脉；细辛辛温发散，祛寒止痛，均为臣药。佐以寄生、牛膝、杜仲补益肝肾，强壮筋骨；当归、芍药、地黄、川芎养血活血；人参、茯苓、甘草补气健脾，扶助正气，均为佐药。甘草调和诸药，又为使药。本方配伍特点是以祛风寒湿药为主，辅以补肝肾、养气血之品，邪正兼顾，有祛邪不伤正，扶正不碍邪之义。诸药相伍，使风寒湿邪俱除，气血充足，肝肾强健，痹痛得以缓解。

【运用】

1．本方为治疗痹证时久，而正气不足者。以腰膝冷痛，关节屈伸不利，心悸气短，舌淡苔白，脉细弱为证治要点。若痹证属于湿热实证者，非其所宜。

2．对痹证疼痛较剧者，可酌加制川乌、制草乌、白花蛇等以助搜风通络，活血止痛之效；寒邪偏盛者，酌加附子、干姜以温阳散寒；湿邪偏盛者，去地黄，酌加防己、薏苡仁、苍术以祛湿消肿；正虚不重者，可减地黄、人参。

3．慢性关节炎、腰肌劳损、骨质增生症、风湿性坐骨神经痛等，属肝肾两虚，气血不足者，均可应用。

【附方】

乌头汤（《金匮要略》）　麻黄　芍药　黄芪各三两（各9g）　甘草炙，三两（9g）　川乌五枚（6g）㕮咀，以蜜二升（50g），煎取一升，即出乌头。上前四味㕮咀，以水三升，煮取一升，去滓，内蜜煎中，更煎之。每服七合，不知，尽服之。功用：温经祛湿，散寒止痛。主治：寒湿痹证。关节剧痛，不可屈伸，畏寒喜热，舌苔薄白，脉沉弦。

本方为寒湿痹痛证而设，与独活寄生汤相比，组成药物虽少，但方中川乌与麻黄相配，祛痹止痛之力较著；黄芪与芍药、甘草合用，益气养血，和营缓急，并能制约乌、麻之峻烈。温经止痛作用优于独活寄生汤，但补虚之力较弱。

第一节 疏散外风

【文献摘要】

《成方便读》："此亦肝肾虚而三气乘袭也。故以熟地、牛膝、杜仲、寄生补肝益肾,壮骨强筋。归、芍、川芎和营养血,所谓治风先治血,血行风自灭也。参、苓、甘草益气扶脾,又所谓祛邪先补正,正胜则邪自除也。然病因肝肾先虚,其邪必乘虚深入,故以独活、细辛之入肾经,能搜伏风,使之外出;桂心能入肝肾血分而祛寒,秦艽、防风为风药卒徒,周行肌表,且又风能胜湿耳。"

【方歌】

独活寄生艽防辛,芎归地芍桂苓均,
杜仲牛膝人参草,冷风顽痹屈能伸。

大 秦 艽 汤

《素问病机气宜保命集》

【组成】 秦艽三两(9g) 川芎 独活 当归 白芍 石膏 甘草各二两(各6g) 羌活 防风 白芷 黄芩 白术 茯苓 生地 熟地各一两(各3g) 细辛半两(2g)

【用法】 上为粗末,每服一两(30g),水煎,去滓温服,不拘时候。

【功用】 祛风清热,养血活血。

【主治】 风邪初中经络证。口眼㖞斜,舌强不能言语,手足不能运动,风邪散见,不拘一经者。

【方解】 本方适用于中风中经络之证,《医方集解》称之为"六经中风轻者之通剂也"。中风每多正气亏虚,而后风邪乘虚入中,气血痹阻,络脉不通,因而口眼㖞斜,加之"血弱不能养筋,故手足不能运动,舌强不能言语"(《素问病机气宜保命集》)。治宜祛风通络为主,配伍益气、养血、活血之品,以调其里,使风邪外解,气血调和,筋脉得养,则口眼复常,舌本柔和,手足强健。方中以秦艽为君,祛风清热,通经活络。羌活、独活、防风、白芷、细辛,均为辛温之品,能祛风散邪,俱为臣药。语言和手足运动的障碍,与血虚不能养筋有关,且风药多燥,故配以当归、白芍、熟地以养血柔筋,使祛风而不伤阴血;川芎与归、芍相配,可以活血通络,使"血活则风散而舌本柔矣";由于脾胃为气血生化之源,故用白术、茯苓益气健脾,以化生气血;生地、石膏、黄芩均能清热,是为风邪郁而化热者设,以上均为佐药。甘草调和诸药为使。诸药配合,共奏祛风清热,养血通络之效。

【运用】

1. 本方组成以辛温发散之品较多,故宜于风邪初中经络之证。以口眼㖞斜,舌强不语,手足不能运动等,病程较短,并兼有表证者为证治要点。若属内风所致者,不宜应用。

2. 若无内热者,可去黄芩、石膏、生地等清热之品,专以祛风养血通络为治。原书谓:如遇天阴,加生姜;如心下痞,加枳实。可资参考。

3. 颜面神经麻痹,以及脑血管痉挛、脑血栓形成而致的语言蹇涩、半身不遂等均可加减应用。风湿热痹亦可斟酌加减用之。

【文献摘要】

《医方集解》:"此六经中风之通剂也。以秦艽为君者,祛一身之风也;以石膏为臣者,散胸中之火也。羌活散太阳之风,白芷散阳明之风,川芎散厥阴之风,细辛、独活散少阴之风,防风为风药卒徒,随所引而无所不至者也。大抵内伤必因外感而发,诸药虽云搜风,亦兼发表,风药多燥,表药多散,故疏风必先养血,而解表亦必固里,当归养血,生地滋血,芎䓖活血,芍药敛阴和血,血活则风散而舌本柔矣。又气能生血,故用白术、茯苓、甘草补气以壮中枢,脾运湿除,则手足健矣。又风能生热,故用黄芩清上,石膏泻中,生地凉下,以共平逆上之火也。"

【方歌】
　　大秦艽汤羌独防,芎芷辛芩二地黄,
　　石膏归芍苓甘术,风邪散见可通尝。

小活络丹(原名活络丹)

<《太平惠民和剂局方》>

【组成】　川乌炮,去皮脐　　草乌炮,去皮脐　　天南星炮　　地龙去土,各六两(各6g)　　乳香研　　没药研,各二两二钱(各5g)

【用法】　上为细末,入研药和匀,酒面糊为丸,如梧桐子大,每服二十丸(5g),空心,日午冷酒送下,荆芥茶下亦得。

【功用】　祛风除湿,化痰通络,活血止痛。

【主治】　风寒湿痹。肢体筋脉疼痛,麻木拘挛,关节屈伸不利,疼痛游走不定。亦治中风,手足不仁,日久不愈,经络中湿痰瘀血,而见腰腿沉重,或腿臂间作痛。

【方解】　风寒湿邪滞留经络,病久不愈,影响气血不得宣通,营卫失其流畅,津液凝聚为痰,血行痹阻为瘀。风寒湿邪与痰瘀交阻,故见肢体筋脉疼痛,麻木拘挛,屈伸不利等症。中风,手足不仁,迁延时久者,其机理亦同。根据《素问·至真要大论》"留者攻之","逸者行之"的原则,治宜祛风散寒除湿与化痰、活血三者兼顾。方中制川乌、制草乌均为辛热之品,功能祛风除湿,温通经络,并具有较强的止痛作用,共为君药。天南星祛风燥湿化痰,以除经络中的风痰湿浊,是为臣药。佐以乳香、没药行气活血,化瘀通络,使气血流畅,则风寒湿邪不复留滞,且两药皆有较好的止痛作用;地龙性善走窜,为入络之佳品,功能通经活络;并加用陈酒以助药势,可引诸药直达病所,为使药。诸药合用,使风寒湿邪与痰浊、瘀血均能祛除,经络疏通,营卫调和,则肢体肌肤得以温养,诸证自可痊愈。

【运用】
　　1. 本方药性温燥,适用于痹证偏于寒性者。以肢体筋脉挛痛,关节屈伸不利,舌淡紫苔白为证治要点。方中药力较峻烈,以体实气壮者为宜,对阴虚有热者及孕妇慎用。
　　2. 风湿性关节炎、类风湿性关节炎及骨质增生症等属风湿血瘀者,均可用之。

【附方】
　　大活络丹(录自《兰台轨范》)　白花蛇　乌梢蛇　威灵仙　两头尖俱酒浸　草乌　天麻煨　全蝎去毒　首乌黑豆水浸　龟版炙　麻黄　贯仲　炙甘草　羌活　官桂　藿香　乌药　黄连　熟地　大黄蒸　木香　沉香各二两　细辛　赤芍　没药去油,另研　丁香　乳香去油,另研　僵蚕　天南星姜制　青皮　骨碎补　白豆蔻仁　安息香酒蒸　黑附子制　黄芩蒸　茯苓　香附酒浸,焙　玄参　白术各一两　防风二两半　葛根　豹骨　当归各一两半　血竭另研,七钱　地龙炙　水牛角　麝香另研　松脂各五钱　牛黄另研　片脑(冰片)另研,各一钱半　人参三两　上药研为细末,过筛,混匀,炼蜜为丸,如桂圆核大。每服一丸,陈酒送下,一日二次。功用:祛风扶正,活络止痛。

主治：中风瘫痪，痿痹，痰厥，阴疽，流注，跌打损伤等。

大活络丹与小活络丹的功用、主治相仿，但前者以祛风、温里、除湿药配伍补气、养血、滋阴、助阳等扶正之品组成，故适用于邪实正虚之证，属标本兼顾之治。《兰台轨范》说："顽痰恶风，热毒瘀血，入于经络，非此方不能透达，凡治肢体大症，必备之药也"。后者以祛风散寒除湿配伍化痰、活血药组成，故主要用于痹证偏于寒湿而兼顽痰死血者为宜。

【文献摘要】

《成方便读》："夫风之中于经也，留而不去，则与络中之津液、气血浑合不分，由是卫气失其常道，络中之血，亦凝而不行，络中之津液即结而为痰。经络中一有湿痰死血，即不仁且不用，腿臂间痛，所由来也。然治络一法，较治腑治脏为难，非汤剂可以荡涤，必须用峻利之品，为丸以搜逐之。故以川乌、草乌直达病所，通行活络，散风邪，逐寒湿，而胆星即随其所到之处，建祛风豁痰之功。乳、没之芳香通络，活血行瘀；蚯蚓之蠕动善穿，用为引导。用酒丸酒下，虽欲其缓，而仍欲其行也。"

【方歌】

小活络丹天南星，二乌乳没与地龙，
寒湿瘀血成痹痛，搜风活血经络通。

牵 正 散

《杨氏家藏方》

【组成】　白附子　白僵蚕（各6g）　　全蝎去毒，并生用，各等分（3 g）

【用法】　上为细末，每服一钱（3 g），热酒调下，不拘时候。

【功用】　祛风化痰止痉。

【主治】　风中经络，口眼㖞斜。

【方解】　中风有中经络、中脏腑之别。本方证为风痰阻于头面经络所致。足阳明之脉挟口环唇，足太阳之脉起于目内眦。太阳外中于风，阳明内蓄痰浊，风痰循经阻于头面经络，则经隧不利，筋肉失养，故不用而缓；无邪之处，气血运行通畅，筋肉相对而急，缓者为急者牵引，故口眼㖞斜，口目瞤动。治宜祛风化痰，通络止痉。方中白附子性味辛温，功能祛风化痰，并擅长治头面之风，为君药。全蝎、僵蚕均能祛风止痉，其中全蝎长于通络，僵蚕并有化痰作用，共为臣药。使用热酒调服，可以宣通血脉，并能引药入络，直达病所。诸药合用，则力专效著，使风散痰消，经络通畅，则病证可愈。

【运用】

1. 方中白附子药性温燥，适用于风痰阻络而偏于寒性者。以卒然口眼㖞斜，舌淡苔白为证治要点。若属气虚血瘀或肝风内动引起的口角㖞斜或半身不遂者，不宜应用本方。方中白附子和全蝎均为有毒之品，用量宜慎。

2. 本方为治风中经络，口眼㖞斜的常用方剂。若酌加蜈蚣、天麻、地龙等祛风止痉通络之品，可增强疗效。

3. 颜面神经麻痹、三叉神经痛、偏头痛等属风痰痹阻经络者，均可加减应用。

【附方】

止痉散（《方剂学》上海中医学院）　全蝎　蜈蚣各等分　上研细末，每服1～1.5 g，温开水送服。功用：祛风止痉。主治：痉厥，四肢抽搐等。对顽固性头痛、关节痛，亦有较好的止痛作用。

止痉散与牵正散比较，减白附子、僵蚕而增蜈蚣。蜈蚣辛温有毒，性善走窜，截风定搐，为祛风止痉之要药，与全蝎配伍，则止痉之效更显。

【文献摘要】

《医方考》："中风，口眼㖞斜，无他证者，此方主之。斯三物者，疗内生之风，治虚热之痰，得酒引之，能入经而正口眼。又曰：白附之辛，可使驱风，蚕、蝎之咸，可使软痰；辛中有热，可使从风，蚕、蝎有毒，可使破结。医之用药，有用其热以攻热，用其毒以攻毒者，《大易》所谓同气相求，《内经》所谓衰之以属也。"

【方歌】

牵正散是杨家方，全蝎僵蚕白附襄，

服用少量热酒下，口眼㖞斜疗效彰。

玉 真 散

《外科正宗》

【组成】 天南星 防风 白芷 天麻 羌活 白附子各等分(各6g)

【用法】 上为细末，过筛，混匀，每次一钱至二钱(3～6g)，用热酒或童便调服；外用适量，敷患处。

【功用】 祛风定搐。

【主治】 破伤风。牙关紧急，口撮唇紧，身体强直，角弓反张，甚则咬牙缩舌。

【方解】 破伤风因创伤之后，感受风毒之邪，入侵肌腠经脉，以致营卫不通，津液不行所致。《外科正宗》指出："破伤风，由皮肉损破，复被外风袭入经络，渐传入里。"风毒之邪通过创口，侵入经脉，先见牙关紧急，或有恶寒发热，小儿则多见口撮唇紧，临床以唇口收紧，撮如鱼口为特征。继则身体强直，角弓反张，甚则咬牙缩舌。治宜祛风解痉为主。方中白附子、天南星善于祛风化痰，定搐解痉，为君药。羌活、防风、白芷疏散经络中的风邪，导邪外出，为臣药。天麻熄风解痉，为佐药。热酒或童便有通经络、行气血之功。诸药配伍，共成祛风解痉，并止痛之效。

本方由《普济本事方》玉真散发展而成，原方只有南星、防风两味，主治破伤风。《外科正宗》在此基础上增加白附子、羌活、白芷、天麻四味，因此祛风化痰解痉之效，较前方为胜。

方中组成药物以生用为宜，用药后须盖被取汗，使风邪由汗而解，同时应避风，以防复感。

【运用】

1. 本方为治疗破伤风的常用方。临床根据其病史，以牙关紧急，身体强直，角弓反张为证治要点。方中药性偏于温燥，易于耗气伤津，破伤风而见津气两虚者不宜使用。白附子、天南星等均为有毒之品，用量宜慎，孕妇忌用。

2. 本方祛风化痰之功较强，而解痉稍逊，临床每与止痉散合用，以增加解痉之效。

第一节　疏散外风

【方歌】
玉真散治破伤风，牙关紧急反张弓，
星麻白附羌防芷，外敷内服一方通。

消 风 散

《外科正宗》

【组成】　荆芥　防风　牛蒡子　蝉蜕　苍术　苦参　石膏　知母　当归　胡麻仁　生地各一钱(各6g)　木通　甘草各五分(各3g)

【用法】　水二盅，煎至八分，食远服。

【功用】　疏风养血，清热除湿。

【主治】　风疹、湿疹。皮肤疹出色红，或遍身云片斑点，瘙痒，抓破后渗出津水，苔白或黄，脉浮数。

【方解】　风疹、湿疹，多因风热或风湿之邪侵袭人体，浸淫血脉，内不得疏泄，外不得透达，郁于肌肤腠理之间所致，故皮肤疹出色红瘙痒，或津水流溢。治宜疏风止痒为主，配合清热除湿为辅。由于痒自风来，故止痒必先疏风。荆芥、防风、牛蒡子、蝉蜕疏风止痒为君，以祛除在表之风邪。配伍苍术祛风燥湿，苦参清热燥湿，木通渗利湿热俱为臣药。更佐以知母、石膏清热泻火，当归、生地、胡麻仁养血活血。生甘草清热解毒，调和诸药，为使药。本方配伍特点以祛风为主，配伍祛湿、清热、养血之品，如此则祛邪与扶正兼顾，既能祛风除湿，又可养血以助疏风。使风湿得去，血脉调和，则瘙痒自止。

【运用】

1．本方是治疗风疹、湿疹的常用方剂。以皮肤瘙痒，疹出色红，或遍身云片斑点为证治要点。服药期间，不宜食辛辣、鱼腥、烟酒、浓茶等，以免影响疗效。

2．若风热偏盛而身热、口渴者，加银花、连翘以疏风清热解毒；湿热偏盛，胸脘痞满，身重乏力，舌苔黄厚而腻者，加地肤子、车前子、栀子等以清热利湿；血分热甚，五心烦热，舌红或绛者，加赤芍、丹皮、紫草以清热凉血。

3．荨麻疹、过敏性皮炎、稻田性皮炎、药物性皮炎、神经性皮炎等属风湿为患者，均可加减运用。

【附方】

当归饮子(《济生方》)　当归去芦　白芍药　川芎　生地黄洗　白蒺藜炒，去尖　防风去芦　荆芥穗各一两(各9g)　何首乌　黄芪去芦，各半两(各6g)　甘草炙，半两(3g)　上咬咀，每服四钱(12g)，用水一盏半，加生姜五片，煎至八分，去滓温服，不拘时候。功用：养血活血，祛风止痒。主治：血虚有热，风邪外袭。皮肤疮疥，或肿或痒，或发赤疹瘙痒。

【文献摘要】

临床报道：应用消风散加减治疗湿疹44例，每日1剂，一律不用抗敏之西药，对皮损较重的5例，外用新鲜马齿苋进行湿敷。44例中，服药最少者5剂，最多者23剂，平均疗程为20天。结果：近期治愈(症状及皮损全部消失)38例，基本治愈(仅残留少许皮损，自觉症状基本消失)6例，对痊愈中的27例进行1年左右的随访，结果1例复发，26例经过良好。本法对渗出型皮肤损害效果较好，强调在治疗过程中饮食要清淡，忌食厚味及辛辣食物(新医药学杂志,1976;8:15)。

【方歌】
消风散内有荆防,蝉蜕胡麻苦参苍,
知膏旁通归地草,风疹湿疹服之康。

第二节 平熄内风

平熄内风剂,适用于内风病证。内风即《素问·至真要大论》所说:"诸风掉眩,皆属于肝"之类,其病机和临床表现亦各有不同。若邪热亢盛,热极动风,常见高热不退,四肢抽搐等症;肝阳偏亢,肝风内动,常见眩晕,头部热痛,面色如醉,甚则卒然昏倒,口眼歪斜,半身不遂等。此类风病,属于内风之实证,治宜平肝熄风。常用平肝熄风药为主,如羚羊角、钩藤、石决明、天麻等组成。由于热极生风,邪热亢盛,又易伤津灼液,煎熬成痰,故常配清热、滋阴养血以及化痰之品以为辅助。代表方如羚角钩藤汤、镇肝熄风汤等。若温病后期,阴虚生风,虚风内动者,则筋脉拘挛,手足蠕动等。这类风病属于内风之虚证,治宜滋阴熄风。常用补益药为主,如地黄、白芍、阿胶、鸡子黄等,配伍平肝熄风、清热化痰之品组成方剂。代表方如大定风珠。

羚角钩藤汤

《通俗伤寒论》

【组成】 羚角片一钱半,先煎(4.5g) 双钩藤三钱,后入(9g) 霜桑叶二钱(6g) 滁菊花三钱(9g) 鲜生地五钱(15g) 生白芍三钱(9g) 川贝母四钱,去心(12g) 淡竹茹鲜刮,与羚羊角先煎代水,五钱(15g) 茯神木三钱(9g) 生甘草八分(3g)

【用法】 水煎服。

【功用】 凉肝熄风,增液舒筋。

【主治】 肝热生风证。高热不退,烦闷躁扰,手足抽搐,发为痉厥,甚则神昏,舌绛而干,或舌焦起刺;脉弦而数。

【方解】 本方治证为热邪传入厥阴,肝经热盛,热极动风所致。邪热炽盛,故高热不退;热扰心神,则烦闷躁扰,甚则神昏。由于热灼阴伤,热极动风,风火相煽,以致手足抽搐,发为痉厥。治宜清热凉肝熄风为主,配合增液舒筋为法。方中羚羊角入肝经,凉肝熄风;钩藤清热平肝,熄风解痉,共为君药。配伍桑叶、菊花辛凉疏泄,清热平肝熄风,以加强凉肝熄风之效,用为臣药。《本草经疏》说:"菊花专制肝木,故为祛风之要药。"热极动风,风火相煽,最易耗阴劫液,故用鲜生地、白芍药、生甘草三味相配,酸甘化阴,滋阴增液,柔肝舒筋,上述药物与羚羊角、钩藤等清热凉肝熄风药并用,标本兼顾,可以加强熄风解痉之功;邪热亢盛,每易灼津成痰,故用川贝母、鲜竹茹以清热化痰;热扰心神,又以茯神木平肝、宁心安神,以上俱为佐药。生甘草调和诸药,又为使药。本方的配伍特点是以凉肝熄风药为主,配伍滋阴化痰、安神之品,故为凉肝熄风的代表方剂。

【运用】

1. 本方主治肝经热盛动风病证。以高热,手足抽搐,脉弦数为证治要点。若热病后期,阴虚风动,而病属虚风者,不宜应用。

2. 若热邪内闭,神志昏迷者,配合紫雪、安宫牛黄丸等清热开窍之剂同用。

3. 妊娠子痫、流行性乙型脑炎以及高血压病引起的头痛、眩晕、抽搐等属肝经热盛者,均可应用。

【附方】

钩藤饮(《医宗金鉴》) 钩藤后入(9g) 羚羊角磨粉冲服(0.3g) 全蝎(1g) 人参(3g) 天麻(6g) 甘草炙(2g) 水煎服。功用:清热熄风,益气解痉。主治:小儿天钓。惊悸壮热,牙关紧闭,手足抽搐,头目仰视。

钩藤饮与羚角钩藤汤均属清热熄风之剂,俱用钩藤、羚羊角为君药,但前者配伍全蝎、天麻,故宜于肝热动风而抽搐较甚的小儿天钓;后者配滋阴增液、清热化痰药同用,宜于热盛动风而兼有阴伤的高热抽搐。

【文献摘要】

《重订通俗伤寒论》何秀山:"肝藏血而主筋,凡肝风上翔,症必头晕胀痛,耳鸣心悸,手足躁扰,甚则瘛疭,狂乱痉厥,与夫孕妇子痫,产后惊风,病皆危险。故以羚、藤、桑、菊熄风定惊为君。臣以川贝善治风痉,茯神木专平肝风。但火旺生风,风助火势,最易劫伤血液,尤必佐以芍、甘、鲜地,酸甘化阴,滋血液以缓肝急;佐以竹茹,不过以竹之脉络通人之脉络耳。此为凉肝熄风,增液舒筋之良方。然惟便通者,但用甘咸静镇,酸泄清通,始能奏效;若便闭者,必须犀连承气,急泻肝火以熄风,庶可救危于俄倾。"

【方歌】

俞氏羚角钩藤汤,桑菊茯神鲜地黄,
贝草竹茹同芍药,肝风内动急煎尝。

镇 肝 熄 风 汤

《医学衷中参西录》

【组成】 怀牛膝一两(30g) 生赭石一两,轧细(30g) 生龙骨五钱,捣碎(15g) 生牡蛎五钱,捣碎(15g) 生龟版五钱,捣碎(15g) 生杭芍五钱(15g) 玄参五钱(15g) 天冬五钱(15g) 川楝子二钱,捣碎(6g) 生麦芽二钱(6g) 茵陈二钱(6g) 甘草一钱半(4.5g)

【用法】 水煎服。

【功用】 镇肝熄风,滋阴潜阳。

【主治】 类中风。头目眩晕,目胀耳鸣,脑部热痛,心中烦热,面色如醉,或时常噫气,或肢体渐觉不利,口角渐形㖞斜;甚或眩晕颠仆,昏不知人,移时始醒;或醒后不能复原,脉弦长有力者。

【方解】 本方所治类中风,张氏又称为"内中风",其病为肝肾阴亏,肝阳偏亢,气血逆乱所致。肝为风木之脏,肝肾阴亏,肝阳偏亢,甚则阳亢化风。风阳上扰,故头目眩晕,脑部热痛,目胀耳鸣,面色如醉。肝肾阴亏,肾水不能上济于心,故心中烦热。若肝阳过亢,血气并走于上,则出现眩晕颠仆,不知人事,或肢体不利,半身不遂等中风症状。《素问·调经论》说:"血之与气,并走于上,则为大厥,厥则暴死,气复反则生,不反则死。"即是此意。从辨证分析,仍属实证,故治宜镇肝熄风为主,佐以滋养肝肾为法。方中怀牛膝性味苦酸而平,归肝肾经,重用以引血下行,并有补益肝肾之效,《本草经疏》谓其"走而能补,性善下行",用为君药。又用代赭石镇肝降逆,龙骨、牡蛎、龟版、白芍益阴潜阳,镇肝熄风,共为臣药。玄参、天冬以滋阴清热,壮水涵木;肝喜条达而恶抑郁,纯用重镇之品以强制之,势必影响其条达之性,故用茵陈、川楝子、生麦芽清泄肝热,疏肝理气,以利于肝阳的平降镇潜,均为佐药。甘草调和诸药,与生麦芽相配,并能和胃调中,防止金石类药物碍胃之弊,为使药。本方配伍特点,重用镇潜诸药,配伍滋阴之品,镇潜以治其标,滋阴以治其本,标本兼顾,以治标为主。诸药成方,共奏镇肝熄风之效。

方中茵陈,张锡纯谓:"茵陈为青蒿之嫩者"。为此,后之医家有的改用青蒿,有的仍用茵陈。从该书"茵陈解"及有关医案分析,当以茵陈为是。

【运用】

1. 本方为治疗类中风的常用方剂。无论中风前后,如辨证为阴亏阳亢,肝风内动者,均可应用。以头目眩晕,脑部胀痛,面色如醉,心中烦热,脉弦长有力为证治要点。

2. 若心中热甚者,加生石膏以清热;痰多者,加胆星以清热化痰;尺脉重按虚者,加熟地、山萸肉以补益肝肾。

3. 高血压病、血管性头痛等,属肝肾阴亏,肝阳上亢者,均可加减应用。

【附方】

建瓴汤(《医学衷中参西录》) 生怀山药一两(30g) 怀牛膝一两(30g) 生赭石八钱,轧细(24g) 生龙骨六钱,捣细(18g)生牡蛎六钱,捣细(18g) 生地黄六钱(18g) 生杭芍四钱(12g) 柏子仁四钱(12g) 磨取铁锈浓水,以之煎药。功用:镇肝熄风,滋阴安神。主治:肝阳上亢。头晕目眩,耳鸣目胀,心悸健忘,烦躁不宁,失眠多梦,脉弦硬而长。

建瓴汤与镇肝熄风汤均能滋阴潜阳,镇肝熄风,用于肝肾阴亏,肝阳上亢之证,但后方镇潜清降之力较前方为强,用于气血逆乱见有脑中时常作疼发热,或面色如醉,以及肢体渐觉不利等;而建瓴汤方中用柏子仁、生山药,故宁心安神之力略优,适用于肝风内动见有失眠多梦,心神不宁等,而未至气血逆乱者。

【文献摘要】

《医学衷中参西录》:"方中重用牛膝以引血下行,此为治标之主药。而复深究病之本源,用龙骨、牡蛎、龟板、芍药以镇熄肝风,赭石以降胃降冲,玄参、天冬以清肺气,肺中清肃之气下行,自能镇制肝木。……从前所拟之方,原止此数味,后因用此方效者固多,间有初次将药服下,转觉气血上攻而病加剧者,于斯加生麦芽、茵陈、川楝子即无斯弊。盖肝为将军之官,其性刚果,若但用药强制,或转激发其反动之力。茵陈为青蒿之嫩者,得初春少阳升发之气,与肝木同气相求,泻肝热兼舒肝郁,实能将顺肝木之性。麦芽为谷之萌芽,生用之亦善将顺肝木之性,使不抑郁。川楝子善引肝气下达,又能折其反动之力。方中加此三味,而后用此方者,自无他虞也。心中热甚者,当有外感,伏气化热,故加石膏。有痰者,恐痰阻气化之升降,故加胆星也。"

临床报道:用镇肝熄风汤治疗血管性头痛70例,头痛突发加钩藤、白芷,久痛不止加丹参、川芎,每日1剂,15天为1疗程。结果近期痊愈23例,有效41例,无效6例,总有效率为91.4%(中西医结合杂志,1989;9:563)。

【方歌】

镇肝熄风芍天冬,玄参牡蛎赭茵供,

麦龟膝草龙川楝,肝风内动有奇功。

第二节 平熄内风

天麻钩藤饮

《杂病证治新义》

【组成】 天麻(9g) 钩藤后下(12g) 石决明先煎(18g) 栀子 黄芩(各9g) 川牛膝(12g) 杜仲 益母草 桑寄生 夜交藤 朱茯神(各9g)

【用法】 水煎服。

【功用】 平肝熄风,清热活血,补益肝肾。

【主治】 肝阳偏亢,肝风上扰证。头痛,眩晕,失眠,舌红苔黄,脉弦。

【方解】 本方证为肝肾不足,肝阳偏亢,火热上扰,以致头痛,眩晕;肝阳偏亢,神志不安,故夜寐多梦,甚至失眠。治宜平肝熄风为主,配合清热活血,补益肝肾为法。方中天麻、钩藤具有平肝熄风之效,用以为君,《本草纲目》说:"天麻为治风之神药"。石决明性味咸平,功能平肝潜阳,除热明目,与天麻,钩藤合用,加强平肝熄风之力;川牛膝引血下行,共为臣药。栀子、黄芩清热泻火,使肝经之热不致上扰;益母草活血利水;杜仲、桑寄生补益肝肾;夜交藤、朱茯神安神定志,均为佐药。合而用之,共成平肝熄风,清热活血,补益肝肾之剂。

【运用】

1. 本方是治疗肝阳偏亢,肝风上扰的有效方剂。以头痛,眩晕,失眠,舌红苔黄,脉弦为证治要点。

2. 常用于高血压病属肝阳上亢者。

【文献摘要】

《杂病证治新义》:"本方为平肝降逆之剂。以天麻、钩藤、生决明之平肝祛风降逆为主,辅以清降之山栀、黄芩,活血之牛膝,滋肝肾之桑寄生、杜仲等,滋肾以平肝之逆;并辅夜交藤、朱茯神以安神镇静,缓解其失眠。故为用于肝厥头痛、晕眩、失眠之良剂。"

【方歌】

天麻钩藤石决明,杜仲牛膝桑寄生,
栀子黄芩益母草,茯神夜交安神宁。

大定风珠

《温病条辨》

【组成】 生白芍六钱(18g) 阿胶三钱(9g) 生龟版四钱(12g) 干地黄六钱(18g) 麻仁二钱(6g) 五味子二钱(6g) 生牡蛎四钱(12g) 麦冬连心,六钱(18g) 炙甘草四钱(12g) 鸡子黄生,二枚(2个) 鳖甲生,四钱(12g)

【用法】 上以水八杯,煮取三杯,去滓,入阿胶烊化,再入鸡子黄,搅令相得,分三次服。

【功用】 滋阴熄风。

【主治】 阴虚动风证。温病后期,神倦瘛疭,脉气虚弱,舌绛苔少,有时时欲脱之势者。

【方解】 本方证由于温病迁延日久,邪热灼伤真阴,或因误汗、妄攻,重伤阴液所致。真阴大亏,故神倦乏力,脉气虚弱,舌绛少苔,有时时欲脱之势。阴虚则水不涵木,以致虚风内动,而手足瘛疭。此时邪气已去八九,真阴仅存一二,故治宜味厚滋补的药物以滋阴养液,填补欲竭之真阴,平熄内动之虚风。方中以鸡子黄、阿胶为君,滋养阴液以熄内风。《温病条辨》说:"鸡子黄一味,从足太阴下安足三阴,上济手三阴,使上下交合,阴得安其位,斯阳可立根基,俾阴阳有眷属一家之义"。重用白芍、地黄、麦冬以滋阴柔肝,壮水涵木;龟版、鳖甲滋阴潜阳,均为臣药。麻仁质润多脂,养阴润燥;牡蛎咸寒,平肝潜阳;五味子味酸善收,与诸滋阴药相伍,而收敛真阴,与炙甘草相配,又具酸甘化阴之功,上述诸药以加强滋阴熄风之效,共为佐药。甘草调和诸药,又为使药。

本方系由加减复脉汤(炙甘草、干地黄、生白芍、麦冬、阿胶、麻仁)加味而成。由于温病时久,邪热灼伤真阴,虚风内动,故又增加鸡子黄、五味子、龟版、鳖甲、牡蛎等大队滋阴潜阳之品,从而由滋阴润燥之方衍化而成滋阴熄风之剂。

【运用】

1. 本方应用于温病后期。以真阴大亏,虚风内动,而见神倦瘛疭,脉虚弱,舌绛苔少为证治要点。若阴液虽亏而邪热犹盛者,非其所宜。《温病条辨》说:"壮火尚盛者,不得用定风珠、复脉汤"。

2. 原书方后云:"喘加人参,自汗加龙骨、人参、小麦,悸者加茯神、人参、小麦。"盖喘、自汗与悸,三者均为气虚之证,故俱用人参以补气、生津,分别加龙骨、小麦以收涩止汗,茯神以宁心定悸。

【附方】

1. 三甲复脉汤(《温病条辨》) 炙甘草 干地黄 生白芍各六钱(各18g) 麦冬 生牡蛎各五钱(各15g) 阿胶烊化,三钱(9g) 麻仁三钱(9g) 生鳖甲八钱(24g) 生龟版一两(30g) 水煎服。功用:滋阴熄风。主治:温病热邪久羁下焦,热深厥甚,脉细促,心中憺憺大动,甚则心中痛者。

2. 阿胶鸡子黄汤(《通俗伤寒论》) 陈阿胶烊冲,二钱(6g) 生白芍 络石藤各三钱(各9g) 石决明杵,五钱(15g) 双钩藤二钱(6g) 大生地 生牡蛎杵 茯神木各四钱(各12g) 清炙草六分(2g) 鸡子黄先煎代水,二枚(2个) 水煎服。功用:滋阴养血,柔肝熄风。主治:邪热久羁,阴血不足,虚风内动证。筋脉拘急,手足瘛疭,或头目眩晕,舌绛苔少,脉细数。

三甲复脉汤即加减复脉汤又加龟版、鳖甲、牡蛎而成,与大定风珠、阿胶鸡子黄汤均为滋阴熄风之剂,主治温热伤阴,虚风内动之证,惟功用和主治有强弱微甚之别。其中大定风珠滋阴熄风之力最强,且有五味子之酸收,故用于脉气虚弱,有时时欲脱之势者;三甲复脉汤熄风之力略逊,而适用于脉细促,心中憺憺大动者;阿胶鸡子黄汤凉肝安神之力略胜,适用于脉细数而神志不安者。

【文献摘要】

《医方概要》:"方中阿胶补肺阴,五味子收肺气,白芍和脾,鳖甲育肝阴,龟版潜肾阴,牡蛎敛阳和阴,麦冬、熟地养金壮水,麻仁润肠,甘草立中,鸡子黄取其混元之意,酸甘化阴,咸降其火,庶几水火有既济之效,心神宁而得安寐也。若转虚喘汗,则加人参以补气,龙骨扶阳和卫,小麦敛阴止汗。"

【方歌】

大定风珠鸡子黄,再合加减复脉汤,

三甲并同五味子,滋阴熄风是妙方。

小 结

本章共载正方 11 首,根据其功用,分为疏散外风和平熄内风两类。

1. 疏散外风 川芎茶调散长于疏散上部风邪而止痛,适用于外感风邪,上犯头部而致的偏正头痛。独活寄生汤祛风湿、止痹痛、益肝肾、补气血,主治痹证日久,肝肾不足,气血两虚,腰膝疼痛之证。大秦艽汤具有祛风清热,养血活血之功,并有邪正兼顾,标本同治之义,宜用于风邪初中经络之证。小活络丹功能祛风除湿,化痰通络,活血止痛,主要用于痹证而偏于寒湿血瘀者。牵正散、玉真散均能祛风止痉,但前者长于祛头面之风痰,应用于风痰阻滞经络而引起的口眼㖞斜;后者善于祛风化痰,定搐解痉,常用于治疗破伤风。消风散疏风养血,清热除湿,是治疗风疹、湿疹的常用方剂。

2. 平熄内风 羚角钩藤汤、镇肝熄风汤、天麻钩藤饮均为平肝熄风之剂。其中羚角钩藤汤清热熄风之力较大,应用于肝经热盛,热极动风之证;镇肝熄风汤镇肝潜阳熄风之功较强,多用于肝肾阴亏,肝阳上亢,肝风内动之证;天麻钩藤饮兼有清热活血安神之效,常用于肝阳偏亢,肝风上扰所致的头痛、眩晕、失眠。大定风珠为滋阴熄风之剂,适用于温病后期,热灼真阴,虚风内动,手足瘛疭之证。

第十八章 治 燥 剂

凡以轻宣辛散或甘凉滋润的药物为主组成,具有轻宣外燥或滋阴润燥等作用,以治疗燥证的方剂,统称治燥剂。

燥证有外燥与内燥之分。外燥指感受秋令燥邪所发生的病证,其病常始于肺卫。由于秋令气候温凉有异,因而外燥又有凉燥、温燥之分。一般来说,初秋承暑热之余气,故多见温燥;深秋又有近冬的寒气,故亦常见凉燥。两者证候不同,治法迥异。内燥是属于脏腑津亏液耗所致的病证,即《素问·阴阳应象大论》所谓"燥胜则干"。从发病部位来说,有上燥、中燥、下燥之别。燥在上者,多责之于肺,症见干咳、少痰、咽燥、咯血;燥在中者,多责之于胃,症见肌肉消瘦,干呕食少;燥在下者,多责之于肾,症见消渴或津枯便秘等。在治疗上,外燥宜轻宣,内燥宜滋润,故本章方剂分为轻宣外燥和滋润内燥两类。

治疗燥证,首先要分清外燥和内燥,外燥中又须分清是温燥还是凉燥,认证清楚,治法用方才能合拍。然而燥证虽有内、外及上、中、下之分,但因人体内外、脏腑之间相互联系,故在临床上亦多相互影响。如外感温燥,不但有发热,头痛等表证;也有咽干鼻燥,咳嗽少痰等上燥证,治疗时多以轻宣燥热与凉润肺金并用。又如津伤肺燥,出现咽喉燥痛、干咳少痰或痰中带血等上燥证,每与肾阴不足,虚火上炎有关,治宜养阴润肺,金水并调。因此,必须根据具体病情,灵活运用。

燥邪最易化热,伤津耗气,故治燥剂除以轻宣或滋润药物为主外,有时还须酌情配伍清热泻火或生津益气之品。至于辛香耗津、苦寒化燥之品,均非燥病所宜。

第一节 轻宣外燥

轻宣外燥剂,主治外感凉燥或温燥之证。凉燥属次寒、小寒,凉燥犯肺,则肺气不宣,津液不布,聚而为痰,症见头痛恶寒,咳嗽痰稀,鼻塞咽干,舌苔薄白。常用杏仁、苏叶等苦辛温润药物为主组方,取其轻宣凉燥,代表方剂如杏苏散。温燥属热,易于耗津灼液,使肺金清肃之令不行,症见头痛身热,干咳少痰,或气逆而喘,口渴鼻燥,舌边尖红,苔薄白而燥。常用桑叶、杏仁、沙参等辛凉甘润药物为主组方,取其轻宣燥热,代表方剂如桑杏汤、清燥救肺汤。

杏 苏 散

录自《温病条辨》

【组成】 苏叶(9g) 杏仁(9g) 半夏(9g) 茯苓(9g) 橘皮(6g) 前胡(9g) 苦桔梗(6g) 枳壳(6g) 甘草(3g) 生姜(3片) 大枣(3枚)

【用法】 水煎温服。

【功用】 轻宣凉燥,理肺化痰。

【主治】 外感凉燥证。头微痛,恶寒无汗,咳嗽痰稀,鼻塞咽干,苔白,脉弦。

【方解】《温病条辨》引沈目南《燥病论》说:"燥气起于秋分之后,小雪之前,阳明燥金凉气司令。……燥病属凉,谓之次寒,病与感寒同类。"凉燥外袭,故头微痛,恶寒无汗,所谓头微痛者,不似伤寒之痛甚也。肺为燥气所伤,肺气不宣,津液不能输布,聚而为痰;鼻为肺窍,咽为肺系,凉燥束肺,肺气不宣,津液不布,而致鼻塞咽干。凉燥兼痰饮,则脉弦苔白。治宜轻宣凉燥,宣肺化痰。方中苏叶辛温不燥,解肌发表,开宣肺气,使凉燥从表而解;杏仁苦温而润,宣肺止咳化痰,两味共为君药。前胡疏风降气化痰,助杏、苏轻宣达表而兼化痰;桔梗、枳壳一升一降,助杏仁以宣利肺气,共为臣药。半夏、橘皮、茯苓理气化痰,甘草合桔梗宣肺祛痰,共为佐药。生姜、大枣调和营卫,通行津液,为使药。诸药合用,共奏发表宣化之功,使表解痰消,肺气调和。本方乃苦温甘辛之法,正合《素问·至真要大论》"燥淫于内,治以苦温,佐以甘辛"的理论。由此观之,凉燥实乃秋令"小寒"为患,与寒邪所不同者,受邪较轻,且易于伤津化燥也。

【运用】

1．本方是治疗凉燥证的代表方剂。以恶寒无汗,咳嗽稀痰,咽干,苔白,脉弦,为证治要点。

2．无汗,脉弦甚或紧,加羌活以解表发汗;汗后咳不止,去苏叶,加苏梗以降肺气;兼泄泻腹满者,加苍术、厚朴以化湿除满;头痛兼眉棱骨痛者,加白芷以祛风止痛。

3．可用治流行性感冒、慢性支气管炎、肺气肿等,辨证属外感凉燥(或外感风寒轻证),肺气不宣,痰湿内阻者。

【文献摘要】

《温病条辨》:"燥伤皮毛,故头微痛恶寒也。微痛者,不似伤寒之痛甚也。阳明之脉,上行头角,故头亦痛也。咳嗽稀痰者,肺恶寒,古人谓燥为小寒也。肺为燥气所搏,不能通调水道,故寒饮停而咳也。鼻塞者,鼻为肺窍;嗌塞者,嗌为肺系也。脉弦者,寒兼饮也。无汗者,凉搏皮毛也。按杏苏散,减小青龙一等。……若伤燥凉之咳,治以苦温,佐以甘辛,正为合拍。若受重寒夹饮之咳,则有青龙;若伤春风,与燥已化火无痰之证,则仍从桑菊饮、桑杏汤例。"

【方歌】

杏苏散内夏陈前,枳桔苓草姜枣研,

轻宣温润治凉燥,咳止痰化病自痊。

桑 杏 汤

《温病条辨》

【组成】 桑叶一钱(3g) 杏仁一钱五分(5g) 沙参二钱(6g) 象贝一钱(3g) 香豉一钱(3g) 栀皮一钱(3g) 梨皮一钱(3g)

【用法】 水二杯,煮取一杯,顿服之,重者再作服。

【功用】 轻宣温燥。

【主治】 外感温燥证。头痛,身热不甚,口渴咽干鼻燥,干咳无痰,或痰少而粘,舌红,苔薄白而干,脉浮数而右脉大者。

【方解】 本方所主系温燥外袭,肺津受灼之轻证。因秋感温燥之气,伤于肺卫,其病轻浅,故头痛而身热不甚;燥气伤肺,耗津灼液,肺失清肃,故口渴咽干鼻燥,干咳无痰或痰少而粘。治宜轻宣燥热,凉润肺金。方中桑叶轻宣燥热,杏仁宣利肺气,润燥止咳,共为君药。豆豉辛凉解表,助桑叶轻宣透热;贝母清化痰热,助杏仁止咳化痰;沙参润肺止咳生津,共为臣药。栀子皮质轻而入上焦,清泄肺热;梨皮清热润燥,止咳化痰,均为佐药。诸药合用,外以轻宣燥热,内以凉润肺金,乃辛凉甘润之方,俾燥热除而肺津复,则诸症自愈。本方诸药用量较轻,吴鞠通指出:"轻药不得重用,重用必过病所"。

本方与杏苏散均可轻宣外燥,用治外燥咳嗽。但杏苏散所主系外感凉燥证,凉燥外束,津液不布,故以杏仁与苏叶为君,配以宣肺化痰之品,所谓苦温甘辛法,意在轻宣凉燥,宣肺化痰,必使肺气宣畅,则津液布散,肺燥自解。桑杏汤所主系外感温燥证,温燥外袭,肺津受灼,故以杏仁与桑叶为君,配伍清热润燥,止咳生津之品,所谓辛凉甘润法,意在轻宣温燥,凉润肺金,必使燥热清而津液复,其症方除。

【运用】

1．本方为治疗温燥外袭,肺燥咳嗽之轻证。以身微热,干咳无痰,或痰少而粘,右脉数大为证治要点。

2．可用治上呼吸道感染、急性支气管炎、支气管扩张咯血、百日咳等,属外感温燥,灼伤肺津者。

【文献摘要】

《成方便读》:"此因燥邪伤上,肺之津液素亏,故见右脉数大之象,而辛苦温散之法,似又不可用矣。止宜轻扬解外,凉润清金耳。桑乃箕星之精,箕好风,故善搜风,其叶轻扬,其纹象络,其叶辛苦而平,故能轻解上焦脉络之邪。杏仁苦辛温润,外解风寒,内降肺气。但微寒骤束,胸中必为之不舒,或痰或滞,壅于上焦,久而化热,故以香豉散肌表之客邪,宣胸中之陈腐,象贝化痰,栀皮清热,沙参、梨皮养阴清火,两者兼之,使邪去而津液不伤,乃为合法耳。"

临床报道:"用桑杏汤治疗百日咳72例,有69例服药1剂后痉咳的次数和时间均有不同程度的减少,其中24例服药3剂痉咳完全停止,精神、食欲均正常;有33例经服药5～10剂痉咳才完全停止,精神和食欲恢复正常(新中医,1979;3:43)。

【方歌】

桑杏汤中象贝宜,沙参栀豉与梨皮,

干咳鼻燥右脉大,辛凉甘润燥能医。

清 燥 救 肺 汤

《医门法律》

【组成】 桑叶经霜者,去枝梗,三钱(9g)　石膏煅,二钱五分(8g)　甘草一钱(3g)　人参七分(2g)　胡麻仁炒,研,一钱(3g)　真阿胶八分(3g)　麦门冬去心,一钱二分(4g)　杏仁泡,去皮尖,炒黄,七分(2g)　枇杷叶一片,刷去毛,蜜涂,炙黄(3g)

【用法】 水一碗,煎六分,频频二三次滚热服。

【功用】 清燥润肺。

【主治】 温燥伤肺证。头痛身热,干咳无痰,气逆而喘,咽喉干燥,口渴鼻燥,胸膈满闷,舌干少苔,脉虚大而数。

【方解】 本方所主系燥热伤肺之重证。秋令气候干燥,燥热伤肺,肺合皮毛,故头痛身热；肺为热灼，气阴两伤，失其清肃润降之常，故干咳无痰，气逆而喘，咽喉干燥，口渴鼻燥；《素问·至真要大论》说："诸气膹郁，皆属于肺"，肺气不降，故胸膈满闷。治宜清燥热，养气阴，以清金保肺立法。方中重用桑叶质轻性寒，清透肺中燥热之邪，为君药。温燥犯肺，温者属热宜清，燥胜则干宜润，故用石膏辛甘而寒，清泄肺热；麦冬甘寒，养阴润肺，共为臣药。《难经·第十四难》说："损其肺者益其气"，而胃土又为肺金之母，故用甘草培土生金，人参益胃津，养肺气；麻仁、阿胶养阴润肺，肺得滋润，则治节有权；《素问·藏气法时论》说："肺苦气上逆，急食苦以泄之"，故用杏仁、枇杷叶之苦，降泄肺气，以上均为佐药。甘草兼能调和诸药，以为使。如此，则肺金之燥热得以清宣，肺气之上逆得以肃降，则燥热伤肺诸证自除，故名之曰"清燥救肺"。

本方与桑杏汤虽均治温燥，但本方以清肺燥与养气阴的药物组成，较桑杏汤的养阴润肺作用为强。故温燥外袭，肺津受灼之轻证，症见身热不甚，干咳少痰，右脉数大者，宜桑杏汤；若燥热甚而气阴两伤之重证，症见身热，干咳，气逆而喘，胸膈满闷，脉虚大而数者，宜用清燥救肺汤。

【运用】

1. 本方为治燥热伤肺重证之主方。以身热，干咳少痰，气逆而喘，舌红少苔，脉虚大而数为证治要点。

2. 若痰多，加川贝、瓜蒌以润燥化痰；热甚者，加羚羊角、水牛角以清热凉血。

3. 适用于肺炎、支气管哮喘、急慢性支气管炎、肺气肿、肺癌等，属燥热壅肺，气阴两伤者。

【附方】

沙参麦冬汤（《温病条辨》） 沙参三钱（9g） 玉竹二钱（6g） 生甘草一钱（3g） 冬桑叶一钱五分（4.5g） 麦冬三钱（9g） 生扁豆一钱五分（4.5g） 花粉一钱五分（4.5g） 水五杯，煮取二杯，日再服。久热久咳者，加地骨皮三钱（9g）。功用：清养肺胃，生津润燥。主治：燥伤肺胃阴分。咽干口燥，或身热，或干咳，舌红少苔，脉细数者。

沙参麦冬汤与清燥救肺汤两方组成中均有桑叶、麦冬、甘草，两方功用亦颇类似。但沙参麦冬汤配伍玉竹、沙参，以燥伤肺胃阴津为主；清燥救肺汤配伍石膏、人参，则以燥热伤肺，气阴两伤为主。

【文献摘要】

《古今名医方论》柯韵伯："古方用香燥之品以治气郁不获奏效者，以火就燥也。惟缪仲醇知之，故用甘凉滋润之品以清金保肺立法。喻氏宗其旨，集诸润剂而制清燥救肺汤，用意深，取药当，无遗蕴矣。石膏、麦冬禀西方之色，多液而甘寒，培肺金主气之源而气可不郁。土为金母，子病则母虚，用甘草调补中宫生气之源，而金有所恃。金燥则水无以食金而相生，母令子虚矣。取阿胶、胡麻黑色通肾者滋其阴，以上通生水之源而金始不孤。西方虚，则东方实矣，木实金平之。二叶禀东方之色，入通于肝，枇杷叶外应毫毛，固肝家之肺药，而经霜之桑叶，非肺家之肝药乎？损其肺者益其气，人参之甘以补气。气有余便是火，故佐杏仁苦以降气，气降火亦降，而治节有权，气行则不郁，诸痿喘呕自除矣。要知诸气膹郁，则肺气必大虚，若泥于肺热伤肺之说而不用人参，必郁不开而火愈炽，皮聚毛落，喘而不休。此名之救肺，凉而能补之谓也。若谓实火可泻而久服芩、连，反从火化，亡可立待耳。愚所以服膺此方而深赞之。"

【方歌】

清燥救肺参草杷,石膏胶杏麦胡麻,

经霜收下冬桑叶,清燥润肺效可夸。

第二节 滋阴润燥

滋阴润燥剂,主治脏腑津伤液耗的内燥证。其证或由汗吐下后重伤津液,或由久病精血大虚,或由感受温邪化燥伤阴所致。内燥的治疗原则,必以甘寒滋润为要。常用玄参、生地黄、麦冬等养阴增液药物为主组方。代表方如麦门冬汤、养阴清肺汤、增液汤等。

麦门冬汤

《金匮要略》

【组成】 麦门冬七升(70g) 半夏一升(10g) 人参三两(6g) 甘草二两(6g) 粳米三合(5g) 大枣十二枚(4枚)

【用法】 上六味,以水一斗二升,煮取六升,温服一升,日三夜一服。

【功用】 润肺益胃,降逆下气。

【主治】 肺痿。咳唾涎沫,短气喘促,咽喉干燥,舌干红少苔,脉虚数。

【方解】 肺痿是由肺胃阴虚,痰涎不化所致。其病在肺,其源在胃,以土为金母,胃主津液。胃津不足,虚火上炎,灼伤肺阴,肺金清肃之令不行,虚火灼津而为涎沫。肺虚则气无所主,故短气喘促;咽喉为肺胃之门户,肺胃阴伤,津失上承,故咽喉干燥。治宜润肺益胃,降逆下气。方中重用麦门冬甘寒清润,入肺胃两经,养阴生津,滋液润燥,以清虚热,为君药。臣以人参、甘草、粳米、大枣益胃气,养胃阴,中气充盛,则津液自能上归于肺。肺胃气逆,故佐以少量半夏降逆下气,化其痰涎,虽属辛温之性,但与大量麦门冬配伍则其燥被制,且麦门冬得半夏则滋而不腻,相反相成。其中甘草并能润肺利咽,调和诸药,以为使。药仅六味,主从有序,润降得宜,生胃阴而润肺燥,下逆气而止浊唾,亦补土生金,虚则补母之法。

【运用】

1. 本方是治疗肺痿的主方。以咳唾涎沫,短气喘促,舌干红少苔,脉虚数为证治要点。

2. 若阴伤甚者,可加北沙参、玉竹以养阴液。对于胃阴不足,胃脘灼热而痛,口干呕逆者,亦可用本方加减。

3. 可用治慢性支气管炎、支气管扩张、慢性咽喉炎、矽肺、肺结核等,属肺胃阴虚,气火上逆者。亦治胃及十二指肠溃疡、慢性萎缩性胃炎,属胃阴不足,气逆呕吐者。

【文献摘要】

《张氏医通》:"此胃中津液干枯,虚火上炎之证。凡肺病有胃气则生,无胃气则死,胃气者,肺之母气也。故于竹叶石膏汤中偏除方名二味,而用麦冬数倍为君。兼参、草、粳米以滋肺母,使水谷之精微皆得上注于肺,自然沃泽无虞。当知火逆上气,皆是胃中痰气不清,上溢肺隧,占据津液流行之道而然,是以倍用半夏,更加大枣通津涤饮为先,奥义全在乎此。若浊饮不除,津液不致,虽日用润肺生津之剂,乌能建止逆下气之绩哉?俗以半夏性燥不用,殊失仲景立方之旨。"

临床报道：用麦门冬汤加味治疗溃疡病属阴虚者19例。患者在服用本方后，病情均有不同程度的好转，其中以止痛效果尤为显著。一般均在服药7～10剂后疼痛消失或显著减轻。其中有5例仅服药2～3剂，疼痛即逐渐消失。经服药治疗1.5～4个月后，X线复查8例，其中4例龛影消失，另4例也有明显好转。8例中服药最少者20剂，最多者70剂（中医杂志，1964；11:11）。

【方歌】
麦门冬汤用人参，枣草粳米半夏存，
肺痿咳逆因虚火，益胃生津此方珍。

养阴清肺汤

《重楼玉钥》

【组成】　大生地二钱(12g)　麦冬一钱二分(9g)　生甘草五分(3g)　玄参钱半(9g)　贝母八分,去心(5g)　丹皮八分(5g)　薄荷五分(3g)　炒白芍八分(5g)

【用法】　水煎服。

【功用】　养阴清肺，解毒利咽。

【主治】　白喉。喉间起白如腐，不易拭去，咽喉肿痛，初起或发热或不发热，鼻干唇燥，或咳或不咳，呼吸有声，似喘非喘，脉数无力或细数。

【方解】　白喉一证多由素体阴虚蕴热，复感燥气疫毒时邪所致。正如《重楼玉钥》所说："此症发于肺肾，凡本质不足者，或遇燥气流行，或多食辛热之物，感触而发。"治宜养阴清肺，兼散疫毒之法。《重楼玉钥》说："经治之法，不外肺肾，总要养阴清肺，兼辛凉而散为主。"方中重用大生地甘寒入肾，养阴清热，为君药。玄参养阴生津，泻火解毒；麦冬养阴清肺，共为臣药。佐以丹皮清热凉血消肿，白芍益阴养血；贝母润肺化痰，清热散结；少量薄荷辛凉而散，疏表利咽。生甘草泻火解毒，调和诸药，以为使。合而成方，具有养阴清肺，解毒利咽之功。

白喉忌表，尤忌辛温发汗，据原方后记载："如有内热及发热，不必投表药，照方服去，其热自除。"并可配合应用《重楼玉钥》之吹药方：青果炭二钱(6g)，黄柏一钱(3g)，川贝母一钱(3g)，冰片五分(1.5g)，儿茶一钱(3g)，薄荷一钱(3g)，凤凰衣五分(1.5g)。各研细末，再入乳钵内和匀，加冰片研细，瓶装备用。

【运用】

1．本方为治疗白喉的常用方剂。一般日服1剂，重证可以日服2剂。以喉间起白如腐，不易拭去，咽喉肿痛，鼻干唇燥，脉数为证治要点。

2．阴虚甚者，加大熟地以滋阴补肾；热毒甚者，加土牛膝、银花、连翘以清热解毒；燥甚者，加天冬、鲜石斛以养阴润燥。

3．可用于急性扁桃体炎、急性咽喉炎、鼻咽癌等属阴虚燥热者。

【文献摘要】

《重楼玉钥》："按白腐一证，即所谓白缠喉是也。诸书皆未论及，惟《医学心悟》言之。至于论治之法，亦未详备。缘此症发于肺肾，凡本质不足者，或遇燥气流行，或多食辛热之物，感触而发。初起者发热，或不发热，鼻干唇燥，或咳或不咳，鼻通者轻，鼻塞者重。音声清亮，气息调匀易治;若音哑气急,即属不治。近有好奇之辈,一遇此症,即用象牙片动手于喉中,妄刮其白,益伤其喉,更速其死,岂不哀哉! 余与既均三弟疗治以来,未尝误及一人,生者甚众,经治之法,不外肺肾,总要养阴清肺,兼辛凉而散为主。"

临床报道:用养阴清肺汤水煎剂或流浸膏治疗白喉40例,收到良好效果,均痊愈出院。其中培养白喉杆菌阳性的20例中,经服药后,伪膜脱落平均3.7日,咽分泌物培养转为阴性者平均5.2日(中医杂志,1958;2:95)。用养阴清肺汤治疗急性扁桃体炎100例(其中住院治疗20例),有效率为95%。在住院的20例中,临床症状多在服药后8~12小时减轻,最长的为18小时。在门诊观察的80例中,临床症状减轻最快的是服药后15小时,最长的为24小时(中医杂志,1957;7:359)。

实验研究:养阴清肺汤对白喉杆菌有较高的抑菌和杀菌能力,对白喉毒素在体外也有较高的"中和"作用,既破坏毒素的毒性,也破坏毒素的抗原性。其中抗菌能力较强的有生地、丹皮、甘草,而"中和"毒素能力较强的,有玄参、麦冬、贝母;白芍在两方面力量都强,薄荷在两方面力量都差。从原方中减去任何一种药,抗菌作用都比原方低,而"中和"毒素力量则无明显影响。可见养阴清肺汤经过一个半世纪的实践已渐趋完善,不宜轻易予以变动(福建中医药,1964;5:181)。

【方歌】
养阴清肺是妙方,玄参草芍麦地黄,
薄荷贝母丹皮入,时疫白喉急煎尝。

玉 液 汤

《医学衷中参西录》

【组成】 生山药一两(30g) 生黄芪五钱(15g) 知母六钱(18g) 生鸡内金二钱,捣细(6g) 葛根钱半(5g) 五味子三钱(9g) 天花粉三钱(9g)

【用法】 水煎服。

【功用】 益气滋阴,固肾止渴。

【主治】 消渴。口常干渴,饮水不解,小便数多,困倦气短,脉虚细无力。

【方解】 消渴之证,每以口渴引饮,多食形瘦,小便数多为主要临床特征,多系肺燥胃热肾虚为病。本方所主之消渴乃元气不升,真阴不足,脾肾两虚所致,治宜益气滋阴,固肾止渴。方中黄芪、山药益气滋阴,补脾固肾,为君药。知母、天花粉滋阴清热,润燥止渴,配合黄芪、山药,则元气升而真阴复,气旺自能生水,故为臣药。《医学衷中参西录》说:"黄芪能大补肺气,以益肾水之上源,使气旺自能生水,而知母又大能滋肺中津液,俾阴阳不至偏胜,即肺脏调和而生水之功益普也"。佐以葛根升阳生津,助脾气上升,散精达肺;鸡内金助脾健运,化水谷为津液;五味子酸收,固肾生津,不使水液急于下趋。诸药相配,共奏益气滋阴,固肾止渴之功。

【运用】

1.本方为治疗消渴日久,气阴两虚的常用方。以口渴尿多,困倦气短,脉虚细无力为证治要点。

2.若气虚较甚,脉虚细者,加人参以补气;小溲频数者,加萸肉以固肾。

3．糖尿病、尿崩症等见口渴尿多，属气阴两虚者，可以本方加减。

【文献摘要】

《医学衷中参西录》："消渴之证，多由于元气不升，此方乃升元气以止渴者也。方中以黄芪为主，得葛根能升元气。而又佐以山药、知母、花粉以大滋真阴，使之阳升而阴应，自有云行雨施之妙也。用鸡内金者，因此证尿中皆含有糖质，用之以助脾胃强健，化饮食中糖质为津液也。用五味者，取其酸收之性，大能封固肾关，不使水饮急于下趋也。"

【方歌】

玉液山药芪葛根，花粉知味鸡内金，

消渴口干溲多数，补脾固肾益气阴。

琼 玉 膏

申铁瓮方，录自《洪氏集验方》

【组成】 人参二十四两，为末　生地黄十六斤，捣汁　白茯苓四十八两，为末　白蜜十斤

【用法】 人参、茯苓为细末，蜜用生绢滤过，地黄取自然汁，捣时不得用铁器，取汁尽去滓，用药一处，拌和匀，入银、石器或好瓷器内封闭留用。每晨二匙，温酒化服，不饮酒者白汤化之。

【功用】 滋阴润肺，益气补脾。

【主治】 肺痨。干咳少痰，咽燥咯血，肌肉消瘦，气短乏力，舌红少苔，脉细数。

【方解】 肺痨久病，肺肾阴亏，脾胃气虚，以致干咳少痰，咽燥咯血，肌肉消瘦，气短乏力。治宜滋阴润肺，益气补脾。方中重用生地黄滋阴壮水，为君药。白蜜补中润肺，为臣药。两者合用，有金水相生之义，足以滋肾阴而润肺燥。《难经·六十九难》说："虚者补其母"，故佐以人参、茯苓益气健脾，足以培脾土而生肺金，且茯苓味淡气薄，能化痰涎，用于大量甘寒滋润药中，可使滋而不腻，补而不滞。每晨用温酒化服，因地黄得酒良，可去腻膈之弊。全方药性平和，善起沉瘵，珍赛琼瑶，故名琼玉。

【运用】

1．本方为肺痨纯虚无邪者设，乃治本之图。以干咳咯血，气短乏力，舌红少苔，脉细数为证治要点。若兼表证或由外感所致的咳嗽咯血，则非本方所宜。

2．可用于治疗肺结核后期干咳咯血，消瘦乏力，属肺肾阴亏，脾胃气虚者。

【文献摘要】

《古今名医方论》李中梓："干咳者，有声无痰，火来乘金，金极而鸣也。此本元之病，非悠游渐渍，难责成功。若误用苦寒，祗伤脾土，金反无母。故丹溪以地黄为君，令水盛则火自息。又'损其肺者益其气'，故用人参以鼓生发之元。'虚则补其母'，故用茯苓以培万物之本。白蜜为百花之精，味甘归脾，性润悦肺，且缓燥急之火。四者皆温良和厚之品，诚堪宝重。郭机曰：'起吾沉瘵，珍赛琼瑶'，故有琼玉之名。"

【方歌】

琼玉膏用生地黄，人参茯苓白蜜尝，

肺燥干咳虚劳证，金水相滋效力彰。

增 液 汤

《温病条辨》

【组成】 玄参一两(30g)　麦冬连心,八钱(24g)　细生地八钱(24g)

【用法】 水八杯,煮取三杯,口干则与饮令尽。不便,再作服。

【功用】 增液润燥。

【主治】 阳明温病,津亏便秘证。大便秘结,口渴,舌干红,脉细数或沉而无力者。

【方解】 阳明温病不大便,不外热结、液干二途。若阳邪炽盛,热结之实证,则用承气汤急下存阴;若热病耗损津液,液涸肠燥,传导失司,《温病条辨》所谓"液干多而热结少"、"水不足以行舟,而结粪不下者",则不可用承气汤重竭其津,当用增液润燥之法。方中重用玄参苦咸寒,养阴生津,启肾水以滋肠燥,为君药。麦冬甘寒,增液润燥;细生地甘苦寒,养阴润燥,共为臣佐药。三药合用,养阴增液,使肠燥得润,大便自下,故名之曰"增液汤"。本方咸寒苦甘同用,为增水行舟之计,然非重用不为功。

【运用】

1．本方用治热病伤津,肠燥便秘。以便秘、口渴、舌干红，脉细数或沉而无力为证治要点。由于本方功擅养阴润燥,故又多用治内伤阴虚液亏诸证。

2．若津亏燥热已甚,服增液汤大便不下者,可加生大黄、芒硝以清热泻下, 软坚润燥。

3．肛裂、慢性牙周炎、慢性咽喉炎、复发性口腔溃疡、糖尿病等属阴津不足者,均可加减用之。

【文献摘要】

《温病条辨》:"温病之不大便,不出热结,液干二者之外。其偏于阳邪炽甚,热结之实证,则从承气法矣;其偏于阴亏液涸之半虚半实证,则不可混施承气, 故以此法代之。独取元参为君者,元参味苦咸微寒,壮水制火,通二便,启肾水上潮于天,其能治液干, 固不待言,《本经》称其主治腹中寒热积聚,其并能解热结可知。麦冬主治心腹结气,伤中伤饱, 胃络脉绝,羸瘦短气, 亦系能补能润能通之品, 故以为之佐。生地亦主寒热积聚,逐血痹,用细者, 取其补而不腻,兼能走络也。三者合用, 作增水行舟之计, 故汤名增液, 但非重用不为功。""此方……妙在寓泻于补,以补药之体作泻药之用,既可攻实,又可防虚。余治体虚之温病,与前医误伤津液,不大便,半虚半实之证,专以此法救之,无不应手而效。"

临床报道: 用增液汤加味治疗放疗所致口腔反应 120 例。口腔反应一般在放射线治疗 1 周后出现,主要症状和体征为口干、口渴引饮、口涎粘稠、牙龈红肿、口腔粘膜潮红或白斑,重者整个口腔粘膜溃烂、疼痛难忍。结果:临床治愈(反应基本消失) 41 例,显效(反应明显减轻) 65 例,好转(口干、咽痛、粘膜潮红减轻, 能配合放疗) 13 例, 无效 1 例(广西中医药, 1981;5:25)。将本方制成大输液增液针可以起到补液和调节电解质平衡的作用, 同时还可改善微循环与毛细血管的通透性,有利于炎性分泌较快吸收,减少毒性反应, 调整体液免疫 IgA(中成药研究, 1989;5:47)。

【方歌】

增液玄参与地冬,热病津枯便不通,
补药之体作泻剂,但非重用不为功。

小　结

治燥剂共选正方 8 首，按功用分为轻宣外燥和滋阴润燥两类。

1. 轻宣外燥　适用于外燥证。其中杏苏散轻宣凉燥，理肺化痰，适用于外感凉燥。凉燥谓之"小寒"，故该方亦可用于风寒伤肺咳嗽。桑杏汤与清燥救肺汤均治温燥，但桑杏汤轻宣温燥，用于温燥外袭，肺津受灼之轻证，以身热不甚，干咳少痰，右脉数大为证治要点；清燥救肺汤清燥润肺，用于燥热壅肺，气阴两伤之重证，以身热干咳，气逆而喘，脉虚大而数为证治要点。

2. 滋阴润燥　适用于内燥证。其中麦门冬汤润肺益胃，降逆下气，主治虚热肺痿，乃培土生金，虚则补母之法，亦治胃阴不足，胃气上逆之证。养阴清肺汤重在养阴清肺，兼可解毒利咽，为主治白喉的有效方剂，亦治阴虚燥热所致的咽喉肿痛。玉液汤益气滋阴，固肾止渴，专治消渴日久，脾肾气阴两虚者。琼玉膏滋阴润肺，益气补脾，主治肺痨久病，肺肾阴亏，脾胃气虚，以致干咳少痰，咽燥咯血，肌肉消瘦，气短乏力者。增液汤增液润燥，以补药之体作泻药之用，主治阳明温病，耗伤津液，液涸肠燥而致的大便秘结，由于本方功擅养阴增液，故又多用治内伤阴虚液亏诸证。

第十九章 祛 湿 剂

凡以祛湿药物为主组成,具有化湿行水,通淋泄浊作用,治疗水湿为病的一类方剂,统称为祛湿剂。属于八法中的消法范畴。

湿邪为病,有外湿、内湿之分。外湿者,每因居处卑湿、阴雨湿蒸,冒雾涉水,汗出沾衣,人久处之,则邪从外侵。常伤及肌表经络,其发病则见恶寒发热,头胀身痛,肢节疼疼,或面目浮肿等。内湿者,每因恣啖生冷,过饮酒酪,肥甘失节,则湿从中生。多伤及脏腑,其发病则见脘腹胀满,呕恶泄利,水肿淋浊,黄疸,痿痹等。然肌表与脏腑,表里相关,外湿可以内传脏腑,内湿亦可外溢肌肤,故外湿、内湿又常相兼并见。

湿邪伤人,常与风、寒、暑、热相间,人体又有虚实强弱之分,所犯部位又有表里上下之别,病情亦有寒化、热化之异。因此,湿邪为病较为复杂,祛湿之法亦种类繁多。大抵湿邪在外在上者,可表散微汗以解之;在内在下者,可芳香苦燥以化之,或甘淡渗利以除之;水湿壅盛,形气俱实者,又可攻下以逐之;从寒化者,宜温阳化湿;从热化者,宜清热祛湿;体虚湿盛者,又当祛湿与扶正兼顾。本章分为化湿和胃、清热祛湿、利水渗湿、温化水湿、祛湿化浊五类。攻逐水湿之剂,已在泻下剂中叙述,可以联系学习。

湿与水,异名同类,湿为水之渐,水为湿之积。人身之中,主水在肾,制水在脾,调水在肺,故水湿为病,与肺脾肾三脏有密切关系。脾虚则生湿,肾虚则水泛,肺失宣降则水津不布,所以在治疗上又须紧密联系脏腑,辨证施治。他如三焦、膀胱亦与水湿相关,三焦气阻则决渎无权,膀胱不利则小便不通,是以畅三焦之机,化膀胱之气,均可使水湿有其去路。

湿属阴邪,其性重浊粘腻,最易阻碍气机,而气滞不行,又使湿邪不得运化,故祛湿剂中常常配伍理气之品,以求气化则湿化。

祛湿剂多由芳香温燥或甘淡渗利之药组成,易于耗伤阴津,故对素体阴虚津亏,病后体弱,以及孕妇等,均应慎用。

第一节 化 湿 和 胃

化湿和胃剂,适用于湿浊内阻,脾胃失和所致的脘腹痞满,嗳气吞酸,呕吐泄泻,食少体倦等症。常以苦温燥湿与芳香化湿药如苍术、藿香、厚朴、白豆蔻等为主组成方剂,代表方如平胃散、藿香正气散等。

平 胃 散

《太平惠民和剂局方》

【组成】 苍术去粗皮,米泔浸二日,五斤(15g)　厚朴去粗皮,姜汁制,炒香　陈皮去白,各三斤二两(各9g)　甘草锉,炒,三十两(6g)

【用法】 上为细末,每服二钱(6g),以水一盏,入姜二片,干枣两枚,同煎至七分,去姜、枣,带热服,空心食前,入盐一捻,沸汤点服亦得。

【功用】 燥湿运脾,行气和胃。

【主治】 湿滞脾胃证。脘腹胀满,不思饮食,呕吐恶心,嗳气吞酸,肢体沉重,怠惰嗜卧,常多自利,舌苔白腻而厚,脉缓。

【方解】 本方为治疗湿滞脾胃的主方。脾主运化,喜燥恶湿,脾为湿困,则运化失司,进而阻碍气机,而见脘腹胀满,不思饮食,甚则胃气上逆,发为呕哕噫气。湿性重滞,湿多则身重嗜卧,甚则下注而为泄泻。治宜燥湿运脾,行气和胃之法。方中以苍术为君,以其味苦性温而燥,最善燥湿,兼以健脾,能使湿去而脾运有权,脾健则湿邪得化。脾气之转输,湿邪之运化,皆赖于气之运行,况湿邪阻碍气机,气滞则湿郁,故方中臣以厚朴,本品辛苦性温,非但善能行气消满,且有芳香苦燥之性,行气而兼祛湿,与苍术相伍,燥湿以健脾,行气以化湿,湿化气行则脾得运化。佐以陈皮理气和胃,芳香醒脾,以助苍术、厚朴之力。使以甘草甘缓和中,调和诸药。煎加姜枣,其调和脾胃之功益佳。综合全方,重在燥湿运脾,兼能行气除满,使湿浊得化,气机调畅,脾气健运,胃得和降,则诸症自除。

【运用】

1．本方性偏苦燥,最善燥湿行气。以脘腹胀满,舌苔厚腻为证治要点。阴虚气滞,脾虚胃弱者,不宜应用。

2．此为湿滞脾胃的基础方,若证属湿热者,宜加黄连、黄芩以清热燥湿;证属寒湿者,宜加干姜、草豆蔻以温化寒湿;湿盛泄泻者,宜加茯苓、泽泻以利湿止泻。

3．可用于慢性胃炎、消化道功能紊乱、胃及十二指肠溃疡等属湿滞脾胃者。

【附方】

柴平汤(《景岳全书》) 柴胡 人参 半夏 黄芩 甘草 陈皮 厚朴 苍术(各6g)加姜枣煎服。功用:和解少阳,祛湿和胃。主治:湿疟,一身尽痛,手足沉重,寒多热少,脉濡。

柴平汤即小柴胡汤与平胃散合方,主治湿疟。湿疟为病,乃素多痰湿,复感外邪,湿痰阻于少阳所致。张景岳说:"凡疟疾初作,必多寒热,大抵皆属少阳经病"。用本方和解少阳之邪,燥湿化痰和胃,而治湿疟。

【文献摘要】

《医方考》:"湿淫于内,脾胃不能克制,有积饮痞膈中满者,此方主之。此湿土太过之证,经曰敦阜是也。苍术味甘而燥,甘则入脾,燥则胜湿;厚朴味温而苦,温则益脾,苦则燥湿,故二物可以平敦阜之土。陈皮能泄气,甘草能健脾,气泄则无湿郁之患,脾强则有制湿之能,一补一泄,又用药之则也。是方也,惟湿土太过者能用之,若脾土不足及老弱、阴虚之人,皆非所宜也。"

【方歌】

平胃散用朴陈皮,苍术甘草姜枣齐,

燥湿运脾除胀满,调胃和中此方宜。

藿香正气散

《太平惠民和剂局方》

【组成】 大腹皮 白芷 紫苏 茯苓去皮,各一两(各5g) 半夏曲 白术 陈皮去白 厚

朴去粗皮，姜汁炙　苦桔梗各二两(各10g)　藿香去土，三两(15g)　甘草炙，二两半(12g)

【用法】　上为细末，每服二钱(6g)，水一盏，姜钱三片，枣一枚，同煎至七分，热服。如欲汗出，衣被盖，再煎并服。

【功用】　解表化湿，理气和中。

【主治】　外感风寒，内伤湿滞证。霍乱吐泻，恶寒发热，头痛，脘腹疼痛，舌苔白腻，以及山岚瘴疟等。

【方解】　本方所治霍乱吐泻，乃由外感风寒，内伤湿滞所生。风寒外束，卫阳被郁，则恶寒发热；湿浊内阻，脾胃不和，升降失常，则上吐下泻，脘腹疼痛。治宜外散风寒，内化湿浊，兼以理气和中之法。方中藿香用量量重，既取其辛温而解在表之风寒，又以其芳香而化在里之湿浊，且可辟秽和中，升清降浊，故本方以其为君药。配以紫苏、白芷辛香发散，助藿香外散风寒，兼可芳化湿浊；半夏曲、陈皮燥湿和胃，降逆止呕；白术、茯苓健脾运湿，和中止泻；厚朴、腹皮行气化湿，畅中除满；桔梗宣肺利膈，既益于解表，又助其化湿；生姜、大枣、甘草谐营卫而调药和中。综合全方，具有表里双解，化湿辟秽，升清降浊，理气和中之功，能使风寒外散，湿浊内化，气机通畅，脾胃调和，则寒热吐泻自愈。若感触山岚瘴气，以及水土不服者，亦可以此化浊辟秽，快气和中而一并治之。

【运用】

1．本方重在化湿和胃，而解表散寒之力略逊，若欲取汗应加盖衣被。以恶寒发热，上吐下泻，舌苔白为证治要点。湿热霍乱则非本方所宜。

2．此乃夏月常用方剂，对伤湿感寒，脾胃失和者最为适宜。若表邪偏重，寒热无汗者可加香薷以助其解表；兼气滞脘腹胀痛者，可加木香、延胡索以行气止痛。

3．适用于急性胃肠炎属湿滞脾胃，外感风寒者。

【附方】

六和汤(《太平惠民和剂局方》)　缩砂仁　半夏汤泡七次　杏仁去皮尖　人参　甘草炙，各一两(各5g)　赤茯苓去皮　藿香叶拂去尘　白扁豆姜汁略炒　木瓜各二两(各10g)　香薷　厚朴姜汁制，各四两(各15g)　上锉，每服四钱(12g)，水一盏半，生姜三片，枣子一枚，煎至八分，去滓，不拘时服。功用：祛暑化湿，健脾和胃。主治：湿伤脾胃，暑湿外袭。霍乱吐泻，倦怠嗜卧，胸膈痞满，舌苔白滑等。

本方与藿香正气散均为夏月常用之剂，主治内湿外寒之寒热吐泻证。此为伤于暑，彼为伤于寒。伤于暑，故重用香薷，配以厚朴、扁豆；伤于寒，故重用藿香，伍以紫苏、白芷。此湿邪伤脾，倦怠嗜卧，故用人参以补气健脾；彼湿阻气机，脘腹疼痛，故用腹皮、橘皮以理气和中。

【文献摘要】

《医方考》："凡受四时不正之气，憎寒壮热者，此方主之。风寒客于皮毛，理宜解表。四时不正之气由鼻而入，不在表而在里，故不用大汗以解表，但用芬香利气之品以主之。白芷、紫苏、藿香、陈皮、腹皮、厚朴、桔梗，皆气胜者也，故足以正不正之气；白术、茯苓、半夏、甘草，则甘平之品耳，所以培养中气，而树中营之帜者也。"

实验研究：藿香正气丸(水)能抑制家兔离体十二指肠平滑肌的自发收缩，对水杨酸毒扁豆碱和氯化钡所引起的离体平滑肌的紧张收缩，有显著的解痉作用。对水杨酸毒扁豆碱所引起的狗及家兔在体肠管的痉挛有抑制作用；藿香正气丸(水)与肾上腺素抑制肠管作用比较表明，其抑制作用并非通过兴奋 α-受体（中成药研究，1984；5:7）。藿香正气胶囊和藿香正气水药理作用比较，结果表明：两者药效类似，都有抑制离体肠管收缩、抑制胃肠推进功能和体外抑菌作用。但正气水对金葡菌，甲、乙型副伤寒杆菌，痢疾杆菌有明显的抑制作用，含醇水无抑制细菌作用。正气胶囊溶液对金葡菌抑制明显，对甲、乙型副伤寒杆菌、痢疾杆菌有抑制作用，但比正气水弱（中成药，1990；4:32）。在剂型改革方面，将此方制成藿香正气软胶囊，在工艺及配方辅料的选择上，较好地解决了中药复方成分复杂、有效成分易于损失的问题。使微小的颗粒高度分散，并有良好的流动性及较高的理化稳定性。剂型新颖，服用方便，较胶囊塑性强、剂量准确，对于儿童服用尤为方便（中国科技成果大全，1990；20:55）。

【方歌】

藿香正气大腹苏，甘桔陈苓术朴俱，

夏曲白芷加姜枣，感伤岚瘴并能驱。

第二节 清热祛湿

清热祛湿剂，适用于湿热外感，或湿热内盛，以及湿热下注所致的湿温、黄疸、霍乱、热淋、痢疾、泄泻、痿痹等证。常用清热利湿药如茵陈、滑石、薏苡仁等，或清热燥湿药如黄连、黄柏、黄芩等为主组成方剂，代表方如茵陈蒿汤、八正散、三仁汤、甘露消毒丹、二妙散等。

茵 陈 蒿 汤

《伤寒论》

【组成】 茵陈六两（18g） 栀子十四枚（9g） 大黄二两（6g）

【用法】 上三味，以水一斗二升，先煮茵陈，减六升，内二味，煮取三升，去滓，分三服。

【功用】 清热利湿退黄。

【主治】 湿热黄疸。一身面目俱黄，黄色鲜明，腹微满，口中渴，小便短赤，舌苔黄腻，脉沉数等。

【方解】 黄疸有阴、阳之分，阳黄责之于湿热，阴黄责之于寒湿。本方为治湿热黄疸之主方，《伤寒论》用治瘀热发黄，《金匮要略》用治谷疸，其病因皆缘于湿热交蒸，热不得外越，湿不得下泄，湿邪与瘀热郁蒸于肌肤，故而一身面目俱黄，小便不利。治宜清热利湿，逐瘀退黄。方中重用茵陈为君药，以其善能清热利湿退黄，为黄疸之主药。臣以栀子清热降火，通利三焦，引湿热自小便而出。佐以大黄泻热逐瘀，通利大便，导瘀热由大便而下。三药合用，以利湿与泄热相伍，使二便通利，前后分消，湿热得行，瘀热得下，则黄疸自退。

黄疸之发生与消退，和小便通利与否有密切关系。《金匮要略》云："脉沉，渴欲饮水，小便不利，皆发黄。"本方后注云："小便当利，尿如皂角汁状，色正赤，一宿腹减，黄从小便去也。"从而说明小便不利，则湿热无从分消，故郁蒸发黄；小便通利，则湿热得以下泄，而黄疸自退。

【运用】

1. 本方善能清热利湿退黄，乃治疗阳黄最为得效之方。以一身面目俱黄，黄色鲜明，舌苔黄腻,脉沉数为证治要点。不论有无腹满及大便秘结与否,均可用之。

2. 湿热黄疸又有湿重于热与热重于湿的区别,若湿多者,加茯苓、泽泻、猪苓以利水渗湿;热多者,加黄柏、龙胆草等以清热祛湿;若胁痛者,可加柴胡、川楝以疏肝理气。

3. 适用于急性黄疸型传染性肝炎、胆囊炎、胆石症、钩端螺旋体病等所引起的黄疸,属湿热内蕴者。

【附方】

1. 栀子柏皮汤(《伤寒论》) 栀子十五枚(9g) 甘草一两,炙(3g) 黄柏二两(6g) 上三味,以水四升,煮取一升半,去滓,分温再服。功用:清热利湿。主治:伤寒身热发黄。

2. 茵陈四逆汤 (《卫生宝鉴》) 干姜一两半(6g) 甘草炙,二两(6g) 附子炮,一枚(9g)去皮,破八片 茵陈六两(18g) 水煎凉服。功用:温里助阳,利湿退黄。主治:阴黄。黄色晦暗,皮肤冷,背恶寒,手足不温,身体沉重,神倦食少,脉紧细或沉细无力。

茵陈蒿汤与栀子柏皮汤均能清热利湿,而治湿热黄疸,前者茵陈配以栀子,清热利湿并重,故主治湿热俱盛之黄疸;后者栀子伍以黄柏,清热之力大于利湿,故适用于热重于湿之黄疸。茵陈四逆汤则茵陈与附子、干姜合用,而温阳利湿退黄,故主治寒湿内阻之阴黄。

【文献摘要】

《伤寒来苏集·伤寒附翼》:"太阳阳明俱有发黄证,但头汗而身无汗,则热不外越;小便不利,则热不下泄,故瘀热在里而渴饮水浆。然黄有不同,在太阳之表,当汗而发之,故用麻黄连翘赤小豆汤,为凉散法。证在太阳阳明之间,当以寒胜之,用栀子柏皮汤,乃清火法。证在阳明之里,当泻之于内,故立本方,是逐秽法。茵陈……能除热邪留结,佐栀子以通水源,大黄以除胃热,令瘀热从小便而泄,腹满自减,肠胃无伤,仍合引而竭之之义,亦阳明利水之奇法也。"

临床报道:用茵陈蒿汤加减治疗传染性肝炎有明显黄疸者20例,黄疸消退最短者5天,最长者21天,平均为14天。服药最少为11剂,最多为43剂,平均21剂(上海中医药杂志,1957;8:19)。实验研究表明:茵陈蒿汤能明显地引起胆囊收缩,具有利胆作用,还可使血清胆汁酸、胆脂质含量改变。而这三个单味生药,除栀子略有缩胆囊作用外,余均无明显利胆效能。但当茵陈和大黄合用,即能利胆。栀子和大黄相配,呈轻度催胆作用。加入大黄是必要条件,似具起催胆效能的触媒作用。故以茵陈蒿汤加减治疗湿热黄疸型肝炎等疾患时,若方中不用大黄会有损该汤的效 能(天津《科技简讯》,1976;1)。用大白鼠1次口服大剂量异硫氰酸 α-萘酯(ANIT, 100 mg/kg)作为急性黄疸模型,研究茵陈蒿汤复方中的有效成分对肝损伤的防治效应。实验结果证明:茵陈蒿汤能非常显著地降低血清谷丙转氨酶(SGPT)和谷草转氨酶(SGOT)($P < 0.001$),对血清胆红素(SB)的作用则较轻微。此外,山栀子的乙醇、正丁醇和三氯甲烷-甲醇三种溶剂的提取物,具有良好地降低血清胆红素,SGPT和SGOT的作用。肝组织病理学观察亦发现有一定的疗效。茵陈蒿乙醇提取物加大黄没有明显效应,单味茵陈蒿加倍剂量亦未见明显作用。实验中还观察到SGOT/SGPT比值的变化,呈现疗效愈好其比值愈大的趋向(中西医结合杂志,1985;6:356~360)。

【方歌】

茵陈蒿汤治阳黄,栀子大黄组成方,

栀子柏皮加甘草,茵陈四逆治阴黄。

八 正 散

《太平惠民和剂局方》

【组成】 车前子 瞿麦 萹蓄 滑石 山栀子仁 甘草炙 木通 大黄面裹煨,去面,切,焙,各一斤(各9g)

【用法】 上为散,每服二钱(6g),水一盏,入灯心,煎至七分,去滓,温服,食后,临卧。小儿量力少少与之。

【功用】 清热泻火,利水通淋。

【主治】 湿热淋证。尿频尿急,溺时涩痛,淋沥不畅,尿色浑赤,甚则癃闭不通,小腹急满,口燥咽干,舌苔黄腻,脉滑数。

【方解】 本方为治疗热淋之常用方剂,其证由于湿热下注膀胱所致。膀胱乃津液之府,湿热阻于膀胱,则小便不利,溲时涩痛,淋沥不畅,甚则癃闭不通,而小腹急满;邪热内蕴,故口燥咽干,苔黄脉数。治宜清热利水通淋之法。方中集木通、滑石、车前子、瞿麦、萹蓄诸利水通淋之品,清利湿热。伍以栀子清泄三焦湿热,大黄泄热降火,甘草调和诸药而止茎中作痛,加少量灯心可导热下行。诸药合用,共奏清热泻火,利水通淋之效。

方中木通、栀子、大黄、车前子、灯心等,具有泻心火,利小肠,使湿热从二便分消之效,故原书又以此方治大人、小儿心经邪热,口舌生疮,咽喉肿痛,烦躁不宁等证。

【运用】

1. 本方所治为湿热淋证。以尿频尿急,溺时涩痛,舌苔黄腻,脉数为证治要点。淋证日久,肾虚气弱者,不宜应用。

2. 此为苦寒通利之剂,凡淋证属于湿热者均可用之。用治血淋,宜加生地、小蓟、白茅根以凉血止血;石淋涩痛者,宜加金钱草、海金砂以化石通淋;膏淋混浊者,宜加萆薢、菖蒲以分清化浊。

3. 常用于膀胱炎、尿道炎、急性前列腺炎、泌尿系结石、肾盂肾炎等属湿热者。

【附方】

五淋散(《太平惠民和剂局方》) 赤茯苓六两(9g) 当归去芦 甘草生用,各五两(各7g) 赤芍 山栀各二十两(各15g) 上为细末,每服二钱(6g),水一盏,煎至八分,空心食前服。功用:清热凉血,利水通淋。主治:湿热血淋,尿如豆汁,溺时涩痛,或溲如砂石,脐腹急痛。

五淋散与八正散所治之证,均属湿热蕴结膀胱。五淋散中重用栀子、赤芍,意在清热凉血,故以治血淋为主;八正散虽亦用栀子,但用量较轻,且与木通、滑石相伍,意在清热通淋,故以治热淋为主。

【文献摘要】

《医方集解》:"此手足太阳、手少阳药也。木通、灯草,清肺热而降心火,肺为气化之源,心为小肠之合也。车前清肝热而通膀胱,肝脉络于阴器,膀胱津液之府也。瞿麦、扁蓄降火通淋,此皆利湿而兼泻热者也。滑石利窍散结,栀子、大黄苦寒下行,此皆泻热而兼利湿者也。甘草合滑石为六一散,用梢者,取其径达茎中,甘能缓痛也。虽治下焦而不专于治下,必三焦通利,水乃下行也。"

实验研究:八正散能抑制尿道致病性大肠杆菌的菌毛表达和对尿道上皮细胞的粘附。尿道致病性大肠杆菌（简称 UEC）粘附到尿道上皮细胞上是引起尿路感染的重要始动因素。UEC 粘附的物质基础是 P 菌毛。抑制 P 菌毛的表达，或使 P 菌毛表达异常均能预防和治疗 UEC 引起的尿路感染。八正散在体外和体内均能抑制 P 菌毛的表达作用，再次证明八正散对 UEC 无抑菌作用。经八正散处理后，P 菌毛表达受抑制，但转种后的子代，菌毛表达又恢复正常，提示使用八正散治疗急性尿路感染必须达到足够的疗程，或同时使用有效的抗生素类药物，才能彻底治愈。否则，当尿中无八正散有效药理成分存在时，尿道内残留的 UEC 的 P 菌毛又会充分表达，粘附到尿道上皮细胞表面，细菌繁殖，引起新的复发性感染(中医杂志，1987；1:61)。

【方歌】
　　八正木通与车前，萹蓄大黄滑石研，
　　草梢瞿麦兼栀子，煎加灯草痛淋蠲。

三 仁 汤

《温病条辨》

【组成】　杏仁五钱(12g)　飞滑石六钱(18g)　白通草二钱(6g)　白蔻仁二钱(6g)　竹叶二钱(6g)　厚朴二钱(6g)　生薏苡仁六钱(18g)　半夏五钱(10g)

【用法】　甘澜水八碗，煮取三碗，每服一碗，日三服。

【功用】　宣畅气机，清利湿热。

【主治】　湿温初起及暑温夹湿。头痛恶寒，身重疼痛，面色淡黄，胸闷不饥，午后身热，苔白不渴，脉弦细而濡。

【方解】　本方是治疗湿温初起，邪在气分，湿重于热的主要方剂。湿温的病因，吴瑭认为是"长夏初秋，湿中生热，即暑病偏于湿者也"。其发病每与内湿有关，薛生白曾说："太阴内伤，湿饮停聚，客邪再至，内外相引，故病湿热"。因此，湿温初起，除头痛恶寒，身重疼痛外，兼见胸闷不饥等湿阻气机之证。其头痛乃卫阳为湿邪阻遏之候；湿为阴邪，湿遏热伏，则午后身热。治之之法，《温病条辨》曾示三点告诫：一曰，不可见其头痛恶寒，以为伤寒而汗之，汗伤心阳，则神昏耳聋，甚则目瞑不欲言；二曰，不可见其中满不饥，以为停滞而下之，下之则洞泄；三曰，不可见其午后身热，以为阴虚而用柔药润之，湿为胶滞阴邪，再加柔润阴药，两阴相合，遂有锢结而不解之势。唯以芳香苦辛，轻宣淡渗之法，宣畅气机，清利湿热为宜。方中以杏仁宣利上焦肺气，盖肺主一身之气，气化则湿亦化；白蔻仁芳香化湿，行气宽中，畅中焦之脾气；薏苡仁甘淡性寒，利湿清热而健脾，可以疏导下焦，使湿热从小便而去。配伍滑石之甘淡性寒，利湿清热而解暑。通草、竹叶甘寒淡渗，以助清利湿热之力；半夏、厚朴辛苦性温，行气化湿，散结除痞，既助行气化湿之功，又使寒凉而不碍湿。诸药相合，宣上畅中渗下，使湿热之邪从三焦分消，暑解热清，则诸证自解。

【运用】

1. 该方治证为湿多热少。以头痛恶寒，身重疼痛，午后身热，苔白不渴为证治要点。舌苔黄腻，热重于湿者，不宜应用。

2. 湿温初起，卫分症状较著者，可加藿香、香薷以解表化湿；若寒热往来者，可加青蒿、草果以和解化湿。痹证、淋证、水肿等属湿热者，均可加减用之。

3. 适用于肠伤寒、肾盂肾炎、布氏杆菌病以及关节炎等属湿重于热者。

【附方】

1. 藿朴夏苓汤（《感证辑要》） 藿香二钱（6g） 半夏钱半（4.5g） 赤苓三钱（9g） 杏仁三钱（9g） 生苡仁四钱（12g） 白蔻仁一钱（3g） 通草一钱（3g） 猪苓三钱（9g） 淡豆豉三钱（9g） 泽泻钱半（4.5g） 厚朴一钱（3g） 水煎服。功用：解表化湿。主治：湿温初起，身热恶寒，肢体倦怠，胸闷口腻，舌苔薄白，脉濡缓。

2. 黄芩滑石汤（《温病条辨》） 黄芩三钱（9g） 滑石三钱（9g） 茯苓皮三钱（9g） 大腹皮二钱（6g） 白蔻仁一钱（3g） 通草一钱（3g） 猪苓三钱（9g） 水煎服。功用：清热利湿。主治：湿温邪在中焦，发热身痛，汗出热解，继而复热，渴不多饮，或竟不渴，舌苔淡黄而滑，脉缓。

以上三方皆为治疗湿温之常用方，其中藿朴夏苓汤以三仁、二苓配伍藿香，于行气利湿之中兼以疏表，故主治湿温初起，表证较明显者；三仁汤以三仁配伍滑石、竹叶，于行气利湿之中佐以祛暑清热，故主治湿温初起，湿重热轻之证；黄芩滑石汤以黄芩配伍滑石、二苓，乃清热与利湿并用，故主治湿温邪在中焦，湿热并重之证。

【文献摘要】

《温病条辨》："湿为阴邪，自长夏而来，其来有渐，且其性氤氲粘腻，非若寒邪之一汗而解，温热之一凉而退，故难速已。世医不知其为湿温，见其头痛恶寒，身重疼痛也，以为伤寒而汗之，汗伤心阳，湿随辛温发表之剂蒸腾上逆，内蒙心窍则神昏，上蒙清窍则耳聋目瞑不言。见其中满不饥，以为停滞而大下之，误下伤阴，而重抑脾阳之升，脾气转陷，湿邪乘势内溃，故洞泄。见其午后身热，以为阴虚而用柔药润之，湿为胶滞阴邪，再加柔润阴药，二阴相合，同气相求，遂有锢结而不可解之势。唯以三仁汤轻开上焦肺气，盖肺主一身之气，气化则湿亦化也。"

临床报道：用三仁汤加减治疗肾盂肾炎15例，其中急性肾盂肾炎9例，慢性肾盂肾炎急性发作6例。症状表现多有腰痛，尿急、尿频、尿道热痛，口干不欲饮，胸闷不饥，或恶寒发热，身重疼痛等。均有不同程度的尿蛋白、脓细胞及红细胞。导尿培养：致病菌阳性者15例，其中大肠杆菌10例，产气杆菌3例，链球菌2例。治疗结果：痊愈者5例，临床治愈者7例，好转者3例。平均症状消失时间为6.4天，平均尿菌转阴时间为26.6天，平均住院日为42.13天（中医杂志，1966；5：41）。用三仁汤加减治疗急性高山反应50例，临床表现一般有发热，烦躁，头痛失眠，胸闷倦怠，呕恶腹胀等湿热表现。其中痊愈39例（服药2剂主要症状消失），显效6例（服药2剂主要症状大部分消失），有效2例（服药4剂自觉症状减轻），无效3例（服药4剂症状未缓解）（中医杂志，1988；3：51）。

【方歌】
三仁杏蔻薏苡仁，朴夏白通滑竹伦，
水用甘澜扬百遍，湿温初起法堪遵。

甘露消毒丹（一名普济解毒丹）

录自《续名医类案》

【组成】 飞滑石十五两（15g） 淡黄芩十两（10g） 绵茵陈十一两（11g） 石菖蒲六两（6g）

川贝母　木通各五两(各5g)　藿香　连翘　白蔻仁　薄荷　射干各四两(各4g)

【用法】　生晒研末,每服三钱(9g),开水调下,或神曲糊丸,如弹子大,开水化服亦可。

【功用】　利湿化浊,清热解毒。

【主治】　湿温时疫。发热倦怠,胸闷腹胀,肢痠咽肿,身目发黄,颐肿口渴,小便短赤,泄泻淋浊等,舌苔淡白或厚腻或干黄。并主水土不服。

【方解】　本方主治湿温、疫毒邪留气分,湿热并重之证。湿热交蒸,则身热肢痠倦怠;热毒上攻,则咽颐肿痛而渴;热为湿遏,不得发越,则郁而为黄;湿热下注,则小便短赤,甚或淋浊、泄泻。观其舌质不绛,舌苔或白或腻或黄,知邪仍在气分,治宜利湿化浊,清热解毒之法。方中重用滑石、茵陈、黄芩三药为君,其中滑石清热利湿而解暑;茵陈清热利湿而退黄;黄芩清热燥湿,泻火解毒,三者相伍,清热利湿,两擅其长。以石菖蒲、藿香、白豆蔻、木通为臣,石菖蒲、藿香辟秽和中,宣湿浊之壅滞;白豆蔻芳香悦脾,令气畅而湿行;木通清利湿热,导湿热从小便而去。热毒上壅,咽颐肿痛,故佐以连翘、射干、贝母、薄荷,解毒利咽,散结消肿。诸药相合,重在清热利湿,兼事芳化行气,解毒利咽。使湿邪得去,毒热得清,气机调畅,诸证自除。

【运用】

1．此为夏令暑湿季节常用方剂,应用比较广泛,王士雄誉之为"治湿温时疫之主方"。以身热肢痠,口渴尿赤,或咽痛身黄,舌苔白腻或微黄为证治要点。

2．若黄疸明显者,宜加栀子、大黄以清泄湿热;咽颐肿甚者,可加山豆根、板蓝根等以解毒消肿利咽。

3．适用于肠伤寒、黄疸型传染性肝炎、胆囊炎、钩端螺旋体病等属湿热并重者。

【文献摘要】

《温热经纬》:"此治湿温时疫之主方也……湿热蒸腾,更加烈日之暑,烁石流金,人在气交之中,口鼻吸受其气,留而不去,乃成湿温疫疠之病,而为发热倦怠,胸闷腹满,肢痠咽肿,斑疹身黄,颐肿口渴,溺赤便秘,吐泻疟痢,淋浊疮疡等证。但看病人舌苔淡白,或厚腻或干黄者,是暑湿热疫之邪,尚在气分,悉以此丹治之立效。并主水土不服诸病。"

临床报道:用本方治疗26例小儿急性传染性肝炎,均有黄疸,食欲不振,肝脾肿大等症状,肝功能异常。以甘露消毒丹原方生药粗末煎服。结果:黄疸指数增高的9例均在2周内降至正常,谷丙转氨酶升高的24例在3周内降至正常(上海中医杂志,1965;9:27)。

【方歌】

甘露消毒蔻藿香,茵陈滑石木通菖,

芩翘贝母射干薄,湿温时疫是主方。

连 朴 饮

《霍乱论》

【组成】　制厚朴二钱(6g)　川连姜汁炒　石菖蒲　制半夏各一钱(各3g)　香豉炒　焦栀各三钱(各9g)　芦根二两(60g)

【用法】　水煎温服。

【功用】　清热化湿,理气和中。

【主治】 湿热霍乱。上吐下泻,胸脘痞闷,心烦躁扰,小便短赤,舌苔黄腻,脉滑数等。

【方解】 霍乱一病多发于夏秋之间,发病急骤,有挥霍撩乱之势,故命名为霍乱。其原因皆由内伤饮食,外感湿浊,致使脾胃升降失常所致。由于感邪有寒热之别,所以临床上有寒霍乱、热霍乱之分。本方是治疗湿热霍乱之常用方,湿热蕴伏,清浊相干,胃失和降,脾失升清,故而上吐下泻,胸脘痞闷,心烦躁扰。治宜清热祛湿,理气和中之法。方中芦根用量奇重,取其味甘性寒,清热止呕除烦。《唐本草》谓其"疗呕吐不食"。《玉楸药解》称其"清降肺胃,消荡郁烦,生津止渴,除呕下食,治噎哕懊憹"。可见芦根有良好的清热和胃,止呕除烦之功。又以黄连清热燥湿,厚朴理气祛湿,菖蒲芳香化湿,半夏和胃燥湿,四者合用,可使湿去热清,气机调和。佐以栀子、豆豉(栀子豉汤)清宣胸脘郁热,而除烦闷。诸药配伍,具有辛开苦泄,升清降浊之特点,使湿热一除,脾胃即和,则吐泻立止。

【运用】

1．此乃湿热霍乱之主方。以吐泻烦闷,小便短赤,舌苔黄腻,脉滑数为证治要点。亦可用于湿温病而见身热心烦,胸闷呕恶,溲赤苔黄者。

2．本方治证以呕吐为主,若腹泻较著者,宜加扁豆、薏苡仁以利湿止泻。

3．适用于急性胃肠炎、肠伤寒、副伤寒等属湿热并重者。

【附方】

蚕矢汤(《霍乱论》) 晚蚕沙五钱(15g) 生苡仁 大豆黄卷各四钱(各12g) 陈木瓜三钱(9g) 川连姜汁炒,三钱(9g) 制半夏 黄芩酒炒 通草各一钱(各3g) 焦栀一钱五分(4.5g) 陈吴萸泡淡,三分(1g) 地浆或阴阳水煎,稍凉徐服。功用:清热利湿,升清降浊。主治:湿热霍乱,吐泻转筋,口渴烦躁,舌苔黄厚而干,脉濡数。

本方与连朴饮皆治湿热霍乱之吐泻。此则以蚕沙为君,王士雄谓其"既引浊下趋,又能化浊使之归清,……故余以为霍乱转筋之主药,颇奏肤功"。配以薏苡仁、木瓜祛湿舒筋,故以治霍乱转筋为主;连朴饮重用芦根,伍以黄连、半夏、菖蒲、厚朴,偏于和胃止呕,故以治霍乱呕吐为主。

【文献摘要】

临床报道:用连朴饮加减治疗肠伤寒与副伤寒35例,全部治愈。服药4日热退者19例,6日热退者16例,平均退热时间为5天(浙江中医杂志,1985;6:253)。

【方歌】

连朴饮用香豆豉,菖蒲半夏焦山栀,

芦根厚朴黄连入,湿热霍乱此方施。

当归拈痛汤（原名拈痛汤）

《兰室秘藏》

【组成】 白术一钱五分(4.5g) 人参去芦 苦参酒炒 升麻去芦 葛根 苍术各二钱(各6g) 防风去芦 知母酒洗 泽泻 黄芩酒洗 猪苓 当归身各三钱(各9g) 炙甘草 茵陈酒炒 羌活各五钱(各15g)

【用法】 上㕮咀,每服一两(30g),水一大盏,煮至一盏,去渣,食远服。

【功用】 利湿清热,疏风止痛。

【主治】 湿热相搏,外受风邪证。遍身肢节烦痛,或肩背沉重,或脚气肿痛,脚膝生疮,舌苔白腻微黄,脉弦数等。

【方解】 本方治证乃湿热内蕴,外受风邪,或风湿化热所致。治宜利湿清热,疏风散邪。方中以羌活、茵陈为君药,取羌活祛风胜湿,止周身痹痛;以茵陈清热利湿,而通利关节。臣以猪苓、泽泻利水渗湿;黄芩、苦参清热燥湿,共助祛湿清热之力;防风、升麻、葛根解表疏风,升发脾胃清阳以化湿,以资疏风除湿之功。佐以白术、苍术健脾燥湿,使湿邪得以运化;人参、当归益气养血,扶正祛邪,且可使诸药燥利而不伤气血;知母清热润燥,兼能使辛散而不耗阴津。使以甘草,调和药性,而益脾胃。综合全方,具有利湿清热;疏风散邪,表里分消之效。适用于风湿热痹以及脚气,疮疡等,证属湿重热轻者。

【运用】

1. 本方为风湿热痹及湿热脚气初起的常用方剂。以肢节沉重肿痛,舌苔白腻微黄,脉数为证治要点。

2. 若脚膝肿甚者,加防己、木瓜以祛湿消肿;身痛甚者,加姜黄、海桐皮以活血通络止痛。

3. 常用于风湿性关节炎、类风湿性关节炎属风湿而兼湿热者。

【附方】

宣痹汤(《温病条辨》) 防己五钱(15g) 杏仁五钱(15g) 滑石五钱(15g) 连翘三钱(9g) 山栀三钱(9g) 薏苡五钱(15g) 半夏三钱(9g) 晚蚕沙三钱(9g) 赤小豆皮三钱(9g)乃五谷中之赤小豆,味酸肉赤,冷水浸取皮用。 水八杯,煮取三杯,分温三服。痛甚者加片子姜黄二钱(6g),海桐皮三钱(9g)。功用:清热祛湿,通络止痛。主治:湿热蕴于经络,寒战热炽,骨节烦疼,面目萎黄,舌色灰滞等。

当归拈痛汤与宣痹汤均为湿热痹证常用方。前者利湿清热之中兼能疏风,故主治湿热痹证见有风湿表证者;后者利湿与清热并重,故主治湿热痹证而不兼风邪者。

【文献摘要】

《医方集解》:"此足太阳阳明药也。原文曰,羌活透关节,防风散风湿为君。升葛味薄引而上行,苦以发之;白术甘温和平,苍术辛温雄壮,健脾燥湿为臣。湿热和合,肢节烦痛,苦参、黄芩、知母、茵陈,苦寒以泄之,酒炒以为因用;血壅不流则为痛,当归辛温以散之;人参、甘草,甘温补养正气,使苦寒不伤脾胃;治湿不利小便,非其治也,猪苓、泽泻甘淡咸平,导其留饮为佐。上下分消其湿,使壅滞得宣通也。"

【方歌】

当归拈痛羌防升,猪泽茵陈芩葛朋,

二术苦参知母草,疮疡湿热服皆应。

二 妙 散

《丹溪心法》

【组成】 黄柏炒　苍术米泔浸,炒(各15g)

【用法】 上二味为末,沸汤,入姜汁调服。

【功用】 清热燥湿。

【主治】 湿热下注证。筋骨疼痛,或两足痿软,或足膝红肿疼痛,或湿热带下,下部湿疮等,小便短赤,舌苔黄腻者。

【方解】 本方所治诸证皆为湿热下注所致。湿热流注筋骨,则筋骨疼痛;着于下肢,则足膝肿痛;湿热不攘,筋脉弛缓,则病痿证;若下注带脉与前阴,则为带下臭秽,或下部湿疮。此乃湿热俱盛之证,非渗利芳化所能胜任,唯以苦寒清热燥湿法最宜。方中以黄柏为君,取其寒以胜热,苦以燥湿,且善祛下焦之湿热。湿自脾来,故臣以苍术燥湿健脾,使湿邪去而不再生。两药相合,清流洁源,标本兼顾,使湿热得除,诸证自解。

【运用】

1．本方清热燥湿之力较强,非独治疗痿、痹,亦可用于湿热下注之脚气、带下、湿疮等。以小便短赤,舌苔黄腻为证治要点。湿多热少者,不宜使用。

2．本方适用于多种湿热下注之证,应按病证的不同,适当加味用之。若湿热痿证,可加豨莶草、木瓜、萆薢等,以祛湿热强筋骨;若湿热脚气,宜加薏苡仁、木瓜、槟榔等,以渗湿降浊;若下部湿疮,可加赤小豆、土茯苓等,以清湿热,解疮毒。

3．适用于关节炎、阴囊湿疹、阴道炎等属湿热者。

【附方】

1．三妙丸（《医学正传》） 黄柏四两(12 g)切片,酒拌略炒　苍术六两(18 g)米泔浸一二宿,细切焙干　川牛膝去芦,二两(6 g)　上为细末,面糊为丸,如梧桐子大,每服五七十丸(9 g), 空心,姜、盐汤下,忌鱼腥、荞麦、热面、煎炒等物。功用:清热燥湿。主治:湿热下注,两脚麻木,或如火烙之热。

2．四妙丸(《成方便读》) 黄柏　苍术　牛膝　薏苡仁(各12 g) 功用:清热利湿,舒筋壮骨。主治:湿热痿证。

三妙丸即二妙散加牛膝,牛膝能补肝肾,祛风湿,引药下行,故三妙丸专治下焦湿热之两脚麻木,痿软无力。四妙丸又加薏苡仁,苡仁能利湿舒筋,故主治湿热下注之痿证。《成方便读》说:"内经有云,治痿独取阳明,阳明者主润宗筋,宗筋主束骨而利机关也。苡仁独入阳明,祛湿热而利筋络,故四味合而用之,为治痿之妙药也"。

【文献摘要】

《医方考》:"湿性润下,病则下体受之,故腰膝痛。然湿未尝痛,积久而热,湿热相搏,然后痛。此方用苍术以燥湿,黄柏以去热,又黄柏有从治之妙,苍术有健脾之功,一正一从,奇正之道也。"

【方歌】

二妙散中苍柏兼,若云三妙牛膝添,

四妙再加薏苡仁,湿热下注痿痹痊。

第三节　利水渗湿

利水渗湿剂,具有通利小便作用,使水湿从小便排除,"治湿不利小便,非其治也",正是对此而言。适用于水湿壅盛的癃闭、淋浊、水肿、泄泻等证。常用甘淡利水药如茯苓、泽泻、猪苓等为主组成方剂,代表方如五苓散、猪苓汤等。

五苓散

《伤寒论》

【组成】 猪苓十八铢(9g)去皮　泽泻一两六铢(15g)　白术十八铢(9g)　茯苓十八铢(9g)　桂枝半两(6g)去皮

【用法】 捣为散，以白饮和服方寸匕(6g)，日三服，多饮暖水，汗出愈，如法将息。

【功用】 利水渗湿，温阳化气。

【主治】

1. 蓄水证。小便不利，头痛微热，烦渴欲饮，甚则水入即吐，舌苔白，脉浮。
2. 水湿内停。水肿，泄泻，小便不利，以及霍乱等。
3. 痰饮。脐下动悸，吐涎沫而头眩，或短气而咳者。

【方解】 本方在《伤寒论》中，原治太阳表邪未解，内传太阳之腑，以致膀胱气化不利，遂成太阳经腑同病之蓄水证。其症以小便不利为主，同时伴有头痛身热，口渴欲饮。由于水蓄不化，精津不得输布，故渴欲饮水。愈饮愈蓄，愈蓄愈渴，饮入之水，无有去路，甚则水入即吐，而成"水逆证"。治宜急利其小便，兼解外邪，水气一去，清阳自升，水津四布，则小便通利，烦渴自止。方中重用泽泻为君，取其甘淡性寒，直达肾与膀胱，利水渗湿。臣以茯苓、猪苓之淡渗，增强利水渗湿之力。佐以白术健脾而运化水湿，转输精津，使水精四布，而不直驱于下。又佐以桂枝，一药二用，既外解太阳之表，又内助膀胱气化。《素问·灵兰秘典论》说："膀胱者，州都之官，津液藏焉，气化则能出矣。"桂枝能入膀胱温阳化气，故可助利小便之功。若欲其解表，又当服后多饮暖水取汗，以水热之气，助人体之阳气，以资发汗，使表邪从汗而解。五药合用，利水渗湿，化气解表，使水行气化，表邪得解，脾气健运，则蓄水留饮诸证自除。

本方重在利水渗湿，故又可用于水湿内盛之水肿、小便不利。湿盛之泄泻，以此分利小便，湿去泻必止。痰饮，脐下动悸而头眩者，为饮停下焦，用本方利水，则饮去悸眩自愈。霍乱属湿浊而兼表邪者，亦可以此方利湿解表而治之。

【运用】

1. 本方为利水之剂，所治诸证以小便不利，舌苔白，脉浮或缓为证治要点。湿热者忌用。
2. 若水肿兼有表证者，可与越婢汤合用；水湿壅盛者，可与五皮散合用；泄泻偏于热者，须去桂枝，加车前子、木通以利水清热。
3. 常用于肾炎、肝硬化所引起的水肿，以及急性肠炎、尿潴留、脑积水等，属水湿内盛者。

【附方】

1. 四苓散（《明医指掌》） 白术　茯苓　猪苓　泽泻(各9g)　水煎服。功用：渗湿利水。主治：内伤饮食有湿，小便赤少，大便溏泄。

2. 茵陈五苓散（《金匮要略》） 茵陈蒿末十分(4g)　五苓散五分(2g)　上二味和，先食饮方寸匕(6g)，日三服。功用：利湿退黄。主治：湿热黄疸，湿多热少，小便不利等证。

3. 胃苓汤（《丹溪心法》） 五苓散　平胃散(各3g)　上合和，姜枣汤，空心服。功用：祛湿和胃，行气利水。主治：夏秋之间，脾胃伤冷，水谷不分，泄泻不止。

以上三方均为五苓散加减而成。四苓散即五苓散去桂枝，功专淡渗利水，主治水湿内停,小便不利诸证。胃苓汤系平胃散与五苓散合用,具有行气利水,祛湿和胃之功,主要用于水湿内盛的泄泻、水肿,小便不利等。茵陈五苓散即五苓散加入倍量之茵陈,具有利湿清热退黄作用,适用于黄疸病,属于湿多热少,小便不利者。

【文献摘要】

《医宗金鉴·删补名医方论》:"是方也,乃太阳邪热入府,水气不化,膀胱表里药也。一治水逆,水入即吐;一治消渴,水入则消……二证皆小便不利,故均得而主之。然小便利者不可用,恐重伤津液也。由此可知,五苓散非治水热之专剂,乃治水热小便不利之主方也。君泽泻之咸寒,咸走水府,寒胜热邪。佐以二苓之淡渗,通调水道,下输膀胱,并泻水热也。用白术之燥湿,健脾助土,为之堤防以制水也。用桂之辛温,宣通阳气,蒸化三焦以行水也。泽泻得二苓下降,利水之功倍,小便利而水不蓄矣。白术须桂上升,通阳之效捷,气腾津化渴自止也。若发热表不解,以桂易桂枝,服后多饮暖水,令汗出愈。是此方不止治停水小便不利之里,而犹解停水发热之表也。"

实验研究:"把五苓散注射到造成人工尿闭的动物身上,观察利尿作用,所得结果,用仲景五苓散原量,利尿作用很强。用均等量,则利尿作用减低,颠倒药量,则利尿作用更减低,这就说明五苓散用量的合理性"(《岳美中论医集》1978)。五苓散对急性、慢性乙醇中毒及宿醉有预防和治疗作用,五苓散能促进乙醇的氧化作用。该药广泛地参予水、电解质、脂肪、糖及蛋白质等方面的代谢,对水、电解质代谢有调整作用,即能提高渗透压的调定点(中成药研究,1986;6:24)。

【方歌】

五苓散治太阳府,泽泻白术与二苓,

温阳化气添桂枝,利便解表治水停。

猪 苓 汤

《伤寒论》

【组成】 猪苓去皮 茯苓 泽泻 阿胶 滑石碎,各一两(各9g)

【用法】 上五味,以水四升,先煮四味,取二升,去滓,内阿胶烊消,温服七合,日三服。

【功用】 利水清热养阴。

【主治】 水热互结证。小便不利,发热,口渴欲饮,或心烦不寐,或兼有咳嗽,呕恶,下利等,舌红苔白或微黄,脉细数者。

【方解】 本方治证,原系伤寒之邪传入阳明或少阴,化而为热,与水相搏,遂成水热互结,小便不利。水热内结,津液不得四布,故小便不利,口渴身热;热邪伤阴,阴虚热扰,故心烦不寐。若水气上逆于肺,则为咳逆;中攻于胃,则为呕恶;下渗于大肠,则为下利。总括病机,乃为水热互结,热伤阴津之象,故治宜利水清热养阴之法。方中以猪苓为君,取其入膀胱、肾经,淡渗利水。臣以泽泻、茯苓之甘淡,以助猪苓利水渗湿之力。佐以滑石之甘寒,利水而清热;阿胶之甘咸,润燥而滋阴。五药合方,利水渗湿与清热养阴并进,利水而不伤阴,滋阴而不敛邪,使水湿去,邪热清,阴津复,诸证自解。

本方与五苓散同为利水之剂,皆治小便不利,口渴,身热,其证相似,但病因病机,迥然有别。五苓散证系表邪未尽,内传太阳之府,膀胱气化不行,故用泽泻,二苓之利水,配伍桂枝之外散表邪,内以温阳化气,组成温阳化气利水之剂。本方证乃邪已入里化热,水热互结,热伤阴津,故用猪苓、泽泻、茯苓之利水,佐以滑石之清热,阿胶之养阴,合成利水清热养阴之方。

【运用】

1．本方以利水为主,兼以清热养阴。以小便不利,口渴,身热,舌红,脉细数为证治要点。若内热盛,阴津大亏者忌用。《伤寒论》中指出:"阳明病,汗出多而渴者,不可与猪苓汤,以汗多胃中燥,猪苓汤复利其小便故也"。

2．亦可用于热淋、血淋属湿重热轻而兼阴虚者。若治热淋,宜加栀子、车前子以清热利水通淋;血淋者,宜加白茅根、大蓟、小蓟以凉血止血。

3．泌尿系感染、肾炎,小便不利兼阴虚有热者可用本方。

【文献摘要】

《古今名医方论》赵羽皇曰:"仲景制猪苓一汤,以行阳明、少阴二经水热,然其旨全在益阴,不专利水。盖伤寒在表,最忌亡阳,而里虚又患亡阴。亡阴者,亡肾中之阴与胃家之津液也。故阴虚之人,不但大便不可轻动,即小水亦忌下通,倘阴虚过于渗利,津液不致耗竭乎?方中阿胶养阴,生新去瘀,于肾中利水,即于肾中养阴。滑石甘滑而寒,于胃中去热,亦于胃中养阴。佐以二苓之淡渗者行之,既疏浊热,而又不留其瘀壅,亦润真阴,而不苦其枯燥,源清而流有不清者乎?顾太阳利水用五苓者,以太阳职司寒水,故急加桂以温之,是暖肾以行水也。阳明、少阴之用猪苓,以二经两关津液,特用阿胶、滑石以润之,是滋养无形以行有形也。利水虽同,寒温迥别,惟明者知之。"

临床报道:用猪苓汤治疗流行性出血热休克期13例,与西药治疗的同期患者12例对照,猪苓汤的疗效优于对照组。13例患者中,11例在休克期前阶段给药,有9例未进入休克期后阶段,2例进入休克期后阶段。另2例先经西药治疗,因治疗棘手,在进入休克期后阶段后改用猪苓汤治疗。结果无1例死亡。对照组12例中,有3例死亡。在治疗中,观察两组病人的反复休克次数、出入水量和血压变化以及扩容效果(通过血钠、血红蛋白的测定),证明猪苓汤优于对照组(中医杂志,1982;6:34)。

【方歌】

猪苓汤用猪茯苓,泽泻滑石阿胶并,

小便不利兼烦渴,利水养阴热亦平。

防己黄芪汤

《金匮要略》

【组成】　防己一两(12g)　黄芪一两一分(15g)去芦　甘草半两(6g)炒　白术七钱半(9g)

【用法】　上锉麻豆大,每抄五钱匕(15g),生姜四片,大枣一枚,水盏半,煎八分,去滓温服,良久再服。服后当如虫行皮中,以腰下如冰,后坐被上,又以一被绕腰以下,温令微汗,瘥。

【功用】　益气祛风,健脾利水。

【主治】　风水或风湿。汗出恶风,身重,小便不利,舌淡苔白,脉浮。

【方解】　本方所治风水或风湿,乃由表虚不固,外受风邪,水湿郁于肌表经络之间所致。表虚不固,则汗出恶风;水湿停滞肌腠,则身体重着;苔白脉浮,为风邪在表之象。风邪在外,法当汗解,但其人表虚,若强汗之,必重伤其表,反招风邪,表虚当固,单纯固表,则风邪不除,水湿不去。因此,必须益气固表与祛风行水并用。方中以防己祛风行水;黄芪益气固表,且能行水消肿。两者配伍,祛风不伤表,固表不留邪,且又行水气,而共为君药。臣以白术补气健脾祛湿,与黄芪为伍则益气固表之力增,与防己相配则祛湿行水之功倍。使以甘草,培土和中,调和药性。煎加姜、枣为佐,解表行水,调和营卫。诸药相合,共奏益气祛风,健脾利水之效,使风邪得除,表气得固,脾气健旺,水湿运化,于是风水、风湿之表虚证,悉得痊愈。

【运用】

1．本方为治疗风水、风湿属表虚证的常用方剂。以汗出恶风,小便不利,苔白脉浮为证治要点。若水湿壅盛,汗不出者,虽有脉浮恶风,亦非本方所宜。

2．若兼腹痛者,为肝脾不和,宜加白芍以柔肝理脾;喘者,为肺气不宣,宜加麻黄少许以宣肺散邪;水湿偏盛,腰膝肿者,宜加茯苓、泽泻以利水消肿;冲气上逆者,宜加桂枝以温中降冲。

3．适用于慢性肾小球肾炎、心脏性水肿、风湿性关节炎等属表虚湿盛者。

【附方】

防己茯苓汤(《金匮要略》)　防己三两（9g）　黄芪三两（9g）　桂枝三两（9g）　茯苓六两（18g）　甘草二两（6g）　上五味,以水六升,煮取二升,分温三服。功用:益气通阳利水。主治:皮水。四肢肿,水气在皮肤中,四肢聂聂动者。

本方所治皮水,系指"外证胕肿,按之没指,不恶风","身肿而冷,状如周痹"之证。此乃卫阳不足,水湿郁于肌肤所致。故方中以茯苓为君,配伍桂枝、黄芪温补卫阳,组成温阳利水之剂。防己黄芪汤主治为风水表虚证,故方中以黄芪与防己配伍,固表祛风而行水,症见汗出恶风,身重脉浮。

【文献摘要】

《金匮心典》:"风湿在表,法当从汗而解,乃汗不待发而自出,表尚未解而已虚,汗解之法,不可守矣,故不用麻黄出之皮毛之表,而用防己驱肌肤之里。服后如虫行皮中,及从腰以下如冰,皆湿下行之征也。然非芪、术、甘草,焉能使卫阳复振,而驱湿下行哉?"

临床报道:防己黄芪汤提取物在临床常规治疗量下对活动期类风湿性关节炎有非常显著的治疗作用,其止痛、消肿作用与增强握力及改善关节功能等,均优于地塞米松;能明显降低患者血沉和粘蛋白及 IgG、IgA、IgM;能明显提高 C_3、C_4、CH_{50} 水平;能显著调节 T 细胞亚群,使 T_4/T_8 比值恢复正常。从而起到改善临床症候和阻遏活动类风湿性关节炎免疫病理的作用。近代中药免疫药理学研究表明,防己黄芪汤提取物中生物活性成分可抑制巨噬细胞对抗原的摄入,从而影响抗原信息的处理和免疫记忆细胞的产生,并能抑制抗原结合细胞增生和促进体内糖皮质激素离解,以增强其效用,抑制炎症介质的释放;并且还能在兴奋垂体-肾上腺皮质轴的同时,显著增强 T 细胞的免疫监督作用。值得指出的是,防己黄芪汤提取物具有明显使类风湿因子转阴作用,提示该提取物可能具有封闭异常免疫球蛋白的基因表达作用(中医杂志,1993;3:158)。

【方歌】

防己黄芪金匮方,白术甘草枣生姜,

汗出恶风兼身重,表虚湿盛服之康。

五 皮 散

《华氏中藏经》

【组成】 生姜皮 桑白皮 陈橘皮 大腹皮 茯苓皮 各等分（各9g）

【用法】 上为粗末，每服三钱（9g），水一盏半，煎至八分，去滓，不计时候温服，忌生冷油腻硬物。

【功用】 利水消肿，理气健脾。

【主治】 皮水。一身悉肿，肢体沉重，心腹胀满，上气喘急，小便不利，以及妊娠水肿等，苔白腻，脉缓。

【方解】 皮水乃由脾虚湿盛，水溢肌肤所致。湿邪最易阻碍气机，故其证除一身悉肿外，见有心腹胀满，甚则气逆喘急。治宜利水消肿，理气健脾之法。方中以茯苓皮为君，取其甘淡渗利，行水消肿。臣以大腹皮下气行水，消胀除满；陈橘皮理气和胃，醒脾化湿。佐以桑白皮肃降肺气，以通调水道而利水消肿；生姜皮和脾降肺，行水消肿而除胀满。五药相合，共奏利水消肿，理气健脾之效。五药皆用其皮，则善行皮间之水气，故专治皮水。

《太平惠民和剂局方》所载五皮散，较本方多五加皮、地骨皮，少桑白皮、陈皮。主治基本相同，唯行气之力较弱。

《麻科活人全书》所载五皮饮，较本方多五加皮，少桑白皮。主治亦大致相同，但五加皮性较温，能通经络而祛风湿，皮水而身痛者用之为宜。

【运用】
1. 本方为治疗皮水的通用方。以一身悉肿，心腹胀满，小便不利为证治要点。
2. 常用于肾炎水肿、心源性水肿、妊娠水肿等属脾虚湿盛者。

【文献摘要】
《成方便读》："治水病肿满，上气喘急，或腰以下肿，此亦肺之治节不行，以致水溢皮肤，而为以上诸症。故以桑皮之泻肺降气，肺气清肃，则水自下趋。而以茯苓之从上导下，大腹皮之宣胸行水，姜皮辛凉解散，陈皮理气行痰。皆用皮者，因病在皮，以皮行皮之意。然肺脾为子母之脏，子病未有不累及其母也。故肿满一证，脾实相关。否则，脾有健运之能，土旺则自可制水，虽肺之治节不行，决无肿满之患。是以陈皮、茯苓两味，本为脾药，其功用皆能行中带补，匡正除邪，一举而两治之，则上下之邪，悉皆涣散耳。"

【方歌】
五皮散用五般皮，陈茯姜桑大腹奇，
或以五加易桑白，脾虚肤胀此方施。

第四节 温化水湿

温化水湿剂，适用于阳虚不能化水和湿从寒化所致的痰饮、水肿、痹证等，常用温阳药与利湿药如附子、桂枝、茯苓、白术为主组成方剂，代表方如苓桂术甘汤、真武汤等。

苓桂术甘汤

<金匮要略>

【组成】 茯苓四两(12g)　桂枝三两(9g)　白术三两(9g)　甘草二两(6g)

【用法】 上四味,以水六升,煮取三升,分温三服。

【功用】 温阳化饮,健脾利湿。

【主治】 痰饮。胸胁支满,目眩心悸,或短气而咳,舌苔白滑,脉弦滑。

【方解】 本方所治痰饮病,乃因中阳不足,饮停心下所致。中焦阳虚,脾失运化,则湿聚成饮；饮阻中焦,清阳不升,故头晕目眩；上凌心肺,则心悸,胸满,或短气而咳。治宜温阳健脾化饮,即《金匮要略》"病痰饮者,当以温药和之"之法。方中以茯苓为君,取其甘淡性平,健脾利湿以化饮。饮属阴邪,非温不化,故以桂枝为臣,温阳以化饮。苓、桂相伍,一利一温,颇具温化渗利之效。湿源于脾,脾阳不足,则湿聚为饮,故以白术为佐,健脾燥湿,俾脾气健运,则湿邪去而不复聚。使以甘草,调药和中。药仅四味,配伍精当,温而不热,利而不峻,实为治痰饮之和剂。

此方服后,当小便增多,是饮从小便而去之征,故原方用法之后,有"小便当利"四字。即《金匮要略》中"夫短气有微饮者,当从小便去之"之意。

【运用】

1. 本方为治疗痰饮病的主要方剂。以胸胁支满,目眩心悸,舌苔白滑为证治要点。

2. 若咳嗽痰多者,加半夏、陈皮以燥湿化痰；心下痞或腹中有水声,可加枳实以快气行水。

3. 慢性支气管炎、支气管哮喘、心源性或慢性肾小球肾炎所致的水肿属阳虚者,均可加味用之。

【文献摘要】

《医宗金鉴·删补名医方论》赵良曰："《灵枢》谓心包络之脉动则病胸胁支满者,谓痰饮积于心包,其病则必若是也。目眩者,痰饮阻其胸中之阳,不能布精于上也。茯苓淡渗,逐饮出下窍,因利而去,故用以为君。桂枝通阳输水走皮毛,从汗而解,故以为臣。白术燥湿,佐茯苓消痰以除支满。甘草补中,佐桂枝建土以制水邪也。"

【方歌】

苓桂术甘化饮剂,湿阳化饮又健脾,

饮邪上逆胸胁满,水饮下行悸眩去。

甘草干姜茯苓白术汤(又名肾著汤)

<金匮要略>

【组成】 甘草二两(6g)　白术二两(6g)　干姜四两(12g)　茯苓四两(12g)

【用法】 上四味,以水五升,煮取三升,分温三服。

【功用】 祛寒除湿。

【主治】 肾著病。身重腰下冷痛,腰重如带五千钱,饮食如故,口不渴,小便自利,舌淡苔白,脉沉迟或沉缓。

【方解】 肾著病,以腰重冷痛为主要见症,缘于寒湿外袭,痹着于腰部所致,腰为肾之府,故以"肾著"名之。此证多起于劳动汗出之后,衣里冷湿,或居处卑湿,久而久之,寒湿之气侵于腰间,以致腰以下冷痛,如坐水中,腰重而冷。邪着于肌里,而未伤及脏腑,故其人饮食如故,小便自利。邪虽外受,但无表证,且非汗法所宜。尤在泾说:"肾受冷湿,着而不去,则为肾着。然病不在肾之中脏,而在肾之外府,故其治法,不在温肾以散寒,而在燠土以胜水。"故治宜温化寒湿之法。方中以干姜为君,取其辛热之性,温中祛寒。以茯苓为臣,淡渗利湿。两者配伍,一热一利,热以胜寒,利以渗湿,寒去湿消,则病本得除。佐以白术健脾燥湿,以助除湿之力。使以甘草调诸药而和脾胃。四药配合,共奏祛寒除湿之效,寒湿尽去,则冷重自愈。

【运用】

1．本方为治疗寒湿腰痛的常用方剂。以腰重冷痛,苔白不渴,脉沉迟或沉缓为证治要点。

2．风湿性关节炎、坐骨神经痛等属寒湿者,可以本方加减。

【文献摘要】

《医宗金鉴·金匮要略注》:"肾著者,谓肾为寒湿所伤,著而不行之为病也。肾受寒湿,故体重腰冷,如坐水中。虽形如水肿之状,反不渴而小便自利,非水也,乃湿也。饮食如故,以病属下焦肾,而不属中焦脾故也……以甘姜苓术汤补土以制水,散寒以渗湿也。"

【方歌】

肾著汤内用干姜,茯苓甘草白术襄,

伤湿身重与腰冷,亦名甘姜苓术汤。

真 武 汤

《伤寒论》

【组成】 茯苓三两(9g) 芍药三两(9g) 白术二两(6g) 生姜三两(9g) 附子炮去皮,一枚,破八片(9g)

【用法】 上五味,以水八升,煮取三升,去滓,温服七合,日三服。

【功用】 温阳利水。

【主治】

1．脾肾阳虚,水气内停证。小便不利,四肢沉重疼痛,腹痛下利,或肢体浮肿,苔白不渴,脉沉。

2．太阳病发汗太过,阳虚水泛。汗出不解,其人仍发热,心下悸,头眩,身𥆧动,振振欲擗地。

【方解】 本方为治疗脾肾阳虚,水气内停的主要方剂。水之所制在脾,水之所主在肾,肾阳虚则不能化气行水,脾阳虚则不能运化水湿,以致水湿内停。水湿外溢肌肤,则四肢沉重疼痛,甚则水肿;聚而不行,则小便不利;下注肠间,则腹痛下利;上逆肺胃,则或咳或呕;水气凌心,则心悸;清阳不升,则头眩;若太阳病发汗太过,则伤阳耗阴,阳失温煦,阴失濡养,而筋脉挛急,故身𥆧动,振振欲擗地。以上见证虽异,但皆由阳虚不能化水所致。治宜温脾肾以助阳气,利小便而祛水邪。方中以大辛大热的附子为君药,温肾助阳,以化气行水,兼暖脾土,以温运水湿。臣以茯苓、白术健脾利湿,淡渗利水,使水气从小便而出。佐以生姜之温散,既助附子以温阳祛寒,又伍茯苓、白术以散水湿;其用白芍者,乃一药三用,一者利小便以行水气,一者柔肝以止腹痛,一者敛阴舒筋以止筋惕肉瞤。诸药配伍,温脾肾,利水湿,共奏温阳利水之效。

【运用】

1. 本方为温阳利水的著名方剂。以小便不利,肢体沉重或浮肿,苔白脉沉为证治要点。

2. 若咳者,加干姜、细辛、五味子以温肺化饮;腹泻较重者,可去白芍之寒,加干姜、益智仁以温中止泻;呕者,可加吴茱萸、半夏以温胃止呕。

3. 适用于慢性肾小球肾炎、心源性水肿、甲状腺功能低下、慢性支气管炎、慢性肠炎、肠结核、美尼尔综合征等,属脾肾阳虚,水湿内盛者。

【附方】

附子汤(《伤寒论》) 附子二枚(18 g),炮去皮,破八片 茯苓三两(9 g) 人参二两(6 g) 白术四两(12 g) 芍药三两(9 g) 上五味,以水八升,煮取三升,去滓,温服一升,日三服。功用:温经助阳,祛寒除湿。主治:阳虚寒湿内侵,身体骨节疼痛,恶寒肢冷,舌苔白,脉沉无力等。

本方与真武汤相比,药物只差一味。本方倍附子、白术,加人参,去生姜,虽仍以附子为君,但以白术为臣,两者配伍,附子温经助阳,白术燥湿健脾,组成祛寒湿之剂,主治寒湿所致的痹证;而真武汤则以附子与茯苓配伍,附子温阳,茯苓利水,组成温阳利水之剂,主治脾肾阳虚,水湿内停诸证。

【文献摘要】

《古今名医方论》赵羽皇:"真武一方,为北方行水而设。用三白者,以其燥能制水,淡能伐肾邪而利水,酸能泄肝木以疏水故也。附子辛温大热,必用为佐者何居?盖水之所制者脾,水之所行者肾也,肾为胃关,聚水而从其类。倘肾中无阳,则脾之枢机虽运,而肾之关门不开,水虽欲行,孰为之主?故脾家得附子,则火能生土,而水有所归矣;肾中得附子,则坎阳鼓动,而水有所摄矣。更得芍药之酸,以收肝而敛阴气,阴平阳秘矣。若生姜者,并用以散四肢之水气而和胃也。"

临床报道:用真武汤加丹参、红花等,治疗充血性心力衰竭 30 例,与同期使用强心利尿西药 50 例对照,结果该方对心肾功能均有显著改善,对机体内环境如血钠、钾、氯、血浆渗透压、血糖、尿素氮、血液 pH 值均无明显改变。提示该方对机体内环境干扰甚小。对照组对心率、尿渗透压的改善,只接近显著,远不如中药组稳定,且在治疗中极易发生水、电解质紊乱,酸碱代谢失衡,血浆渗透压改变等(中西医结合杂志,1984;4:589)。

【方歌】

真武汤壮肾中阳,茯苓术芍附生姜,

少阴腹痛有水气,悸眩瞤惕保安康。

实 脾 散

《重订严氏济生方》

【组成】 厚朴去皮,姜制,炒 白术 木瓜去瓤 木香不见火 草果仁 大腹子 附子炮,去

皮脐　白茯苓去皮　干姜炮,各一两(各6g)　甘草炙,半两(3g)

【用法】　上咬咀,每服四钱(12g),水一盏半,生姜五片,枣子一枚,煎至七分,去滓,温服。

【功用】　温阳健脾,行气利水。

【主治】　阳虚水肿。身半以下肿甚,手足不温,口中不渴,胸腹胀满,大便溏薄,舌苔白腻,脉沉弦而迟者。

【方解】　本方所治水肿是谓阴水。由于脾肾阳虚,阳不化水,水气内停所致。水属阴邪,其性下趋,故其水肿身半以下肿甚;水湿内阻,气机不畅,故而小便不利,胸腹胀满;脾阳不足,腐熟健运失职,故大便溏薄。治宜温阳行气利水之法。方中以附子、干姜为君,附子善温肾阳,助气化以行水;干姜偏温脾阳,助运化以制水,两者合用,温肾暖脾,扶阳抑阴。臣以茯苓、白术健脾渗湿,使水湿从小便而利。木瓜芳香醒脾而化湿;厚朴、木香、槟榔(大腹子)、草果行气导滞,化湿行水,使气行则湿化,气顺则胀消,俱为佐药。使以甘草、生姜、大枣,调和诸药,益脾和中。诸药相伍,共奏温暖脾肾,行气利水之效。然本方温补脾土之功偏胜,确有脾实则水治之能,故以"实脾"名之。

本方与真武汤功用相近,其组成即真武汤去芍药,减生姜之量,加干姜、厚朴、木香、草果、槟榔、甘草、大枣。两方均能温补脾肾,助阳行水,但真武汤偏于温肾,实脾散重在暖脾。真武汤温阳利水,兼能缓急舒筋、柔肝止痛,故主阳虚水停,兼有腹痛或身瞤动者;实脾散助阳散寒之力较胜,且能行气化滞,故主阳虚水肿,兼有胸腹胀满者。

【运用】

1. 本方为治疗阴水的主要方剂。以身半以下肿甚,胸腹胀满,舌淡苔腻,脉沉迟为证治要点。

2. 若小便不利,水肿甚者,可加猪苓、泽泻以增强利水消肿之效;大便溏泻者,以大腹皮易大腹子;大便秘者,可加牵牛以通利二便。

3. 常用于慢性肾小球肾炎、心源性水肿、肝硬化腹水等属阳虚者。

【文献摘要】

《医方考》:"脾胃虚寒,不能制水,则水妄行,故肢体浮肿。以无郁热,故口不渴,而大小便皆利。是方也,用白术、茯苓、甘草之甘温者,补其虚;用干姜、附子之辛热者,温其寒;用木香、草果之辛温者,行其滞;用厚朴、腹子之下气者,攻其邪,用木瓜之酸温者,抑其所不胜。名曰实脾者,实土以防水也。虽其药味不皆实土,然能去其邪,乃所以使脾气之自实也。"

【方歌】

实脾苓术与木瓜,甘草木香大腹加,

草果附姜兼厚朴,虚寒阴水效堪夸。

第五节　祛湿化浊

祛湿化浊剂,适用湿浊不化所致的白浊、妇女带下等证,常用祛湿药如白术、苍术与除湿化浊药如萆薢、菖蒲等为主组成方剂,代表方如萆薢分清饮、完带汤等。

萆薢分清饮

《丹溪心法》

【组成】 益智 川萆薢 石菖蒲 乌药各等分(各9g)

【用法】 上锉,每服五钱(15g),水煎,入盐一捻(0.5g),食前服。

【功用】 温暖下元,利湿化浊。

【主治】 虚寒白浊。小便频数,白如米泔,凝如膏糊,舌淡苔白,脉沉。

【方解】 虚寒白浊缘于下焦虚寒,湿浊不化。下焦受寒,肾与膀胱气化失常,肾失封藏,膀胱不约,故小便频数,混浊不清,甚则凝如膏糊。治宜温暖下元,祛湿化浊之法。方中萆薢利湿化浊,为治白浊之主药,故以为君。臣以菖蒲化浊除湿,并祛膀胱虚寒,以助萆薢分清化浊之力。《本草求真》谓石菖蒲能温肠胃,"肠胃既温,则膀胱之虚寒小便不禁自止"。佐以益智仁温肾阳,缩小便,止遗浊尿频;乌药温肾寒,暖膀胱,治小便频数。以食盐为使,取其咸以入肾,引药直达下焦。原书方后云:"一方加茯苓、甘草",可增强利湿分清之功。综合全方,共奏温暖下元,利湿化浊之效。

【运用】

1. 本方主治寒湿白浊。以小便混浊而频数,舌淡苔白,脉沉为证治要点。对于湿热白浊,则非本方所宜。

2. 若兼虚寒腹痛者,可加肉桂、盐茴以温中祛寒;久病气虚者,可加黄芪、白术以益气祛湿;腰瘦神疲者,可加人参、鹿角胶等以补肾气。

3. 适用于乳糜尿、慢性前列腺炎属下焦虚寒证。

【附方】

萆薢分清饮(《医学心悟》) 川萆薢二钱(9g) 黄柏炒褐色 石菖蒲各五分(各3g) 茯苓 白术各一钱(各6g) 莲子心七分(4g) 丹参 车前子各一钱五分(各9g) 水煎服。功用:清热利湿,分清化浊。主治:湿热白浊,小便混浊,尿有余沥,舌苔黄腻等。

以上两方均治白浊,方中皆以萆薢、菖蒲利湿化浊。但前者配伍益智、乌药,其药性偏温,而有温暖下元作用,故主治白浊属下焦虚寒之证;后者配伍黄柏、车前子等,其药性偏凉,而有清热泻火作用,故主治白浊属下焦湿热之证。

【文献摘要】

《张氏医通》:"精通尾脊,溲出膀胱,泾渭攸分,源流各异。详溲便之不禁,乃下焦阳气失职,故用益智之辛温以约制之,得盐之润下,并乌药亦不致于上窜也。独是胃中浊湿下渗,非萆薢无以清之,兼菖蒲以通九窍,利小便,略不及于收摄肾精之味,厥有旨哉!"

【方歌】

萆薢分清石菖蒲,萆薢乌药益智俱,
或益茯苓盐煎服,通心固肾浊精驱。

完 带 汤

《傅青主女科》

【组成】 白术一两(30g)土炒　山药一两(30g)炒　人参二钱(6g)　白芍五钱(15g)酒炒　车前子三钱(9g)酒炒　苍术三钱(9g)制　甘草一钱(3g)　陈皮五分(2g)　黑芥穗五分(2g)　柴胡六分(2g)

【用法】 水煎服。

【功用】 补脾疏肝,化湿止带。

【主治】 脾虚肝郁,湿浊带下。带下色白,清稀如涕,肢体倦怠,舌淡苔白,脉缓或濡弱。

【方解】 本方为治疗白带的主要方剂,其病乃由肝脾不和,带脉失约,湿浊下注所致。《傅青主女科》说:"带下俱是湿证……脾气之虚,肝气之郁,湿气之侵,热气之逼,安得不成带下之病哉?"治宜补脾益气,疏肝解郁,化湿止带之法。方中以白术、山药为君,重在补脾祛湿,使脾气健运,湿浊得消;山药并能补肾以固带脉,使带脉约束有权,带下可止。臣以人参补中益气,以资君药补脾之力;苍术燥湿运脾,以增祛湿化浊之功;白芍柔肝理脾,使木达而脾土自强;车前子利湿清热,令湿浊从小便而利。佐以陈皮之理气,既可使君药补而不滞,又可行气以化湿;柴胡、芥穗之辛散,得白术则升发脾胃清阳,配白芍则疏肝解郁。使以甘草调药和中。诸药相伍,寓补于散之中,寄消于升之内,培土抑木,祛湿化浊,使脾气健旺,肝气条达,清阳得升,湿浊得化,则带下自止。

【运用】

1．本方主治白带。以带下清稀色白,舌淡苔白,脉濡、缓为证治要点。

2．若湿热较重,带下兼黄色者,宜加黄柏、胆草以清热燥湿;兼有寒湿,而见小腹疼痛者,宜加炮姜、盐茴以温中散寒;腰膝瘦软者,宜可杜仲、续断以补益肝肾;日久病涉滑脱者,宜加龙骨、牡蛎以固涩止带。

3．可用于阴道炎、宫颈糜烂,属肝脾不和,湿浊下注者。

【文献摘要】

《傅青主女科》:"夫带下俱是湿证,而以带名者,因带脉不能约束,而有此病,故以名之,盖带脉通于任督,任督病而带脉始病……加以脾气之虚,肝气之郁,湿气之侵,热气之逼,安得不成带下之病哉?故妇人有终年累月下流白物,如涕如唾,不能禁止,甚则臭秽者,所谓白带也。夫白带乃湿盛而火衰,肝郁而气弱,则脾气受伤,湿土之气下陷,是以脾精不守,不能化荣血以为经水,反变成白滑之物,由阴门直下,欲自禁而不可得也。治法宜大补脾胃之气,稍佐以舒肝之品,使风木不闭塞于地中,则地气自升腾于天上,脾气健而湿气消,自无白带之患矣。"

【方歌】

完带汤中用白术,山药人参白芍辅,
苍术车前黑芥穗,陈皮甘草与柴胡。

小　结

祛湿剂共选常用方19首,按其功用分为化湿和胃、清热祛湿、利水渗湿、温化水湿、祛湿化浊五类。

1. 化湿和胃 平胃散具有燥湿运脾，行气和胃之功，为治疗湿滞脾胃之主方，以脘腹胀满，舌苔厚腻为证治要点。藿香正气散具有外散风寒，内化湿浊，理气和中之效，为治疗风寒霍乱之常用方，以寒热头痛，上吐下泻为主要见症。

2. 清热祛湿 茵陈蒿汤清热利湿，善能退黄，主治一身面目俱黄，黄色鲜明，身热脉数之阳黄。八正散清热利水，长于通淋，主治溲中涩痛，小便浑赤，甚则癃闭不通之热淋。三仁汤与甘露消毒丹皆可用治湿温，三仁汤利湿之力大于清热，适用于湿温初起，邪在气分，症见头痛恶寒，身重疼痛，胸闷不饥，午后身热，苔白不渴之证；甘露消毒丹清热利湿两者并重，适用于湿温、时疫，邪在气分，症见身热口渴，咽痛颐肿，身目发黄，小便短赤等症。连朴饮清热化浊，理气和中，为治湿热霍乱之常用方。二妙散与当归拈痛汤均可治湿热痹证，二妙散清热燥湿，长于治疗湿热下注之痿、痹以及下部湿疮，当归拈痛汤利湿清热兼以疏风，主治风湿热痹，以及脚气肿痛，脚膝生疮等。

3. 利水渗湿 五苓散与猪苓汤同为淡渗利水之剂，主治小便不利，五苓散利水之中兼能温阳化气又解表，故适用于太阳经腑同病，膀胱气化不利之蓄水证，由于本方利水作用较强，故又可用水湿内盛之泄泻、水肿、霍乱，以及饮停下焦之眩晕等；猪苓汤利水之中兼能清热养阴，故适用于水热内结，热邪伤阴，小便不利之证。防己黄芪汤固表祛风，利湿行水，主治风水或风湿，汗出恶风，身重脉浮属表虚湿盛之证。五皮散健脾理气，利水消肿，主治一身悉肿，但不恶风之皮水证。

4. 温化水湿 苓桂术甘汤温阳化饮，是治疗痰饮病之主方，主治中阳不足，水饮内停之证，以胸胁支满，目眩心悸，舌苔白滑为证治要点。甘草干姜茯苓白术汤祛寒除湿，专主肾著病，以身重腰以下冷痛，饮食如故，小便自利，舌淡苔白为证治要点。真武汤与实脾散皆能温暖脾肾，助阳利水，为治阳虚水肿之常用方，真武汤偏于温肾，兼能敛阴缓急，柔肝止痛，故主治阳虚水停，兼见腹痛下利，或发汗太过，而见身瞤动之证；实脾散重在温脾，兼能行气化滞，故主治阳虚水肿，见有胸腹胀满之证。

5. 祛湿化浊 萆薢分清饮温暖下元，利湿化浊，专治虚寒白浊，小便频数之证。完带汤补脾疏肝，化湿止带，主治白带，清稀如涕，绵绵不止之证。

第二十章 祛痰剂

凡以祛痰药为主组成,具有消除痰饮作用,治疗各种痰病的方剂,统称为祛痰剂。

痰包括饮,两者异名同类,即稠浊者为痰,清稀者为饮,皆为水液代谢的病理产物,乃湿聚而成,其发病每以咳嗽为主症。痰饮亦可成为一种致病因素,流散于胸膈肠胃、经络四肢、头身关节,而导致多种疾病。所以汪昂在《医方集解》中说:"在肺则咳,在胃则呕,在头则眩,在心则悸,在背则冷,在胁则胀,其变不可胜穷也。"临床常见的有咳嗽喘促、头痛眩晕、胸痹呕吐、中风痰厥、癫狂惊痫,以及痰核瘰疬等。

痰病极为复杂,成因很多,治法因之各异。如脾失健运,湿郁成痰者,治宜燥湿健脾化痰法;火热内盛,灼津为痰者,治宜清热化痰法;肺燥津亏,虚火烁液为痰者,治宜润燥化痰法;脾肾阳虚,寒饮内停,或肺寒留饮者,治宜温化寒痰法;痰浊内生,肝风内动,挟痰上扰者,治宜化痰熄风法。据此,本章祛痰剂分为燥湿化痰、清热化痰、润燥化痰、温化寒痰,化痰熄风五类。

痰由湿生,而湿主要源之于脾,所以治痰剂中每配伍健脾祛湿之药。《医宗必读》中说:"脾为生痰之源,治痰不理脾胃,非其治也"。强调治痰当健脾,脾复健运之常,而痰自化矣。然痰饮与肾亦有密切关系,如肾不制水,则水泛为痰,故《景岳全书》中说:"五脏之病,虽俱能生痰,然无不由乎脾肾"。因此,治疗痰病时,不仅要消除已生之痰,而且还要着眼于生痰之本,在组方用药时,适当配伍补脾益肾之品,以图标本同治。张介宾曾说:"善治痰者,惟能使之不生,方是补天之手"。

痰随气而升降,气壅则痰滞,气顺则痰消,故治痰剂中又常配合理气药用。庞安常说:"善治痰者,不治痰而治气,气顺则一身之津液亦随气而顺矣"。

至于痰流经络、肌腠而为瘰疬、痰核者,又常结合软坚散结之法,随其虚实寒热而调之。

运用祛痰剂时,首先应辨别痰病的性质,即寒热燥湿的不同。同时还应注意病情,分清标本缓急。有咳血倾向者,不宜用燥烈之剂,以免引起大量咯血;表邪未解或痰多者,慎用滋润之品,以防壅滞留邪,病久不愈。

第一节 燥湿化痰

燥湿化痰剂,主治湿痰证,症见痰多易咯,胸脘痞闷,呕恶眩晕,肢体困倦,舌苔白腻或白滑,脉缓或滑等。常用燥湿化痰药如半夏、南星等为主,配伍健脾、理气药如白术、陈皮等组成方剂,代表方如二陈汤。

二 陈 汤

《太平惠民和剂局方》

【组成】 半夏汤洗七次 橘红各五两(各15g) 白茯苓三两(9g) 甘草炙,一两半(4.5g)

第一节 燥湿化痰

【用法】 上药咬咀,每服四钱(12g),用水一盏,生姜七片,乌梅一个,同煎六分,去滓,热服,不拘时候。

【功用】 燥湿化痰,理气和中。

【主治】 湿痰咳嗽。痰多色白易咯,胸膈痞闷,恶心呕吐,肢体倦怠,或头眩心悸,舌苔白润,脉滑。

【方解】 本方为治湿痰之主方。湿痰之证,多由脾肺功能失调所致。脾为生痰之源,肺为贮痰之器,脾失健运,则停湿生痰,湿痰犯肺,致令咳嗽痰多。湿浊内盛,最易阻碍清阳,影响胃气失和,因此每见头眩心悸,恶心呕吐。治宜燥湿化痰,理气和中为法。方中以半夏为君,取其辛温性燥,善能燥湿化痰,且又降逆和胃。以橘红为臣,理气燥湿祛痰,燥湿以助半夏化痰之力,理气可使气顺则痰消。痰由湿生,湿自脾来,故佐以茯苓健脾渗湿,俾湿去脾旺,痰无由生;煎加生姜者,以其降逆化饮,既能制半夏之毒,又能助半夏、橘红行气消痰,和胃止呕;复用少许乌梅收敛肺气,与半夏相伍,散中有收,使祛痰而不伤正,并有欲劫之而先聚之之意。以甘草为使药,调和药性而兼润肺和中。诸药合用,标本兼顾,燥湿化痰,理气和中,为祛痰的通用方剂。方中半夏、橘红以陈久者良,故方以"二陈"为名。

【运用】

1．本方主治湿痰。以咳嗽痰多易咯,舌苔白腻或白润,脉缓、滑为证治要点。因其性燥,故对阴虚肺燥及咳血者忌用。

2．本方为治痰的基础方,随证加减,可广泛应用于多种痰证。风痰,可加南星、竹沥;热痰,可加黄芩、胆星;寒痰,可加干姜、细辛;食痰,可加莱菔子、神曲;气痰,可加枳实、厚朴;皮里膜外之痰,可加白芥子等。

3．慢性支气管炎、肺气肿、慢性胃炎、妊娠呕吐、神经性呕吐等属湿痰或湿阻气机者,均可用之。

【附方】

1．导痰汤(《济生方》) 半夏汤洗七次,四两(12g) 天南星炮,去皮 橘红 枳实去瓤,麸炒 赤茯苓去皮,各一两(各6g) 甘草炙,半两(3g) 咬咀,每服四钱(12g),水二盏,生姜十片,煎至八分,去滓,温服,食后。功用:燥湿祛痰,行气开郁。主治:一切痰厥,头目旋运,或痰饮壅盛,胸膈痞塞,胁肋胀满,头痛吐逆,喘急痰嗽,涕唾稠粘,坐卧不安等。

2．涤痰汤(《证治准绳》) 南星姜制 半夏汤洗七次,各二钱半(各12g) 枳实麸炒 茯苓去皮,各二钱(各10g) 橘红一钱半(7.5g) 石菖蒲 人参各一钱(各5g) 竹茹七分(3.5g) 甘草半钱(2.5g) 上作一服,水二锺,生姜五片,煎一锺,食后服。功用:涤痰开窍。主治:中风痰迷心窍,舌强不能言。

以上两首附方皆由二陈汤化裁而成,均有燥湿化痰的功用。导痰汤是二陈汤去乌梅,加南星、枳实,南星伍半夏燥湿化痰之力强,枳实配橘红行气之力增,故祛痰行气之功均较二陈汤为著,而主治痰厥及顽痰所致的咳嗽喘促,痰涎壅盛之证。涤痰汤在导痰汤中又加菖蒲、竹茹、人参,较之导痰汤又多开窍扶正之功,是治中风痰迷,舌不能言的常用方剂。

【文献摘要】

《医方考》:"湿痰者,痰之原生于湿也。水饮入胃,无非湿化,脾弱不能克制,停于胸膈,中、下二焦之气熏蒸稠粘,稀则曰饮,稠则曰痰,痰生于湿,故曰湿痰也。是方也,半夏辛热能燥湿,茯苓甘淡能渗湿,湿去则痰无由以生,所谓治病必求其本也;陈皮辛温能利气,甘草甘平能益脾,益脾则土足以制湿,利气则痰无能留滞,益脾治其本,利气治其标也。"

【方歌】
二陈汤用半夏陈,益以茯苓甘草臣,
利气和中燥湿痰,煎加生姜与乌梅。

茯 苓 丸

《指迷方》录自《是斋百一选方》

【组成】 茯苓一两(6g) 枳壳麸炒去瓤,半两(3g) 半夏二两(9g) 风化朴硝一分(3g)

【用法】 上四味为末,生姜自然汁煮糊为丸,如梧桐子大,每服三十丸(6g),生姜汤下。(作汤剂,风化硝烊化)。

【功用】 燥湿行气,软坚化痰。

【主治】 痰停中脘证。两臂疼痛,手不得上举,或左右时复转移,或两手疲软,或四肢浮肿,舌苔白腻,脉沉细或弦滑等。

【方解】 本方所治两臂疼痛乃痰停中脘所致。四肢禀气于脾,脾湿生痰,痰饮流于四肢,则凝滞作痛。《是斋百一选方》说:"伏痰在内,中脘停滞,脾气不流行,上与气搏,四肢属脾,滞而气不下,故上行攻臂。"此种臂痛,切不可以风湿论治,若误用风药,则贻误病机,徒伤正气,唯以祛痰为要。方中以半夏燥湿化痰为君,以茯苓健脾渗湿化痰为臣,两者合用,既消已成之痰,又杜生痰之源。佐以枳壳理气宽中,俾痰随气行,气顺则痰消;风化朴硝软坚润燥,使结滞之伏痰消解而下泄。用姜汁糊为丸,非但取其制半夏之毒,且可化痰散饮。诸药配伍,则燥湿化痰之力较强,对于痰停中脘之证,用此方消痰润下,确有"潜消默运"之功。

本方较二陈汤少橘红、甘草,多枳壳、风化朴硝。其燥湿行气之力相近,而祛痰之力则胜于二陈汤,加入风化硝则不仅软坚消痰,而且能荡涤中脘之伏痰,使痰浊从大便而下。若咳嗽痰多,稠粘不爽,胸脘满闷者,亦可酌情服之。

【运用】

1. 本方主治属湿痰为病。以舌苔白腻,脉沉细或弦滑为证治要点。

2. 用于臂痛或肢节肿痛,可加通络活血之品,如桑枝、地龙等。用治咳嗽痰稠时,可酌加海蛤、瓜蒌等。

3. 慢性支气管炎、上肢血管性水肿等属湿痰者,可加减用之。

【文献摘要】

《成方便读》:"夫痰之为病,在腑者易治,在脏者难医,在络者更难搜剔。四肢者皆禀气于脾,若脾病不能运化,则痰停中脘,充溢四肢,有自来矣。治之者,当乘其正气未虚之时而攻击之,使脘中之痰,去而不留,然后脾复其健运之职,则络中之痰,自可还之于腑,潜消默运,以成其功。故方中以半夏化其痰,茯苓行其湿,枳壳破其气,而以姜汁开之,芒硝下之。用法之周到,佐使之得宜,其痰有不去者乎?"

【方歌】
指迷茯苓丸半夏,风硝枳壳姜汤下,
中脘停痰肩臂痛,气行痰消痛自罢。

温 胆 汤

《三因极一病证方论》

【组成】 半夏汤洗七次　竹茹　枳实麸炒去瓤，各二两（各6g）　橘皮三两（9g）去白　甘草炙，一两（3g）　白茯苓一两半（4.5g）

【用法】 上锉为散，每服四大钱（12g），水一盏半，姜五片，枣一个，煎七分，去滓，食前服。

【功用】 理气化痰，清胆和胃。

【主治】 胆胃不和，痰热内扰证。胆怯易惊，虚烦不宁，失眠多梦，呕吐呃逆，癫痫等证。

【方解】 本方是为胆胃不和，痰热内扰而设。胆属木，为清净之府，失其常则木郁不达，胃气因之失和，继而气郁生痰化热。胆主决断，痰热内扰，则胆怯易惊，失眠多梦，甚或上蒙清窍，而发癫痫。胃主和降，胆胃不和，则胃气上逆，而为呕吐呃逆。治宜清胆和胃，理气化痰之法。方中以半夏为君，燥湿化痰，降逆和胃。竹茹为臣，清胆和胃，止呕除烦。佐以枳实、橘皮理气化痰，使气顺则痰自消；茯苓健脾利湿，俾湿去则痰不生。使以甘草，益脾和中，协调诸药。煎加生姜、大枣，和脾胃而兼制半夏之毒。综合全方，可使痰热消而胆胃和，则诸证自解。

本方是从《备急千金要方》温胆汤衍化而成，较本方少茯苓、大枣，而生姜用至四两，治"大病后虚烦不得眠，此胆寒故也"。后世诸家，减生姜用量而治痰热，故方名仍称温胆，而其功用则为清胆。

【运用】

1．本方治证为湿痰微有化热之象。以舌苔白腻微黄，脉弦、滑或略数者为证治要点。

2．若心内烦热者，加黄连、麦冬以清热除烦；口燥舌干者，去半夏，加麦冬、天花粉以润燥生津；癫痫抽搐，可加胆星、钩藤、全蝎以熄风止痉。

3．适用于神经官能症、急慢性胃炎、慢性支气管炎、美尼尔综合征、妊娠呕吐等属痰热内扰与胆胃不和者。

【附方】

十味温胆汤（《世医得效方》）半夏汤洗七次　枳实去瓤切，麸炒　陈皮去白各三两（各9g）　白茯苓去皮，两半（5g）　酸枣仁微炒　大远志去心，甘草水煮，姜汁炒北五味子　熟地黄酒炒　条参各一两（各3g）　粉草五钱（2g）　上锉散，每服四钱（12g），水盏半，姜五片、枣一枚煎，不以时服。功用：化痰宁心。主治：心胆虚怯，触事易惊，四肢浮肿，饮食无味，心悸烦闷，坐卧不安等。

十味温胆汤即《三因方》温胆汤减去清胆和胃的竹茹，加入益气养血、宁心安神的人参、熟地、五味子、酸枣仁、远志而成，故本方无清热之功，而增补养心神之力，组成化痰宁心的方剂，适用于痰浊内扰，心胆虚怯，神志不宁诸证。

【文献摘要】

《成方便读》："胆为清净之腑，无出无入，寄附于肝，又与肝相为表里。肝藏魂，夜卧则魂归于肝，胆有邪，岂有不波及于肝哉？且胆为甲木，其象应春，今胆虚即不能遂其生长发陈之令，于是土得木而达者，因木郁而不达矣。土不达则痰涎易生，痰为百病之母，所虚之处，即受邪之处，故有惊悸之状。此方纯以二陈、竹茹、枳实、生姜，和胃豁痰，破气开郁之品，内中并无温胆之药,而以温胆名方者,亦以胆为甲木,常欲其得春气温和之义耳。"

临床报道:以温胆汤加菖蒲、枣仁、麦冬等,治疗癫狂30例(其中癫症26例,狂症4例)。临床治愈13例,显效5例,有效8例,无效4例。疗程16~224天,平均78.7天。病程越长者疗效越差(中医杂志,1984;11:31)。

【方歌】

温胆汤中苓半草,枳竹陈皮加姜枣,

虚烦不眠证多端,此系胆虚痰热扰。

第二节 清热化痰

清热化痰剂,适用于热痰证。症见咳嗽痰黄,粘稠难咯,以及由痰热所致的胸痛、眩晕、惊痫等,常用清热化痰药如瓜蒌、胆南星等为主组成方剂,代表方如清气化痰丸、小陷胸汤等。若痰热蒙蔽清窍,致成神昏抽搐者,则应与清热开窍剂之安宫牛黄丸、紫雪之类治之。

清气化痰丸

录自《医方考》

【组成】 陈皮去白 杏仁去皮尖 枳实麸炒 黄芩酒炒 瓜蒌仁去油 茯苓各一两(各6g) 胆南星 制半夏各一两半(各9g)

【用法】 姜汁为小丸,每服6g,温开水送下。

【功用】 清热化痰,理气止咳。

【主治】 痰热咳嗽。痰稠色黄,咯之不爽,胸膈痞闷,甚则气急呕恶,舌质红,苔黄腻,脉滑数。

【方解】 本方是为痰热壅肺之证而设。火热犯肺,灼津为痰,痰热互结,阻碍气机,故见咳嗽痰稠色黄,胸膈不快,气急呕恶诸症。治宜清热化痰,理气止咳为法。《医方集解》说:"气有余则为火,液有余则为痰,故治痰者必先降其火,治火者必顺其气也。"方中以胆南星为君,取其味苦性凉,清热化痰,治痰热之壅闭。以瓜蒌仁、黄芩为臣,瓜蒌仁甘寒,长于清肺化痰;黄芩苦寒,善能清肺泻火,两者合用,泻肺火,化痰热,以助胆南星之力。治痰当须理气,故佐以枳实下气消痞,"除胸胁痰癖";橘红理气宽中,亦可燥湿化痰。脾为生痰之源,肺为贮痰之器,故又佐以茯苓健脾渗湿,杏仁宣利肺气,半夏燥湿化痰。诸药配伍,共奏清热化痰,理气止咳之效,使热清火降,气顺痰消,则诸症自愈。

本方亦系二陈汤加减化裁而成,但君药为胆南星,并臣以黄芩、瓜蒌仁,则变燥湿化痰之方为清热化痰之剂。其去乌梅者,因痰热壅肺,恐其酸收敛邪,故不可用。去甘草者,因其甘缓壅滞,对痰气不利,故可不用。

【运用】

1.本方为治热痰的常用方剂。以咳嗽痰稠色黄,苔黄,脉数为证治要点。

2.若肺热较盛,见有身热口渴者,可加石膏、知母以清泻肺热;痰多气急者,可加鱼腥草、桑白皮等。

3.肺炎、支气管炎见有痰稠色黄,证属痰热者,可加减治之。

【附方】

清金降火汤（《杂病源流犀烛》） 陈皮 杏仁各一钱半（各4.5g） 赤苓 半夏 桔梗 贝母 前胡 瓜蒌仁 黄芩 石膏各一钱（各3g） 枳壳八分（2.5g） 甘草三分（1g） 姜一片，水煎，食后服。功用：清肺化痰。主治：肺胃痰火，咳嗽面赤，或肺胀喘急，舌苔黄，脉滑数。

清气化痰丸与清金降火汤皆为清热化痰之剂。前者以胆南星为君药，其化痰之力略优，故主治咳嗽痰多，稠粘色黄之证。后者无胆星而有石膏，其清热之力略胜，且又清胃热，故主治肺胃痰火而见痰稠色黄，面赤或喘急之证。

【文献摘要】

《成方便读》："治热痰。汪讱庵曰：热痰者，痰因火而成也，痰即有形之火，火即无形之痰，痰随火而升降，火引痰而横行，变生诸证，不可纪极。火借气于五脏，痰借液于五味，气有余则为火，液有余则为痰，故治痰者必降其火，治火者必顺其气，此方所由设也。方中半夏、胆星，为治痰之君药。痰由于火，故以黄芩之苦寒降之，瓜蒌之甘寒润之。火因于气，即以陈皮顺之，枳实破之。然脾为生痰之源，肺为贮痰之器，故以杏仁之苦温疏肺而降气，茯苓之甘淡渗湿而宣脾，肺脾肃清，则痰不存留矣。以姜汁糊丸者，用为开痰之先导耳。"

【方歌】

清气化痰星夏橘，杏仁枳实瓜蒌实，
芩苓姜汁糊为丸，气顺火消痰自失。

小 陷 胸 汤

《伤寒论》

【组成】 黄连一两（6g） 半夏半升（12g），洗 栝蒌实大者一枚（20g）

【用法】 上三味，以水六升，先煮瓜蒌取三升，去滓，内诸药，煮取二升，去滓，分温三服。

【功用】 清热化痰，宽胸散结。

【主治】 痰热互结证。胸脘痞闷，按之则痛，或咳痰黄稠，舌苔黄腻，脉滑数。

【方解】 本方原治伤寒表证误下，邪热内陷，痰热结于心下的小结胸病。《伤寒论》说："小结胸病，正在心下，按之则痛，脉浮滑者，小陷胸汤主之。"痰热内结，气郁不通，故胸脘痞闷，按之则痛。治宜清热化痰，理气散结。方中以瓜蒌为君，清热化痰，理气宽胸，通胸膈之痹。以黄连、半夏为臣药，取黄连之苦寒，清热降火，开心下之痞；半夏之辛燥，降逆化痰，散心下之结。两者合用，一苦一辛，辛开苦降，与瓜蒌相伍，则润燥相得，清热涤痰，其散结开痹之功益著。方仅三药，配伍精当，是为痰热互结，胸脘痞痛之良剂。不仅用于伤寒之小结胸病，而且内科杂证属于痰热互结者，亦甚有效。

本方与大陷胸汤比较，虽皆主治结胸病，但有大小、轻重之分。大陷胸汤证为水热互结胸腹，从心下至少腹鞕满而痛，手不可近。本方证为痰热互结心下，按之则痛，虽亦拒按，但较之大陷胸汤证的痛不可近为轻。故大陷胸汤用大黄、朴硝与甘遂配合，泻热逐水；而本方则用瓜蒌与黄连、半夏配伍，清热化痰，宽胸散结。病因、病位、病势不同，其组方用药则迥然有别。

【运用】

1. 本方为治疗痰热互结的著名方剂。以胸脘痞闷，按之则痛，舌苔黄腻，脉滑数为证治要点。

2. 若兼胁肋疼痛者,可加郁金、柴胡以疏肝止痛;痰稠难咯者,可加胆南星、川贝母以加强化痰之力

3. 急慢性胃炎、胸膜炎、胸膜粘连、急性支气管炎、肋间神经痛等属痰热者,均可加味用之。

【附方】

柴胡陷胸汤(《通俗伤寒论》) 柴胡一钱(3g) 姜半夏三钱(9g) 小川连八分(2.5g) 苦桔梗一钱(3g) 黄芩钱半(4.5g) 瓜蒌仁杵,五钱(15g) 小枳实钱半(4.5g) 生姜汁四滴,分冲水煎服。功用:清热化痰,理气宽胸,和解少阳。主治:少阳证具,胸膈痞满,按之痛,口苦苔黄,脉弦而数。

柴胡陷胸汤乃小柴胡汤与小陷胸汤两方加减化裁而成,即小柴胡汤去人参、甘草、大枣扶正之品,加瓜蒌、黄连、枳实、桔梗等清热化痰,快气宽胸之药,共奏和解少阳,清化痰热,宽胸散结之效,对于少阳病兼有痰热内阻,症见寒热往来,胸胁痞痛,呕恶不食,或咳嗽痰稠,口苦苔黄,脉滑数者,甚为适宜。

【文献摘要】

《古今名医方论》程扶生曰:"此热结未深者在心下,不若大结胸之高在心上。按之痛,比手不可近为轻。脉之浮滑,又缓于沉紧。但痰饮素盛,挟热邪而内结,所以脉见浮滑也。以半夏之辛散之,黄连之苦泻之,栝蒌之苦润涤之,所以除热散结于胸中也。先煮栝蒌,分温三服,皆以缓治上之法。"

【方歌】

小陷胸汤连夏蒌,宽胸开结涤痰优,

膈上热痰痞满痛,舌苔黄腻服之休。

滚痰丸

王隐君方,录自《丹溪心法附余》

【组成】 大黄酒蒸 片黄芩酒洗净,各八两(各15g) 礞石一两捶碎,同焰硝一两,投入小砂罐内盖之,铁线缚定,盐泥固济,晒干,火煅红,候冷取出,(3g) 沉香半两(2g)

【用法】 上为细末,水丸梧子大,每服四五十丸(8~10g),量虚实加减服,清茶、温水送下,临卧食后服。

【功用】 泻火逐痰。

【主治】 实热老痰证。癫狂惊悸,或怔忡昏迷,或咳喘痰稠,或胸脘痞闷,或眩晕耳鸣,或绕项结核,或口眼蠕动,或不寐,或梦寐奇怪之状,或骨节卒痛难以名状,或噎息烦闷。大便秘结,舌苔黄腻,脉滑数有力。

【方解】 本方是治疗实热老痰之峻剂。实热老痰,久积不去,变幻多端。上蒙清窍,则发为癫狂,昏迷;扰动心神,则为惊悸怔忡,梦寐怪状;内壅于肺,则为咳嗽痰稠,甚则噎息烦闷;留于经络、关节,则为口眼蠕动,或骨节卒痛,或绕项结核等。治宜荡涤实热,攻逐顽痰。方中以礞石为君,取其燥悍重坠之性,善能攻坠陈积伏匿之老痰,与焰硝同煅,其攻逐下行之性尤强。《本草纲目》说:"此药重坠,制以消石,其性疏快,使木平气下,而痰积通利,诸证自

除。"臣以大黄之苦寒,荡涤实热,开痰火下行之路。佐以黄芩苦寒泻火,专清上焦气分之热;复以沉香降逆下气,亦为治痰必先顺气之理。四药相伍,泻火逐痰之力较猛,可使痰积恶物,自肠道而下。对于形气壮实,痰火胶固为病者,用之最宜。

【运用】

1. 本方所治诸证均属实热顽痰为患。以舌苔黄厚,脉滑数有力为证治要点。因本方药力较峻,凡中气不足,脾肾阳虚,孕妇等,皆应慎用。

2. 精神分裂症、癫痫、神经官能症等属痰火内闭者,均可应用。

【文献摘要】

《医宗金鉴·删补名医方论》:"王隐君制礞石滚痰丸治老痰一方,用黄芩清胸中无形诸热,大黄泻肠胃有质实火,此治痰必须清火也。以礞石之燥悍,此治痰必须除湿也。以沉香之速降,此治痰必须利气也。二黄得礞石、沉香,则能迅扫直攻老痰巢穴,浊腻之垢而不少留,滚痰之所由名也。"

《血证论》:服药后"忌饮食半日,若喉间粘壅,乃病药相拒,少顷药力到即愈。方虽猛峻,然顽痰变见诸怪证,非此不治"。

【方歌】

滚痰丸用青礞石,大黄黄芩与沉香,

百病皆因痰作祟,顽痰怪证力能匡。

第三节 润燥化痰

润燥化痰剂,适用于燥痰证。症见痰稠而粘,咯之不爽,咽喉干燥,甚则呛咳,声音嘶嗄等。常用润肺化痰药如贝母、瓜蒌等为主组成方剂,代表方如贝母瓜蒌散。

贝母瓜蒌散

《医学心悟》

【组成】 贝母一钱五分(5g)　瓜蒌一钱(3g)　花粉　茯苓　橘红　桔梗各八分(各2.5g)

【用法】 水煎服。

【功用】 润肺清热,理气化痰。

【主治】 燥痰咳嗽。咯痰不爽,涩而难出,咽喉干燥,苔白而干等。

【方解】 本方主治是为燥痰。《成方便读》说:"燥痰者,由于火灼肺金,津液被灼为痰。"其症以咳嗽痰稠,涩而难出为特征。盖肺为娇脏,喜清肃而不耐寒热,一旦肺受火刑,不但灼津为痰,而且津伤液少,气道干涩,故而痰稠难咯,涩而难出。治当润其燥,清其热,化其痰。方中以贝母为君,取其润肺清热,化痰止咳。臣以瓜蒌,润肺清热,理气化痰。佐以天花粉润燥生津,清热化痰;橘红理气化痰,使气顺痰消;茯苓健脾渗湿,以杜生痰之源;桔梗宣利肺气,令肺金宣降有权。如此配伍,润燥与理气合用,则肺得清润而燥痰自化,宣降有常则咳逆自止。

燥痰与阴虚燥咳不同。阴虚者久病,症见干咳少痰或无痰,咽干口燥,甚则阴虚生内热,而有潮热盗汗,五心烦热等,治宜滋阴润燥之法,如麦门冬汤、百合固金汤等。本方证只是咳痰难出,未见阴虚内热之象,故治宜清润化痰之法,不可过用滋腻之品,以防助湿生痰,碍气生满。

《医学心悟·中风》篇另有一贝母瓜蒌散,较本方少花粉、茯苓、桔梗,多胆南星、黄芩、黄连、黑山栀、甘草,治肺火壅遏之"火中"。方中芩、连、栀子苦寒清热泻火,胆南星清热化痰熄风,配伍贝母、瓜蒌清热化痰,故可治痰火壅肺的类中风证,其证虽亦卒然昏倒,喉中痰鸣,但无歪斜偏废之候。

【运用】

1. 本方为润燥化痰之剂。以咯痰难出,咽喉干燥,苔白而干为证治要点。对于虚火上炎及温燥伤肺之咳嗽,则非所宜。

2. 对于肺结核、肺炎等见有燥痰证者,可以加减治之。

【文献摘要】

《医学心悟》:"大抵痰以燥湿为分……湿痰滑而易出,多生于脾,脾实则消之,二陈汤,甚则滚痰丸;脾虚则补之,六君子汤。兼寒、兼热,随证加药。燥痰涩而难出,多生于肺,肺燥则润之,贝母瓜蒌散。"

【方歌】

贝母瓜蒌花粉研,橘红桔梗茯苓添,

呛咳咽干痰难出,润燥化痰病自安。

第四节 温化寒痰

温化寒痰剂,适用于寒痰证。症见咳痰清稀色白,舌苔白滑等。常用温肺化痰药如干姜、细辛为主组成方剂,代表方如苓甘五味姜辛汤。

苓甘五味姜辛汤

《金匮要略》

【组成】 茯苓四两(12g) 甘草三两(9g) 干姜三两(9g) 细辛三两(5g) 五味子半升(5g)

【用法】 上五味,以水八升,煮取三升,去滓,温服半升,日三。

【功用】 温肺化饮。

【主治】 寒饮咳嗽。咳痰量多,清稀色白,胸膈不快,舌苔白滑,脉弦滑等。

【方解】 寒饮乃因阳虚阴盛,水饮内停所致。脾阳不足,寒从中生,运化失司,则停湿而成饮。加之肺寒,津失敷布,则液聚为饮。进而肺失清肃,宣降违和,而致咳嗽气逆,痰多清稀,胸膈不快。治当温阳化饮。方中以干姜为君,取其辛热之性,既温肺散寒以化饮,又温运脾阳以化湿。细辛为臣,以其辛散之性,温肺散寒,助干姜散其凝聚之饮;以茯苓之甘淡,健脾渗湿,不仅化既聚之痰,尤能杜生痰之源。佐以五味子敛肺气而止咳,与细辛、干姜相伍,散中有收,散不伤正,收不留邪,且能调和肺司开合之职。使以甘草和中,调协诸药。综合全方,温散并行,开合相济,使寒饮得去,肺气安和,药虽五味,配伍严谨,实为温化寒饮之良剂。

【运用】

1. 本方为治寒痰的常用方剂。以咳嗽痰稀色白,舌苔白滑为证治要点。

2. 若痰多欲呕者,加半夏以化痰降逆止呕;兼冲气上逆者,加桂枝以温中降冲;咳甚颜面虚浮者,加杏仁宣利肺气而止咳。

3. 慢性支气管炎、肺气肿属寒饮而咳痰清稀者可用本方。

【附方】

冷哮丸(《张氏医通》) 麻黄泡 川乌生 细辛 蜀椒 白矾生 牙皂去皮弦子,酥炙 半夏曲 陈胆星 杏仁去双仁者,连皮尖用 甘草生,各一两(各3g) 紫菀茸 款冬花各二两(各6g) 共为细末,姜汁调神曲末打糊为丸,每遇发时,临卧生姜泡服二钱(6g),羸者一钱(3g),更以三建膏贴俞穴中。服后时吐顽痰,胸膈自宽。服此数日后,以补脾肺药调之,候发如前,再服。功用:温肺散寒,涤痰化饮。主治:背受寒邪,遇冷即发喘嗽,胸膈痞满,倚息不得卧。

附:三建膏方 天雄 附子 川乌各一枚 桂心 官桂 桂枝 细辛 干姜 蜀椒各二两 上切为片,麻油二斤,煎熬去滓,黄丹收膏,摊成,加麝香少许,贴肺俞及华盖、膻中穴。

冷哮丸所治寒痰哮喘为内外俱寒之实证。方中以麻黄合细辛散外寒,蜀椒合川乌温里寒,皂角合胆星化顽痰,白矾合半夏燥湿痰,紫菀、冬花、杏仁利肺止咳化痰。方中用药较为燥烈,虚人慎用。

【文献摘要】

《金匮要略心典》:"服前汤(桂苓五味甘草汤)已,冲气即低,而反更咳胸满者,下焦冲逆之气即伏,而肺中伏匿之寒饮续出也,故去桂枝之辛而导气,加干姜、细辛之辛而入肺者,合茯苓、五味、甘草,消饮驱寒,以泄满止咳也。"

【方歌】

苓甘五味姜辛汤,温阳化饮常用方,

半夏杏仁均可入,寒痰冷饮保安康。

第五节 化痰熄风

化痰熄风剂,适用于内风挟痰证,症见眩晕头痛,或发癫痫,甚则昏厥,不省人事等,常用化痰药与平肝熄风药配伍组方,代表方如半夏白术天麻汤。

半夏白术天麻汤

《医学心悟》

【组成】 半夏一钱五分(9g) 天麻 茯苓 橘红各一钱(各6g) 白术三钱(15g) 甘草五分(3g)

【用法】 生姜一片,大枣二枚,水煎服。

【功用】 燥湿化痰,平肝熄风。

【主治】 风痰上扰证。眩晕头痛,胸闷呕恶,舌苔白腻,脉弦滑等。

【方解】 本方为治风痰眩晕的常用方剂。其病缘于脾湿生痰,痰阻清阳,加之肝风内动,风痰上扰清空所致。《素问·至真要大论》说:"诸风掉眩,皆属于肝"。风性主动,肝风内起,则头眩物摇;复因湿痰上犯,浊阴上逆,故眩晕之甚,自觉天旋地转,遂作呕吐恶逆。治宜化痰熄风之法。方中以半夏燥湿化痰,降逆止呕;天麻平肝熄风,而止头眩,两者合用,为治风痰眩晕头痛之要药。李杲在《脾胃论》中说:"足太阴痰厥头痛,非半夏不能疗,眼黑头眩,风虚内作,非天麻不能除。"故本方以此两味为君药。以白术为臣,健脾燥湿,与半夏、天麻配伍,祛湿化痰、止眩之功益佳。佐以茯苓健脾渗湿,与白术相伍,尤能治生痰之本;橘红理气化痰,以使气顺则痰消。使以甘草调药和中,煎加姜枣以调和脾胃。诸药合用,共奏化痰熄风之效,俾风熄痰消,眩晕自愈。

本方亦系二陈汤加味而成,在原方燥湿化痰的基础上,加入健脾燥湿之白术,平肝熄风之天麻,而组成化痰熄风之剂。

《医学心悟·头痛》条,另有一半夏白术天麻汤,较本方多蔓荆子三钱,白术减为一钱,治痰厥头痛,胸膈多痰,动则眩晕之证。

【运用】

1. 本方是为风痰眩晕而设。以眩晕,呕恶,舌苔白腻为证治要点。对于肝肾阴虚,气血不足所致之眩晕,不宜应用。

2. 若湿痰偏盛,舌苔白滑者,加泽泻、桂枝以利湿化饮;若肝阳偏亢者,加钩藤、代赭石以潜阳熄风。

3. 耳源性眩晕、神经性眩晕属风痰而见上述证候者,均可随证加减用之。

【文献摘要】

《医学心悟》:"眩,谓眼黑,晕者,头旋也,古称头旋眼花是也。其中有肝火内动者,经云,诸风掉眩,皆属肝木是也,逍遥散主之。有湿痰壅遏者,书云,头旋眼花,非天麻、半夏不除是也,半夏白术天麻汤主之。有气虚挟痰者,书曰,清阳不升,浊阴不降,则上重下轻也,六君子汤主之。亦有肾水不足,虚火上炎者,六味汤。亦有命门火衰,真阳上泛者,八味汤。此治眩之大法也。"

【方歌】

半夏白术天麻汤,苓草橘红大枣姜,

眩晕头痛风痰证,热盛阴亏切莫尝。

定 痫 丸

《医学心悟》

【组成】 明天麻 川贝母 半夏姜汁炒 茯苓蒸 茯神去木蒸,各一两(各6g) 胆南星九制者 石菖蒲杵碎,取粉 全蝎去尾,甘草水洗 僵蚕甘草水洗,去咀,炒 真琥珀腐煮,灯草研,各五钱(各3g) 陈皮洗,去白 远志去心,甘草水泡,各七钱(各4.5g) 丹参酒蒸 麦冬去心,各二两(各12g) 辰砂细研,水飞,三钱(2g)

【用法】 用竹沥一小碗,姜汁一杯,再用甘草四两煮膏,和药为丸,如弹子大,辰砂为衣,每服一丸。

【功用】 涤痰熄风。

【主治】 痰热痫证。忽然发作,眩仆倒地,不省高下,甚则抽搐,目斜口歪,痰涎直流,叫喊作声。亦可用于癫狂。

【方解】 本方为治疗痫证的常用方剂。痫证的发作,每因情志失调,惊恐恚怒,郁结生痰，或因饮食不节，劳力过度，脾湿生痰，一俟肝气失和，肝风挟痰随气上逆，壅闭经络，阻塞清窍，以致突然发痫。治宜涤痰熄风之法。方中以竹沥善能清热滑痰，镇惊利窍，《本草备要》谓其"治痰迷大热，风痉癫狂"。配以胆南星清火化痰，镇惊定痫，《药品化义》言其"治一切中风、风痫、惊风"。半夏、陈皮、贝母、茯苓、麦冬祛痰降逆而开痰气之结；全蝎、僵蚕、天麻熄风定搐而解癫痫之痉；丹参、菖蒲、远志开心利窍，琥珀、辰砂、茯神镇惊安神，皆有助醒神与定痫之功。甘草调和诸药。用姜汁少许，开痰而通神明。综合全方，共奏豁痰开窍，熄风定痫之效。

痫证的发作有轻有重，来势有急有缓，病程有短有长。一般初起较轻，反复发作则正气渐衰，痰结日深，愈发愈频，证情逐渐加重。其发作期间，应着重涤痰熄风，先治其标。发作之后，则宜健脾养心，补益肝肾，调补气血，缓治其本。本方乃涤痰熄风之剂，故适用于由痰热上扰而致痫证发作者。待其痫证缓解，则须化痰与培本兼顾，并应注意饮食，调摄精神，扶其正气，以收全功。尤其对久病频发者，更须注重调补正气，原方后有"方内加人参三钱尤佳"一语，即是此意。

【运用】

1．本方用于痫证发作之时，证属痰热者为宜。以舌苔白腻微黄，或脉滑略数为证治要点。

2．若大便秘结者，可加大黄、芒硝以泻热通便；抽搐不止者，可加钩藤、羚羊角以清热熄风。原书在定痫丸之后，附有河车丸一方，并曰："既愈之后，则用河车丸以断其后"。

附：河车丸　紫河车一具　茯苓　茯神　远志各一两　人参五钱　丹参七钱　炼蜜为丸，每早开水下三钱（9 g）。

【方歌】

定痫二茯贝天麻，丹麦陈远菖蒲夏，

胆星蝎蚕草竹沥，姜汁琥珀与朱砂。

小　结

祛痰剂共选常用方 10 首，按其功用分为燥湿化痰、清热化痰、润燥化痰、温化寒痰、化痰熄风五类。

1．燥湿化痰　二陈汤具有燥湿化痰，理气和中作用，为治痰的基础方剂，主治湿痰内阻的咳嗽痰多等证。随证加味，可用于多种痰证。茯苓丸具有燥湿行气，软坚化痰之功用，主治痰停中脘所致的臂痛，或两手疲软，四肢浮肿等。温胆汤能理气化痰，清胆和胃，主治痰热内扰，胆胃不和的虚烦不眠，呕吐恶逆，以及惊恐癫痫等证。

2．清热化痰　清气化痰丸能清热化痰，理气止咳，主治痰热内结，咳嗽痰稠色黄之证。小陷胸汤能清热化痰，宽胸散结，主治痰热互结胸脘的小结胸病。滚痰丸善能泻火逐痰，专治实热老痰所致的惊悸癫狂，怔忡昏迷，以及其他种种怪证。

3．润燥化痰　贝母瓜蒌散具有润肺化痰之功，主治肺经燥痰所致的咳嗽痰稠，咯之不爽，涩而难出，咽喉干燥之证。

4．温化寒痰　苓甘五味姜辛汤为温阳化饮的主要方剂，主治寒饮内停，咳嗽痰多，清稀色白之证。

5．化痰熄风　半夏白术天麻汤燥湿化痰与平肝熄风并用，善治风痰上扰的眩晕呕吐，以及痰厥头痛。定痫丸具有涤痰熄风之功，专治风痰挟热所致的痫证。

第二十一章 消 食 剂

凡以消食药物为主组成,具有消食健脾,除痞化积等作用,以治疗食积停滞的方剂,统称为消食剂。属于"八法"中的"消法"。

消法的应用范围较为广泛。程钟龄在《医学心悟》中说:"消者,去其壅也,脏腑、经络、肌肉之间,本无此物,而忽有之,必为消散,乃得其平。"因此,凡由气、血、痰、湿、食、虫等壅滞而成的积滞痞块,均可使用。本章主要论述饮食内停的治法与方剂,余者可参阅理气、理血、祛湿、祛痰、驱虫等章。

因食积内停,气机失畅,致使脾胃升降功能失司,故临床常见脘腹胀满,恶食呕逆,泄泻等症。食积停滞,治宜消食化滞;食积内停,易伤脾胃,脾胃虚弱,运化无力,又可导致食积内停,脾虚食滞,治当健脾消食,消补兼施。因此,本章方剂分为消食化滞与健脾消食两类。

消食剂与泻下剂均能消除体内有形之实邪,但在临床应用时两者应有区别。消食剂多属渐消缓散之剂,适用于病势较缓的食积证;而泻下剂多属攻逐之剂,适用于病势较急,积滞较重之食积证。若应泻而用消,则病重药轻,其疾难瘳;若应消而用泻,则轻病药重,易伤正气,病反深锢。故《丹溪心法》说:"凡积病不可用下药,徒损真气,病亦不去,当用消积药使之融化,则根除矣。"此外,消食剂虽较泻下剂缓和,但总属攻伐之品,不宜长期使用,纯虚无实者禁用。

第一节 消 食 化 滞

消食化滞剂,具有消食化积作用,适用于食积内停之证。症见胸脘痞闷,嗳腐吞酸,恶食呕逆,腹痛泄泻等。常选用消食药物如山楂、神曲、麦芽、莱菔子等为主组成方剂。食积易阻气机,又容易生湿化热,因此常配伍理气、祛湿、清热之品。代表方剂如保和丸、枳实导滞丸等。

保 和 丸

《丹溪心法》

【组成】 山楂六两(18g)　神曲二两(6g)　半夏　茯苓各三两(各9g)　陈皮　连翘　萝卜子各一两(各6g)

【用法】 上为末,炊饼丸如梧桐子大,每服七八十丸(9g),食远白汤下。

【功用】 消食和胃。

【主治】 食积。脘腹痞满胀痛,嗳腐吞酸,恶食呕吐,或大便泄泻,舌苔厚腻,脉滑等。

【方解】 本方治证为食积内停所致。《素问·痹论》说:"饮食自倍,肠胃乃伤。"由于饮食失节,暴饮暴食,而致食积内停,气机阻滞,脾胃升降失司,故脘腹胀满,嗳腐吞酸,恶食呕逆,大便泄泻。治宜消食化滞,理气和胃。方中重用山楂,能消一切饮食积滞,尤善消肉食油腻之积,为君药。神曲消食健脾,善化酒食陈腐之积;莱菔子下气消食,长于消谷面之积,并为臣药。君臣相配,可消一切饮食积滞。因食阻气机,胃失和降,故用半夏、陈皮行气化滞,和胃止呕;食积易于生湿化热,又以茯苓渗湿健脾,和中止泻;连翘清热而散结,共为佐药。诸药相合,共奏消食和胃,清热祛湿之功,使食积得消,胃气得和,热清湿去,诸症自愈。由于本方药力缓和,药性平稳,故以"保和"命名。

【运用】

1. 本方为治疗食积的通用方剂。以脘腹胀满,嗳腐厌食,苔厚腻,脉滑为证治要点。

2. 本方为消食轻剂,适用于食积不甚,正气未虚之证。若食滞较重者,可酌加枳实、槟榔等以增强其消食导滞之力;食积化热较甚,而见苔黄、脉数者,可酌加黄芩、黄连以清热;大便秘结者,可加大黄以泻下通便;兼脾虚者,加白术以健脾。

3. 急慢性胃炎、急慢性肠炎、消化不良、婴儿腹泻等属食积内停者,均可加减用之。

【文献摘要】

《成方便读》:"此为食积痰滞,内瘀脾胃,正气未虚者而设也。山楂酸温性紧,善消腥膻油腻之积,行瘀破滞,为克化之药,故以为君。神曲系蒸窨而成,其辛温之性,能消酒食陈腐之积。莱菔子辛甘下气,而化面积;麦芽咸温消谷,而行瘀积,二味以之为辅。然痞坚之处,必有伏阳,故以连翘之苦寒散结而清热。积郁之凝,必多痰滞,故以二陈化痰而行气。此方虽纯用消导,毕竟是平和之剂,故特谓之保和耳。"

临床报道:用本方合元胡止痛胶囊治疗幽门不完全梗阻,能消除幽门的水肿、充血及痉挛,从而使幽门不完全梗阻得到完全缓解。治疗12例,均获较好的近期疗效(中成药研究,1986;2:21)。

实验研究:本方能抑制小白鼠的胃排空及家兔的十二指肠自发活动;拮抗乙酰胆碱、氯化钡、组织胺所致家兔和豚鼠离体回肠痉挛性收缩,部分解除肾上腺素对肠管的抑制。当剂量较大时能减少胃酸分泌量和总酸排除量,小剂量时无明显影响,但同一剂量能明显提高胃蛋白酶活性,使胃蛋白酶排出量有所增加。有轻度增加麻醉大白鼠胰腺、胆汁分泌量和胰蛋白的浓度,明显增加胰蛋白排出量(中药药理与临床,1991;4:1)。

【方歌】

保和神曲与山楂,苓夏陈翘菔子加,

炊饼为丸白汤下,消食和胃效堪夸。

枳实导滞丸

《内外伤辨惑论》

【组成】 大黄一两(9g) 枳实麸炒 神曲炒,各五钱(各9g) 茯苓 黄芩 黄连 白术各三钱(各6g)泽泻二钱(6g)

【用法】 研为细末,汤浸蒸饼为丸,如梧桐子大,每服五十丸至七十丸(6～9g),温水送下,食远量虚实加减服之。

【功用】 消食导滞,清热祛湿。

【主治】 湿热食积。脘腹胀痛,下痢泄泻,或大便秘结,小便短赤,舌苔黄腻,脉沉有力。

【方解】 本方治证为湿热食积,内阻肠胃所致。积滞内停,气机壅塞,传导失司,故脘腹胀痛,大便秘结。食积不消,湿热不化,下迫于肠,则泄泻下痢。治宜消食导滞,清热祛湿。方中重用大黄,苦寒泻下,攻积泻热,使积热从大便而下,为君药。枳实行气导滞,消积除胀满；神曲消食化滞而和胃,共助大黄以攻积导滞,为臣药。黄芩、黄连苦寒,清热燥湿而止痢；茯苓、泽泻利水渗湿而止泻；白术燥湿健脾,使攻积而不伤正,均为佐药。诸药相合,共成消食导滞、清热祛湿之剂,使食消积去,湿化热清,诸证自愈。

本方乃消法与下法并用之剂,用于泄泻、下痢,亦属"通因通用"之法。

【运用】

1. 本方主治食积湿热内阻肠胃之证。以脘腹胀痛,大便失常,苔黄腻,脉沉有力为证治要点。泄泻无积滞者,不可妄投；孕妇不宜使用。

2. 若胀满较重,里急后重者,可酌加木香、槟榔等以理气导滞。

3. 胃肠功能紊乱、慢性痢疾等属湿热积滞者,可加减用之。

【文献摘要】

《医方集解》："此足太阴、阳明药也。饮食伤滞,作痛成积,非有以推荡之则不行,积滞不尽,病终不除。故以大黄、枳实下之,而痛泻反止,经所谓通因通用也。伤由湿热,黄芩、黄连佐之以清热,茯苓、泽泻佐之以利湿。积由酒食,神曲蒸窨之物,化食解酒,因其同类,温而消之。芩、连、大黄苦寒太甚,恐伤脾胃,故又以白术之甘温,补土而固中也。"

【方歌】

枳实导滞首大黄,芩连曲术茯苓襄,

泽泻蒸饼糊丸服,湿热积滞力能攘。

木香槟榔丸

《儒门事亲》

【组成】 木香　槟榔　青皮　陈皮　广茂烧　黄连以上各一两(各3g)　黄柏　大黄各三两(各5g)　香附子炒　牵牛各四两(各10g)

【用法】 上为细末,水丸,如小豆大,每服三十丸(6g),食后生姜汤下。

【功用】 行气导滞,攻积泄热。

【主治】 痢疾,食积。赤白痢疾,里急后重；或食积内停,脘腹胀满,大便秘结,舌苔黄腻,脉沉实。

【方解】 本方治证为饮食积滞内停,气机壅塞,生湿蕴热所致。湿热积滞内结,气机阻滞,故脘腹痞满胀痛,大便秘结等。若湿热不化,积热下迫,则下痢赤白,里急后重。治宜行气导滞,攻积泄热。方中木香、槟榔行气导滞,消脘腹胀满,除里急后重,为君药。以大黄、牵牛攻积导滞,泄热通便；青皮、香附行气化积,助木香、槟榔行气导滞,共为臣药。莪术疏肝解郁,破血中之气；陈皮理气和胃,健脾燥湿；黄连、黄柏清热燥湿而止痢,皆为佐药之用。综观全方,以行气导滞为主,配以清热、攻下、活血之品,共奏行气导滞,泄热攻积之功。使积滞下,湿热去,诸证自愈。

《医方集解》所载木香槟榔丸有三棱、枳壳,并以芒硝水为丸,其攻积导滞力更强。

本方与枳实导滞丸均为消下并用的消食导滞剂。前者以诸多行气药配伍攻下药,其攻破之力较强,主治湿热食积之重证；后者以大黄攻积泄热为君,配以行气利湿之品,适用于湿热食积内阻肠胃之轻证。

【运用】

1．本方主治湿热食积之重证。以脘腹胀痛,便秘或下痢里急后重,苔黄腻,脉沉实为证治要点。

2．细菌性痢疾、急慢性胆囊炎、急性胃肠炎等属湿热食积者,可加减用之。

【文献摘要】

《医方集解》:"湿热在三焦气分,木香、香附行气之药,能通三焦,解六郁,陈皮理上焦肺气,青皮平下焦肝气,枳壳宽肠而利气,而黑丑、槟榔又下气之最速者也,气行则无痞满后重之患矣,疟、痢由于湿热郁结,气血不和,黄柏、黄连燥湿清热,三棱能破血中气滞,莪术能破气中血滞,大黄、芒硝血分之药,能除血中伏热,通行积滞,并为摧坚化痞之峻品。湿热积滞去,则二便调而三焦通泰矣。盖宿垢不净,清阳终不得升,故必假此以推荡之,亦通因通用之意。然非实积,不可轻投。"

【方歌】

木香槟榔青陈皮,黄柏黄连莪术齐,

大黄黑丑兼香附,泻痢后重热滞宜。

第二节 健脾消食

健脾消食剂,具有消食健脾作用,适用于脾胃虚弱,食积内停之证。症见脘腹痞满,不思饮食,面黄体瘦,倦怠乏力,大便溏薄等。常选用消食药如山楂、神曲、麦芽等配伍益气健脾药如人参、白术、山药等为主组方。代表方如健脾丸、肥儿丸等。

健 脾 丸

《证治准绳》

【组成】 白术炒,二两半（15g） 木香另研 黄连酒炒 甘草各七钱半（各6g） 白茯苓去皮,二两（10g） 人参一两五钱（9g） 神曲炒 陈皮 砂仁 麦芽炒 山楂取肉 山药 肉豆蔻面裹纸包煨去油,以上各一两（各6g）

【用法】 共为细末,蒸饼为丸,如绿豆大,每服五十丸（6～9g）,空心服,一日二次,陈米汤下。

【功用】 健脾和胃,消食止泻。

【主治】 脾虚停食证。食少难消,脘腹痞闷,大便溏薄,苔腻微黄,脉象虚弱。

【方解】 本方治证为脾虚食停,生湿化热所致。脾主运化,脾虚失运,食停生湿,故食少难消,大便溏薄;食积内停,阻碍气机,则脘腹痞闷,苔腻微黄乃食积化热之象。脾虚宜补,食积宜消,治宜健脾消食,兼以清热祛湿。方中以人参、白术、茯苓、甘草益气健脾以补脾虚,其中白术、茯苓用量偏重,意在健脾渗湿以止泻;山楂、神曲、麦芽消食化滞以消食积;山药、肉豆蔻助其健脾止泻;木香、砂仁、陈皮理气和胃,助运而消痞;黄连清热燥湿以解湿热。诸药相合,共成消补兼施之剂,使脾健食消,湿祛热清,诸证自除。本方健脾药居多,且食消脾自健,故得"健脾"之名。

本方与枳实消痞丸均为消补兼施之剂,但枳实消痞丸中枳实、厚朴用量独重,着重于行气消痞,消重于补,且黄连用量大于干姜,主治虚实相兼,寒热错杂,热重于寒,实多虚少之心下痞满;而本方健脾药居多,重在健脾消食,补重于消,适宜于脾虚食积之证。

【运用】

1. 本方主治脾虚食停,兼有湿热之证。以脘腹痞闷,食少难消,大便溏薄,苔腻微黄,脉虚弱为证治要点。

2. 若脾虚食滞兼寒者,去黄连,加干姜以温中祛寒;湿甚者,可加车前子、泽泻以利水渗湿。

3. 慢性胃炎、慢性肠炎、消化不良等属脾虚食滞者,可加减使用。

【方歌】

健脾参术苓草陈,肉蔻香连合砂仁,

楂肉山药曲麦炒,消补兼施此方寻。

肥 儿 丸

《太平惠民和剂局方》

【组成】 神曲炒,十两　黄连去须,十两　肉豆蔻面裹煨,五两　使君子去皮(壳)五两　麦芽炒,五两　槟榔细锉,晒,二十个　木香二两

【用法】 上为细末,猪胆汁为丸,如粟米大,每服三十丸(2 g),量岁数加减,热水下,空心服。

【功用】 健脾消食,清热驱虫。

【主治】 小儿疳积。消化不良,面黄体瘦,肚腹胀满,发热口臭,大便溏薄,以及虫积腹痛。

【方解】 本方所治小儿疳积为饮食不节,食滞脾胃,郁久化热,湿热生虫所致。脾虚失运,故面黄体瘦,大便溏薄;食积化热,故发热口臭;虫积食滞,气机失畅,则肚腹胀满。治宜健脾消食,清热驱虫。方中重用神曲、麦芽消食化积,健脾和中;黄连清热燥湿,治生虫之源;肉豆蔻、木香健脾止泻,行气止痛,合曲、麦健脾消食积;槟榔、使君子下气驱虫,化积消疳;更用猪胆汁和药为丸,与黄连为伍增其清热之力。诸药相合,标本兼顾,共奏驱虫消积,健脾清热之功。使食积得消,脾虚得健,热去虫下,正气渐复,病愈而体肥,故得名"肥儿"。

【运用】

1. 本方主治小儿疳积。以面黄体瘦,肚腹胀大,发热口臭为证治要点。

2. 小儿肠道蛔虫症、小儿慢性消化不良等属脾虚食积虫积者,可加减使用。

【文献摘要】

《医林纂要探源》:"谷以养人,而过食成积,神曲、麦芽以变化之;食积则气郁,木香、槟榔以升降之;气郁则生湿热,黄连、川楝子以燥之、泄之;湿热则生虫䘌,使君子、黄连、川楝子以杀之。其肠胃薄而太阴未足也,君黄连以健之、厚之;要其本元火不足,而脾胃不能化食也,肉豆蔻以壮命门火而温之。此方本末条理,非他攻伐之方所可易也。"

【方歌】

肥儿丸内用使君,豆蔻香连曲麦槟,

猪胆为丸热水下,虫疳食积一扫清。

小 结

本章共选方剂5首,按其功用分为消食化滞和健脾消食两类。

1. 消食化滞 均有消食化滞作用。保和丸长于消食和胃,为消食化积的通用方剂,主治一切食滞,以脘腹胀满,恶食嗳腐为主要见症。枳实导滞丸与木香槟榔丸均有行气导滞,泄热攻积的作用,前者攻下力小,而长于祛湿,适用于湿热食积内阻肠胃较轻之证;后者攻破之力较大,适用于湿热食积较重之证。

2. 健脾消食 具有消食健脾作用,都可用于脾虚食积之证。健脾丸健脾消食,兼有和胃止泻作用,主治脾虚食滞腹泻之证;肥儿丸健脾消积,兼有杀虫清热作用,主治脾虚湿热,虫积成疳之证。

第二十二章 驱 虫 剂

凡以驱虫药物为主组成,具有驱虫或杀虫等作用,用于治疗人体寄生虫病的方剂,统称为驱虫剂。

人体寄生虫病种类很多,由于寄生的部位不同,其治法也不尽相同。本类方剂以驱杀消化道寄生虫为主,主要适用于寄生在人体消化道的蛔虫、蛲虫、钩虫、绦虫、姜片虫等寄生虫病。临床上多表现为脐腹疼痛,时发时止,痛而能食,面色萎黄,或青或白,或生白斑,或见赤丝,或夜寐龂齿,或胃脘嘈杂,呕吐清水,舌苔剥落,脉乍大乍小等。若失治或误治,迁延日久,则可呈现肌肉消瘦,饮食不思,精神萎靡,目暗视弱,毛发枯槁,肚腹胀大,青筋暴露,成为疳积之证。此外,由于寄生虫的种类不同,临床上还各有其特殊表现。如蛔虫病多见耳鼻作痒,唇内有红白点,巩膜上有蓝斑;蛲虫病常见肛门作痒;钩虫病多有嗜食异物,面色萎黄、浮肿等;绦虫病多见便下白色节片。

驱虫剂常选用驱虫药如乌梅、槟榔、雷丸、鹤虱、使君子、苦楝根皮等为主组方。因寄生虫证有寒热虚实之不同,驱虫剂的配伍也因证而异。若虫证属寒者,常配伍温中祛寒药如川椒、干姜等;若虫证属热者,常配以苦寒清热药如黄连、黄柏等;若寒热错杂者,又当寒热并调;若虫证兼有食积成疳者,常配消食化积之神曲、麦芽;若虫证兼正虚者,常配以益气补血之人参、当归;为了促进虫体的排出,驱虫剂中还常配泻下之大黄等。代表方剂如乌梅丸、化虫丸、布袋丸等。

使用驱虫剂应注意:一是要空腹服,忌油腻。二是要注意掌握剂量,有些驱虫药含有毒性,易伤正气,甚或中毒。三是有些驱虫药具有攻伐之力,对年老体弱以及孕妇要慎用。四是服驱虫药后,要注意调理脾胃,以善其后。

乌 梅 丸

《伤寒论》

【组成】 乌梅三百枚(30g)　细辛六两(3g)　干姜十两(9g)　黄连十六两(6g)　当归四两(6g)　附子炮,去皮,六两(6g)　蜀椒炒香,四两(5g)　桂枝六两(6g)　人参六两(6g)　黄柏六两(6g)

【用法】 上十味,异捣筛,合治之,以苦酒(即酸醋)渍乌梅一宿,去核,蒸之五斗米下,饭熟,捣成泥,和药令相得,内臼中,与蜜杵二千下,丸如梧桐子大,先食,饮服十丸(6g),日三服,稍加至二十丸。禁食生冷滑物,臭食等。

【功用】 温脏安蛔。

【主治】 蛔厥证。腹痛时作,心烦呕吐,时发时止,常自吐蛔,手足厥冷。亦治久痢久泻。

【方解】 本方治证为胃热肠寒,蛔动不安所致。蛔虫喜温而恶寒,蛔虫寄生肠内,因其胃热肠寒,不利于蛔虫生存,则扰动不安,不时上窜胃中,故腹痛,烦闷,呕吐,甚则吐出蛔虫。

由于蛔虫起伏无时,故腹痛与呕吐时发时止。痛甚则气机逆乱,阴阳之气不相顺接,乃致四肢厥冷发为蛔厥。证属寒热错杂,治宜寒热并调,温脏安蛔之法。柯琴说:"蛔得酸则静,得辛则伏,得苦则下"。方中重用味酸之乌梅,取其酸能安蛔,使蛔静而痛止,为君药。蛔动因于胃热肠寒,蜀椒、细辛味辛性温,辛可伏蛔,温能温脏祛寒,共为臣药。黄连、黄柏味苦性寒,苦能下蛔,寒能清胃热。附子、桂枝、干姜皆为辛热之品,既可助其温脏祛寒之功,且辛可制蛔;当归、人参补养气血,扶助正气,且合桂枝,养血通脉,调和阴阳以解四肢厥冷,均为佐药。蜜甘缓和中,为使药。综观全方,寒热并用,邪正兼顾,共奏温中清热,安蛔补虚之功。

因方中乌梅酸涩,可涩肠止泻; 黄连、黄柏苦寒,能清热燥湿止痢; 附子、干姜、桂枝、川椒、细辛皆温热之品,可温肾暖脾而助运; 人参、当归益气补血而扶正。诸药相合,还具有温中补虚,清热燥湿止痢之功。因此,对于寒热错杂,正气虚弱之久泻、久痢亦可奏效。

【运用】

1．本方主治上热下寒之蛔厥证。以腹痛时作,烦闷呕吐,常自吐蛔,手足厥冷为证治要点。久泻、久痢属寒热错杂,正气虚弱者,亦可用之。

2．本方以安蛔为主,杀虫力较弱,临床运用时可酌加使君子、苦楝根皮、榧子、槟榔等以增强驱虫作用。若热重者,可去附子、干姜;寒重者,可减黄连、黄柏;无虚者,可去人参、当归;呕吐者,可酌加吴萸、半夏以和胃降逆而止呕;腹痛甚者,可酌加木香、川楝子以行气止痛;便秘者,可酌加大黄、槟榔以泻下通便。

3．胆道蛔虫症、肠道蛔虫症、慢性肠炎、慢性菌痢等属寒热错杂而正虚者,均可加减使用。

【附方】

1．理中安蛔汤(《万病回春》) 人参七分(2g) 白术一钱(3g) 茯苓一钱(3g) 川椒三分(3g) 乌梅三分(6g) 干姜炒黑,五分(2g) 水煎服。如合丸,用乌梅浸烂,蒸熟(去核)捣如泥,入前药末,再捣如泥,每服十丸(3g),米汤吞下。功用:温中安蛔。主治:蛔虫腹痛。便溏尿清,腹痛肠鸣,四肢不温,舌苔薄白,脉虚缓。

2．连梅安蛔汤(《通俗伤寒论》) 胡黄连一钱(3g) 川椒炒,十粒(2g) 白雷丸三钱(9g) 乌梅肉二枚(5g) 生川柏八分(2g) 尖槟榔磨汁冲,二枚(或切片随药入罐煎,10g) 水煎,一剂煎三次,早晨空腹时服两次,下午空腹服一次。功用:清热安蛔。主治:虫积腹痛。不思饮食,食则吐蛔,甚或烦躁,厥逆,且有面赤,口燥,舌红,脉数身热等症。

乌梅丸、理中安蛔汤、连梅安蛔汤三方均为安蛔驱虫之剂,均可治疗蛔虫证,但因蛔虫证的病机不同,制方亦各异。乌梅丸为上热下寒,寒热错杂之蛔厥重证,故方中寒热并调,邪正兼顾,以温下寒为主,兼清上热而安蛔;理中安蛔汤属中焦虚寒之蛔虫证,故方中以温阳祛寒而驱蛔;连梅安蛔汤是肝胃热盛之蛔虫,故方以清降肝胃之热兼而驱蛔。

【文献摘要】

《古今名医方论》柯韵伯曰:"火旺则水亏,故消渴;气上撞心,心中疼热,气有余便是火也;木盛则克土,故饥不欲食;虫为风化,饥则胃中空虚,蛔闻食臭出,故吐蛔。仲景立方,皆以辛甘苦味为君,不用酸收之品,而此用之者,以厥阴主风木耳。《洪范》曰:本曰曲直作酸。《内经》曰:木生酸,酸入肝。君乌梅之大酸,是伏其所主也;配黄连泻心而除疼,佐黄柏滋肾以除渴,先其所因也;肾者,肝之母,椒、附以温肾,则火有所归,而肝得所养,是固其本;肝欲散,细辛、干姜辛以散之;肝藏血,桂枝、当归引血归经也;寒热杂用,则气味不和,佐以人参,调其中气；以苦酒渍乌梅,同气相求；蒸之米下,资其谷气；加蜜为丸,少与而渐加之, 缓则治其本也。蛔,昆虫也,生冷之物与湿热之气相成,故药亦寒热互用,且胸中烦而吐蛔,则连、柏是寒因热用也。蛔得酸则静,得辛则伏,得苦则下,信为化虫佳剂。久利则虚,调其寒热, 酸以收之,下利自止。"

临床报道：用乌梅汤治疗胆道蛔虫症 225 例,治愈率为 97.6%,有效率为 100%。225 例分为偏寒型、寒热错杂型、偏热型,均采用乌梅汤加减治疗。偏寒型,用乌梅 15～30 g,槟榔、川楝子各 15 g,花椒、桂枝、熟附子各 6 g,细辛、干姜各 3 g(小儿酌减)；寒热错杂型, 上方加黄柏 9 g,栀子 9 g,黄连 6 g；偏热型；照寒热错杂型去桂枝、附子、干姜、细辛, 均获满意疗效(湖南医药卫生科技成果资料选编,1971:1)。

实验研究：乌梅丸具有抑制蛔虫的活动,麻醉蛔虫,使其失去吸肠壁的能力；能促进肝脏分泌胆汁,改变胆汁的 pH 值；能明显扩张奥狄氏括约肌(福建中医药,1960；6:29)。还能促进胆囊收缩,且加大乌梅剂量时此作用更为明显, 单味药不如复方作用大(中成药研究, 1986；3:33)。

【方歌】
乌梅丸用细辛桂,黄连黄柏及当归,
人参椒姜加附子,清上温下又安蛔。

化 虫 丸

《太平惠民和剂局方》

【组成】 胡粉（即铅粉）炒五十两 鹤虱去土,五十两 槟榔五十两 苦楝根去浮皮,五十两 白矾枯,十二两半

【用法】 为末,以面糊为丸,如麻子大。一岁儿服五丸,温浆水入生麻油一、二点,调匀,下之,温米汤饮下亦得,不拘时候,其虫细小者,皆化为水,大者自下。

【功用】 驱杀肠中诸虫。

【主治】 虫积。发作时腹中疼痛,往来上下,其痛甚剧,呕吐清水,或吐蛔虫。

【方解】 本方主治肠道多种寄生虫, 如蛔虫、蛲虫、绦虫、姜片虫等。由于肠中诸虫扰动不安, 动则腹痛阵作；虫上扰胃, 胃失和降, 故呕吐清水, 或吐蛔虫。方中鹤虱苦辛平, 有小毒, 能驱杀诸虫；苦楝皮苦寒有毒, 既能驱杀蛔虫、蛲虫, 又可缓解腹痛；槟榔辛苦温, 能驱杀蛔虫、绦虫、姜片虫, 而且借其轻泻导滞之功以促进虫体排出；枯矾、铅粉皆有杀虫之效。本方配伍特点：集诸多杀虫药于一方, 效专而力雄, 可驱杀多种肠道寄生虫。

《医方集解》中化虫丸较本方多使君子、芜荑两味,其驱虫作用较本方更强。

【运用】 本方主治肠中诸虫,尤以蛔虫为佳。以腹痛时作,呕吐,或吐蛔为证治要点。因方药毒性较大,不宜久服,年老体弱、小儿要慎用,孕妇不宜使用。

【文献摘要】
《医方考》："肠胃中诸虫为患,此方主之。经曰：肠胃为市,故无物不包,无物不容,而所以生化诸虫者,犹腐草为萤之意,乃湿热之所生也。是方也,鹤虱、槟榔、苦楝根、胡粉、白矾、芜荑、使君子,皆杀虫之品。古方率单剂行之,近代类聚而为丸尔！"

【方歌】

化虫鹤虱与使君,槟榔芜荑苦楝群,

白矾铅粉糊丸服,肠中诸虫皆能除。

布 袋 丸

《补要袖珍小儿方论》

【组成】 夜明砂_{拣净},二两 芜荑_{炒,去皮},二两 使君子二两 白茯苓_{去皮},半两 白术_{无油者,去芦},半两 人参_{去芦},半两 甘草半两 芦荟_{研细},半两

【用法】 上为细末,汤浸蒸饼和丸,如弹子大(9g),每服一丸,以生绢袋盛之,次用精猪肉二两(60g),同药一处煮,候肉熟烂,提取药于当风处悬挂,将所煮肉并汁,令小儿食之,所悬之药,第二日仍依前法煮食,只待药尽为度。

【功用】 驱蛔消疳,补养脾胃。

【主治】 小儿虫疳。体热面黄,肢细腹大,发焦目暗等。

【方解】 本方主治小儿虫疳系由虫积日久,脾胃虚弱所致。因虫积日久,伤及脾胃,化生不足,故面黄体瘦,肢细腹大,且发虚热。虫扰食减,肝血亏虚,血不上荣,故发焦目暗。证属正虚邪实之候,不驱虫则病难除,不补虚则正难复,治宜驱虫消疳,补益脾胃。方中用使君子、芜荑驱虫消疳,为君药。人参、白术、茯苓、甘草补气健脾,为臣药。君臣相配,一驱虫积,一补脾虚。虫积日久,肝血亏虚而生郁热,以辛寒之夜明砂,既能清肝明目,又可助其散积消疳;芦荟苦寒,泻热通便,既可清热,又能借泻下之功使虫体从大便排出,增其驱虫作用,均为佐药。甘草兼调和诸药,亦为使药之用。诸药相合,共奏驱虫消积,补养脾胃之功。本方配伍特点是攻补兼施,祛邪而不伤正,为体虚虫疳之良剂。

【运用】

1. 本方主治小儿疳积证。以肢细腹大,面黄发焦,舌淡,脉弱为证治要点。

2. 若热重者,可加黄连以清热;兼食滞者,可加神曲、鸡内金以消食。

【方歌】

布袋丸内用四君,芜荑芦荟共调匀,

夜明砂与使君子,消疳去虫法可循。

小 结

本章共选3首方剂,均有驱虫作用。乌梅丸善于温中安蛔补虚,主治上热下寒,寒热错杂之蛔厥,又可治疗虚实相兼,寒热错杂之久痢、久泻等证。化虫丸具有驱杀诸虫的作用,为治疗肠道诸虫的通剂,适用于多种肠道寄生虫证。布袋丸具有驱虫消疳,补益脾胃作用,适用于小儿脾虚虫疳之证。

第二十三章 涌 吐 剂

凡以涌吐药物为主组成,具有涌吐痰涎、宿食、毒物等作用,以治疗痰厥、食积、误食毒物的方剂,统称为涌吐剂,属"八法"中的"吐法"。

涌吐剂的作用,主要是使停蓄在咽喉、胸膈、胃脘的痰涎、宿食、毒物从口中吐出,常用于中风、癫狂、喉痹之痰涎壅塞,宿食停滞胃脘,毒物尚留胃中,以及干霍乱吐泻不得等,属于病情急迫而又急需吐出之证。

中风、癫狂、喉痹之痰涎壅盛,阻塞咽喉,呼吸急迫,痰声如锯等,使用本类方剂通关豁痰,令痰涎排出,病情往往可得到好转。宿食停滞胃脘,胸闷脘胀,时时欲吐不能者,可用涌吐剂以除宿食。误食毒物,为时不久,毒物尚留胃中者,用吐法排出毒物是一种简便易行的急救方法。干霍乱吐泻不得乃中焦气机窒塞,上下不通所致,用涌吐剂催吐,令气机开通,则窒塞可解。

涌吐剂作用迅猛,易伤胃气,应中病即止,年老体弱、孕妇、产后均宜慎用。若服后呕吐不止者,可服姜汁少许,或服用冷粥、冷开水以止之。倘吐仍不止,则应根据所服吐药的不同而进行解救。如服瓜蒂散而吐不止者,可服麝香0.03～0.06g,或丁香末0.3～0.6g解之;服三圣散而吐不止者,可用葱白煎汤解之。若吐后气逆不止,宜予和胃降逆之剂以止之。假如药后不吐者,则应助其涌吐,常以翎毛或手指探喉,亦可多饮开水,以助其吐。服药得吐后,须令病人避风,以防吐后体虚而患外感。同时要注意调理脾胃,食以稀粥自养,切勿骤进油腻及不易消化之食物,以免重伤胃气。

瓜 蒂 散

《伤寒论》

【组成】 瓜蒂 熬黄,一分　赤小豆 一分

【用法】 上二味,各别捣筛,为散已,合治之,取一钱匕(2g),以香豉一合(8g),用热汤七合,煮作稀糜,去滓,取汁合散,温,顿服之。不吐者,少少加,得快吐乃止。

【功用】 涌吐痰涎宿食。

【主治】 痰涎宿食,壅滞胸脘证。胸中痞鞕,懊憹不安,欲吐不出,气上冲咽喉不得息,寸脉微浮者。

【方解】 本方主治乃痰涎壅滞胸中,或宿食停积上脘之证。治当因势利导,遵《素问·至真要大论》"其高者,因而越之"的原则,采用涌吐痰食法治疗。方中瓜蒂味苦,善于涌吐痰涎宿食,为君药。赤小豆味酸平,能祛湿除烦满,为臣药。君臣二药相配,酸苦涌泄,相须相益,可增强催吐之力。佐以豆豉,既可安中护胃,使在快吐之中兼顾护胃气,又能宣解胸中邪气,利于涌吐。三药相合,涌吐痰涎宿食,宣越胸中邪气,使壅滞胸脘之痰食得以涌吐排出,胸痞懊憹诸症自解。

本方去豆豉,《外台秘要》引《延年秘录》用治急黄,心下坚鞕,渴欲得水吃,气息喘粗,眼

黄等症。《温病条辨》以本方去豆豉加山栀子,亦名瓜蒂散,治太阴温病,得之二三日,心烦不安,痰涎壅盛,胸中痞塞欲吐者。

【运用】 本方为涌吐法之首要方剂。以胸脘痞鞕,懊憹不安,气上冲咽喉不得息,或误食毒物仍在胃中为证治要点。因方中瓜蒂苦寒有毒,易于伤气败胃,非形气俱实者慎用。若食已离胃入肠,痰涎不在胸膈者,均须禁用。

【附方】

三圣散(《儒门事亲》) 防风三两(5g) 瓜蒂三两,炒黄用(3g) 黎芦去苗心,加减用之,或一两,或半两,或一分(3g) 共为粗末,水煎徐徐服之,以吐为度,不必尽剂。亦可鼻内灌之。功用:涌吐风痰。主治:中风闭证,失音闷乱,口眼歪斜或不省人事,牙关紧闭,脉浮滑实者。对于癫痫,浊痰壅塞胸中,上逆时发者;误食毒物停于上脘等证,亦可用之。

三圣散的涌吐作用大于瓜蒂散,长于涌吐风痰,主要用于中风痰壅和浊痰上壅之癫痫。而瓜蒂散善于涌吐痰食,主要用于痰涎宿食壅塞胸脘,胸中痞鞕,气上冲咽喉不得息者。

【文献摘要】

《医宗金鉴·删补名医方论》柯韵伯:"凡胸中寒热,与气与饮郁结为病,谅非汗下之法所能治,必得酸苦涌吐之法以越之,上焦得通,阳气得复,痞鞕可消,胸中可和也。瓜蒂极苦,赤豆苦酸,相须相益,能疏胸中实邪,为吐剂中第一品也。而使香豉汁合服者,借谷气以保胃气也。服之不吐,少少加服。得快吐即止者,恐伤胸中之气也。此方奏功之捷胜于汗下,所谓汗吐下三大法也。今人不知仲景子和之精义,置之不用,可胜惜矣。然诸亡血虚家,胸中气液已亏,不可轻与,特与申禁。

临床报道:瓜蒂散为涌泄峻剂,对于痰涎宿食,填塞上脘,胸中痞鞕,烦躁不安等证确有疗效。所以,卒中痰迷,神识昏迷,懊憹不眠,五痫痰壅等证,皆可用本方加减治疗。本方为散剂,一般每次服3g,若不吐,可逐渐加至5g。中病即止,不必尽剂,以免过吐伤正。若改散为汤,则效果更佳,但不宜久煎。痰湿重者,可加白矾;痰涎壅塞者,酌加菖蒲、郁金、半夏;风痰盛者,可加防风、黎芦。恐吐后伤阴,可服稀粥少许以自养(浙江中医杂志,1980;11~12:556)。

【方歌】

瓜蒂散中赤小豆,豆豉汁调酸苦凑,

逐邪涌吐功最捷,胸脘痰食服之瘳。

救急稀涎散

《圣济总录》

【组成】 猪牙皂角如猪牙,肥实不蛀者,削去黑皮,四挺 白矾一两,通莹者

【用法】 上二味,为细末,再研极细为散。如有患者,可服半钱(1g),重者三字匕(1.5g),温水调灌下,不大呕吐,只有微涎稀冷而出,或一升二升,当时省觉,次缓而调治。不可使大攻之,过则伤人。

【功用】 开关涌吐。

【主治】 中风闭证。痰涎壅盛,喉中痰声漉漉,气闭不通,心神瞀闷,四肢不收,或倒仆不省,或口角似歪,脉滑实有力者。亦治喉痹。

【方解】 中风闭证，痰涎壅盛，阻塞气道，喉中痰声漉漉者，当先稀涎吐痰，疏通咽喉，缓解危急，然后再随证调治。本方功效侧重于稀涎通窍，涌吐之力较弱。方中皂角辛咸，能通窍去闭，涤垢腻之痰浊；白矾酸苦涌泄，能化解顽痰，并有开闭催吐之功。两药合用，有稀涎催吐，开窍通关的功用。

《仙传外科集验方》以本方加藜芦、雄黄、蝎尾，名如圣散。用治缠喉风，渐成咽塞，水谷不下，牙关紧急，不省人事。喉痹痰涌，呼吸困难者，亦可用本方稀涎涤痰，待痰液排出，再图治本。

【运用】 本方可用于中风痰闭之证。以喉中痰声漉漉，气闭不通，心神昏闷，人事不省，脉滑实有力为证治要点。用本方开关急救，待痰涎排出，神志清醒以后，便不可续进吐方，应随证调治。若属中风脱证则禁用本方。

【文献摘要】

《医方集解》："白矾酸苦能涌泄，咸能软顽痰，故以为君。皂角辛能通窍，咸能去垢，专制风木，故以为使，固夺门之兵也。师曰：凡吐中风之痰，使咽喉疏通，能进汤药便止，若尽攻其痰，则无痰以养筋，令人挛急偏枯，此其禁也。"

【方歌】

稀涎皂角与白矾，痰浊壅阻宜开关，

中风痰闭口不语，涌吐通关气自还。

盐汤探吐方

《备急千金要方》

【组成】 食盐(炒)

【用法】 用极咸盐汤三升，热饮一升，刺口令吐宿食使尽，不吐更服，吐迄复饮，三吐乃住，静止。

【功用】 涌吐宿食。

【主治】 宿食。饮食停留胃中，脘腹胀疼不舒。或干霍乱，欲吐不得吐，欲泻不得泻。

【方解】 本方治证乃因宿食或秽浊之气中阻，气机升降窒塞，上下不通所致。治宜因势利导，涌而吐之。方用食盐制成极咸的饱和溶液，藉其极咸之味激起呕吐，《素问·至真要大论》说："咸味涌泄为阴"，《本草经》亦说："大盐，令人吐"，使病邪从吐而解。《金匮要略》亦早有盐汤吐法，以盐一升，水三升，煮令盐消，分三服。治贪食食多不消，心腹坚满痛，服后当吐出食，便瘥。至于干霍乱由于气机不利，上下不通，腹中大痛，服此汤吐之，则气机可通，腹痛可止。

【运用】 本方药性平和，使用便利，效果亦佳，为涌吐宿食及干霍乱之良方。以脘腹胀痛不舒，欲吐不得吐，欲泻不得泻为证治要点。饱食填胃所致的食厥，肝气郁极所致的气厥，亦可用本方涌吐，以排出宿食，宣畅气机，使气行不郁，升降复常，则厥逆自除。因本方涌吐之力较缓，故服后须探喉助吐，故以盐汤探吐命名。

【文献摘要】

《医方集解》："本方单用烧盐，熟水调饮，以指探吐，名烧盐探吐法。治伤食，痛连胸膈，痞闷不通……咸润下而软坚，能破积聚，又能宣泄，使不化之食，从上而出，则塞者通矣。""方极简易,而有回生之功,不可忽视。"
【方歌】
盐汤探吐千金方,干霍乱证宜急尝,
宿食填脘气机阻,运用及时效最良。

参 芦 饮

《丹溪心法》

【组成】 人参芦
【用法】 研为末,水调下一二钱(3～6g)。服后以物微探吐之。
【功用】 涌吐痰涎。
【主治】 虚弱之人,痰涎壅盛。胸膈满闷,温温欲吐,脉象虚弱者。
【方解】 参芦味苦辛温,其性缓和,能吐虚证痰涎,对体弱之人须吐者,用此最为适宜。《医方集解》说:"病人虚羸,故以参芦代藜芦、瓜蒂,宣犹带补,不致耗伤元气也。"服后不吐者,可用鹅翎探喉间以助之。
【运用】
1. 本方可用于体虚之人,痰涎壅盛,阻滞气道,欲吐不出者。以痰壅气急,胸膈满闷,温温欲吐,脉来虚弱为证治要点。因本方药力较缓,故正气虚极,时时欲脱,则虽有痰壅气阻之症,亦不可单以此方治疗,当以其他方法急救图治,以免延误抢救时机。
2. 原书有"或加竹沥和服"之用法,意在增加滑痰之功。
【方歌】
参芦饮是丹溪方,竹沥新加效更良,
气虚体弱痰壅盛,服此得吐自然康。

小 结

涌吐剂是以吐法去病,共选方4首。瓜蒂散为吐剂首方,涌吐作用最强,主要用于痰涎壅于胸膈,宿食停于上脘,症见胸膈痞鞕,气上冲咽喉不得息者。稀涎散涌吐作用较弱,主治中风闭证,痰涎壅盛,气闭不通者。盐汤探吐方药性平和,主治干霍乱,吐泻不得,腹中痛,亦可用于宿食、食厥、气厥等证。参芦饮其性缓和,邪正两顾,用于虚人痰壅当吐之证。

方 名 索 引

一 画

一贯煎·················· 136

二 画

二陈汤·················· 232
二妙散·················· 248
十灰散·················· 208
十全大补汤············· 128
十补丸·················· 141
十味温胆汤············· 265
十枣汤··················· 51
七宝美髯丹············· 146
七厘散·················· 200
丁香柿蒂汤············· 193
人参胡桃汤············· 122
人参养荣汤············· 128
人参蛤蚧散············· 121
八正散·················· 243
八珍汤·················· 128
九仙散·················· 150
九味羌活汤··············· 23

三 画

三子养亲汤············· 189
三仁汤·················· 244
三甲复脉汤············· 226
三妙丸·················· 249
三物备急丸··············· 45
三拗汤··················· 19
下瘀血汤················ 196
大补阴丸················ 134
大青龙汤················· 19
大定风珠················ 225
大建中汤················ 102
大承气汤················· 40
大活络丹················ 218
大秦艽汤················ 217
大柴胡汤················· 64
大黄牡丹汤··············· 42

大黄附子汤··············· 44
大黄䗪虫丸·············· 206
川芎茶调散·············· 214
小半夏汤················ 103
小青龙汤················· 25
小金丹·················· 109
小承气汤················· 41
小建中汤················ 101
小活络丹················ 218
小陷胸汤················ 267
小柴胡汤················· 55
小蓟饮子················ 209

四 画

天王补心丹·············· 163
天台乌药散·············· 185
天麻钩藤饮·············· 225
木香槟榔丸·············· 276
五仁丸··················· 47
五皮散·················· 254
五味消毒饮··············· 80
五苓散·················· 250
五淋散·················· 243
止痉散·················· 219
止嗽散··················· 26
贝母瓜蒌散·············· 269
牛黄清心丸·············· 169
升阳益胃汤·············· 117
升陷汤·················· 117
升麻葛根汤··············· 33
化虫丸·················· 282
丹参饮·················· 205
乌头汤·················· 216
乌梅丸·················· 280
六一散··················· 92
六君子汤················ 113
六味地黄丸·············· 130
六和汤·················· 240
少腹逐瘀汤·············· 197
水陆二仙丹·············· 154

孔圣枕中丹·············· 164

五 画

正气天香散·············· 188
玉女煎··················· 88
玉屏风散················ 118
玉真散·················· 220
玉液汤·················· 234
甘麦大枣汤·············· 166
甘草干姜茯苓白术汤····· 255
甘草泻心汤··············· 62
甘露消毒丹·············· 245
艾附暖宫丸·············· 202
戊己丸··················· 85
左归丸·················· 133
左归饮·················· 133
左金丸··················· 84
右归丸·················· 142
右归饮·················· 143
龙胆泻肝汤··············· 82
布袋丸·················· 283
平胃散·················· 238
四生丸·················· 207
四妙丸·················· 249
四妙勇安汤··············· 80
四君子汤················ 113
四物汤·················· 122
四苓散·················· 250
四逆加人参汤············ 105
四逆汤·················· 104
四逆散··················· 58
四神丸·················· 152
四磨汤·················· 179
归脾汤·················· 126
生化汤·················· 202
生脉散·················· 120
生姜泻心汤··············· 62
生铁落饮················ 162
失笑散·················· 204
仙方活命饮··············· 79

方 名 索 引

白头翁加甘草阿胶汤……91
白头翁汤……90
白虎加人参汤……70
白虎加苍术汤……70
白虎加桂枝汤……70
白虎汤……69
白通汤……105
瓜蒌薤白白酒汤……180
瓜蒌薤白半夏汤……180
瓜蒂散……284
半夏白术天麻汤……271
半夏泻心汤……62
半夏厚朴汤……181
加味乌药汤……188
加味肾气丸……141
加味逍遥散……60
加减复脉汤……136
加减葳蕤汤……37

六 画

地黄饮子……144
芍药汤……89
再造散……36
至宝丹……171
百合固金汤……138
当归六黄汤……96
当归龙荟丸……83
当归四逆汤……107
当归饮子……221
当归补血汤……124
当归拈痛汤……247
当归建中汤……102
回阳救急汤……106
朱砂安神丸……161
竹叶石膏汤……71
竹叶柳蒡汤……33
华盖散……19
血府逐瘀汤……197
行军散……172
安宫牛黄丸……168
阳和汤……109
防己茯苓汤……253
防己黄芪汤……252

防风通圣散……65
导水丸……53
导赤散……81
导痰汤……263
异功散……113

七 画

麦门冬汤……232
麦味地黄丸……131
苏子降气汤……189
苏合香丸……173
苇茎汤……86
杏苏散……228
杞菊地黄丸……131
连朴饮……246
连梅安蛔汤……281
吴茱萸汤……103
牡蛎散……149
身痛逐瘀汤……198
龟鹿二仙胶……145
完带汤……260
冷哮丸……271
羌活胜湿汤……23
沙参麦冬汤……231
补中益气汤……116
补阳还五汤……199
补肺阿胶汤……139
良附丸……184
鸡苏散……92
阿胶鸡子黄汤……226
附子汤……257
附子理中丸……100

八 画

青蒿鳖甲汤……95
苓甘五味姜辛汤……270
苓桂术甘汤……255
易黄汤……158
肾气丸……141
固冲汤……157
固经丸……157
败毒散……34
知柏地黄丸……131

金沸草散……27
金铃子散……185
金锁固精丸……154
炙甘草汤……135
肥儿丸……278
定喘汤……190
定痫丸……272
实脾散……257
泻白散……85
泻黄散……87
参芦饮……287
参苏饮……35
参附汤……105
参苓白术散……114
建瓴汤……224

九 画

栀子柏皮汤……242
枳术丸……183
枳术汤……183
枳实导滞丸……275
枳实消痞丸……182
柏子养心丸……164
荆防败毒散……35
茯苓丸……264
茵陈五苓散……242
茵陈四逆汤……242
茵陈蒿汤……241
牵正散……219
厚朴温中汤……183
胃苓汤……250
咳血方……208
香连丸……90
香砂六君子汤……113
香薷散……24
禹功散……53
保元汤……114
保产无忧散……129
保和丸……274
复元活血汤……200
复方大承气汤……41
复方大柴胡汤……64
钩藤饮……223

独活寄生汤 216	桑菊饮 29	葱白七味饮 38
冠心苏合丸 173	桑螵蛸散 155	越婢汤 31
宫外孕方 205		越鞠丸 177
养阴清肺汤 233	**十 一 画**	紫金锭 175
济川煎 47	理中丸 100	紫雪 170
活络效灵丹 204	理中安蛔汤 281	痛泻要方 61
神犀丹 74	黄土汤 210	阑尾化瘀汤 43
宣痹汤 248	黄龙汤 49	阑尾清化汤 43
	黄芪建中汤 102	阑尾清解汤 43
十 画	黄芪桂枝五物汤 108	温经汤 201
蚕矢汤 241	黄芩汤 90	温胆汤 265
泰山磐石散 129	黄芩滑石汤 245	温脾汤 45
秦艽鳖甲散 96	黄连汤 63	普济消毒饮 77
真人养脏汤 151	黄连解毒汤 75	疏凿饮子 67
真武汤 256	菊花茶调散 215	犀角地黄汤 73
盐汤探吐方 286	萆薢分清饮 259	犀黄丸 109
都气丸 131	控涎丹 52	
桂枝加芍药汤 22	救急稀涎散 285	**十 三 画**
桂枝加桂汤 22	银翘散 28	蒿芩清胆汤 57
桂枝汤 20	猪苓汤 251	暖肝煎 187
桂枝茯苓丸 203	麻子仁丸 48	新加香薷饮 24
桂苓甘露饮 93	麻杏苡甘汤 19	新加黄龙汤 50
桃核承气汤 195	麻黄加术汤 19	新制橘皮竹茹汤 192
桃红四物汤 123	麻黄杏仁甘草石膏汤 30	
桃花汤 153	麻黄附子细辛汤 37	**十 四 画**
柴平汤 239	麻黄汤 18	碧玉散 92
柴胡陷胸汤 268	旋覆代赭汤 191	酸枣仁汤 165
柴胡疏肝散 178	清心莲子饮 81	槐花散 210
柴葛解肌汤 32	清气化痰丸 266	磁朱丸 162
逍遥散 59	清金降火汤 267	膈下逐瘀汤 197
射干麻黄汤 26	清胃散 87	滚痰丸 268
健脾丸 277	清带散 159	缩泉丸 156
胶艾汤 123	清骨散 95	
资生丸 115	清营汤 92	**十五画以上**
凉膈散 78	清暑益气汤 93	增液汤 236
消风散 221	清燥救肺汤 230	增液承气汤 50
涤痰汤 263	清瘟败毒饮 74	镇肝熄风汤 223
益元散 92	羚角钩藤汤 222	橘皮竹茹汤 192
益胃汤 140		橘核丸 186
调胃承气汤 41	**十 二 画**	藿朴夏苓汤 255
通脉四逆汤 105	琼玉膏 235	藿香正气散 239
通窍活血汤 197	葛根黄芩黄连汤 66	鳖甲煎丸 206
桑杏汤 229	葶苈大枣泻肺汤 86	